Klaus Gantert / Rupert Hacker

Bibliothekarisches Grundwissen

8., vollständig neu bearbeitete und erweiterte Auflage

K · G · Saur München 2008

Bibliografische Information der Deutschen Nationalbibliothek
Die Deutsche Nationalbibliothek verzeichnet diese Publikation
in der Deutschen Nationalbibliografie;
detaillierte bibliografische Daten sind im Internet über
http://dnb.d-nb.de abrufbar.

Gedruckt auf säurefreiem Papier
Alle Rechte vorbehalten/All Rights strictly Reserved
K. G. Saur Verlag, München 2008
Ein Imprint der Walter de Gruyter GmbH & Co. KG

Printed in the Federal Republic of Germany

Satz: Dr. Rainer Ostermann, München
Druck/Binden: Strauss GmbH, 69509 Mörlenbach

ISBN 978-3-598-11771-8

Vorwort zur 8. Auflage

Die vorliegende Neubearbeitung des „Bibliothekarischen Grundwissens" beinhaltet gegenüber der letzten Auflage vielfältige Veränderungen und Erweiterungen, dennoch sollte die ursprüngliche Zielsetzung des Werkes beibehalten werden: Es will eine knappe und verständliche Einführung in die grundlegenden Begriffe, Fakten und Zusammenhänge des heutigen Bibliothekswesens und in die bibliothekarischen Arbeitsvorgänge geben. Dass die elektronischen Publikationen und die bibliothekarischen Informationsangebote gegenüber der letzten Auflage deutlich an Umfang und Stellenwert gewonnen haben, resultiert aus der in den letzten Jahren enorm gestiegenen Bedeutung dieser Themenbereiche für die bibliothekarische Arbeit. Ich hoffe, dass das „Bibliothekarische Grundwissen" auch in der neuen Form nicht nur eine brauchbare Einführung in die bibliothekarischen Institutionen, Tätigkeiten und Informationsangebote bietet, sondern darüber hinaus auch die Leistungsfähigkeit moderner Bibliotheken, die Freude am Umgang mit Medien und Bibliotheksbenutzern und die Faszination der vielfältigen Arbeiten in Bibliotheken vermitteln kann.

Wo diese mit Hilfe der gängigen Suchmaschinen problemlos zu ermitteln sind, wurde bei der Behandlung einzelner Institutionen, elektronischer Informationsmittel und anderer Internetangebote darauf verzichtet, die jeweilige URL anzugeben. Querverweisungen wurden nur an den Stellen eingeführt, an denen ein schnelles Auffinden der Referenzstelle für das Verständnis des Textes evtl. notwendig erschien. Aus pragmatischen Erwägungen wurde bei der Bezeichnung von Personen- und Berufsgruppen nur die männliche Form angegeben; selbstverständlich ist auch die weibliche Form gemeint.

Vielen Kolleginnen und Kollegen – vor allem von der Staatsbibliothek zu Berlin und der Bayerischen Staatsbibliothek – bin ich für wichtige Hinweise, Ratschläge und vielfältige Hilfe zu Dank verpflichtet. Namentlich nennen möchte ich Frau Sabine Berg von der Universitätsbibliothek Erlangen-Nürnberg, meine Kollegin am Fachbereich Archiv- und Bibliothekswesen der FHVR in Bayern, Frau Margrit Lauber-Reymann, und meine Frau Cordula. Besonders danken möchte ich abschließend Herrn Dr. Rupert Hacker, der mir die Neubearbeitung seines anerkannten Standardwerkes anvertraute.

München, Mai 2008

Klaus Gantert

Inhaltsverzeichnis

Erster Teil
Bibliothek und Bibliothekswesen

Zweiter Teil
Der Bibliotheksbestand – Literatur, Bücher, Medien, Informationen

Dritter Teil
Aufbau, Erschließung, Aufbewahrung und Vermittlung des Bestandes

Vierter Teil
Bibliothekarische Informationsangebote

Erster Teil

Bibliothek und Bibliothekswesen

1. Bibliothek – Begriff, Aufgaben, Bedeutung

Bibliotheken sind die am stärksten genutzten wissenschaftlichen und kulturellen Einrichtungen in Deutschland. Jeden Tag werden sie von weit mehr als einer halben Million Menschen besucht. Insgesamt benutzen mehr als 200 Millionen Menschen jedes Jahr die Bibliotheken in Deutschland und leihen dabei rund 450 Millionen Medien aus. Die rund 12 000 Bibliotheken in Deutschland zeichnen sich durch eine ungemein große Vielfalt aus. Neben den großen Universalbibliotheken mit Hunderten Mitarbeitern gibt es kleine, sogenannte One-Person-Libraries, neben Öffentlichen Bibliothekssystemen Wissenschaftliche Spezialbibliotheken. Diese Vielfalt macht es schwer, das Wesen von Bibliotheken umfassend und exakt zu definieren.

a) Die Bibliothek als Bücher- und Literatursammlung

Das Wort „Bibliothek" kommt aus dem Griechischen und bezeichnete ursprünglich die Behältnisse, in denen Papyrusblätter, Rollen und Bücher aufbewahrt wurden. Heute wird der Begriff meist zur Bezeichnung einer geordneten Büchersammlung bzw. eines Gebäudes, in dem eine Büchersammlung untergebracht ist, verwendet. Bei dieser Definition bleibt zunächst außer Betracht, dass Bibliotheken heute neben Büchern und Zeitschriften auch andere Arten von Medien sammeln.

Trotz der steigenden Bedeutung anderer Medien, vor allem der elektronischen Publikationen, sind *Bücher* nach wie vor das charakteristische Sammelgut der Bibliotheken und werden diesen Rang auch in absehbarer Zukunft nicht verlieren. Die ohnehin schon gewaltige Buchproduktion steigt seit Jahren in der ganzen Welt weiter an. Bücher lassen sich ohne technische Geräte lesen und daher überall und jederzeit zur Hand nehmen, sie sind übersichtlich, robust und haltbar, bequem zu transportieren und aufzubewahren. Dies gilt in ähnlicher Weise für Zeitschriften und in eingeschränkter Form auch für Zeitungen.

Definiert man die Bibliothek als *Büchersammlung*, so bestehen ihre Aufgaben vor allem im Sammeln, Erschließen und Vermitteln von *Büchern* und *anderen Printmedien*. Die Bibliothek stellt ihren Lesern Bücher zum Zweck zeitweiliger *Benutzung* zur Verfügung. Darüber hinaus haben einzelne Bibliotheken die Aufgabe, ihre Bücher zu bewahren, zu pflegen und gegebenenfalls zu restaurieren, um sie als Teil des kulturellen Erbes für die Nachwelt zu erhalten. Durch diese *Archivfunktion* dokumentieren Bibliotheken mit alten, kostbaren und künstlerisch wertvollen Buchbeständen auch die Geschichte des Buches.

Neben dem Wort Bibliothek ist im Deutschen auch die Bezeichnung *Bücherei* gebräuchlich. Die beiden Ausdrücke sind an sich gleichbedeutend, doch verbindet man mit „Bücherei" eher eine kleine Büchersammlung, mit „Bibliothek" eher eine große Büchersammlung mit vorwiegend fachlichen oder wissenschaftlichen Beständen. Das Wort „Bücherei" wird heute zum Teil noch für Öffentliche Bibliotheken verwendet, die der allgemeinen Information, der Bildung und der Freizeitgestaltung dienen.

Bücher enthalten überwiegend *Literatur*. Als „Literatur" bezeichnet man in umfassendem Sinn alles Geschriebene, wenn es zum Zweck der Veröffentlichung verfasst wurde. Formal umfasst dieser weite Begriff von Literatur also alle *veröffentlichten (publizierten) Texte* und solche, die zur Veröffentlichung bestimmt sind oder waren. Inhaltlich gehören zur Literatur im weitesten Sinn somit nicht nur die Werke der Belletristik (Romane, Erzählungen, Gedichte, Schauspiele), sondern auch die Sachliteratur, d.h. alle sachlich informierenden Werke einschließlich wissenschaftlicher Werke sowie die Auskunftsliteratur und die Kinder- und Jugendliteratur.

Nicht zur Literatur zählen dagegen die aus amtlicher Geschäftsführung entstandenen Geschäftstexte, Akten und Urkunden sowie private, nicht zum Zweck der Veröffentlichung verfasste Aufzeichnungen. Soweit diese Texte erhaltenswert sind, werden sie in der Regel nicht von Bibliotheken, sondern von Archiven gesammelt und aufbewahrt.

Bezeichnet man den Inhalt von Büchern als „Literatur", so ist die Bibliothek eine *Literatursammlung*, d.h. eine *Sammlung von veröffentlichten Texten*. Die Begriffsbestimmung der Bibliothek als Literatursammlung hat den Vorteil, dass sie auf den *Inhalt des Bibliotheksguts* abzielt und nicht auf seine äußere Form. Sie charakterisiert das Wesen und die Eigenart der Bibliotheken sehr gut in Abgrenzung zu Archiven und anderen Informationseinrichtungen. Darüber hinaus verdeutlicht sie eine der zentralen Aufgaben von Bibliotheken: Bibliotheken sind verantwortlich für die Versorgung der Gesellschaft (und auch der kommenden Generationen) mit der Literatur aller Lebensbereiche aus Gegenwart und Vergangenheit.

Die Begriffsbestimmung der Bibliothek als Bücher- bzw. Literatursammlung allein reicht allerdings nicht mehr aus, um ihr Wesen umfassend zu beschreiben. Da in Bibliotheken heute viele verschiedene Arten von Medien gesammelt werden, müssen weitere Gesichtspunkte hinzukommen.

b) Die Bibliothek als Medien- und Informationssammlung

Von *Medien* (lateinisch „Medium" Mitte, Übermittler) spricht man, wenn man die physischen Datenträger oder die Vermittlungsprozesse meint, die eine Weitergabe und Verbreitung von Informationen, also eine Wiedergabe von Texten, Bildern oder Tönen ermöglichen. Neben Büchern und anderen Printmedien zählt heute auch eine Vielzahl weiterer, vor allem technischer Medienformen zum Sammelgut der Bibliotheken:

- *Mikroformen* wie Mikrofilm und Mikrofiche. Für ihre Benutzung ist eine Rückvergrößerung der stark verkleinerten Texte oder Bilder nötig.
- *Audiovisuelle Medien* (AV-Medien), d.h. analoge oder digitale Bild- und Tonträger wie Dias, Schallplatten, Kassetten, Audio-CDs, Videokassetten, DVDs. Ihre Benutzung erfordert spezielle Wiedergabegeräte.
- Als *Elektronische Medien* werden in der Regel Medien bezeichnet, für deren Benutzung ein Computer benötigt wird. Elektronische Medien können in Form von physischen Datenträgern vorliegen, die Informationen in digitaler Form enthalten (z.B. als Diskette oder CD-ROM), oder sie können an einer zentralen Stelle (z.B. auf einem Server) gespeichert sein, auf die über ein Datennetz (meist das Internet) zugegriffen werden kann.

Kennzeichnend für diese Medienformen ist der Umstand, dass sie nur *mit Hilfe von technischen Geräten* benutzt werden können. Dies bedeutet auf der einen Seite einen Nachteil im Vergleich zu den gedruckten Medien, die man ohne Apparate lesen kann. Bibliotheken bzw. Benutzer müssen bei der Verwendung der technischen Medien über entsprechende Lese-, Projektions- und Abspielgeräte, Terminals oder Computer verfügen. Auf der anderen Seite haben die verschiedenen technischen Medien jedoch auch eine Reihe von Vorteilen: Mikroformen sparen Platz in den Magazinen der Bibliotheken und sind meist preiswerter als gedruckte Bücher. Audiovisuelle Medien können komplexe Sachverhalte zum Teil besser veranschaulichen als textliche Darlegungen. Elektronische Medien bieten häufig einen ortsunabhängigen Zugriff, oft lassen sie sich elektronisch durchsuchen, sie erlauben eine Verlinkung mit anderen Dokumenten und anderes mehr. Da Bibliotheken heute nicht nur Bücher, sondern viele Arten von Medien erwerben, lassen sie sich auch als *Mediensammlungen* bezeichnen.

Problematisch bei dieser Definition ist, dass sie sich erneut auf die vielfältigen äußeren Formen des Bibliotheksguts bezieht und nicht auf die Inhalte, an denen die Benutzer letztlich interessiert sind.

Nicht alle Medien, die von Bibliotheken gesammelt werden, enthalten Literatur. Audiovisuelle Medien beispielsweise speichern Literatur nur in den seltensten Fällen (so z.B. als Hörbuch), dennoch haben sie in den meisten Bibliotheken einen festen Platz im Bestand gewonnen. Als Musik- und Filmmedien dienen sie der Unterhaltung, aber auch im wissenschaftlichen

Kontext sind sie überall da unentbehrlich, wo es auf akustische Darbietung oder visuelle Veranschaulichung ankommt. Auch elektronische Medien bieten ein weitaus reicheres Angebot als lediglich Literatur; neben Texten können sie auch Bilder, Tondokumente und Filme übermitteln. Zusammenfassend lassen sich die von den verschiedenen Medien übertragenen Inhalte als *Informationen* bezeichnen.

Informationen sind die Bausteine des Wissens und der Rohstoff für Innovationen. Der rasche Zugriff auf relevante und aktuelle Informationen ist unabdingbar für die Wissenschaft, die Technik und die Wirtschaft, er ist aber auch unentbehrlich für die Bildung und Ausbildung, die Berufstätigkeit und den Alltag des einzelnen Menschen. Bibliotheken stellen ihren Benutzern heute nicht nur die Informationen zur Verfügung, die in ihren eigenen Beständen vorliegen; indem sie den Zugriff auf extern gespeicherte elektronische Publikationen ermöglichen, machen sie ihren Benutzern weitere Dokumente zugänglich. Darüber hinaus erarbeiten Bibliotheken vielfach auch selbst umfassende Informationsangebote (s. u. S. 287ff.).

Im Hinblick auf die Vielfalt der von Bibliotheken gesammelten Inhalte kann eine Bibliothek im weitesten Sinne also als *Sammlung veröffentlichter Informationen* definiert werden. Diese Definition macht deutlich, dass moderne Bibliotheken *veröffentlichte Informationen aller Art* (Texte, Bilder, Tondokumente und Filme) unabhängig von ihrer medialen Erscheinungsweise (als Buch, Audio-CD, CD-ROM, Netzpublikation, etc.) *sammeln, erschließen, verfügbar machen und bewahren*. Bibliotheken leisten damit einen zentralen Beitrag zur *Informationsversorgung* der Allgemeinheit und der Wissenschaft.

c) Die Bibliothek als Dienstleistungsbetrieb

Die Leistungen der Bibliotheken sind *Dienstleistungen für die Informationsversorgung* der Öffentlichkeit bzw. der Institution, der die jeweilige Bibliothek zugeordnet ist. Im Dienst ihrer Benutzer erfüllen die Bibliotheken die Aufgaben des Sammelns, Erschließens und Verfügbarmachens von Literatur, Medien und Informationen aller Art. Da Bibliotheken ihre Dienstleistungen als Einrichtungen der öffentlichen Verwaltung erbringen, die aus Steuermitteln finanziert werden, sind sie dem Gemeinwohl verpflichtet und verfolgen keine kommerziellen Absichten. Sie sind also nicht auf Gewinnerzielung oder Kostendeckung ausgerichtet, sondern sie bieten ihre Leistungen kostenfrei oder, wenn sie Gebühren erheben, kostengünstig an.

Der Aspekt der Bibliothek als Dienstleistungsbetrieb wird heute zu Recht stark betont. Angesichts des in unserer Zeit gewaltig gestiegenen Informationsbedarfs verstehen sich die Bibliotheken mehr denn je als *Service-Einrichtungen*, die ihre Aufgaben in der Literatur- und Informationsvermittlung im Dienst ihrer Benutzer erfüllen. Damit ermöglichen die Bibliotheken den freien und unbeschränkten, kostenlosen bzw. kostengünstigen Zugang zur Literatur aller Zeiten und Völker, zu Erkenntnissen der Wissenschaft in Vergangenheit und Gegenwart sowie zu publizierten Informationen aller Art. Sie garantieren den freien und unbeschränkten Zugang zu diesen Informationen und sichern so das in der Verfassung verankerte Grundrecht auf Informationsfreiheit (GG § 5). Durch die langfristige Aufbewahrung der Publikationen sichern einige Bibliotheken darüber hinaus den Fortbestand der literarischen Überlieferung und damit auch die dauerhafte Verfügbarkeit von Informationen. Sie leisten Hilfestellung bei der Ermittlung von Informationen und vermitteln ihren Benutzern die nötige Medien- und Informationskompetenz.

Indem sie veröffentlichte Informationen in Büchern und anderen Medien sammeln, erschließen und vermitteln bzw. zugänglich machen, leisten die Bibliotheken im Rahmen des öffentlichen Informationswesens ihren besonderen und charakteristischen Beitrag zur Informationsversorgung der Bevölkerung.

d) Weitere Institutionen des öffentlichen Informationswesens

Bibliotheken sind nicht die einzigen *Institutionen des öffentlichen Informationswesens*. Neben ihnen gibt es (1) die Archive, (2) die Einrichtungen des Fachinformationswesens, (3) die Informationseinrichtungen der öffentlichen Verwaltung und (4) die Museen. Wie die Bibliotheken stehen auch diese meist von öffentlichen Trägern unterhaltenen oder geförderten Einrichtungen in engen wechselseitigen Beziehungen zu den Bereichen, die an der Erzeugung und der Nutzung von Informationen beteiligt sind. Die einzelnen Einrichtungen des öffentlichen Informationswesens weisen charakteristische Unterschiede auf und ergänzen sich gegenseitig. Nicht zum öffentlichen Informationswesen rechnet man interne Informationseinrichtungen z.B. in Betrieben, Firmen, Forschungsinstituten und Behörden.

(1) Die Bestände der öffentlichen (staatlichen und kommunalen) *Archive* bestehen überwiegend aus Akten und Urkunden, also aus Originalschriftstücken, die als Ergebnis schriftlicher Geschäftsführung bei Regierungsstellen, Behörden und Gerichten entstanden, d.h. organisch „gewachsen" sind und erst später an die Archive abgegeben und der Öffentlichkeit zugänglich gemacht werden, während die Bestände der Bibliotheken überwiegend durch planmäßiges Sammeln erworben werden.

(2) Zu den *Einrichtungen des Fachinformationswesens* im engeren Sinn gehören vor allem die Fachinformationszentren (FIZ) und die Dokumentationseinrichtungen. Sie betreiben jeweils für ein Fachgebiet oder eine Fächergruppe das Erschließen, Speichern und Vermitteln von wissenschaftlichen Informationen. Die Speicherung der Informationen erfolgt in Online-Datenbanken, deren Benutzung zum Teil allerdings kostenpflichtig ist. Im Gegensatz zu den Bibliotheken verfügen Fachinformationseinrichtungen normalerweise über keine eigenen umfassenden Literaturbestände, allerdings sind viele Fachinformationsstellen mit einer (Spezial)-Bibliothek verbunden oder arbeiten mit ihr zusammen.

(3) Die *Informationseinrichtungen der öffentlichen Verwaltung* vermitteln mündlich oder schriftlich, gedruckt oder elektronisch aktuelle Informationen für die breite Öffentlichkeit. Das Spektrum dieser Einrichtungen reicht von städtischen oder staatlichen Bürgerinformationszentren und Beratungsstellen mit Informationsdiensten für bestimmte Zielgruppen (z.B. Jugendliche, Mieter, Rentner, Arbeitslose, Ausländer) über die Auskunftsstellen für Verkehrs- und Umweltinformationen bis zu den Presse- und Informationsstellen von Regierungen und Behörden und den Ämtern für Statistik.

(4) Eine Besonderheit stellen die *Museen* dar. Sie sammeln, erschließen und präsentieren Gegenstände aus Kultur und Natur, z.B. Kunstwerke, Möbel, Maschinen, Mineralien oder Fossilien, und vermitteln auf diese Weise Informationen für das interessierte Publikum sowie für die Wissenschaft.

2. Öffentliche und Wissenschaftliche Bibliotheken

Man unterscheidet in Deutschland zwei große Hauptgruppen oder „Sparten" von Bibliotheken:

- Öffentliche Bibliotheken oder Öffentliche Büchereien
- Wissenschaftliche Bibliotheken

Zur Gruppe der *Öffentlichen Bibliotheken* gehören alle Bibliotheken, die in erster Linie der allgemeinen Information, der politischen und beruflichen Bildung sowie der Unterhaltung dienen und die ihre Bestände der gesamten Öffentlichkeit ohne Einschränkung zur Verfügung stellen. Sie wurden früher „Volksbüchereien" genannt und führen heute, da sie von den Städten, Gemeinden oder Landkreisen unterhalten werden, meist Bezeichnungen wie „Stadtbibliothek", „Gemeindebibliothek" oder „Kreisbibliothek". Zur Gruppe der *Wissenschaftlichen Bibliotheken* rechnet man jene Bibliotheken, die vor allem dem wissenschaftlichen Studium und der Forschung dienen. Ihre Benutzer sind vorwiegend Wissenschaftler sowie Personen, die wissenschaftliche Literatur für ihre berufliche Tätigkeit benötigen (z.B. Ärzte, Lehrer, Rechtsanwälte, Journalisten). Die Wissenschaftlichen Bibliotheken sind entweder *Universalbibliotheken*, also Bibliotheken, die alle Wissensgebiete pflegen (z.B. Universitätsbibliotheken, Staats- und Landesbibliotheken), oder *Spezialbibliotheken* (Fachbibliotheken), die sich auf einzelne Fachgebiete konzentrieren.

Die für die beiden Bibliotheksgruppen üblichen Bezeichnungen „Öffentliche Bibliotheken" oder „Öffentliche Büchereien" bzw. „Wissenschaftliche Bibliotheken" dürfen nicht missverstanden werden. Die Eigenschaften *öffentlich* bzw. *wissenschaftlich* treffen mehr oder minder für beide Bibliothekssparten zu. Auch die Wissenschaftlichen Bibliotheken sind „öffentlich", auch sie werden von öffentlichen Unterhaltsträgern finanziert und stellen ihre Bestände der Öffentlichkeit zur Verfügung allerdings – im Gegensatz zu Öffentlichen Bibliotheken – mit gewissen Einschränkungen (z.B. Altersbeschränkungen). Andererseits stellen viele Öffentliche Bibliotheken ihren Benutzern heute auch wissenschaftliche Bestände zur Verfügung, manchmal sogar spezielle Studien- und Forschungsliteratur, wenn auch (im Gegensatz zu den Wissenschaftlichen Bibliotheken) nicht überwiegend. Der Unterschied lässt sich folgendermaßen formulieren: Für die Öffentlichen Bibliotheken ist ein alle Gruppen der Gesellschaft ansprechender Bestand sowie die uneingeschränkte öffentliche Zugänglichkeit charakteristisch, für die Wissenschaftliche Bibliotheken das Überwiegen der wissenschaftlichen Literatur und die Benutzung zu wissenschaftlichen Zwecken.

Zwischen den Öffentlichen Bibliotheken und den Wissenschaftlichen Bibliotheken besteht keine scharfe Grenze. Gemeinsam bilden beide Gruppen von Bibliotheken das einheitliche Bibliothekswesen, das für die Literatur- und Informationsversorgung der Bevölkerung nötig ist. Beide Bibliothekssparten sind deshalb auf eine enge *Zusammenarbeit* angewiesen. Es gibt durchaus auch Bibliotheken, die sich nicht eindeutig der einen oder der anderen Sparte zuordnen lassen, weil sie Merkmale von beiden Gruppen aufweisen. Das gilt vor allem für Großstadtbibliotheken mit sowohl allgemeinen als auch wissenschaftlichen Beständen.

Bei den Öffentlichen wie bei den Wissenschaftlichen Bibliotheken steht die *Gebrauchsfunktion* im Vordergrund, d.h. ihre Bestände dienen der gegenwärtigen Benutzung. Bei einigen Öffentlichen und vielen Wissenschaftlichen Bibliotheken kommt zur Gebrauchsfunktion eine *Archivfunktion* hinzu, d.h. sie bewahren alle oder bestimmte Bestände nicht nur für begrenzte Zeit, sondern dauerhaft auf, um sie für die Zukunft zu erhalten.

Besonders ausgeprägt ist die Archivfunktion bei den Nationalbibliotheken, in denen die Publikationen des eigenen Landes gesammelt und dauerhaft aufbewahrt werden, sowie bei Regionalbibliotheken, die entsprechend mit der regionalen Literatur verfahren. Zu den besonders sorgfältig bewahrten Archivbeständen gehören natürlich in allen Bibliotheken Handschriften und alte Drucke.

3. Träger von Bibliotheken

Für jede Bibliothek ist ein *Träger* zuständig, in dessen Eigentum sich die Bibliothek befindet und der die nötigen Geldmittel für den Unterhalt aufbringt. Dabei sind Bibliotheken in öffentlicher Trägerschaft (z.b. des Bundes, eines Landes oder einer Gemeinde) zu unterscheiden von Bibliotheken nichtöffentlicher Träger (z.b. von Firmen, Vereinen oder Privatpersonen).

a) Öffentliche Träger von Bibliotheken

In Deutschland sind der Bund, die Bundesländer, Landkreise, Städte und Gemeinden öffentliche Träger von Bibliotheken.

In Trägerschaft des *Bundes* steht die „Deutsche Nationalbibliothek" mit Standorten in Leipzig, Frankfurt a.M. und Berlin. Ferner ist der Bund Träger der Bibliothek des Deutschen Bundestages, der Bibliotheken der Bundesbehörden (wie z.b. dem Deutschen Patent- und Markenamt in München), der Bundesforschungsanstalten sowie der Bundeswehr.

Die einzelnen *Bundesländer* unterhalten ebenfalls zahlreiche staatliche Bibliotheken, vor allem die Landes- und Staatsbibliotheken, die Bibliotheken der Universitäten und Hochschulen und die der Landtage, der Landesbehörden und der Landesforschungsanstalten. Durch die Einrichtung von Fachstellen (Beratungsstellen) und durch die Gewährung von Zuschüssen fördern die Länder auch das Öffentliche Bibliothekswesen ihres Landes. Zuständige Zentralbehörde für die landeseigenen Bibliotheken ist das jeweilige Kultus- oder Wissenschaftsministerium des Landes. Einige (in rechtlicher Trägerschaft der Länder befindliche) Bibliotheken mit überregionalen Aufgaben werden vom Bund und den Ländern gemeinsam finanziert, so z.b. die Zentralen Fachbibliotheken für Technik in Hannover, für Medizin in Köln und für Wirtschaftswissenschaften in Kiel. Eigentümer (Rechtsträger) und Geldgeber (Unterhaltsträger) sind hier also nicht identisch. Eine ähnliche Mischfinanzierung findet sich auch bei Forschungsinstituten (mit Spezialbibliotheken), z.b. bei den Instituten der Max-Planck-Gesellschaft.

Kommunale Träger von Bibliotheken sind Landkreise und Gemeinden (Kommunen). Die *Landkreise* sind Träger von zentralen Kreisbibliotheken und/oder von kreiseigenen Fahrbibliotheken (Bücherbusse), die kleinere Gemeinden des Kreises mit Literatur versorgen. Allerdings haben längst nicht alle Landkreise eigene Bibliotheken eingerichtet. Einige Landkreise gewähren Zuschüsse an einzelne Gemeindebibliotheken. Die *Gemeinden* sind Träger der Stadt- und Gemeindebibliotheken, die den größten Teil aller Öffentlichen Bibliotheken darstellen. Daneben unterhalten einige größere Städte auch eigenständige Wissenschaftliche Stadtbibliotheken.

b) *Öffentlich-rechtliche Körperschaften und Stiftungen als Träger von Bibliotheken*

Träger von Bibliotheken können auch *Körperschaften des öffentlichen Rechts* sein, z.B. Industrie- und Handelskammern, ebenso *Stiftungen des öffentlichen Rechts*. So ist die Stiftung Preußischer Kulturbesitz in Berlin Träger der Staatsbibliothek zu Berlin, ihre Finanzierung erfolgt gemeinsam durch den Bund und die Länder.

Die *Kirchen*, Körperschaften des öffentlichen Rechts mit einem Sonderstatus, unterhalten zahlreiche Bibliotheken unterschiedlichen Typs. Neben kirchlichen Wissenschaftlichen Bibliotheken, z.B. von Landeskirchen, Diözesen, kirchlichen Hochschulen oder großen Klöstern, gibt es Büchereien der Pfarreien und Kirchengemeinden, die in ihrer Zielsetzung den kommunalen Öffentlichen Bibliotheken ähneln.

c) *Nichtöffentliche (private) Träger von Bibliotheken*

Bibliotheken in nichtöffentlicher Trägerschaft sind entweder Bibliotheken von privatrechtlichen Körperschaften oder Stiftungen oder von Privatpersonen. *Vereine* oder *Verbände* (z.B. Vereine für kulturelle Zwecke, Berufsverbände, Gewerkschaften) und (privatrechtliche) *Stiftungen* sind meist Träger von wissenschaftlichen Fachbibliotheken. Auch große *Wirtschaftsunternehmen* und *Industriebetriebe* unterhalten oft wissenschaftliche Spezialbibliotheken (*Firmenbibliotheken*) für Forschungs- und Entwicklungszwecke; *Werk-* oder *Betriebsbibliotheken*, die dem allgemeinen Lektüreinteresse der Werksmitarbeiter dienen, existieren heute nur noch sehr selten.

Auch im Eigentum von *Privatpersonen* (z.B. von Büchersammlern, Gelehrten oder von Adelsfamilien) gibt es bedeutende Bibliotheken, die gelegentlich auch für Außenstehende zugänglich sind.

4. Die verschiedenen Bibliothekstypen

Innerhalb der beiden Hauptgruppen der Öffentlichen und der Wissenschaftlichen Bibliotheken gibt es, je nach Aufgaben und Zweckbestimmung, verschiedene Arten oder Typen von Bibliotheken.

Die *Wissenschaftlichen Bibliotheken* kann man nach ihrer jeweiligen Hauptaufgabe in vier Gruppen einteilen, je nachdem ob sie (a) nationale bzw. überregionale Aufgaben der Literaturversorgung erfüllen, ob sie (b) eine Region (Land, Bezirk, Stadt) oder (c) eine Universität oder Hochschule mit Literatur versorgen oder ob sie (d) die Literatur eines bestimmten Faches oder Spezialgebiets bereitstellen (meist für eine bestimmte, fachlich spezialisierte Institution). Demgemäß unterscheidet man:

- Bibliotheken von nationaler (überregionaler) Bedeutung
- Landesbibliotheken und andere Regionalbibliotheken
- Universitäts- und Hochschulbibliotheken
- Spezialbibliotheken (Fachbibliotheken)

Die *Öffentlichen Bibliotheken* sind normalerweise für eine Gemeinde, einen Stadtteil, eine Stadt oder einen Landkreis zuständig; dementsprechend heißen sie zumeist Gemeinde-, Stadtteil-, Stadt- und Kreisbibliotheken. In größeren Städten existiert meist ein städtisches *Bibliothekssystem* mit einer Zentralbibliothek und mehreren Zweigstellen (Stadtteilbibliotheken), zum Teil auch Fahrbibliotheken. Daneben gibt es im Öffentlichen Bibliothekswesen Sonderformen für bestimmte Aufgaben, z.B. Jugend-, Musik-, Krankenhaus- und Blindenbibliotheken.

Die *Bestandsgröße* und die *Mitarbeiterzahl* der Bibliotheken unterscheiden sich sehr stark. Die Skala reicht von sogenannten „One-Person-Libraries" mit 5000 oder 10 000 Büchern bis zu Großbibliotheken mit Millionen Bänden und Hunderten von Beschäftigten.

a) Bibliotheken von nationaler Bedeutung

In den meisten Staaten gibt es eine große *Nationalbibliothek*, die nicht nur die gesamte inländische (nationale) Literaturproduktion sammelt und bibliographisch verzeichnet, sondern auch die wichtigen ausländischen Publikationen erwirbt und auf Grund ihrer langen Geschichte einen großen Altbestand an in- und ausländischer Literatur besitzt. Bekannte Beispiele hierfür sind die Österreichische Nationalbibliothek in Wien, die Bibliothèque national de France in Paris, die British Library in London und die Library of Congress in Washington.

In Deutschland gibt es keine einzelne Bibliothek mit einem solch umfassenden Aufgabenspektrum. Da Deutschland immer ein föderaler Staat war und die Hauptstädte seiner Teilstaaten kulturelle Mittelpunkte bildeten, entstanden hier zahlreiche Hofbibliotheken, aus denen sich später die Landes- und Regionalbibliotheken entwickelten. Eine Bibliothek, die das gesamte deutsche Bibliothekswesen in allen Bereichen so dominiert wie die Nationalbibliotheken Österreichs, Frankreichs, Großbritanniens und der USA, hat sich bis heute nicht etabliert. Stattdessen nehmen in Deutschland *mehrere große Bibliotheken von nationaler Bedeutung* gemeinsam die verschiedenen nationalbibliothekarischen Aufgaben wahr.

(1) Universalbibliotheken von nationaler Bedeutung

Deutsche Nationalbibliothek

Einen großen Teil der nationalbibliothekarischen Aufgaben erfüllt in Deutschland die *Deutsche Nationalbibliothek*, vor allem die Sammlung und Verzeichnung der nationalen Literaturproduktion. Die Deutsche Nationalbibliothek ist daher die zentrale Archivbibliothek und das national-bibliographische Informationszentrum der Bundesrepublik Deutschland. Sie wird vom Bund getragen und finanziert.

In ihrer heutigen Form wurde die *Deutsche Nationalbibliothek* 1990 durch den Zusammenschluss folgender Institutionen begründet:

- die *Deutsche Bücherei* in Leipzig
- die *Deutsche Bibliothek* in Frankfurt a.M.
- das *Deutsche Musikarchiv* in Berlin

Die *Deutsche Bücherei* in Leipzig wurde 1912 vom Börsenverein der Deutschen Buchhändler gegründet mit dem Auftrag, die gesamte ab 1913 in Deutschland erscheinende Literatur und die deutschsprachige Literatur des Auslandes zu sammeln. Später kamen hinzu die im Ausland erscheinenden Übersetzungen deutschsprachiger Werke sowie ausländische fremdsprachige Werke über Deutschland (Germanica). Die Deutsche Bücherei verzeichnete die deutschen Neuerscheinungen in den verschiedenen Reihen der Deutschen Nationalbibliographie. In der Zeit der deutschen Teilung sammelte sie nicht nur die Publikationen aus der DDR (durch Pflichtablieferung), sondern auch die Veröffentlichungen westdeutscher Verlage und die deutschsprachigen Neuerscheinungen aus dem Ausland, die sie durch freiwillige Ablieferung erhielt.

Vor dem Hintergrund der deutschen Teilung wurde 1946 die *Deutsche Bibliothek* in Frankfurt a.M. gegründet, die sich zum westlichen Gegenstück der Deutschen Bücherei entwickelte. Sie erhielt den Auftrag, das gesamte ab 1945 in Deutschland (Bundesrepublik und DDR) erscheinende

Schrifttum und die deutschsprachige Literatur des Auslandes zu sammeln und in den verschiedenen Reihen der Deutschen Bibliographie zu verzeichnen. Der Sammelauftrag umfasste auch die im Ausland erscheinenden Übersetzungen deutschsprachiger Werke sowie ausländische fremdsprachige Werke über Deutschland. Seit 1969 war die Deutsche Bibliothek eine Einrichtung des Bundes mit dem Recht auf Pflichtablieferung aller in der Bundesrepublik veröffentlichten Druckschriften. Die in der DDR erscheinende Literatur und die deutschsprachigen Veröffentlichungen des Auslandes erhielt sie durch freiwillige Ablieferung.

Das *Deutsche Musikarchiv* in Berlin wurde 1970 als Abteilung der Deutschen Bibliothek in Frankfurt a.M. gegründet mit der Aufgabe, die in Deutschland erscheinenden Musikalien (Notendrucke) und Musiktonträger zu sammeln und bibliographisch zu verzeichnen. Ein Umzug des Deutschen Musikarchivs nach Leipzig ist für 2010 geplant.

Mit der Herstellung der deutschen Einheit wurden die Deutsche Bücherei, die Deutsche Bibliothek und das Deutsche Musikarchiv 1990 zur bundesunmittelbaren öffentlich-rechtlichen Anstalt *Die Deutsche Bibliothek* vereinigt; im Juni 2006 erfolgte die Umbenennung in *Deutsche Nationalbibliothek* (mit den Standorten Leipzig, Frankfurt am Main und Berlin). Die deutschen Verleger sind gesetzlich verpflichtet, von jeder veröffentlichten Publikation zwei Exemplare an die Deutsche Nationalbibliothek abzuliefern, wovon je eines in Leipzig und in Frankfurt archiviert wird. Die im Ausland erscheinenden deutschsprachigen Werke werden ebenfalls in zwei Exemplaren weiterhin durch freiwillige Ablieferung durch die Verlage bzw. durch Kauf erworben. Durch diese „doppelte Sammlung" in Leipzig und Frankfurt entsteht an beiden Standorten ein (ab 1913 bzw. 1945) vollständiges Archiv der deutschen und deutschsprachigen Literatur. Die im Ausland erscheinenden Übersetzungen deutschsprachiger Werke und die ausländischen fremdsprachigen Veröffentlichungen über Deutschland werden nur in Leipzig gesammelt. Die Sammlung der in Deutschland erscheinenden Musikalien und Musiktonträger erfolgt durch Pflichtablieferung der Neuerscheinungen in zwei Exemplaren an das Deutsche Musikarchiv in Berlin, das Zweitexemplar wird in Leipzig archiviert.

Seit dem 1. Januar 1990 erfolgt die gemeinsame bibliographische Verzeichnung in der Deutschen Nationalbibliografie (DNB), diese erscheint in gedruckter Form in verschiedenen Reihen und Kumulationsstufen und steht auch online über das Internet zur Verfügung (s. u. S. 302). Die Herstellung und der Vertrieb der Deutschen Nationalbibliografie erfolgen in Frankfurt a.M. auf Grund der in Frankfurt und Leipzig erfassten Daten.

Auf der Grundlage ihres Neuzugangs erfüllt die Deutsche Nationalbibliothek damit die Aufgaben eines nationalbibliographischen Zentrums.

Die Deutsche Nationalbibliothek sammelt und verzeichnet auch audiovisuelle Medien und digitale Datenträger. Seit 2006 gehört auch die Sammlung und Erschließung von Netzpublikationen zu ihren Aufgaben. An ihren drei Standorten ist die Deutsche Nationalbibliothek eine öffentlich zugängliche Präsenzbibliothek. Am Auswärtigen Leihverkehr nimmt sie nur teil, wenn das gesuchte Werk von keiner anderen Bibliothek in Deutschland zu erhalten ist. Neben ihren Hauptbeständen verfügt sie über mehrere Sondersammlungen, z.B. über eine Sammlung der deutschen Exilliteratur von 1933 bis 1945. In Leipzig befindet sich als Abteilung der Deutschen Nationalbibliothek das *Deutsche Buch- und Schriftmuseum* mit der Funktion eines Informationszentrums für Buchkultur.

Andere Teilaufgaben großer Nationalbibliotheken, nämlich die Erwerbung eines umfangreichen Bestandes von wichtigen ausländischen Neuerscheinungen aller Wissensgebiete und die Bereitstellung eines großen Altbestandes an in- und ausländischer Literatur, werden in Deutschland von mehreren Bibliotheken wahrgenommen. Dies sind vor allem die beiden großen Universalbibliotheken von nationaler Bedeutung, die Staatsbibliothek zu Berlin und die Bayerische Staatsbibliothek in München, sowie die Zentralen Fachbibliotheken.

Staatsbibliothek zu Berlin (SBB) und Bayerische Staatsbibliothek (BSB)

Die *Staatsbibliothek zu Berlin – Preußischer Kulturbesitz* ist die Nachfolgerin der früheren Preußischen Staatsbibliothek. Diese bestand als Hofbibliothek der brandenburgischen Kurfürsten bzw. preußischen Könige und als Staatsbibliothek von 1661 bis 1947, d.h. bis zur Auflösung Preußens nach dem Zweiten Weltkrieg. Seit dem Ende des 19. Jahrhunderts war die Berliner Staatsbibliothek die größte und leistungsfähigste Bibliothek in Deutschland und übernimmt bis heute wichtige überregionale Aufgaben. Durch den Zweiten Weltkrieg und die Spaltung Deutschlands wurde sie – und ihr dezentral ausgelagerter Bestand – in zwei Teile getrennt. Die im Westen befindlichen Bestände wurden in der *Staatsbibliothek Preußischer Kulturbesitz* in Westberlin vereinigt. Die im Osten befindlichen Bestände bildeten die *Deutsche Staatsbibliothek* in Ostberlin, die zentrale Funktionen im Bibliothekswesen der DDR ausübte.

Nach der Vereinigung der beiden deutschen Staaten wurden die zwei Staatsbibliotheken 1992 zur „Staatsbibliothek zu Berlin – Preußischer Kulturbesitz" zusammengeschlossen und bilden seitdem *eine* Bibliothek in *zwei* Häusern (§ 35 des Einigungsvertrags). Haus 1 ist das 1914 bezogene

Gebäude der ehemaligen Preußischen bzw. Deutschen Staatsbibliothek an der Straße Unter den Linden, Haus 2 ist der 1979 fertig gestellte Neubau an der Potsdamer Straße.

Träger der Staatsbibliothek zu Berlin ist die Stiftung Preußischer Kulturbesitz, die 1957 zur Verwaltung für die vielfältigen kulturellen Einrichtungen des aufgelösten preußischen Staates gegründet wurde. Die Stiftung Preußischer Kulturbesitz wird vom Bund und den Ländern gemeinsam finanziert.

Die *Bayerische Staatsbibliothek* in München entstand aus der 1558 gegründeten Hofbibliothek der bayerischen Herzöge, Kurfürsten und Könige. Als süddeutsches Gegenstück zur Preußischen Staatsbibliothek war sie von 1945 bis zur Vereinigung der Berliner Staatsbibliotheken die größte Bibliothek im deutschsprachigen Raum und übernahm stets auch überregionale Aufgaben. Als Bibliothek von nationaler Bedeutung und als zentrale bayerische Landesbibliothek hat sie eine Doppelfunktion im Bibliothekswesen der Bundesrepublik. Ein besonderer Schwerpunkt der Bayerischen Staatsbibliothek liegt in der Digitalisierung ihrer herausragenden historischen Bestände.

Die Staatsbibliotheken in Berlin und München sind „Großbibliotheken" mit umfassenden Literaturbeständen, die sowohl vor Ort als auch im Auswärtigen Leihverkehr stark beansprucht werden. Ihre nationale und internationale Bedeutung beruht (1) auf ihrem großen und wertvollen Altbestand, (2) auf ihren reichhaltigen Beständen an aktueller Literatur des In- und Auslandes aller Fächer (mit bestimmten Schwerpunkten) und (3) auf den Beständen ihrer Sonderabteilungen für Orientalistik, Slawistik, Musik, Handschriften, Inkunabeln, Karten, etc. Im Rahmen ihrer überregionalen Aufgaben bearbeiten die beiden Staatsbibliotheken auch spezielle bibliographischer Verzeichnisse sowie überregional wichtige Kataloge und Normdateien. Wie die Deutsche Nationalbibliothek sind auch die Staatsbibliotheken in Berlin und München Archivbibliotheken, d.h. sie bewahren ihre Bestände unbegrenzt auf.

Die Staatsbibliothek zu Berlin besitzt in beiden Häusern insgesamt rund 10 Millionen Bände, die Bayerische Staatsbibliothek rund 9 Millionen Bände (jeweils ohne Handschriften, Mikroformen, audiovisuelle Medien und sonstige Sondermaterialien).

(2) Zentrale Fachbibliotheken

Der steigende Bedarf von Forschung und Wirtschaft an schnellen und zuverlässigen Informationen aus den praxisnahen Wissenschaften führte in den 1960er Jahren zur Errichtung von *Zentralen Fachbibliotheken*. Sie

24

wurden aus schon länger bestehenden Bibliotheken entwickelt bzw. ihnen angegliedert und bilden überregionale Mittelpunkte für die Literatur- und Informationsversorgung in ihren Fachgebieten. Heute gibt es drei Zentrale Fachbibliotheken:

- die *Technische Informationsbibliothek (TIB)* in Hannover, verbunden mit der Bibliothek der Universität Hannover, als Zentrale Fachbibliothek für Technik und ihre Grundlagenwissenschaften (Chemie, Physik, Informatik, Mathematik)
- die *Deutsche Zentralbibliothek für Medizin (ZB MED)* in Köln, gegründet aus der Medizinischen Abteilung der Stadt- und Universitätsbibliothek Köln, als Zentrale Fachbibliothek für Medizin und ihre Grundlagenwissenschaften
- die *Deutsche Zentralbibliothek für Wirtschaftswissenschaften (ZBW)*, zugleich die Bibliothek des Instituts für Weltwirtschaft an der Universität Kiel, als Zentrale Fachbibliothek für Wirtschaftswissenschaften (Volks- und Weltwirtschaft)

Die Zentralen Fachbibliotheken sammeln die in- und ausländische Literatur ihrer Fächer in größtmöglicher Vollständigkeit (auch hochspezialisierte, nichtkonventionelle und schwer beschaffbare Literatur sowie Publikationen in entlegenen Fremdsprachen), führen eine umfassende Erschließung durch und vermitteln ihre Bestände auch an auswärtige Benutzer, wobei neben dem Auswärtigen Leihverkehr vor allem der Dokumentenlieferung und dem freien Zugriff auf elektronische Publikationen (Open Access) große Bedeutung zukommt. Gerade die überaus starke Beanspruchung durch auswärtige Benutzer aus ganz Deutschland und aus dem Ausland ist charakteristisch für die Zentralen Fachbibliotheken. Als Fachbibliotheken von nationaler Bedeutung ergänzen sie die Funktionen der Universalbibliotheken von nationaler Bedeutung.

Nationale *Funktionen* in der Literaturversorgung haben in Deutschland auch diejenigen Bibliotheken übernommen, die in das von der Deutschen Forschungsgemeinschaft (DFG) geförderte System der überregionalen Literaturversorgung einbezogen sind (Überregionale Schwerpunktbibliotheken, s. u. S. 135), auch wenn sie nach ihrer Hauptaufgabe nicht als Bibliotheken von nationaler Bedeutung bezeichnet werden können. Das gleiche gilt für die an der „Arbeitsgemeinschaft Sammlung deutscher Drucke" beteiligten Bibliotheken, die historische Druckschriften jeweils für eine bestimmte Epoche sammeln und damit ein nationales Archiv der älteren deutschen Literatur aufbauen (s. u. S. 136).

b) Landesbibliotheken und andere Regionalbibliotheken

Eine für Deutschland mit seiner Gliederung in Bundesländer und Landesteile typische Bibliotheksart sind die *Regionalbibliotheken*, d.h. die Bibliotheken mit vorwiegend regionalen Aufgaben. Eine *Region* kann sein

– ein Bundesland
– ein größerer Teil eines Bundeslandes
– ein Regierungsbezirk
– eine Stadt und ihr Umland

Beispiele für entsprechende Regionalbibliotheken sind

– die Staats- und Universitätsbibliothek Bremen und die Landesbibliothek Mecklenburg-Vorpommern in Schwerin
– die Badische Landesbibliothek in Karlsruhe, Regionalbibliothek für den Landesteil Baden des Landes Baden-Württemberg
– die Staatsbibliothek Bamberg, Regionalbibliothek für den Regierungsbezirk Oberfranken, und die Rheinische Landesbibliothek Koblenz, Regionalbibliothek für den Regierungsbezirk Koblenz
– die (Wissenschaftlichen) Stadtbibliotheken Braunschweig und Ingolstadt, zuständig für ihre jeweiligen Stadtbereiche

Landesbibliotheken

Die für ein Bundesland, einen größeren Landesteil oder einen Bezirk zuständigen Regionalbibliotheken führen häufig die Bezeichnung *Landesbibliothek*, teilweise auch *Staatsbibliothek* oder *Staatliche Bibliothek*. Sie sind meist aus früheren fürstlichen Hofbibliotheken entstanden, die zum großen Teil schon im 16., 17. oder 18. Jahrhundert gegründet wurden. Einige Landesbibliotheken sind zuständig für Regionen, die früher selbstständige Länder waren (z.B. Oldenburg, Detmold, Wiesbaden, Karlsruhe, Coburg). Als Universalbibliotheken mit umfangreichen Literaturbeständen, meist auch mit wertvollen Beständen von Handschriften, Inkunabeln und alten Drucken, bilden die Landesbibliotheken Mittelpunkte für die Literaturversorgung ihrer Regionen. Dabei lassen sich zwei landesbibliothekarische Hauptaufgaben unterscheiden.

Versorgung der Region mit wissenschaftlicher Literatur

Hier geht es um die Deckung des Bedarfs an wissenschaftlicher Literatur, der außerhalb der Universitäten und Hochschulen auftritt und einerseits nicht von den Stadtbibliotheken befriedigt werden kann, sich aber andererseits nicht auf hochspezialisierte Forschungsliteratur bezieht, die von überregional wichtigen Bibliotheken bezogen werden muss. Für die Literaturversorgung der Region stellen die Regionalbibliotheken ihre Bestände zur Ausleihe am Ort oder im Auswärtigen Leihverkehr zur Verfügung und vermitteln durch den Leihverkehr auch die Bestände anderer Bibliotheken.

Sammlung, Erschließung und Bereitstellung der Regionalliteratur

Mit dem Begriff *Regionalliteratur* bezeichnet man (a) die Literatur aus der Region, d.h. die *in* der Region veröffentlicht wurde (diese Literatur kommt in der Regel durch regionale Pflichtablieferung in die Landesbibliothek), und (b) die Literatur *über* die Region, d.h. die landeskundliche Literatur unabhängig von ihrem Erscheinungsort. Die Sammlung der landeskundlichen Literatur ist meist verbunden mit ihrer Erschließung in einer *Regional-* bzw. *Landesbibliographie*, d.h. einem Verzeichnis der landeskundlichen Literatur (s. u. S. 306). So wird z.B. die „Niedersächsische Bibliographie" von der Niedersächsischen Landesbibliothek in Hannover bearbeitet und herausgegeben. Mit der *Virtuellen Deutschen Landesbibliographie* bieten die deutschen Landesbibliotheken einen gemeinsamen Sucheinstieg für alle Landesbibliographien an.

Die Regionalliteratur wird in den Landesbibliotheken „archiviert", d.h. für unbegrenzte Zeit aufbewahrt. Die Landesbibliotheken haben also neben der *Gebrauchsfunktion* auch eine *Archivfunktion*. Die durchschnittliche Bestandsgröße der Landesbibliotheken und Staatlichen Bibliotheken liegt ungefähr zwischen 100 000 und 3 Millionen Bänden.

Die Regionalbibliotheken sammeln auch Nachlässe von bedeutenden Persönlichkeiten ihres Zuständigkeitsbereichs und tragen durch Veranstaltungen und Ausstellungen zum kulturellen Leben in der Region bei.

Landesbibliothekarische Aufgaben können mit denen einer Universitätsbibliothek kombiniert sein. Solche Bibliotheken mit einer Doppelfunktion heißen meist „Universitäts- und Landesbibliothek" oder „Staats- und Universitätsbibliothek". Beispiele sind die Thüringer ULB Jena oder die SUB Hamburg. Einige dieser Bibliotheken haben Regionalfunktionen nur für einen Landesteil oder Bezirk, so die ULB Münster für Westfalen oder die UB Würzburg für Unterfranken.

Wissenschaftliche Stadtbibliotheken

Die Wissenschaftlichen Stadtbibliotheken, die ebenfalls zu den Regionalbibliotheken gerechnet werden, sind im Gegensatz zu den Landesbibliotheken *kommunale* Einrichtungen. Im Unterschied zu den Stadtbibliotheken vom Typ Öffentliche Bibliotheken besitzen sie überwiegend wissenschaftliche Literatur, oft mit wertvollen Altbeständen. Manche sind schon vor mehreren Jahrhunderten gegründet worden. In einigen Fällen sind die Wissenschaftlichen Stadtbibliotheken mit dem örtlichen Stadtarchiv verbunden.

Die Hauptaufgaben der Wissenschaftlichen Stadtbibliotheken entsprechen – allerdings im kleineren Rahmen und auf das Stadtgebiet bezogen – den geschilderten Aufgaben der Landesbibliotheken. Die Wissenschaftlichen Stadtbibliotheken versorgen die Einwohner der Stadt und ihres Umlandes mit (nichtspezialisierter) wissenschaftlicher Literatur und sammeln die über ihre Stadt erschienenen Veröffentlichungen, die oft in Sonderkatalogen oder in einer Bibliographie erschlossen werden.

Auch die Wissenschaftlichen Stadtbibliotheken haben neben der Gebrauchsfunktion eine Archivfunktion für die über die Stadt erschienene Literatur. Die durchschnittliche Bestandsgröße liegt bei rund 100 000 bis 600 000 Bänden.

Einige Stadtbibliotheken erfüllen zusätzlich regionale Aufgaben für den umliegenden Bezirk oder das Bundesland, z.B. die Staats- und Stadtbibliothek Augsburg für den Regierungsbezirk Schwaben, die Stadtbibliothek Trier für den Regierungsbezirk Trier, die Stadt- und Landesbibliothek Potsdam für Brandenburg.

Wissenschaftliche Stadtbibliotheken in reiner Form gibt es heute nur noch wenige. Einige sind mit einer Universitätsbibliothek vereinigt worden, so z.B. die Universitäts- und Stadtbibliothek Köln, andere früher selbstständige Wissenschaftliche Stadtbibliotheken, z.B. die Stadtbibliotheken Leipzig, Nürnberg und Lübeck, sind in das System der Öffentlichen Bibliotheken der Stadt integriert worden. In anderen Großstädten, wo nie eine alte Wissenschaftliche Stadtbibliothek existiert hat, werden ihre Aufgaben von großen Stadtbibliotheken vom Typ der Öffentlichen Bibliothek erfüllt.

Mischtypen und Sonderformen

Bibliotheken mit der Doppelfunktion als Universitäts- und Landesbibliothek oder Staats- und Universitätsbibliothek sind bereits erwähnt worden. Darüber hinaus haben einige Landesbibliotheken für bestimmte Fächer die Literaturversorgung der örtlichen Universität als zusätzliche Aufgabe übernommen, so z.B. die Niedersächsische Landesbibliothek in Hannover für die geistes- und sozialwissenschaftlichen Fachbereiche der Universität.

Die Bayerische Staatsbibliothek wird wegen ihrer Größe und Bedeutung nicht zu den Regionalbibliotheken, sondern zu den Bibliotheken von nationaler Bedeutung gezählt, obwohl sie auch die Funktion der zentralen Bayerischen Landesbibliothek wahrnimmt.

Einige frühere Landesbibliotheken mit wertvollen historischen Buchbeständen sind zu Forschungsbibliotheken mit speziellen Schwerpunkten weiterentwickelt worden, so vor allem die Herzog-August-Bibliothek in Wolfenbüttel mit den Schwerpunkten Barock und europäische Kulturgeschichte und die im September 2004 bei einem Brand schwer beschädigte Herzogin-Anna-Amalia-Bibliothek in Weimar mit den Schwerpunkten deutsche Literatur- und Kulturgeschichte, besonders für die Zeit der deutschen Klassik (1750–1850).

c) Universitäts- und Hochschulbibliotheken

Zu den Universitäts- und Hochschulbibliotheken gehören die Bibliotheken der Universitäten, Technischen Universitäten, der sonstigen wissenschaftlichen Hochschulen und der Fachhochschulen. Ihre Hauptaufgabe besteht darin, ihre Universität oder Hochschule mit Literatur zu versorgen, d.h. die von den *Hochschulangehörigen* (Professoren, Dozenten, Assistenten, Studenten) benötigte Literatur zu erwerben, zu erschließen und zur Verfügung zu stellen. Sie dienen dabei sowohl der Lehre als auch der Forschung. Die Publikationen aller an der Hochschule oder Universität vertretenen Fachgebiete werden in breitem Umfang gesammelt. Demgemäß sind die Bibliotheken der meisten Universitäten Universalbibliotheken, die Bibliotheken der Fachhochschulen und anderer, einer bestimmten Fachrichtung angehörenden Hochschulen Spezialbibliotheken. Die Größe der Bestände ist sehr unterschiedlich, sie schwankt zwischen 100 000 und mehreren Millionen Bänden.

Universitätsbibliotheken können auch von Nicht-Universitätsangehörigen genutzt werden. Dadurch tragen die meisten Universitätsbibliotheken zur lokalen und regionalen Literaturversorgung bei. Eine ausdrückliche Doppelaufgabe für Universität und Land bzw. Stadt erfüllen, wie bereits erwähnt, die Universitäts- und Landesbibliotheken (auch Staats- und Universitätsbibliotheken) bzw. Stadt- und Universitätsbibliotheken.

Duale (zweischichtige) Literaturversorgung in Universitäten

An den älteren Universitäten war die Literaturversorgung früher so organisiert, dass eine zentrale Bibliothek (die eigentliche *Universitätsbibliothek*) und eine große Zahl von selbstständigen fachlichen *Institutsbibliotheken* (auch Seminar-, Klinik- oder Lehrstuhlbibliotheken) unverbunden nebeneinander bestanden. Dabei war der Medienbestand der zentralen Universitätsbibliothek in geschlossenen Magazinen untergebracht, während die Bücher der Institutsbibliotheken meist als Freihandbestände aufgestellt waren. Die Universitätsbibliothek fungierte vorwiegend als Ausleihbibliothek, die Institutsbibliotheken waren in der Regel Präsenzbibliotheken.

Das entscheidende Merkmal dieser dualen Literaturversorgung war die *Unabhängigkeit der Institutsbibliotheken* von der zentralen Universitätsbibliothek (UB). Die Institutsbibliotheken wurden nicht vom Direktor der UB, sondern vom Vorstand des Instituts geleitet und verwaltet. Die Zuteilung der Erwerbungsmittel für die Institutsbibliotheken erfolgte direkt an die Institute, nicht an die UB und auch das Personal unterstand dem Institutsvorstand, nicht dem Bibliotheksdirektor.

Der *Vorteil* dieser dualen oder zweischichtigen Literaturversorgung bestand darin, dass sich zentrale UB und Institutsbibliotheken im Sinne eines umfassenden Medienangebots *ergänzten*. In den Bibliotheken der Institute konnte die aktuelle Fachliteratur, die durch Professoren oder Assistenten ausgewählt wurde, relativ schnell beschafft werden und war damit sofort verfügbar. In der zentralen UB wurden die fächerübergreifende Literatur, die Lehrbuchliteratur und Teile der neueren Fachliteratur erworben; gemeinsam mit der älteren Literatur standen diese Bestandsgruppen als Ausleihbestand zur Verfügung. Darüber hinaus betreute die UB die Sonderbestände (Handschriften, Karten, etc.) und erbrachte zentrale Dienstleistungen wie Fernleihe, Auskunfts- und Bibliographierdienst.

Die *Nachteile* der dualen oder zweischichtigen Literaturversorgung lagen darin, dass Universitätsbibliothek und Institutsbibliotheken meist *beziehungslos* nebeneinander standen, es also keine Abstimmung bei der Erwerbung gab und daher viele unnötige Doppel- oder Mehrfachanschaffungen vorkamen. Häufig wurden die in den Instituten vorhandenen Bücher nicht in den Gesamtkatalog der Universitätsbibliothek eingearbeitet, weshalb keine Übersicht über die gesamten Bestände der Universität möglich war. Zum Teil wurden die Bücher der Institute unsachgemäß verwaltet und häufig waren nur die Institutsangehörigen als Benutzer der Institutsbibliotheken zugelassen.

Vom dualen zum kooperativen Bibliothekssystem

Mit dem Ziel, diese Nachteile des dualen Systems zu beseitigen, wurden auch an den älteren Universitäten große Anstrengungen unternommen, um das unverbundene Nebeneinander von Universitätsbibliothek und Institutsbibliotheken zu überwinden. Grundlage der Bestrebungen, die bibliothekarischen Arbeitsabläufe besser aufeinander abzustimmen, sind die Hochschulgesetze der Bundesländer, die davon ausgehen, dass die Universitätsbibliothek eine zentrale Einrichtung der Universität darstellt, die unter *einer* Leitung neben der zentralen Bibliothek auch die dezentralen Teilbibliotheken umfasst. So haben sich in den meisten Fällen aus den dualen Bibliothekssystemen *kooperative* oder *koordinierte Bibliothekssysteme* entwickelt, in denen Universitätsbibliotheken und Institutsbibliotheken durch eine mehr oder minder intensive *Zusammenarbeit* verbunden sind.

Merkmale eines kooperativen Bibliothekssystems sind vor allem der Aufbau eines gemeinsamen Bibliothekskatalogs aller Medienbestände der Universität, die Übertragung bibliothekarischer Aufgaben von den Institutsbibliotheken auf die Universitätsbibliothek (z.B. die Katalogisierung von Instituts-Neuerwerbungen durch Fachkräfte der UB) sowie die Abstimmung der Erwerbung zwischen Universitätsbibliothek und Institutsbibliotheken, zumindest bei Zeitschriften und teuren Werken, um so die vorhandenen Geldmittel wirtschaftlicher einzusetzen. Selten benutzte Bücher werden aus den Institutsbibliotheken ausgesondert und an die Universitätsbibliothek überführt. Soweit räumlich und organisatorisch möglich, werden Institutsbibliotheken zu größeren Teilbibliotheken zusammengefasst. Der Bibliotheksdirektor der UB hat die Fachaufsicht über die dezentralen Bibliotheken, meist auch die Dienstaufsicht über die dort tätigen Mitarbeiter. Das Ziel solcher Maßnahmen ist die Verbesserung der Literaturversorgung der gesamten Hochschule.

Integrierte (einschichtige) Bibliothekssysteme in Universitäten

Um die Nachteile des dualen Bibliothekssystems zu vermeiden, hat man bei den Universitäts-Neugründungen in der alten Bundesrepublik seit Mitte der 1960er-Jahre und – in ähnlicher Form auch in der DDR – neue Wege beschritten. Alle bibliothekarischen Einrichtungen der Universität wurden als *Einheit* organisiert. Die Universitätsbibliothek umfasst die gesamten Medienbestände der Universität und gliedert sich in eine *Zentralbibliothek* bzw. eine *Bibliothekszentrale* und mehrere fachliche *Teilbibliotheken, Zweigbibliotheken, Bereichsbibliotheken* oder *Fachbibliotheken* (meist Fachbereichs- oder Fakultätsbibliotheken).

Alle Bestandteile und alle Mitarbeiter dieses integrierten oder „einschichtigen" Bibliothekssystems stehen unter der Leitung des Bibliotheksdirektors. Selbstständige Institutsbibliotheken gibt es nicht. Die gesamten Erwerbungsmittel werden der Universitätsbibliothek (nicht den Teilbibliotheken) zugewiesen und erst dann aufgeteilt. Die Teilbibliotheken dieser Universitäten sind in der Regel größer als die Institutsbibliotheken der alten Universitäten, da ein Fachbereich fast immer mehrere Fächer umfasst und manchmal mehrere Fachbereiche eine gemeinsame Teilbibliothek besitzen. Das Gebäude der Zentralbibliothek befindet sich meist im Zentrum des Universitätsgeländes, die Teilbibliotheken sind oft räumlich dezentral, d.h. bei den einzelnen Fachbereichen, untergebracht.

In einem einheitlichen universitären Bibliothekssystem sind die bibliothekarischen *Tätigkeiten* zwischen der Zentralbibliothek (bzw. der Bibliothekszentrale) und den Teilbibliotheken *aufgeteilt* und aufeinander *abge-stimmt.* Die Medienauswahl geschieht in Zusammenarbeit zwischen den Fachreferenten der Bibliothek und den Professoren der Universität; sie wird gegebenenfalls durch die Zentralbibliothek koordiniert, ergänzt oder modifiziert, um einen ausgewogenen Bestandsaufbau und eine sinnvolle Mittelverwendung sicherzustellen. Die Arbeiten, die besser zentral aus-geführt werden, also die Medienbeschaffung, die Zugangs- und die Rech-nungsbearbeitung, die Katalogisierung sowie die sonstige Medienbearbei-tung, werden in der Zentralbibliothek vorgenommen. Die Aufstellung und die Benutzung der Bücher sowie die Auskunftserteilung und die Beratung erfolgen sowohl in den Teilbibliotheken, in deren Lesesälen die Bücher als Freihandbestände aufgestellt sind, als auch in der Zentralbibliothek, wo eine Aufstellung im Lesesaal, in der Lehrbuchsammlung oder im Magazin erfolgt. Im Katalog wird der gesamte Medienbestand der Universität nach-gewiesen, alle Teile des Bibliothekssystems besitzen ein einheitliches Aufstellungs- und Signaturenschema und sind für jeden Universitäts-angehörigen zugänglich und benutzbar.

Es lassen sich zwei Grundformen des integrierten Bibliothekssystems einer Universität unterscheiden, je nachdem, ob eine Zentralbibliothek (mit eige-nen umfangreichen Beständen) oder lediglich eine Bibliothekszentrale vorhanden ist. Im ersten Fall besitzt die *Zentralbibliothek* einen eigenen Lesesaal, allgemeine Informationsbestände (Nachschlagewerke, Allgemein-bibliographien, fächerübergreifende Literatur), eine Lehrbuchsammlung sowie einen großen Magazinbestand mit seltener gebrauchter allgemeiner bzw. fachlicher Literatur. Die Bestände der Zentralbibliothek sind über-wiegend ausleihbar, während die Teilbibliotheken als Präsenzbibliotheken für die neuere und aktuelle Fachliteratur dienen. Im zweiten (selteneren) Fall existiert keine Zentralbibliothek, sondern nur eine *Bibliothekszentrale* als Informations-, Verwaltungs- und Dienstleistungszentrum für die zent-ralen bibliothekarischen Arbeiten. Der gesamte Medienbestand ist (fast) vollständig auf die Bereichsbibliotheken aufgeteilt, deren Bestände dann teilweise ausleihbar sind.

Außer an Universitäten sind integrierte Bibliothekssysteme auch an sons-tigen Hochschulen und Fachhochschulen eingerichtet worden, jeweils mit zentraler Medienbeschaffung und -bearbeitung und mit teils zentraler, teils dezentraler Buchaufstellung und Benutzung in der Zentralbibliothek und ihren Teilbibliotheken.

d) Spezialbibliotheken (Fachbibliotheken)

Während Universalbibliotheken Literatur aus allen Wissensgebieten sam-meln, beschränken sich die Spezial- oder Fachbibliotheken auf ein bestimmtes *Fachgebiet*. Sie verdanken ihre Entstehung der stetig zunehmenden Spezialisierung der Wissenschaften und der immer mehr anschwellenden Flut von wissenschaftlichen Publikationen. Neben den Institutsbibliotheken der Universitäten gehören zu den Spezialbibliotheken vor allem die Bibliotheken von wissenschaftlichen Forschungsanstalten, Archiven und Museen, die Forschungsbibliotheken großer Industrie- und Wirtschaftsunternehmen, die Bibliotheken von Gesellschaften, Vereinen und Verbänden sowie die Bibliotheken der Behörden und Parlamente. Auch die Bibliotheken von fachlich spezialisierten Hochschulen sind den Spezialbibliotheken zuzurechnen, während die Bibliotheken der meisten Technischen Universitäten dem Grenzbereich zwischen Spezialbibliotheken und Universalbibliotheken zuzuordnen sind. Besonders zahlreich sind die naturwissenschaftlichen, technischen und medizinischen Fachbibliotheken. Die durchschnittliche Bestandsgröße der Spezialbibliotheken liegt etwa bei 50 000 bis 500 000 Bänden, gelegentlich aber auch wesentlich darüber. Bereits behandelt wurden die *Zentralen Fachbibliotheken* (s. o. S. 24); sie übernehmen überregionalen Aufgaben und dienen nicht nur der Literaturversorgung einer einzelnen Institution.

Der Zweck und die Aufgabe einer Spezialbibliothek werden in der Regel durch die fachlich spezialisierte *Institution* (Forschungsinstitut, Verein, Industrieunternehmen, Behörde usw.) bestimmt, der die Bibliothek angehört. Die meisten Fachbibliotheken sind also nicht selbstständig, sondern in einen größeren Organisationszusammenhang eingefügt. Die optimale Informationsversorgung der Angehörigen dieser Institution ist die wichtigste Aufgabe der Spezialbibliotheken. Charakteristisch für die Spezialbibliotheken ist, dass sie besonders die aktuelle Literatur berücksichtigen, ihre Bestände intensiv erschließen – meist auch die unselbstständige Literatur – und vielfach spezielle, nicht im Buchhandel erhältliche „Graue Literatur" erwerben, z.B. Geschäftsberichte, Statistiken, Gutachten, Forschungsberichte von amtlichen Forschungsstellen oder Firmen („Reports") und Patentschriften. Mindestens so wichtig wie die Erschließung und Bereitstellung des eigenen Bestandes ist die Vermittlung von Literatur und Informationen aus externen Quellen und Beständen, dies geschieht vor allem durch den Zugriff auf lizenzierte Online-Produkte und die Nutzung von Dokumentenlieferdiensten.

One-Person-Libraries

Viele kleinere Spezialbibliotheken werden von einer einzigen bibliothekarischen Fachkraft geleitet und verwaltet, die allenfalls durch weiteres nichtfachliches Personal unterstützt wird. Die Bibliothekare solcher One-Person-Libraries (OPL, *Ein-Personen-Bibliotheken*) müssen als „Einzelkämpfer" besondere Schwierigkeiten bewältigen. Ein typisches Problem ist die berufliche Isolation, die durch Kontakte zu Kollegen anderer Bibliotheken und durch Teilnahme an Fortbildungsveranstaltungen und Fachkongressen gemildert werden kann. Für den Bibliothekar einer OPL sind eine effektive Selbstorganisation, der Aufbau guter Beziehungen zur Leitung und zu den Mitarbeitern der Trägereinrichtung sowie der Einsatz moderner Informations- und Kommunikationsmittel von großer Wichtigkeit. In den letzten Jahren sind Kommissionen, Arbeitsgruppen und Netzwerke von OPL-Bibliothekaren entstanden, die ihre Arbeit unterstützen und den Erfahrungsaustausch fördern.

e) Öffentliche Bibliotheken

Die Öffentlichen Bibliotheken haben die Aufgabe, Literatur, Medien und Informationen für die *gesamte Bevölkerung* zur Verfügung zu stellen und so der allgemeinen Information, der allgemeinen, politischen und beruflichen Bildung sowie der Unterhaltung und den Freizeitinteressen der Bevölkerung zu dienen. In ihrem Bestand führen die Öffentlichen Bibliotheken Sachbücher aus allen Bereichen des Wissens, Fachbücher zur beruflichen Aus- und Fortbildung, Informationsliteratur (Nachschlagewerke, Lexika, Bibliographien), Zeitungen und Zeitschriften sowie Werke der Belletristik (Romane, Erzählungen, Lyrik, Dramen) einschließlich der Unterhaltungsliteratur. Viele Öffentliche Bibliotheken besitzen auch Bestände an wissenschaftlichen Werken. Die meisten Öffentlichen Bibliotheken verfügen über eine eigene Abteilung für Kinder- und Jugendbücher.

In zunehmendem Maß bieten die Öffentlichen Bibliotheken nicht nur Bücher, sondern auch andere Materialien an, vor allem audiovisuelle Medien wie Audio-CDs, Videokassetten und DVDs. Die Bezeichnung „Bibliothek" wird daher zuweilen durch den Begriff „*Mediathek*" ersetzt, vor allem bei Schulbibliotheken, da hier audiovisuelle Medien als Unterrichts- und Lernmaterialien besonders wichtig sind. Auch Spiele werden in vielen Öffentlichen Bibliotheken ausgeliehen („Ludothek"), zuweilen auch Werke der zeitgenössischen Kunst („Graphothek", „Artothek", „Bilderausleihdienst"). Für ausländische und an Fremdsprachen interessierte Benutzer werden Medien in Fremdsprachen bereitgehalten. Wie die Wissenschaftlichen Bibliotheken bieten auch fast alle Öffentlichen Bibliotheken ihren Benutzern freien Zugang zum Internet. Eine zunehmend wichtige Rolle spielen elektronische Publikationen auf Datenträgern und die Literatur- und Informationsvermittlung durch den Zugriff auf lizenzierte Online-Ressourcen.

Abgesehen von den großen Stadtbibliotheken haben die Öffentlichen Bibliotheken in der Regel *keine Archivaufgabe*, d.h. die inhaltlich überholte oder zerlesene Literatur wird laufend ausgesondert. Dadurch können die Bestände aktuell und überschaubar gehalten werden. Charakteristisch für die Öffentlichen Bibliotheken ist die Darbietung der Medien in *Freihand-aufstellung* und das Bemühen, durch Öffentlichkeitsarbeit neue Benutzer zu gewinnen.

Die *Bestandsgröße* der Öffentlichen Bibliotheken ist sehr unterschiedlich. Sie reicht von etwa 10 000 Bänden in kleinen Gemeinde- und Stadtteil-büchereien bis zu Hunderttausenden von Bänden in großstädtischen Zentralbibliotheken. Als Richtschnur gilt, dass doppelt so viele Medien verfügbar sein sollten wie die Gemeinde Einwohner hat.

Fast immer leisten Öffentliche Bibliotheken einen eigenständigen Beitrag zur Kulturarbeit der Kommunen. Sie führen kulturelle Veranstaltungen und Projekte in eigener Regie durch, arbeiten mit den Kultur-, Bildungs- und Sozialinstitutionen im Einzugsbereich zusammen und beteiligen sich an deren Projekten und Veranstaltungen. In Städten wirken die Öffentlichen Bibliotheken durch ihre Dienstleistungen sowie durch Veranstaltungen und Ausstellungen am kulturellen Leben mit; in kleinen Gemeinden ist die Bibliothek nicht selten die einzige kommunale Kultureinrichtung.

Die Öffentlichen Bibliotheken werden nicht vom Staat, sondern von den *Kommunen (Städten, Gemeinden* und *Landkreisen)* unterhalten. Allerdings fördern die Länder das kommunale Öffentliche Bibliothekswesen, indem sie finanzielle *Zuschüsse* gewähren und *Staatliche Büchereistellen* (Fach-stellen, Beratungsstellen) einrichten, die bei der Gründung, dem Bau und dem Betrieb von Gemeindebibliotheken beratend mitwirken und die vom Staat gewährten Zuschüsse verteilen. In der Regel sind die Staatlichen Fachstellen nur für die kommunalen Bibliotheken *kleinerer und mittlerer Orte* zuständig, d.h. nicht für die kreisfreien Städte bzw. die Großstädte mit mehr als 100 000 Einwohnern.

Städtische und ländliche Bibliothekssysteme

Die Öffentlichen Bibliotheken größerer Städte bilden heute zumeist *Biblio-thekssysteme* mit einer großen *Zentralbibliothek* (Zentralbücherei, Haupt-bücherei) und mehreren *Zweigbibliotheken* (Zweigbüchereien, Stadtteil-büchereien) unter einheitlicher Leitung. Gegebenenfalls sind zwischen Zentralbibliothek und Zweigbibliothek auf der Ebene der Stadtbezirke *Bezirksbibliotheken* zwischengeschaltet, die für die ihnen zugeordneten Zweigbibliotheken Leitungsfunktionen ausüben. Innerhalb eines solchen großstädtischen Bibliothekssystems übernimmt die Zentralbibliothek die Medienerwerbung, die Inventarisierung, die Katalogisierung und die sonstige Medienbearbeitung, so dass die neuerworbenen Medien bereits ausleihfertig in die einzelnen Zweigbibliotheken gelangen. Über die Zentralbibliothek wird in der Regel auch der Leihverkehr für das ganze System zentral vermittelt. Teilweise werden in den Städten *Fahrbibliotheken* (Bücherbusse) eingerichtet, die der Literaturversorgung von Randbezirken des Stadtgebietes dienen und oft auch Schulen und Altenheime mit Medien versorgen.

Die Entwicklung vergleichbarer Bibliothekssysteme *auf dem Land,* wo die bestehenden Büchereien oft von nebenamtlichen Kräften geleitet werden, ist in Deutschland noch nicht abgeschlossen. Jedoch gibt es eine erhebliche Zahl von Bibliothekssystemen für die Medienversorgung einzelner Landesteile oder Landkreise. Ebenso wie bei den großstädtischen Bibliothekssystemen liegt auch bei den *ländlichen* oder *regionalen Bibliothekssystemen* der Vorteil darin, dass eine Reihe von Arbeiten in einer zentralen Stelle, z.B. in einer *Kreisbibliothek,* vorgenommen werden können, so dass die Bücher bereits bearbeitet und ausleihfertig in die einzelnen Gemeindebibliotheken gelangen. In manchen Regierungsbezirken werden diese zentralen Arbeiten durch einen *Regionalen Bibliotheksverband* durchgeführt, der von den Landkreisen, Städten und Gemeinden des Bezirks getragen wird. Eine umfassende Literaturversorgung ländlicher Orte kann nur durch einen von einer zentralen Stelle vermittelten Leihverkehr sichergestellt werden. Eine wichtige Rolle im ländlichen Bibliothekswesen spielen die *Fahrbibliotheken,* die meist von Landkreisen betrieben werden und jeweils zahlreiche Gemeinden versorgen, in denen sich keine ortsfeste Bücherei befindet.

Neben den Öffentlichen Bibliotheken der Kommunen ist in Deutschland auch das *kirchliche Bibliothekswesen* stark entwickelt. Die Gemeinde- und Pfarrbüchereien der evangelischen und katholischen Kirche sind in kleinen Gemeinden oft die einzige Bibliothek am Ort und übernehmen in diesen Fällen auch Aufgaben der kommunalen Öffentlichen Bibliotheken.

f) Sonderformen des Öffentlichen Bibliothekswesens

Innerhalb des Öffentlichen Bibliothekswesens gibt es spezielle Arbeitsbereiche, die sich der Literatur-, Medien- und Informationsversorgung bestimmter Benutzergruppen widmen.

Kinder- und Jugendbibliotheken

Von besonderer Bedeutung sind die *Kinder- und Jugendbibliotheken,* die in der Regel innerhalb einer Öffentlichen Bibliothek als eigene Abteilung für Kinder und Jugendliche eingerichtet sind, gelegentlich aber auch als räumlich und organisatorisch selbstständige Bibliotheken vorkommen. Die Bibliotheksarbeit mit Kindern und Jugendlichen erfordert Fachkräfte mit speziellen Kenntnissen und Fähigkeiten. Die Entwicklungsstufen von Kindern und Jugendlichen, ihre spezifischen Interessen und Bedürfnisse sowie die Anforderungen der verschiedenen Schulformen müssen bei der Medienauswahl berücksichtigt werden. Eine große Rolle spielen hier auch altersgerechte Beratung, Information und Anleitung zur Benutzung sowie die Durchführung von speziellen Veranstaltungen für Kinder und Jugendliche.

Schulbibliotheken

Die *Schulbibliotheken* haben in den letzten Jahrzehnten in Deutschland einen beachtlichen Aufschwung genommen. In vielen Schulen und Schulzentren wurden einheitliche, teilweise von Fachkräften betreute Schulbibliotheken errichtet, deren frei zugängliche Bestände (vor allem Sach- und Fachbücher, Lexika, Belletristik, Kinder- und Jugendliteratur, Zeitungen und Zeitschriften, audiovisuelle Medien) von Lehrern und Schülern gemeinsam genutzt werden und sowohl im Unterricht als auch für die selbstständige Beschäftigung oder Gruppenarbeit außerhalb des Unterrichts verwendet werden können. Die bibliothekarische Arbeit muss sich in Schulbibliotheken vor allem an den pädagogischen Erfordernissen und am Informations- und Lesebedürfnis der Schüler orientieren. Wichtig ist hierfür eine enge Zusammenarbeit zwischen Bibliothekaren und Lehrern. Auch eine intensive Kooperation von Schulbibliotheken und Öffentlichen Bibliotheken ist von großer Bedeutung. In einigen Städten wurden die Schulbibliotheken daher in das System der Öffentlichen Bibliotheken einbezogen. Hilfe beim Auf- und Ausbau von Schulbibliotheken leisten die *Schulbibliothekarischen Arbeitsstellen*, die an manchen Stadtbibliotheken und an Staatlichen Büchereistellen eingerichtet wurden.

Musikbibliotheken

Kommunale *Musikbibliotheken* wenden sich in erster Linie an Musikausübende und Musikinteressierte, sie dienen also nicht so sehr wissenschaftlichen Bedürfnissen als vielmehr der Musikpraxis. Musikbibliotheken bieten neben musikalischer Fachliteratur vor allem Musikalien (Noten) und Tonträger an. Der Umfang und die Art der Bestände richten sich nach den örtlichen Voraussetzungen, wobei die Benutzungsansprüche in Gemeinden mit Musikschulen, Orchestern, Musikvereinen usw. steigen.

Werkbibliotheken

Werkbibliotheken sind Büchereien, die zum Zweck der Information, Bildung und Unterhaltung der Mitarbeiter in Betrieben (vor allem Industriebetrieben) von der Werkleitung eingerichtet werden. Sie sind nicht zu verwechseln mit den wissenschaftlichen Spezialbibliotheken, die in großen

Industrieunternehmen für Forschungs- und Entwicklungszwecke betrieben werden, sondern sie erfüllen die Aufgaben einer Öffentlichen Bibliothek für das Personal des Werks. Bibliotheken dieses Typs existieren heute nur noch sehr selten.

Soziale Bibliotheksarbeit

In vielen Städten bildet die *Soziale Bibliotheksarbeit* einen wichtigen Bestandteil bibliothekarischer Dienstleistungen. Darunter versteht man die bibliothekarische Betreuung von Menschen in besonderen Lebenssituationen und von sozialen Gruppen, die besonderer Hilfe bedürfen. So gibt es *Bibliotheken für ältere Menschen* in Altenheimen, *Krankenhausbibliotheken* für die Patienten in Krankenhäusern, *Gefängnisbibliotheken* in Strafanstalten sowie *Blindenbibliotheken*, die Bücher in Blindenschrift (meist Brailleschrift) und Hörbücher verleihen. In Städten mit vielen ausländischen Mitbürgern werden entsprechende fremdsprachige Buchbestände bereitgestellt. Für alte, kranke und gehbehinderte Menschen, die nicht mehr selbst in die Bibliothek kommen können, wurde vielerorts ein *Bücherhausdienst* geschaffen, der die Bücher in die Wohnung bringt (auch „aufsuchende Bibliotheksarbeit" oder „Bibliotheksdienst für hausgebundene Leser").

5. Bibliothekare – Beruf, Berufsgruppen, Ausbildung

a) Aufgaben und Tätigkeiten von Bibliothekaren

Die beruflichen Aufgaben und Tätigkeiten der Bibliothekare ergeben sich aus den Aufgaben der Bibliotheken und aus den Bedürfnissen der Benutzer. Bibliothekare sind Fachleute für alle Aspekte der Literatur- und Informationsversorgung. Sie sind zuständig für die Erwerbung, die Erschließung, den Nachweis und die Vermittlung von Literatur. Sie wählen Bücher und andere Medien aus, beschaffen, bearbeiten und katalogisieren diese und stellen sie zur Benutzung inner- und außerhalb der Bibliothek zur Verfügung. Bibliothekare erteilen Informationen über den Bestand der eigenen Bibliothek sowie über die überhaupt existierende Literatur, die sie bei Bedarf aus anderen Bibliotheken besorgen. Sie vermitteln Literaturnachweise, Texte, Fakten und Daten aus Print-, AV- und elektronischen Medien. Darüber hinaus schulen sie ihre Kunden in der Benutzung von Datenbanken und in allen Fragen der Informationsrecherche und tragen so wesentlich zur Informationskompetenz ihrer Benutzer bei.

Zum Beruf des Bibliothekars gehört der Kontakt zur Literatur, zu Medien und zu Informationsquellen, aber auch der Kontakt zu den Lesern und Benutzern. Der Bibliothekar muss die Welt der Medien und Informationsquellen kennen, aber auch die Wünsche und Bedürfnisse der Bibliotheksbenutzer. Seine Aufgabe ist es, dass der Benutzer das gewünschte Medium, der Informationssuchende die benötigten Informationen erhält. Die sich daraus ergebende *Vermittlerrolle* macht den spezifischen Reiz des bibliothekarischen Berufs aus. Bei aller Spezialisierung der Arbeit in den Bibliotheken steht diese Vermittlungsfunktion immer im Zentrum der bibliothekarischen Aufgaben.

Die Tätigkeiten von Bibliothekaren können im Einzelnen mehr benutzerorientiert oder mehr bestandsorientiert sein. Zu den mehr *benutzerorientierten* Tätigkeiten gehören Auskunft, Beratung, Benutzerschulung, die Bestandsvermittlung durch Ausleihe, Fernleihe, Dokumentenlieferung und Zugriff auf externe Datenbestände sowie die Organisation von Veranstaltungen. Die mehr *bestandsorientierten* Tätigkeiten umfassen die Auswahl, Erwerbung, Bearbeitung, Erschließung, Aufbewahrung und Pflege von Literatur und Medien. Sowohl benutzer- als auch bestandsorientierte Tätigkeiten können sich entweder mehr auf die *formalen* oder mehr auf die *inhaltlichen* Aspekte von Literatur und Medien beziehen. Eine große Rolle spielen komplexe Verfahren zur (formalen und sachlichen) Ordnung, Verzeichnung und Erschließung von Literatur und Informationen sowie die entsprechenden Recherchemethoden. Außerdem sind in Bibliotheken auf verschiedenen Ebenen Organisations- und Leitungsaufgaben zu erfüllen.

Berufsbild

Berufsbilder fassen Beschreibungen von Ausbildung, Tätigkeiten, Einsatzbereichen und Aufstiegsmöglichkeiten einzelner Berufe zusammen. Mit dem von der Bundesvereinigung Deutscher Bibliotheksverbände (heute Bibliothek & Information Deutschland) herausgegebenen „Berufsbild 2000. Bibliotheken und Bibliothekare im Wandel" wurde erstmals ein gemeinsames Berufsbild für Bibliothekare aller Sparten und Laufbahnen publiziert. Neben den traditionellen Anforderungen an den Beruf des Bibliothekars (methodisch-fachliche Kompetenz) betont dieses Positionspapier auch die wissenschaftlichen, sozialen, kulturellen, betriebswirtschaftlichen und technologischen Kompetenzen, die Bibliothekare heute vorweisen müssen.

b) Status von Bibliotheksmitarbeitern

Wie allgemein im Öffentlichen Dienst in Deutschland können auch an staatlichen und kommunalen Bibliotheken die Beschäftigten einen unterschiedlichen dienst- bzw. arbeitsrechtlichen Status haben; sie sind entweder als Beamte, Angestellte oder Arbeiter tätig. Beamte stehen auf Grund einer

Ernennung zu ihrem Dienstherrn (Bund, Land, Kommune) in einem öffentlich-rechtlichen Dienst- und Treueverhältnis. Angestellte und Arbeiter stehen auf Grund eines Arbeitsvertrags in einem privatrechtlichen Arbeitsverhältnis zum öffentlichen Arbeitgeber (Bund, Land, Kommune). Die Besoldung der Beamten wird durch den Bundesgesetzgeber geregelt, die Gehälter und Löhne von Angestellten und Arbeitern im Öffentlichen Dienst werden in Tarifverhandlungen zwischen Gewerkschaften und öffentlichen Arbeitgebern vereinbart.

Bei *Beamten* gibt es – je nach Vor- und Ausbildung – vier Laufbahngruppen: den einfachen, den mittleren, den gehobenen und den höheren Dienst. Den Laufbahngruppen sind (in der Besoldungsordnung A) die Besoldungsgruppen A 2 bis A 16 zugeordnet (z.B. gehobener Dienst: A 9 bis A 13). Gemeinsam für *Angestellte* und *Arbeiter* im Öffentlichen Dienst gelten seit 1. Oktober 2005 die Vergütungsgruppen des Tarifvertrags öffentlicher Dienst (TVöD für Bund und Kommunen) bzw. des Tarifvertrags öffentlicher Dienst – Länderbereich (TV-L für die Bundesländer mit Ausnahme von Hessen und Berlin) mit den Entgeltgruppen 1-15. Diese bestimmen sich nach Vorbildung, Ausbildung und Tätigkeitsmerkmalen der Angestellten und können ungefähr mit den Besoldungsgruppen bei Beamten in Beziehung gesetzt werden. So entspricht zum Beispiel die Entgeltgruppe 9 TVöD der Besoldungsgruppe A 9 (im Bibliotheksdienst: Diplombibliothekar bzw. Bibliotheksinspektor).

Bibliothekare sind in den westdeutschen Bundesländern an den Kommunalen Öffentlichen Bibliotheken überwiegend als Angestellte, an den (staatlichen) Wissenschaftlichen Bibliotheken überwiegend als Beamte tätig. In den ostdeutschen Bundesländern sind die Mitarbeiter beider Bibliothekstypen überwiegend im Angestelltenverhältnis beschäftigt.

c) Tätigkeitsbereiche, Berufsgruppen, Ausbildungen

Sowohl in Öffentlichen als auch in Wissenschaftlichen Bibliotheken lassen sich – in Entsprechung zu den vier Laufbahngruppen der Beamten – jedoch unabhängig vom dienst- bzw. arbeitsrechtlichen Status, vier *Tätigkeitsbereiche* auf vier *Qualifikationsebenen* unterscheiden, denen gemäß der jeweiligen Vor- und Ausbildung entsprechende *Berufsgruppen* zuzuordnen sind:

1. Ebene – Bereich der Anlerntätigkeiten
2. Ebene – Tätigkeitsbereich nach Berufsausbildung
3. Ebene – Tätigkeitsbereich nach FH-Studium bzw. Bachelor-Abschluss
4. Ebene – Tätigkeitsbereich nach Universitätsstudium bzw. Master-Abschluss.

Bereich der Anlerntätigkeiten

Die Bibliotheksmitarbeiter dieser Ebene haben keine bibliothekarische Fachausbildung, sondern werden für ihre jeweilige Tätigkeit angelernt. Sie sind z.b. mit dem Einordnen und Herausnehmen (Ausheben) von Büchern und anderen Medien, der Überprüfung der Regalordnung, der Abwicklung der Ausleihe, mit Buchpflegearbeiten oder mit Aufsichtführung und Postversand beschäftigt.

Tätigkeitsbereich nach Berufsausbildung

Mit den Ausbildungen zum Bibliotheksassistenten und zum Fachangestellten für Medien- und Informationsdienste gibt es in Deutschland zwei verschiedene Ausbildungsgänge für den Beruf des Bibliothekars. Zugangsvoraussetzung ist in beiden Fällen ein Realschulabschluss oder ein qualifizierender Hauptschulabschluss.

Die zweijährige Ausbildung zum *Bibliotheksassistenten* war früher sehr verbreitet, heute wird dieser Vorbereitungsdienst für den mittleren Dienst an Wissenschaftlichen und Öffentlichen Bibliotheken nur noch in Bayern und in Schleswig-Holstein angeboten. Der Ausbildungsgang besteht aus berufspraktischen (ca. 18 Monate) und theoretischen Anteilen (ca. 6 Monaten). Diese Ausbildung findet „verwaltungsintern" statt, also im Rahmen eines beamtenrechtlichen Vorbereitungsdienstes für Beamtenanwärter; die Auszubildenden sind Beamte auf Widerruf.

1998 wurde der Ausbildungsberuf des *Fachangestellten für Medien- und Informationsdienste* (FaMI) eingerichtet, der heute nahezu bundesweit angeboten wird. Die dreijährige Berufsausbildung gliedert sich in die fünf Fachrichtungen Archiv, Bibliothek, Information und Dokumentation, Medizinische Dokumentation und Bildagentur. Gemäß der Ausbildungsverordnung besteht die dreijährige Ausbildung aus einer gemeinsamen Grundausbildung und einer ergänzenden fachrichtungsbezogenen Spezialisierung. Auch hierbei handelt es sich um eine duale Berufsausbildung, die sowohl in den Einrichtungen der gewählten Fachrichtung als auch an Berufsschulen stattfindet. Fachangestellte für Medien- und Informationsdienste der *Fachrichtung Bibliothek* können in Öffentlichen und Wissenschaftlichen Bibliotheken sowie in privatwirtschaftlichen Unternehmen arbeiten.

Alle Ausbildungsgänge dieser Berufsebene zielen darauf ab, die Auszubildenden bzw. Anwärter zu befähigen, *bibliothekarische Tätigkeiten eines mittleren Schwierigkeitsgrades* auszuführen. Dazu gehören z.B. die Vorakzession und Inventarisierung, die Buch- und Medienbearbeitung, der Auskunftsdienst, einfachere bibliographische Ermittlungen sowie Formalkatalogisierung, Ausleihe und Fernleihe, die Einführung von Benutzern oder die Leitung kleinerer Zweigstellen in Bibliothekssystemen.

Als Weiterbildungsmaßnahme für Fachangestellte für Medien- und Informationsdienste, aber auch für Seiteneinsteiger im Bibliothekssektor wird derzeit von der Deutschen Industrie- und Handelskammer und der Dienstleistungsgewerkschaft ver.di eine Aufstiegsfortbildung zum *Geprüften Fachwirt für Informationsdienste (IHK)* entwickelt. Seit 2007 liegt ein Rahmenlehrplan für diese Weiterbildungsmaßnahme vor, mit dem Inkrafttreten entsprechender Prüfungsordnungen in einzelnen Bundesländern ist ab 2008 zu rechnen. Von Seiten der bibliothekarischen Fach- und Berufsverbände wird der Fachwirt allerdings überaus kritisch betrachtet, dort setzt man sich dafür ein, FaMIs den Zugang zu den fachspezifischen Studiengängen an den einschlägigen Fachhochschulen zu eröffnen.

Tätigkeitsbereich nach Fachhochschulstudium bzw. Bachelor-Abschluss

Sehr stark im Umbruch begriffen ist derzeit die bibliothekarische Ausbildung im Rahmen eines Hochschulstudiums in Deutschland. Dieses hat zur Folge, dass eine Vielzahl von unterschiedlichen Studienmöglichkeiten nebeneinander existiert. Zulassungsvoraussetzung für alle bibliothekarischen Studiengänge ist in der Regel das Abitur oder die Fachhochschulreife.

Noch heute werden von zahlreichen Fachhochschulen Studiengänge zum *Diplom-Bibliothekar* angeboten. Meist umfassen diese Studiengänge insgesamt 6-8 Semester mit einen Praxisanteil von einem halben bis einem Jahr. Eine Sonderform der Ausbildung zum Diplombibliothekar ist das *verwaltungsinterne Studium* im Rahmen des Vorbereitungsdiensts für den gehobenen Dienst an Wissenschaftlichen Bibliotheken, das früher weit verbreitet war, heute allerdings nur noch in Bayern angeboten wird.

Im Zuge des Bologna-Prozesses und der Einführungen von gestuften Studienabschlüssen haben viele Fachhochschulen ihre Studiengänge von Diplom- auf Bachelorstudiengänge umgestellt und verleihen ihren Absolventen zumeist den Titel eines *Bachelor of Arts*. Diese Studiengänge umfassen zumeist 6 Semester und enthalten ebenfalls Praxisanteile. Weitere Fachhochschulen werden diesen Schritt in den kommenden Jahren unternehmen. Darüber hinaus bieten einzelne Fachhochschulen auch Masterstudiengänge an (Master of Arts). Durch die Umstellung der Studienstruktur wurde nicht nur eine stärkere Modularisierung der Studieninhalte erreicht, auch eine größere Vielfalt und eine Weiterentwicklung der Studieninhalte ist festzustellen und drückt sich in den unterschiedlichen Namen der Studiengänge aus (Informationsmanagement, Informations- und Wissensmanagement, Bibliotheks- und Medienmanagement, Information and Library Services, etc.).

Bibliothekare mit einer bibliothekarischen Hochschulausbildung übernehmen *schwierige bibliothekarische Tätigkeiten* sowie *Leitungsaufgaben* in Öffentlichen und Wissenschaftlichen Bibliotheken. Dazu gehören vor allem die Mitarbeit am Bestandsaufbau sowie die Formalkatalogisierung spezieller und schwieriger Literatur, die (nicht fachwissenschaftliche) Sacherschließung, komplexe bibliographische Ermittlungen, das Erstellen von Bibliographien und Informationsmaterialien, die Informationsrecherche in Datenbanken, die Benutzerschulung, ferner Tätigkeiten im IT-Bereich wie die Einrichtung von Datenbanken sowie die Betreuung von Webseiten, Netzwerken u.ä. Organisatorische Aufgaben sind im Bereich der Wissenschaftlichen Bibliotheken die Leitung von Arbeitsgruppen und Dienststellen in großen Bibliotheken sowie die Leitung von kleineren und mittleren Bibliotheken (z.B. Spezial- und Fachhochschulbibliotheken), im Bereich der Öffentlichen Bibliotheken die Leitung von Zweigbibliotheken in Großstädten sowie von Bibliotheken in Gemeinden, Klein- und Mittelstädten.

Tätigkeitsbereich nach Universitätsstudium bzw. Master-Abschluss

Die Bibliothekare dieser Tätigkeitsebene (*Wissenschaftliche Bibliothekare*) haben meist ein Universitätsstudium eines oder mehrerer Wissenschaftsfächer absolviert und zusätzlich eine bibliothekarische Ausbildung abgeschlossen. Bis vor wenigen Jahren fand diese ausschließlich als *Referendarausbildung* im Rahmen des zweijährigen verwaltungsinternen Vorbereitungsdienstes für den höheren Dienst an Wissenschaftlichen Bibliotheken statt (ein Jahr Praktikum, ein Jahr Theorie); diese Ausbildung ermöglicht den Zugang zur Beamtenlaufbahn des höheren Bibliotheksdienstes.

Eine vergleichbare Ausbildung ist heute auch außerhalb des Vorbereitungsdienstes, also „verwaltungsextern", im Rahmen eines *Masterstudiengangs* an öffentlichen Hochschulen möglich; verliehen wird meist der Titel eines Master of Arts. Solche Masterstudiengänge können entweder als direkte Fortführung von vorausgegangenen Bachelorstudiengängen oder als Weiterbildungsstudiengänge nach einer Phase der Berufspraxis konzipiert sein. Die Regelstudienzeit von Masterstudiengängen beträgt meist vier Semester. Häufig ist für die Zulassung ein gewisser Notendurchschnitt des vorangegangenen Bachelorabschlusses nötig, zum Teil sind die Masterstudiengänge auch kostenpflichtig. Einen postgradualen Masterstudiengang „Bibliotheks- und Informationswissenschaft" im Fernstudium bietet die Humboldt-Universität zu Berlin an. Bis 2007 eröffneten die an Fachhochschulen erworbenen Masterabschlüsse den Zugang zum höheren Dienst allerdings nur, wenn dies bei der Akkreditierung des Studienganges ausdrücklich festgestellt wurde, seit 2008 ermöglichen sie grundsätzlich den Zugang zum höheren Dienst.

Die in Bibliotheken auf dieser Qualifikationsebene zu erfüllenden Aufgaben sind teils wissenschaftlich-fachlicher, teils organisatorischer Natur. Zu den *fachlichen Aufgaben* zählen die typischen Tätigkeiten von *Fachreferenten*, nämlich die Auswahl von Forschungs- und Spezialliteratur bestimmter Fächer, ihre inhaltliche Erschließung, die fachliche Auskunftserteilung sowie die Erarbeitung von Fachinformationsangeboten. Spezielle Aufgaben ergeben sich bei der *wissenschaftlichen* Bearbeitung von material- oder sprachbezogenen Sonderbeständen wie Handschriften, Inkunabeln, alten Drucken und Karten, Musikalien sowie osteuropäischer, orientalischer oder ostasiatischer Literatur. Ferner sind *Planungs- und Entwicklungsaufgaben* zu erfüllen, etwa die Erstellung von Konzepten für die Bestandsentwicklung, die Entwicklung von Regelwerken und Klassifikationen, die Planung und Gestaltung von elektronischen Informationsdienstleistungen. *Organisations- und Managementaufgaben* sind auszuführen bei der Leitung großer Bibliotheksabteilungen und der Gesamtleitung großer Wissenschaftlicher und Öffentlicher Bibliotheken und Bibliothekssysteme.

Ausbildungsstätten

Die Ausbildung für einen bibliothekarischen Beruf bzw. für eine der genannten Qualifikationsstufen wird heute von zahlreichen Ausbildungsstätten in ganz Deutschland angeboten. Die wichtigsten Kategorien von bibliothekarischen Ausbildungseinrichtungen sind:

— *Universitäten.* Mit der Humboldt-Universität zu Berlin bietet nur eine einzige Universität in Deutschland bibliothekarische Studiengänge an.
— *Fachhochschulen.* Bibliothekarische Studiengänge werden von den Fachhochschulen in Darmstadt, Hamburg, Hannover, Köln, Leipzig, München, Potsdam und Stuttgart angeboten.
— *Bibliotheksschulen.* Insgesamt gibt es in Deutschland 16 Bibliotheksschulen oder einschlägige Berufsschulen, in denen zumeist Ausbildungsgänge für Fachangestellte für Medien- und Informationsdienste angeboten werden.

Umfassende Informationen über alle bibliothekarischen Ausbildungsmöglichkeiten in Deutschland gibt die Datenbank der Ausbildungsstätten, Praktikumsstätten und Studienmöglichkeiten (DAPS), die auf der Website des Berufsverbands Information Bibliothek angeboten wird.

Seit längerem besteht in Deutschland in der bibliothekarischen Ausbildung eine Tendenz zur *Zusammenfassung früher getrennter Ausbildungsgänge.*

Die Diplom- und Bachelorstudiengänge qualifizieren heute in der Regel für die Tätigkeit sowohl an Wissenschaftlichen als auch an Öffentlichen Bibliotheken. Außerdem lassen sich Verschiebungen in den Studieninhalten feststellen; Schwerpunkte liegen vor allem im Informations- und Medienmanagement, in der Informationstechnologie, in der Wissensorganisation, in der Informationskompetenz und in der Kultur- und Medienarbeit.

6. Organisationen und Institutionen des Bibliothekswesens

a) Bibliothekarische Vereine und Verbände

Personalvereine

Die bibliothekarischen Berufsgruppen in Deutschland sind heute in zwei Personalvereinen organisiert. Im 1900 gegründeten *Verein Deutscher Bibliothekare e.V.* (VDB) sind die Bibliothekare des höheren Dienstes zusammengeschlossen. Die Bibliothekare des mittleren und gehobenen Dienstes repräsentiert der *Berufsverband Information Bibliothek e.V.*, der im Jahr 2000 aus einem Zusammenschluss des *Vereins der Diplombibliothekare an Wissenschaftlichen Bibliotheken* (VdDB) und dem *Verein der Bibliothekare und Assistenten* (VBA) entstand. Der VBA seinerseits entstand erst 1997 durch eine Fusion des *Vereins der Bibliothekare an Öffentlichen Bibliotheken* (VBB) und des früheren *Bundesverein der Bibliotheksassistenten/innen und anderer Mitarbeiter/ innen an Bibliotheken* (BBA).

Die wichtigsten Ziele der bibliothekarischen Personalvereine sind:

– die Vertretung der beruflichen Interessen ihrer Mitglieder
– die Vertretung bibliothekarischer Interessen in der Öffentlichkeit
– die bibliothekarische Facharbeit und die Publikation von Fachzeitschriften
– die Organisation von Aus- und Fortbildungsangeboten
– die nationale und internationale Kooperation mit anderen Verbänden

Gemeinsam veranstalten der VDB und der BIB den Deutschen Bibliothekartag, der – jeweils im Frühjahr – an wechselnden Orten stattfindet.

Bibliotheksverbände

Neben den Personalvereinen gibt es auch bibliothekarische Vereinigungen in Form von *Zusammenschlüssen von Bibliotheken*. Der wichtigste dieser Institutionenverbände ist der *Deutsche Bibliotheksverband e.V.* (DBV), in dem Wissenschaftliche und Öffentliche Bibliotheken aller Typen vereinigt sind.

Der Deutsche Bibliotheksverband gliedert sich regional in 16 *Landesverbände* sowie – nach Bibliothekstypen – in neun *Sektionen:*

Sektion 1:	Öffentliche Bibliothekssysteme und Bibliotheken für Versorgungsbereiche von über 400 000 Einwohnern
Sektion 2:	Öffentliche Bibliothekssysteme und Bibliotheken für Versorgungsbereiche von 100 000 bis 400 000 Einwohnern
Sektion 3a:	Öffentliche Bibliothekssysteme und Bibliotheken für Versorgungsbereiche von 50 000 bis zu 100 000 Einwohnern und Landkreise mit bibliothekarischen Einrichtungen
Sektion 3b	Öffentliche Bibliothekssysteme und Bibliotheken für Versorgungsbereiche bis zu 50 000 Einwohnern und Landkreise mit bibliothekarischen Einrichtungen
Sektion 4:	Wissenschaftliche Universalbibliotheken
Sektion 5:	Wissenschaftliche Spezialbibliotheken
Sektion 6:	Überregionale und regionale Institutionen des Bibliothekswesens und Landkreise ohne bibliothekarische Einrichtungen
Sektion 7:	Konferenz der Informatorischen und Bibliothekarischen Ausbildungseinrichtungen
Sektion 8:	Werkbibliotheken, Patientenbibliotheken und Gefangenenbüchereien

Die wichtigsten Ziele des DBV sind die Wirkung der Bibliotheken in Kultur und Bildung in der Öffentlichkeit sichtbar zu machen und ihre Rolle in der Gesellschaft zu stärken. Jährlich verleiht der DBV den von der ZEIT-Stiftung gestifteten Preis Bibliothek des Jahres.

Weitere wichtige Bibliotheksverbände sind der *Verband der Bibliotheken des Landes Nordrhein-Westfalen* (VBNW), der sowohl Öffentliche als auch Wissenschaftliche Bibliotheken umfasst, sowie die *Arbeitsgemeinschaft der Spezialbibliotheken* (identisch mit der Sektion 5 des DBV). Für die kirchliche Büchereiarbeit zuständige Verbände sind der bereits 1845 gegründete *Borromäusverein e.V.* (Bonn) als Fachverband für die katholischen Büchereien (in Bayern der *St. Michaelsbund*, München) und der *Deutsche Verband Evangelischer Büchereien* e.V. (Göttingen) als Fachverband für die evangelische Büchereiarbeit.

Bibliothek & Information Deutschland

Neben den Zusammenschlüssen der Bibliothekare und der Bibliotheken gibt es mit Bibliothek & Information Deutschland (BID) auch die Bundesvereinigung der deutschen Bibliotheks- und Informationsverbände. 1989 als *Bundesvereinigung Deutscher Bibliotheksverbände* (BDB) gegründet, änderte sie 2004 – bedingt durch den Beitritt der *Deutschen Gesellschaft für Informationswissenschaft und Informationspraxis* (DGI) – ihren Namen. Bibliothek & Information Deutschland ist der gemeinsame Dachverband der Institutionen- und Personalverbände des deutschen Bibliothekswesens, der Verbände des Informationswesens und zentraler Einrichtungen der Kulturförderung in Deutschland. Die BID berät Fragen von allgemeinem bibliothekarischem und bibliothekspolitischem Interesse und koordiniert die Maßnahmen der angeschlossenen Verbände. Darüber hinaus vertritt sie die bibliothekarischen Interessen in der Öffentlichkeit. Sitz der Geschäftsstelle der BID ist Berlin.

Seit einigen Jahren veranstaltet Bibliothek & Information Deutschland jedes dritte Jahr in Leipzig den „Kongress für Information und Bibliothek", der dann anstelle des Bibliothekartags stattfindet.

Eine Tochterorganisation von BID ist *Bibliothek & Information International* (BII), sie vermittelt Auslandsaufenthalte für Bibliothekare, bietet bibliothekarische Studienreisen ins Ausland an, veranstaltet internationale Kongresse und unterstützt die internationale Kooperation von Bibliotheken.

Internationale Bibliotheksverbände

Die nationalen bibliothekarischen Vereine und Verbände sind zusammengeschlossen im *Internationalen Verband der bibliothekarischen Vereine und Einrichtungen*, nach der englischen Bezeichnung „International Federation of Library Associations and Institutions" meist kurz *IFLA* genannt. Der Verband hat die Aufgabe, die internationale Zusammenarbeit auf dem Gebiet des Bibliothekswesens zu fördern. Eine vergleichbare Funktion auf europäischer Ebene übernimmt das *European Bureau of Library, Information and Documentation Associations* (*EBLIDA*).

b) Bibliotheksverbünde

Wichtige Einrichtungen für die Bibliotheken einer Region, d.h. eines oder mehrerer Bundesländer, sind die *regionalen Bibliotheksverbünde* mit ihren *Verbundzentralen*, die seit den 1970er Jahren im Zusammenhang mit der kooperativen Katalogisierung entstanden sind. Die von den Bibliotheksverbünden betriebenen Verbundkataloge (s. u. S. 293) bilden die Grundlage der gemeinsamen Katalogisierungsarbeit, gleichzeitig dienen sie auch als wichtige bibliographische Nachweisinstrumente. Da sie zu den verzeichneten Titeldaten die jeweiligen Besitznachweise liefern, ermöglichen sie auch eine effiziente Steuerung des Auswärtigen Leihverkehrs. Über diese traditionellen Aufgaben hinaus koordinieren die Verbundzentralen heute die Verbundarbeit der Mitgliedsbibliotheken, sie bieten Fortbildungsveranstaltungen an und erfüllen zentrale Planungs- und Entwicklungsaufgaben für das bibliothekarische Serviceangebot. Von reinen Katalogverbünden entwickeln sie sich seit einigen Jahren zu *Dienstleistungsverbünden* mit einem umfassenden Angebot für die angeschlossenen Bibliotheken. Damit erhalten die Verbundzentralen die Funktion von bibliothekarischen *Servicezentren*.

Die großen Wissenschaftlichen Bibliotheken in Deutschland sind in sechs Bibliotheksverbünden zusammengeschlossen:

(1) *Bibliotheksverbund Bayern (BVB)*; die Verbundzentrale ist Teil der Bayerischen Staatsbibliothek in München.

(2) *Kooperativer Bibliotheksverbund Berlin-Brandenburg (KOBV)*; der KOBV unterhält keinen zentralen Verbundkatalog.

(3) *Gemeinsamer Bibliotheksverbund (GBV)*; dem GBV gehören Bremen, Hamburg, Mecklenburg-Vorpommern, Niedersachsen, Sachsen-Anhalt, Schleswig-Holstein und Thüringen sowie die Staatsbibliothek zu Berlin an, die Verbundzentrale befindet sich in der Niedersächsischen Staats- und Universitätsbibliothek in Göttingen.

(4) *Hessisches Bibliotheksinformationssystem (HeBIS)*; der Verbund umfasst außer Hessen einen Teil von Rheinland-Pfalz, die Verbundzentrale hat ihren Sitz an der Universitätsbibliothek Frankfurt a.M.

(5) *HBZ-Verbund (hbz)*; dem Hochschulbibliothekszentrum des Landes Nordrhein-Westfalen gehören auch Teile von Rheinland-Pfalz an, die Verbundzentrale hat ihren Sitz in Köln.

(6) *Südwestdeutscher Bibliotheksverbund (SWB)*; der SWB umfasst die Regionen Baden-Württemberg, Sachsen und das Saarland sowie einen Teil von Rheinland-Pfalz, seinen Sitz hat der SWB in Stuttgart und Konstanz.

Seit 1983 existiert die *Arbeitsgemeinschaft der Verbundsysteme*, deren wichtigste Ziele darin bestehen, die Hard- und Softwarekonzepte der einzelnen Verbünde verbundübergreifend zu koordinieren und gemeinsam innovative Dienstleistungen zu entwickeln.

c) *Kompetenznetzwerk für Bibliotheken*

Mit dem *Kompetenznetzwerk für Bibliotheken (KNB)* gründete sich 2004 ein von der Kultusministerkonferenz geförderter Zusammenschluss der wichtigsten Einrichtungen des deutschen Bibliothekswesens, die überregionale Aufgaben wahrnehmen (Bibliotheksverbände, Bibliotheksverbünde, Bibliotheken, Fachstellen und andere Organisationen). Das Kompetenznetzwerk koordiniert und übernimmt überregionale Aufgaben, die es in

dezentraler Form bearbeitet (einzelne Partner übernehmen definierte Aufgabenbereiche). Die wichtigsten derzeit betreuten Aufgabenbereiche sind:
(1) Internationale Kooperation, (2) Deutsche Bibliotheksstatistik, (3) Vertretung des deutschen Bibliothekswesens in internationalen Normungs-
gremien, (4) BIX-Bibliotheksindex, (5) Fortbildungsportal und (6) ein Internetportal für Bibliotheksinformationen. Mit den Bereichen Digitale
Bibliothek, Lebenslanges Lernen und Bibliothek sowie Schule und Lese-
förderung sind bereits weitere Aufgabengebiete geplant. Teilweise bearbeitet das Kompetenznetzwerk Aufgabenstellungen, die in der Zeit von 1978
bis 1999 vom *Deutschen Bibliotheksinstitut (DBI)* in Berlin übernommen
wurden, das nach einer umstrittenen Begutachtung durch den Wissen-
schaftsrat aufgelöst wurde.

d) ekz.bibliotheksservice GmbH

Eine wichtige zentrale Dienstleistungseinrichtung vor allem für Öffentliche Bibliotheken ist die *ekz.bibliotheksservice GmbH* (ekz) in Reutlingen,
die frühere *Einkaufszentrale für Bibliotheken*. Ihre Eigentümer sind Bundesländer, Städte und Landkreise. Die ekz unterstützt die Bibliotheksarbeit durch die Bereitstellung von Produkten und Dienstleistungen für den
Bestandsaufbau, die Bestandserschließung, die Bestandserhaltung sowie
die Bibliotheksverwaltung und -einrichtung. Mit ihren Besprechungsdiensten, die auf einer überregionalen *Lektoratskooperation* beruhen, gibt
sie den Öffentlichen Bibliotheken Unterlagen und Hilfsmittel für die
Buchauswahl an die Hand, sie bietet zentral erstellte Katalogdaten an und
liefert bibliotheksgerecht ausgestattete Bücher und andere Medien. Mit
den *Standing-Order*-Angeboten von Büchern und anderen Medien übernimmt die ekz die Auswahl von Neuerscheinungen nach bestimmten, mit
den Bibliotheken vereinbarten Kriterien. Ferner liefert sie Bibliotheks-
möbel (Regale, Tische und Stühle, Bücherwagen sowie Spezialmöbel für
die Medienpräsentation und für Kinderbibliotheken) sowie alle für die
Büchereiarbeit wichtigen Materialien. Angeboten werden auch Beratung
und Fortbildungsveranstaltungen.

e) Deutsche Forschungsgemeinschaft

Die *Deutsche Forschungsgemeinschaft (DFG)* mit Sitz in Bonn-Bad
Godesberg ist die wichtigste Förderinstitution für Wissenschaft und Forschung in der Bundesrepublik Deutschland. Sie erfüllt ihre Aufgaben
durch die Konzeption von Förderprogrammen und durch finanzielle Zu-
wendungen an Wissenschaftler und Forschungseinrichtungen. Ihre Mittel
erhält sie vom Bund und den Ländern. Da die Bibliotheken eine große

Bedeutung für Wissenschaft und Forschung haben, fördert die DFG auch das *Wissenschaftliche Bibliothekswesen*. Geldmittel der DFG werden jedoch nicht für den laufenden Betrieb einzelner Bibliotheken bereitgestellt, sondern nur für Gemeinschaftsunternehmungen der Wissenschaftlichen Bibliotheken, zentrale Einrichtungen, Modellversuche und Starthilfen für neue Projekte. So organisiert und unterstützt die DFG z.b. seit Jahren das System der überregionalen Literaturversorgung in Deutschland sowie die Erschließung von Handschriften, Nachlässen und anderen Sonderbeständen. Einen neuen Schwerpunkt bilden alle Aspekte der „Digitalen Information", in diesem Bereich will die DFG vor allem Projekte fördern, die zu einer umfassenden Informationsversorgung aller Wissenschaftsfächer im Rahmen einer einheitlichen digitalen Umgebung beitragen. Dieses neue Themengebiet umfasst die Bereiche (1) Nationallizenzen, (2) Digitalisierung, (3) Langzeitarchivierung, (4) digitale Primärdaten und (5) Open Access. Durch ihre finanzielle Förderung sowie durch Vorschläge und Empfehlungen übt die DFG einen großen Einfluss auf die Planung und Weiterentwicklung des Wissenschaftlichen Bibliothekswesens in Deutschland aus. Vorbereitet und gesteuert wird die Bibliotheksarbeit der DFG durch die *Gruppe Wissenschaftliche Literaturversorgungs- und Informationssysteme* in der Geschäftsstelle der DFG und den *Ausschuss für wissenschaftliche Bibliotheken und Informationssysteme*, der aus Vertretern der Wissenschaft und des Bibliothekswesens besteht.

7. Bibliothekarische Kooperation und zentrale Dienstleistungen

Das Bibliothekswesen der Bundesrepublik Deutschland wird nicht von einer Stelle zentral gelenkt, es ist im Gegenteil weitgehend dezentral organisiert. Dies ist eine Folge der geschichtlichen Entwicklung und der föderativen Struktur der Bundesrepublik, der Kulturhoheit der Länder sowie der Selbstverwaltung der Gemeinden. Typisch für das deutsche Bibliothekswesen ist daher die *Vielfalt selbstständiger Bibliotheken* in Trägerschaft der Kommunen, der Länder und des Bundes. Da aber keine Bibliothek auf sich allein gestellt ihre Aufgaben in vollem Umfang erfüllen kann, sind seit Langem verschiedene Formen der *Kooperation* zwischen den Bibliotheken entwickelt worden. Außerdem werden von einigen bibliothekarischen Einrichtungen *zentrale Dienstleistungen* erbracht, deren Nutzung den Bibliotheken aufwändige Eigenarbeit erspart und gleichzeitig die Leistungen der Bibliotheken qualitativ verbessert.

Im Folgenden werden einige wichtige *Beispiele* bibliothekarischer Zusammenarbeit und zentraler Dienstleistungen genannt, über die in späteren Abschnitten dieses Buches ausführlicher berichtet wird.

a) Bibliothekarische Kooperation

Die Zusammenarbeit der Bibliotheken findet auf örtlicher, regionaler und nationaler Ebene statt und erstreckt sich auf alle Bereiche der bibliothekarischen Tätigkeit. Auf dem Gebiet der *kooperativen Literaturerwerbung* ist als wichtigstes Beispiel das System der überregionalen Literaturversorgung zu nennen, das von der Deutschen Forschungsgemeinschaft (DFG) unterstützt wird und auf dem Prinzip der abgestimmten (koordinierten) Erwerbung einer Vielzahl von Wissenschaftlichen Bibliotheken beruht (s. u. S. 135). Eine wichtige Hilfe für den Bestandsaufbau der Öffentlichen Bibliotheken bietet die bundesweit organisierte *Lektoratskooperation*, bei der durch die Zusammenarbeit vieler Bibliothekare Begutachtungen von Büchern und anderen Medien entstehen, die in den Besprechungsdiensten der ekz.bibliotheksservice GmbH den Bibliotheken zugänglich gemacht werden (s. u. S. 130).

Die Zusammenarbeit bei der *Literaturerschließung* (Katalogisierung) stützt sich auf die in Gemeinschaftsarbeit der deutschen Bibliothekare erarbeiteten Katalog-Regelwerke (RAK und RSWK, s. u. S. 165 u. S. 181) und Normdateien (SWD, PND, GKD, s. u. S. 174 u. 182) und hat vor allem zur Entstehung der regionalen Bibliotheksverbünde geführt, deren Verbundkataloge die Grundlage für die kooperative Erschließung bilden, aber auch zu überregionalen Erschließungsinstrumenten wie der Zeitschriftendatenbank (ZDB) und dem Datenbank-Infosystem (DBIS).

Wichtige kooperative Einrichtungen auf dem Gebiet der *Literaturvermittlung* oder Bibliotheksbenutzung sind der Auswärtige Leihverkehr und die Dokumentenlieferung, mit denen dem Benutzer auch diejenigen Bücher und Aufsätze zugänglich gemacht werden, die nicht in der eigenen örtlichen Bibliothek vorhanden sind (s. u. S. 269ff. u. 276ff.). Nachgewiesen werden diese Bestände durch kooperativ erstellte Nachweisinstrumente. Zu diesen Bestandsnachweisinstrumenten gehören:

- die regionalen Verbundkataloge
- die überregionale Zeitschriftendatenbank (ZDB)
- der Karlsruher Virtuelle Katalog (KVK, ein Metakatalog, der Suchanfragen an deutsche und internationale Verbund- und Bibliothekskataloge weiterleitet)

Bibliotheken des gleichen Typs oder der gleichen Fachrichtung haben sich vielfach zu *Arbeitsgemeinschaften* zusammengeschlossen, um gemeinsame Probleme zu lösen und neue Angebote zu erarbeiten. So gibt es z.B. Arbeitsgemeinschaften der Hochschulbibliotheken, der Spezialbibliotheken, der Parlaments- und Behördenbibliotheken, der Kunstbibliotheken, der Kirchenbibliotheken, der medizinischen und der juristischen Bibliotheken.

Wichtig für die bibliothekarische Kooperation sind die Aktivitäten des *Deutschen Bibliotheksverbandes* und seiner Sektionen. Auch von den bibliothekarischen *Personalvereinen* gehen wichtige Impulse für die Zusammenarbeit der Bibliotheken aus (s. o. S. 45).

b) Zentrale Dienstleistungen für Bibliotheken

Dem Angebot von zentralen Dienstleistungen für Bibliotheken liegt der Gedanke zu Grunde, dass es sinnvoll ist, bestimmte bibliothekarische Arbeitsvorgänge an einer zentralen Stelle nur einmal kompetent zu erledigen und die Ergebnisse dann in beliebig vielen Bibliotheken zu verwenden. Es gibt heute eine Vielfalt von bibliothekarischen Dienstleistungen, die von zentralen Stellen erbracht und den Bibliotheken angeboten werden. Durch die Nutzung solcher zentraler Dienstleistungen kann die einzelne Bibliothek Eigenleistungen einsparen, ihre Arbeit rationalisieren und so die Kosten senken, auch wenn die erworbenen Leistungen in den meisten Fällen kostenpflichtig sind. Darüber hinaus führt die Nutzung zentraler Dienstleistungen meist zu einer Verbesserung der Leistungen der einzelnen Bibliothek und damit zu Vorteilen für den Benutzer.

Zentrale Dienstleistungen für Bibliotheken erbringen in Deutschland vor allem die folgenden zentralen Stellen:

– Deutsche Nationalbibliothek
– ekz.bibliotheksservice GmbH
– Verbundzentralen der regionalen Bibliotheksverbünde
– staatliche Fachstellen für Öffentliche Bibliotheken

Im einzelnen lassen sich die wichtigsten zentralen Dienstleistungen für Bibliotheken etwa folgendermaßen bezeichnen:

Nationalbibliographische Dienste

Die deutschen Neuerscheinungen werden von der Deutschen Nationalbibliothek in den verschiedenen Reihen der Deutschen Nationalbibliografie verzeichnet. Die in gedruckter und elektronischer verfügbaren Titeldaten können für die Buchauswahl, für die Bestellung und für die Katalogisierung genutzt werden.

Besprechungsdienste (Lektoratsdienste)

Die durch die *Lektoratskooperation* erarbeiteten Besprechungsdienste der ekz sollen vor allem als Hilfe für den Bestandsaufbau in Öffentlichen

Bibliotheken dienen, können aber auch für Bestellung und Katalogisierung verwendet werden. Für die Buchauswahl gibt es auch Empfehlungslisten von Staatlichen Büchereistellen oder Bibliotheken mit zentralen Funktionen sowie Buchbesprechungen in bibliothekarischen Fachzeitschriften.

Liefer- und Bearbeitungsdienste

Die ekz liefert Bücher und andere Medien, die bereits ausleihfertig bearbeitet sind, d.h. mit einem bibliotheksgerechten Spezialeinband ausgestattet und mit Katalog- und Verbuchungsmaterial versehen sind. Ähnliche Dienste werden auch von Regionalen Büchereiverbänden, von Bibliotheken mit zentralen Funktionen und von manchen Staatlichen Fachstellen für Öffentliche Bibliotheken, aber auch von kommerziellen Anbietern angeboten.

Zentrale Katalogisierung

Durch zentrale Katalogisierung werden Titelaufnahmen hergestellt, die von den beziehenden Bibliotheken als Fremdleistungen in ihre eigenen Kataloge übernommen werden können. Solche Katalogisierungsdienstleistungen werden vor allem von den Nationalbibliotheken erbracht.

Beratungsdienste

Überregionale bzw. regionale Beratungsdienste für Öffentliche Bibliotheken werden angeboten von der ekz, von den Staatlichen Fachstellen und von Bibliotheken mit zentralen Funktionen, z.B. von Kreisbibliotheken für die Gemeindebüchereien des Umlandes. Die Beratungsdienste sind vor allem gedacht für kleinere und mittlere Bibliotheken und können sich z.B. auf die Probleme bei der Gründung und Einrichtung Öffentlicher Bibliotheken beziehen, auf Fragen des EDV-Einsatzes, auf die Arbeit von Spezial-, Schul-, Kinder- und Jugendbibliotheken sowie auf Probleme des Bibliotheksbetriebs und der Bibliothekstechnik. Beratung für Wissenschaftliche Bibliotheken leisten die Bibliotheksverbünde sowie das Kompetenznetzwerk für Bibliotheken.

8. Organisation und Betrieb

a) Die Organisation von Bibliotheken

Die meisten Bibliotheken richten ihre Organisationsstruktur an den Erfordernissen ihrer Hauptaufgaben (funktionale Gliederung) oder der fachlichen Gliederung ihrer Bestände aus (fachliche Gliederung). Häufig werden beide Arten der organisatorischen Gliederung auch miteinander kombiniert.

Eine übersichtliche graphische Darstellung von Organisationsstrukturen geben *Organigramme*.

Gliederung nach Funktionen: Bestandsaufbau, -erschließung und -vermittlung

Die wichtigsten Funktionen einer Bibliothek bestehen im *Sammeln, Erschließen* und *Vermitteln* von Medien. Demgemäß gibt es drei zentrale bibliothekarische Arbeitsgebiete:

– Erwerbung (Bestandsaufbau)
– Erschließung (Formal- und Sachkatalogisierung)
– Benutzung (Bestandsvermittlung)

Den drei bibliothekarischen Arbeitsgebieten entsprechend gliederten sich bis vor wenigen Jahren zahlreiche Bibliotheken in ihrem *organisatorischen Aufbau* traditionell in drei *Hauptabteilungen*:

– Erwerbungsabteilung
– Katalogabteilung
– Benutzungsabteilung

Jede dieser Abteilungen war wiederum in eine Reihe von *Referaten, Dienststellen* oder *Arbeitsgruppen* aufgeteilt.

In den letzten Jahren wurden allerdings in vielen Bibliotheken die Erwerbungs- und die Katalogabteilung zu einer *Medien- bzw. Medienbearbeitungsabteilung* zusammengefasst; man spricht in diesem Zusammenhang vom *integrierten Geschäftsgang*. Die Arbeitsvorgänge bei der Erwerbung und Katalogisierung werden dann vereinigt bzw. „integriert", d.h. für eine bestimmte Neuerwerbung jeweils von *einem* Bibliothekar oder *einer* Arbeitsgruppe erledigt. Dabei kann eine organisatorische Gliederung in Arbeitsgruppen oder Teams nach *Publikationsarten* (Monographien, Serien, Zeitschriften) oder nach *Fächern* (Geschichte, Recht, Literaturwissenschaften, Naturwissenschaften usw.) erfolgen. Bei dieser Organisationsform sind die Tätigkeiten für den einzelnen Mitarbeiter wesentlich vielseitiger (Erwerbungs- *und* Katalogisierungsarbeiten in einer Hand) und zugleich medien- oder fachorientierter (auf eine Publikationsart oder ein Wissenschaftsfach ausgerichtet). Bei den Arbeitsabläufen in der *Benutzungsabteilung* geht es vor allem um die zweckmäßige Organisation aller bei der Bibliotheksbenutzung anfallenden Tätigkeiten (Ausleihvorgänge, Auskunft, Aufsicht, etc.).

Neben die genannten Hauptabteilungen treten in Bibliotheken, die über die entsprechenden Bestände verfügen, *materialbezogene Sonderabteilungen* (z.B. für Handschriften, alte Drucke, Karten, Musik, Zeitungen), bzw. an sehr großen Universalbibliotheken zum Teil auch *sprachbezogene Sonderabeilungen* (z.B. Osteuropaabteilung, Orientabteilung, Ostasienabteilung).

Zu den Haupt- und Sonderabteilungen kommt die *Zentralabteilung*, deren Arbeit sich auf die gesamte Bibliothek erstreckt. Sie umfasst typischerweise die technischen Arbeitsbereiche (Hausdruckerei, Fotostelle, Kopierdienst, Einbandstelle, Hausbuchbinderei), die zumeist in einer *Technischen Abteilung* oder einer *Abteilung Haustechnik* zusammengefasst sind. Die Betreuung der vielfältigen EDV-Anwendungen einer Bibliothek obliegt in der Regel einer eigenen *IT-Abteilung*. Hinzu kommt die *Verwaltungsstelle*, in der die Angelegenheiten der Personal- und Hausverwaltung sowie des Kassen-, Haushalts-, und Rechnungswesens erledigt werden. Manche großen Bibliotheken haben auch eine eigene *Abteilung für die Bestandserhaltung* und *Öffentlichkeitsarbeit*.

Gliederung in Fachabteilungen oder fachliche Teilbibliotheken

Die Inhalte der in Bibliotheken gesammelten Literatur beziehen sich auf Wissensgebiete oder *Fächer*. Im Zusammenhang mit der Erwerbung, Erschließung und Vermittlung von Fach- und Speziallitteratur braucht man in Wissenschaftlichen Bibliotheken für Buchauswahl, Sachkatalogisierung, fachliche Auskunftserteilung und Informationsvermittlung entsprechend vorgebildete bibliothekarische Fachleute aus den verschiedenen Wissensgebieten. Man bezeichnet sie als *Fachreferenten*. Jeder von ihnen ist für ein Wissenschaftsfach (oder auch für mehrere Fächer) zuständig.

Eine organisatorische Gliederung der Bibliothek nach fachlichen Gesichtspunkten ist in Wissenschaftlichen Stadt-, Landes- und Staatsbibliotheken meist *nicht* üblich; die Fachreferenten sind hier zumeist einer der Hauptabteilungen zugeordnet. Auch wenn für einige Spezialgebiete *Sonderabteilungen* eingerichtet sind (etwa für Orientalistik, Slawistik und Musik), folgt die Aufbauorganisation dieser Bibliotheken im Wesentlichen der oben geschilderten Gliederung nach Funktionen.

In den meisten *Universitätsbibliotheken* tritt jedoch die *Gliederung nach Fachgebieten* neben die Gliederung nach Funktionen. Dies gilt vor allem für die Bibliotheken der Universitäten, die in den alten Bundesländern seit den 1960er-Jahren gegründet wurden, sowie für die Universitätsbibliotheken der neuen Bundesländer. An diesen Universitäten existieren integrierte Bibliothekssysteme, wobei es in der Regel neben der Zentralbibliothek mehrere *fachliche Teilbibliotheken* gibt, die häufig auch räumlich dezentral, d.h. bei den jeweiligen Fachbereichen oder Fakultäten, untergebracht sind. Zwar geschehen Buchbeschaffung, Inventarisierung, Katalogisierung und sonstige Buchbearbeitung zentral für das gesamte

Bibliothekssystem in der Zentralbibliothek, die meisten mit der fachlichen Benutzung zusammenhängenden Arbeiten erfolgen jedoch in den Teilbibliotheken. Die Leiter der Teilbibliotheken sind zugleich Fachreferenten, die für die Buchauswahl (zusammen mit dem Lehrpersonal des Fachbereichs), für die Sachkatalogisierung und die fachliche Beratung und Auskunftserteilung sorgen.

Auch an einzelnen großen Öffentlichen Bibliotheken findet man (neben einer funktionalen Gliederung) eine Gliederung in *Fachabteilungen*. Beispielsweise können – neben einer allgemeinen Abteilung mit Sachbüchern und Belletristik sowie einer Kinder- und einer Jugendbuchabteilung – Fachabteilungen für die Gebiete Geisteswissenschaften, Naturwissenschaften, Technik, Sozialwissenschaften, Musik, Kunst, etc. eingerichtet werden, denen entsprechende *Lektoren* oder Fachreferenten zugeordnet sind. Eine solche Organisation nach Fachabteilungen weisen vor allem manche Zentralbibliotheken großstädtischer Bibliothekssysteme auf.

Unabhängig von der Art der Organisationsstruktur einer Bibliothek können einzelne Mitarbeiter unmittelbar von der Bibliotheksleitung mit bestimmten Aufgabenfeldern betreut werden. Hierbei kann es sich um zeitlich befristete Projekte handeln (Einführung einer neuen Bibliothekssoftware, Konzeption einer Ausstellung etc.) oder um dauerhafte Aufgaben wie denen eines Ausbildungsbeauftragten, eines Fortbildungsbeauftragen, eines Beauftragten für die Öffentlichkeitsarbeit etc. Diese sogenannten *Stabsaufgaben* treten zum Teil neben die berufliche Hauptaufgabe (mit entsprechender Berücksichtigung des Zeitanteils), zum Teil bilden sie eine Vollzeitstelle, die direkt der Bibliotheksleitung untersteht, in diesem Fall spricht man von einer *Stabsstelle*.

Regelmäßige betriebsinterne Wahlen finden statt für die Ämter der *Personalvertretung* (Personalrat, Jugend- und Ausbildungsvertretung), der *Schwerbehindertenvertretung* und der *Gleichstellungsbeauftragten*. Die Information aller Mitarbeiter über Angelegenheiten, die den Betriebsablauf betreffen, wird durch regelmäßig abgehaltene *Betriebsversammlungen* (Personalversammlungen) gewährleistet.

Ablauforganisation

Während die Aufbauorganisation die Organisationsstruktur der Bibliothek wiedergibt, wird in der *Ablauforganisation* die Aufeinanderfolge der einzelnen Arbeitsabläufe deutlich. Von besonderer Bedeutung sind dabei die Arbeitsvorgänge und Tätigkeiten, die bei der Bearbeitung der Medien in der Erwerbungs- und der Katalogabteilung nötig sind. Wenn ein neuerworbenes Werk in der Bibliothek eintrifft, beginnt es eine „Wanderung" durch die verschiedenen Bearbeitungsstellen, bis es schließlich an seinem Standort eingestellt werden kann. Diesen Lauf des Buches, der in einer genau festgelegten Abfolge geschieht, bezeichnet man an großen Bibliotheken als *Geschäftsgang*. Oft rechnet man auch diejenigen Arbeiten dazu, die bereits *vor* dem Eintreffen des Buches in der Bibliothek erfolgen, also die Buchauswahl, die Vorakzession und die Bestellung. Es gehört zu den Aufgaben großer Bibliotheken und Bibliothekssysteme, den Ablauf dieser Arbeiten – von der Buchauswahl bis zum Einstellen des Buches am Standort – rationell und zweckmäßig zu organisieren. Ein Hauptproblem besteht darin, die Dauer der Bearbeitungsvorgänge möglichst kurz zu halten, um Neuwerbungen den Benutzern so bald als möglich zur Verfügung stellen zu können.

Je nach der Organisationsstruktur der Bibliothek kann die Abfolge der einzelnen Bearbeitungsstationen unterschiedlich gestaltet sein. Für bestimmte Publikationsformen (z.B. Dissertationen, Periodika) und Nicht-Buch-Materialien werden häufig *Sondergeschäftsgänge* eingerichtet.

b) Die Bibliothek als Betrieb

Bibliotheken sind Dienstleistungsbetriebe. Sie dienen der Literatur- und Informationsversorgung ihrer Benutzer und erbringen zu diesem Zweck entsprechende Dienstleistungen. Sie sind *Betriebe*, da sie zur Erfüllung ihrer Aufgaben Personal und Sachmittel im Rahmen einer geeigneten Organisation einsetzen und ihre Dienstleistungen an den Bedürfnissen ihrer Benutzer oder Kunden ausrichten.

Die *Benutzerorientierung* ist ein wichtiges Merkmal der Leistung einer Bibliothek. Die differenzierten Literatur- und Informationsbedürfnisse und die Arbeitsgewohnheiten der Benutzer und Benutzergruppen im Umfeld der Bibliothek müssen maßgebend sein für die Art und den Inhalt des Bestandes und der Informationsangebote der Bibliothek. Durch Methoden des *Marketing*, d.h. der Bedarfsermittlung, der Umfeldanalyse, der Werbung und Öffentlichkeitsarbeit wird versucht, Bedürfnisse und Erwartungen der Benutzer (auch der „Nicht-Benutzer") festzustellen, im Leistungsangebot der Bibliothek zu berücksichtigen und dieses durch geeignete Maßnahmen bekannt zu machen. Ziel ist vor allem die Schaffung eines nachfrageorientierten Medienangebots und einer zielgruppenorientierten Literatur- und Informationsversorgung. Wichtige Methoden zur Ermittlung der Wünsche und Bedürfnisse der Bibliotheksbenutzer sind vor allem *statistische Erhebungen* und *Nutzerumfragen*. Allerdings darf die Qualität und Ausgewogenheit des Bestandes durch die Erfüllung aktueller oder spezieller Benutzerwünsche nicht beeinträchtigt werden.

Das Streben nach optimalen Dienstleistungen für die Benutzer steht oft in einem Spannungsverhältnis zur Forderung nach *Wirtschaftlichkeit* und *Sparsamkeit* im Bibliotheksbetrieb. Alle Bibliotheken sind verpflichtet, ihre Arbeiten möglichst rationell und effektiv zu organisieren und die zugewiesenen Haushaltsmittel verantwortungsbewusst einzusetzen.

Um mit beschränkten Geld- und Personalmitteln bestmögliche Leistungen zu erbringen, werden in Bibliotheken neue Methoden der *Betriebssteuerung* und der *Personalentwicklung* angewendet. Zu den Methoden der Betriebssteuerung gehören z.b. die genaue Überprüfung der Arbeitsabläufe und der erzielten Leistungen, ihre Bewertung nach Effektivität und Qualität sowie die Analyse von Kosten und Nutzen, auch im Betriebsvergleich mehrerer Bibliotheken (*Controlling, Balanced Scorecard*). Als Konsequenz sollen dann entsprechende betriebliche Veränderungen erfolgen, um die Leistung zu verbessern und die Kosten zu senken. Möglicherweise muss das Leistungsspektrum der Bibliothek eingeschränkt werden, indem sich die Bibliothek auf die unverzichtbaren Dienstleistungen konzentriert, andere Leistungen aufgibt oder durch Fremdleistungen, z.b. durch Übertragung bestimmter Arbeitsvorgänge auf externe Firmen, ersetzt (*Outsourcing*). Die dezentrale und flexible Bewirtschaftung der Haushaltsmittel soll Handlungsspielräume vergrößern und Einspareffekte ermöglichen. Durch moderne Verfahren der Personalentwicklung und der Mitarbeiterführung (z.B. Zielfestlegungen, Bildung von eigenverantwortlichen Teams, regelmäßige Mitarbeitergespräche, gezielte Fortbildungsmaßnahmen) kann im Zusammenwirken von Bibliotheksleitung und Mitarbeitern die Bibliotheksarbeit konsequent auf die Ziele der Bibliothek ausgerichtet und dadurch rationeller gestaltet werden.

Für kostenintensive Sonderleistungen muss die Bibliothek *Gebühren* und Entgelte von den Benutzern verlangen; die bibliothekarische Grundversorgung der Benutzer (Nutzung der Bestände und Arbeitsplätze, Beratung und Information) sollte jedoch in der Regel kostenfrei sein oder für eine geringe Gebühr angeboten werden. Besondere Projekte können möglicherweise durch das Einwerben von Geldmitteln (Drittmittel) bei Förderern der Bibliothek (Förder- und Freundesvereine, Sponsoren, etc.) finanziell unterstützt werden.

Öffentlichkeitsarbeit

Unter *Öffentlichkeitsarbeit* der Bibliotheken versteht man alle Tätigkeiten, die darauf gerichtet sind, die Öffentlichkeit über die Bestände und die Angebote der Bibliothek zu informieren und neue Benutzer zu gewinnen. Die Öffentlichkeitsarbeit soll das Interesse für die Bibliothek wecken, ihr Leistungsangebot bekannt machen und für ihre Benutzung werben. Für die

Verwirklichung der Öffentlichkeitsarbeit gibt es zahlreiche Möglichkeiten. Viele Öffentliche Bibliotheken betreiben beispielsweise eine ständige *Werbung* durch *Schaukästen, Plakate, Handzettel, Tragetaschen* oder *Zeitungsanzeigen.*

Wichtige Maßnahmen der Öffentlichkeitsarbeit sind (1) Ausstellungen, (2) Veranstaltungen, (3) Zusammenarbeit mit Presse, Rundfunk und Fernsehen, (4) Gestaltung und Pflege eines attraktiven Webangebotes.

Ausstellungen der Bibliothek sollen das Interesse der Öffentlichkeit auf bestimmte Bestände und auf die Bibliothek überhaupt lenken. Man veranstaltet Ausstellungen zu bestimmten Themen oder Ereignissen, Ausstellungen von Werken einzelner Schriftsteller und Ausstellungen bestimmter Bucharten (Handschriften, Inkunabeln, illustrierte Werke, Kinderbücher usw.).

Veranstaltungen der Bibliothek sollen Nichtbenutzer auf die Bibliothek aufmerksam machen und die Benutzer in ein engeres Verhältnis zur Bibliothek bringen. Vor allem die *Öffentlichen Bibliotheken* führen Veranstaltungen als Mittel der Öffentlichkeitsarbeit durch. Zum Beispiel werden für Kinder Vorlesestunden und Spielnachmittage organisiert, für Jugendliche werden Diskussionsforen und Filmvorführungen angeboten und für Erwachsene Autorenlesungen und Vorträge. Durch derartige Veranstaltungen kann die Öffentliche Bibliothek zu einem *kulturellen Zentrum* innerhalb ihrer Stadt, ihres Stadtteils oder ihrer Gemeinde werden.

Die *Zusammenarbeit mit Presse, Rundfunk und Fernsehen* dient der Unterrichtung der breiten Öffentlichkeit über die Angebote und die Leistungen der Bibliothek. In Betracht kommen hier die Anfertigung und Weiterleitung von Pressenotizen, die Abhaltung von Pressekonferenzen oder -führungen zu besonderen Anlässen, die Vereinbarung von Reportagen oder Interviews sowie die Veröffentlichung eigener Artikel in Zeitungen oder Zeitschriften.

Zur Öffentlichkeitsarbeit gehört auch die Darstellung der Bibliothek auf einer eigenen *Website* im Internet. Auf ihren Internetseiten kann die Bibliothek zum einen über ihre Angebote informieren, z.B. über Projekte, Dienstleistungen und Veranstaltungen (evtl. auch in Form eines Newsletters), zum anderen lässt sich ein Teil des Angebotes von Bibliotheken über die Website direkt vom häuslichen PC nutzen (OPAC, Datenbanken, Elektronische Zeitschriften, etc.). Zunehmend verwenden Bibliotheken heute auch die verschiedenen interaktiven Anwendungen des Web 2.0, um mit ihren Benutzern in Kontakt zu treten (Soziale Software, z.B. Wikis, Weblogs und Webforen).

Einen Sonderbereich der Öffentlichkeitsarbeit (mit vielen Bezügen zum Auskunfts- und Beratungsdienst) stellt die *Arbeit mit Gruppen und Institutionen* dar, die manchmal als „Kontaktarbeit" bezeichnet und vor allem von den Öffentlichen Bibliotheken geleistet wird. Dabei geht es um Verbindungen der Bibliothek zu Schulen, Volkshochschulen, Kulturinstituten, Vereinen und Gesellschaften, Bürgerinitiativen, Selbsthilfegruppen, Betrieben, Altenheimen und Krankenhäusern. Die Bibliothek nimmt Kontakt mit diesen Gruppen und Institutionen auf, weist auf ihre Angebote hin und pflegt eine enge bibliothekarische Zusammenarbeit mit dem Partner.

9. Gebäude, Einrichtung, Technik

a) Gebäude

Um von den Benutzern leicht erreicht werden zu können, sollten Bibliotheksgebäude ihren *Standort* in einer verkehrsgünstigen Lage haben. Für Öffentliche Bibliotheken und Regionalbibliotheken ist ein zentrales Gebäude in der Stadtmitte oder der Mitte eines Stadtteils besonders günstig. Bei Bibliothekssystemen in Universitäten liegt die Zentralbibliothek am besten im Zentrum der Hochschule, die Gebäude oder Räume der Teilbibliotheken sind den betreffenden Fachbereichen oder Instituten zugeordnet, die oft weit auf dem Universitätsgelände verstreut sind. Bei Spezialbibliotheken kommt es vor allem darauf an, dass die Angehörigen der zugehörigen Institution die Bibliothek auf möglichst kurzem Weg erreichen können.

Größere Bibliotheken besitzen in der Regel ein eigenes Gebäude, kleinere Bibliotheken verfügen oft nur über einige Räume in einem Gebäude, in dem noch andere Einrichtungen untergebracht sind.

In großen *Wissenschaftlichen Bibliotheken* wurde das Bibliotheksgebäude lange Zeit in drei Teile gegliedert, in die *Magazinräume* mit der Hauptmasse der Bücher, in die *Benutzerräume* mit den Lesesälen, der Buchausgabe und der Informationsstelle sowie in die *Verwaltungsräume* mit den Arbeitsplätzen der Mitarbeiter. Diese traditionelle *Dreiteilung des Bibliotheksgebäudes* findet sich noch heute in älteren Wissenschaftlichen Bibliotheken. In den letzten Jahrzehnten wurden neue bibliothekarische und bauliche Konzepte verfolgt, die auf eine Abkehr von diesem Prinzip hinauslaufen. Vor allem die Grenzen zwischen den Büchern und den Benutzern sind offener geworden. Der früher übliche, große allgemeine *Lesesaal* wird häufig aufgeteilt in mehrere getrennte Fachlesesäle oder in einen nach Fachabteilungen gegliederten Lesesaalbereich, jeweils mit umfassenden Freihandbeständen. Teile des Magazinbestandes werden den *Lesesälen* oft als *Freihandmagazine* zugeordnet, um dem Benutzer so einen möglichst großen Teil des Bestandes frei zugänglich anbieten zu können. Dennoch bleibt bei großen wissenschaftlichen Universalbibliotheken in der Mehrzahl der Fälle das Büchermagazin ein geschlossener Baukörper.

Die *Öffentlichen Bibliotheken* sind Freihandbibliotheken, die es den Benutzern ermöglichen, die Medien selbst an den Regalen auszuwählen. Dementsprechend bilden die Medienbereiche mit den Regalen den zentralen Teil der Bibliothek. Ruhige Lesezonen mit Arbeitsplätzen neben oder hinter den Regalen bieten einen Anreiz für Lektüre und Studium in der Bücherei. An großen Öffentlichen Bibliotheken gibt es eigene Lesesäle sowie Leseräume für Zeitschriften und Zeitungen. Am Eingang zum Medienbereich befindet sich die Ausleihtheke, an der die Ausleihe und die Rückgabe der Medien stattfinden. Neben dem dominierenden Lesesaalbereich verfügen Öffentliche Bibliotheken natürlich über Räume für ihre Mitarbeiter, oft auch über kleinere Magazine für Sonderbestände und – vor allem in größeren Büchereien – über besondere Gruppen- und Veranstaltungsräume.

b) Einrichtung

Die Einrichtung moderner Bibliotheken sollte vor allem zweckmäßig sein und eine einheitliche, ansprechende Gestaltung aufweisen. Die Tische und Stühle im Lesesaal sollten von guter Qualität und – wie die gesamte Inneneinrichtung – robust und pflegeleicht sein. Stehen die Tische im Lesesaal sehr eng, kann ein seitlich angebrachter Sichtschutz optische Reize unterdrücken und so ein ungestörtes Arbeiten erleichtern. Auch bei der Raumaufteilung des Lesesaalbereiches ist auf Funktionalität zu achten. Oft erweist es sich als günstig, die Arbeitsplätze für die Bibliotheksbenutzer nahe bei den Fenstern, die Regale mit dem Freihandbestand dagegen mehr zur Raummitte hin zu platzieren; während ein heller Arbeitsplatz mit natürlichem Licht von den meisten Benutzern gewünscht wird, schadet der direkte Lichteinfall den Büchern im Lesesaal. Die Beleuchtung der Arbeitsplätze sollte im Idealfall aus einer Kombination aus natürlichem Licht, der allgemeinen Raumbeleuchtung und einer Einzelleuchte am Tisch bestehen. Neben den klassischen Einzelarbeitsplätzen sollten vor allem Universitätsbibliotheken ihren Benutzern auch *Gruppenarbeitsräume* und kleine abschließbare *Einzelarbeitsräume*, sogenannte Carrels, zur Verfügung stellen. Ergänzt werden sollten diese verschiedenen Formen von Arbeitsplätzen durch weitere Räumlichkeiten für Benutzer, wie z.B. einen Vortrags- bzw. Ausstellungsraum, einen Schulungsraum mit der entsprechenden technischen Ausstattung sowie eine Cafeteria. Vor allem für größere Bibliotheken ist ein einheitlich konzipiertes *Leit- und Orientierungssystem* von großer Bedeutung. Alle Komponenten eines solchen Systems, das von der Beschriftung der Regale bis zu großflächigen Übersichtstafeln reicht und heute auch elektronische Komponenten einschließt, sollten farblich, typographisch und im Design einheitlich gestaltet sein (*Corporate Design*) und auf diese Weise nicht nur zur Orientierung der Benutzer, sondern auch zum einheitlichen Erscheinungsbild der Bibliothek beitragen (*Corporate Identity*).

Um die Bedürfnisse ihrer Benutzer zu erfüllen, müssen Bibliotheken heute über moderne Einrichtungen im IT-Bereich, im Bereich der AV-Medien und im Reprographiebereich verfügen.

Im *IT-Bereich* ist – unabhängig von allen technischen Erwägungen – die Bereitstellung von ergonomisch gestalteten Bildschirmarbeitsplätzen von besonderer Bedeutung. Die technische Ausstattung der PC-Arbeitsplätze muss so beschaffen sein, dass alle elektronischen Angebote der Bibliothek an ihnen nutzbar sind, was den Anschluss an die eigenen Datennetze der Bibliothek und das Internet voraussetzt. Da heute viele der wissenschaftlich arbeitenden Bibliotheksbenutzer eigene Notebooks verwenden, ist es sinnvoll, auch diesen Geräten einen Anschluss ans Internet zu ermöglichen. Als praktikabel hat sich hier vor allem die Einrichtung von lokalen Funknetzen (*Wireless Local Area Network*, auch Wireless LAN oder W-LAN) erwiesen. Auf diese Weise können Bibliotheksbenutzer – zum Teil unter Verwendung eines Passwortes – einen Großteil des elektronischen Angebotes der Bibliothek direkt auf dem eigenen Computer nutzen.

Medienarbeitsplätze für AV-Medien müssen alle Bibliotheken bereitstellen, die über AV-Medien verfügen und diese nicht außer Haus verleihen, dies betrifft vor allem Wissenschaftliche Bibliotheken. Die wichtigsten Geräte sind CD-Player im Audiobereich sowie Videorecorder und DVD-Player mit den entsprechenden Fernsehgeräten im Videobereich. Neben den Geräten müssen für die Benutzung von AV-Medien auch geeignete Räume zur Verfügung gestellt werden. Um andere Benutzer dieser Medienräume nicht zu stören, werden in der Regel Kopfhörer verwendet. Auch Lesegeräte und Readerprinter für Mikrofiches und Mikrofilme sind erforderlich, diese Geräte stehen meist im allgemeinen Lesesaal, da andere Leser durch ihre Benutzung nicht gestört werden.

Die *Reprotechnik* erlaubt Bibliotheksbenutzern, sich von Informationen, die sie in der Bibliothek gefunden haben, eigene Kopien herzustellen. Die wichtigsten Geräte in diesem Bereich sind *Kopiergeräte, Scanner* und *Drucker*. Während Kopiergeräte schnell und preiswert Fotokopien analoger Vorlagen herstellen, wandeln Scanner diese Vorlagen in digitale Daten um (Analog-Digital-Wandlung), die sich anschließend in vielfacher Weise weiterverarbeiten lassen. Bei beiden Geräten ist darauf zu achten, dass der Vorgang der Reprographie das Buch nicht beschädigt. Hierfür eignen sich vor allem spezielle *Buchkopierer*, bei denen das Buch nicht mehr vollständig aufgeschlagen werden muss, und sogenannte *Buchscanner* (Aufsichtscanner), bei denen die Belichtung des geöffneten Buches von oben erfolgt. Drucker ermöglichen die Herstellung von Papierausdrucken von elektronischen Publikationen (Digital-Analog-Wandlung). Häufig reicht ein Gerät für mehrere PCs völlig aus. Für die Reproduktion von Mikroformen werden *Readerprinter* verwendet. Nicht unproblematisch bei der Verwendung von allen reprographischen Geräten ist die Abrechnung der entstehenden Kosten, die zumeist durch Münzeinwurf direkt am Gerät oder durch ein Geldkartensystem gelöst wird.

c) Technik

Während die PCs, die Geräte für die Benutzung von AV-Medien und die reprographischen Geräte gut sichtbar sind und allen Bibliotheksbenutzern zur Verfügung stehen, weisen Bibliotheksgebäude noch eine Reihe von technischen Anlagen auf, die den Benutzern zumeist verborgen bleiben. Die wichtigsten Bereiche dieser technischen Einrichtungen dienen (1) dem Transport der Medien sowie dem Schutz vor (2) Diebstahl, (3) Feuer und (4) Wassereinbrüchen.

Der *Medientransport* stellt vor allem in großen Bibliotheken, die oft mehrere Tausend Bestellungen pro Tag bearbeiten müssen, ein quantitatives Problem dar, dem man mit dem Einsatz von Buchförderanlagen begegnet. Die wichtigsten Systeme sind sogenannte Kastenförderanlagen und ein System, das nach der Herstellerfirma als Telelift bezeichnet wird. *Kastenförderanlagen* verfügen über große Kapazitäten, sind jedoch im vertikalen Betrieb nicht unproblematisch und nehmen viel Raum in Anspruch. Im Einsatz sind *Telelift-Anlagen* wesentlich flexibler. Die kleinen Transportbehälter können auf ihrer Schienenanlage aufrecht stehend, unter der Decke hängend, horizontal und vertikal fahren, die Anlage nimmt relativ wenig Raum in Anspruch und die Schienen können auch mit engen Kurvenradien verlegt werden. Der Nachteil dieser Anlagen ist ihr geringeres Fördervolumen. Vor der Einführung der Direktbestellung über den OPAC, die den Bestellschein automatisch im richtigen Magazinbereich ausdruckt, verwendeten manche Bibliotheken eine *Rohrpostanlage* zum Transport der Leihscheine ins Magazin.

Den wichtigsten *Schutz vor Diebstahl* in Bibliotheken bilden heute sogenannte *Buchsicherungsanlagen*. Bei diesen Anlagen werden die Medienbestände des Lesesaals durch – möglichst versteckt – eingeklebte magnetisierbare Streifen oder RFID-Transponder (auch RFID-Tags) gesichert.
Beide Systeme sorgen dafür, dass nicht verbuchte Medien, die durch die
Kontrollschranken der Zugangskontrolle getragen werden – ähnlich wie
gesicherte Waren in Kaufhäusern – einen Alarm auslösen. Gerade in jüngster Zeit findet der Einsatz der RFID-Technik (*Radio Frequency Identification*, Funkerkennung) starke Verbreitung, da sie weit mehr leisten
kann als lediglich die Buchsicherung. Ist ein Bibliotheksbestand mit
RFID-Transpondern versehen, können Benutzer die Medien komfortabel
selbst verbuchen, die Medien lassen sich auf einer Sortiereinheit automatisch nach ihrem Standort im Magazin sortieren und mit einem tragbaren
Lesegerät kann eine automatische Revision der Bestände direkt am Regal
vorgenommen werden (Überprüfung auf Vollständigkeit und richtige
Ordnung). Ergänzt werden diese Buchsicherungsanlagen in vielen Bibliotheken durch Vorrichtungen zum Schutz vor Einbrüchen, meist kommen
Verschlusssicherungen an Türen und Fenstern, Bewegungsmelder und
Überwachungskameras zum Einsatz. Besonders wertvolle Bibliotheksbestände (Handschriften, Inkunabeln, Alte Drucke, etc.) sind in der Regel
in entsprechend gesicherten Magazinen untergebracht. Doch nicht nur die
Bestände von Bibliotheken sind das Ziel von Dieben, auch die teueren
Geräte der IT-Ausstattung sollten durch die Vergabe von Passwörtern und
entsprechende bauliche Maßnahmen gesichert werden. Viele Benutzer
sichern ihre eigenen Notebooks während des Aufenthalts in der Bibliothek durch spezielle Stahlkabel.

Feuer stellt zwar nicht größte Gefahr für Bibliotheken dar, hat sich ein
Brand in einer Bibliothek jedoch erst einmal ausgebreitet, so ist er nur
schwer unter Kontrolle zu bringen und kann enorme Schäden anrichten.
Bibliotheken bemühen sich daher, Brände gar nicht erst entstehen zu lassen (*vorbeugender Brandschutz*) bzw. schon in einem frühen Stadium zu
bekämpfen (*abwehrender Brandschutz*). Bibliotheksgebäude sind in der
Regel in Brandabschnitte gegliedert, die ein Übergreifen eines Brandes
auf andere Gebäudeteile verhindern sollen. Übergänge zwischen solchen
Abschnitten sind durch Brandschutztüren bzw. Brandklappen (bei Buch-
transportanlagen) gesichert. Für die Früherkennung von Bränden stehen
automatische Rauchmelder und manuell zu bedienende Feuermelder zur
Verfügung. Feuerlöscher und Hinweistafeln (Brandschutzordnung) geben
Mitarbeitern und Benutzern die Möglichkeit, im Brandfall schnell und
richtig zu reagieren. Auch für den Einsatz der Feuerwehr sollten Bibliotheken vorbereitet sein, hier ist vor allem an stationäre Löschanlagen und
Anlagen zur Entrauchung zu denken. Insbesondere in größeren Bibliothe-

ken sind auch *Sprinkleranlagen* verbreitet, die – ausgelöst durch die Hitze-entwicklung von Bränden –, einzelne Raumbereiche automatisch mit Wasser besprühen. Hierbei wird ein begrenzter Wasserschaden bewusst in Kauf genommen, um schwerwiegendere Schäden durch einen Groß-brand zu vermeiden. Eine Besonderheit beim Brandschutz in Bibliothe-ken bilden sogenannte *Inergen-Löschanlagen*, bei denen ausbrechende Brände in einzelnen geschlossenen Räumen nicht durch Wasser gelöscht, sondern durch die Zufuhr von Inergengasen („träge", chemisch wenig reaktionsfreudige Gase) und die damit verbundene Reduktion des Sauer-stoffanteils in der Luft erstickt werden. Mit Inergen-Anlagen werden vor allem besonders wertvolle Bestände geschützt, da bei dieser Art der Löschung keine Wasserschäden auftreten.

Wassereinbrüche können aus den unterschiedlichsten Gründen geschehen; mögliche Ursachen sind Schäden an den Rohrsystemen, eindringendes Schmelz- und Regenwasser, Eindringen von Kanalisationswasser, Hoch-wasser und Löschwasser. Entgegenwirken kann man diesen Gefahren durch entsprechende bauliche Maßnahmen (Einbau von Ablaufmöglich-keiten, Rückstauventile, Unterwannungen von Rohrleitungen, etc.) sowie durch Einrichtungen, die eine frühe Erkennung von Wassereinbrüchen ermöglichen (Wassermelder, Drucküberwachung der Rohrsysteme, etc.). Schon kleinere Mengen eindringendes Wasser können zu erheblichen Schäden im Medienbestand führen.

Zweiter Teil

Der Bibliotheksbestand – Literatur, Bücher, Medien, Informationen

I. Literatur

Betrachtet man den Bibliotheksbestand im Hinblick auf die *äußere Form* der in Bibliotheken aufbewahrten Materialien, so ergeben sich zwei Gruppen:

- *Bücher* (einschließlich Zeitschriften und Zeitungen)
- *Nicht-Buch-Materialien*

Zu den Letzteren gehören vor allem die technischen Medien, d.h. Mikroformen, audiovisuelle Medien (Tonträger, Bildträger, Filme auf Videokassetten und DVD), elektronische Medien (auf Datenträgern, z.B. CD-ROMs, oder als Online-Publikation) sowie einige sonstige gedruckte oder ungedruckte Materialien (Musiknoten, Druckgraphik, Fotographien, Karten und Pläne, Originalschriftstücke).

Versucht man die *Inhalte* des Bibliotheksbestandes auf ihre Grundbegriffe zu bringen, so ergeben sich ebenfalls zwei Gruppen:

- *Literatur* (veröffentlichte Texte)
- *„Nicht-Literatur"* (z.B. *Bilder, Musik,* und *Filme*)

Auch die unveröffentlichten Texte sind überwiegend zur Literatur zu rechnen, meist handelt es sich hierbei um literarische oder sonstige Aufzeichnungen in Originalschriftstücken, z.B. um Manuskripte in den Nachlässen von Schriftstellern und Gelehrten.

1. Literaturarten

Der Begriff „Literatur" (von lateinisch litera = Buchstabe) umfasst, formal gesehen, im weitesten Sinn *alle sprachlichen Texte, die veröffentlicht sind* oder zur Veröffentlichung bestimmt sind bzw. waren. Inhaltlich gehören zur Literatur im weitesten Sinn nicht nur die *„Schöne Literatur",* sondern z.B. auch die *Sachliteratur,* die *Auskunftsliteratur* (Nachschlagewerke) sowie die *Kinder- und Jugendliteratur.* Im engeren Sinn wird Literatur zum Teil auch mit der Belletristik, der Schönen Literatur, gleichgesetzt.

a) Belletristik

Zur Belletristik (französisch belles lettres = „schöne Wissenschaften"; zum Teil wird auch der Begriff „schöngeistige Literatur" verwendet) rechnet man alle nicht sachbezogene Literatur, also *Dichtung* im weitesten Sinn. Dazu gehören vor allem die drei großen literarischen Gattungen: *Epik* (alle erzählenden Gattungen wie Epen, Romane, Novellen, Erzählungen, Märchen, sonstige künstlerische Prosa), *Lyrik* (Gedichte) und *Dramen* (Schauspiele). Mengenmäßig ist der Anteil der Romane an der Belletristik am größten. Sonderformen des Romans sind beispielsweise der historische Roman, der Abenteuerroman, der Kriminalroman, der utopische Roman (science fiction) und der Trivialroman. Zur Belletristik zählt man meist auch Biographien, Tagebücher, Briefausgaben, Essays und Aphorismen.

b) Sachliteratur

Als Sachliteratur bezeichnet man im Gegensatz zur Belletristik alle *sachlich informierenden Werke* (engl. non-fiction). Dazu gehören Sachbücher, Fachbücher und wissenschaftliche Literatur; auch die Auskunftsliteratur ist Sachliteratur, wird hier aber als eigene Gruppe behandelt.

Als *Sachbuch* bezeichnet man ein Buch über ein Sachthema (etwa über ein Wissensgebiet, ein Ereignis, eine Person, ein Land usw.), das in allgemein verständlicher Form für einen größeren Leserkreis geschrieben wurde. Ziele des Sachbuches sind Information, Belehrung und Bildung. Auch Kunst- und Bildbände gehören zu den Sachbüchern. Demgegenüber dienen *Fachbücher* überwiegend der beruflichen Aus- oder Weiterbildung. Das Fachbuch vermittelt in Lehrbuchform das für einen bestimmten Beruf erforderliche Fachwissen, es richtet sich vorwiegend an Personen, die in den entsprechenden Berufen tätig sind.

Wissenschaftliche Literatur dient dem Studium und der Forschung. Entsprechend kann man Studienliteratur und Forschungsliteratur unterscheiden. Die Erstere ist für Studenten und Examenskandidaten gedacht, die Letztere für Wissenschaftler und Spezialisten. Allerdings benötigen auch Studenten während des Studiums Forschungsliteratur. Wissenschaftliche Literatur präsentiert die Ergebnisse der Wissenschaft in streng objektiver und methodisch nachprüfbarer Darstellung. Die Formen der wissenschaftlichen Literatur sind sehr mannigfaltig; sie werden daher in einem eigenen Abschnitt behandelt.

c) Auskunftsliteratur (Nachschlagewerke)

Zur Auskunftsliteratur gehören zum einen alle *Literaturverzeichnisse*, also Bibliographien und gedruckte Bibliothekskataloge, zum anderen alle *sachlichen Nachschlagewerke* allgemeiner oder spezieller Art wie Enzyklopädien, Lexika, Sachlexika (Reallexika), Wörterbücher, Orts- und

Namensverzeichnisse, Tabellenwerke, Statistiken, etc. Die Auskunftsliteratur ist für die Bibliotheksarbeit besonders wichtig, da sie zur Ermittlung von Literaturangaben oder von Sachinformationen unentbehrlich ist. Früher als bei allen anderen Gattungen hat sich bei den Werken der Auskunftsliteratur die Online-Publikation durchgesetzt, da ihre Vorteile bei dieser Literaturform besonders zum Tragen kommen (ständige Aktualisierungsmöglichkeit, Volltextdurchsuchbarkeit, aktive Querverweise durch Hyperlinks, etc.).

d) Kinder- und Jugendliteratur

Kinder- und Jugendbücher sind speziell für Kinder und Jugendliche (bis etwa zum 16. Lebensjahr) geschrieben und den Entwicklungsstufen vom Kleinkind bis zum Jugendlichen angepasst. Auch die Ausstattung (Schrift, Illustrationen, etc.) der Kinder- und Jugendbücher entsprechen den Bedürfnissen der jungen Leser. Einen Sonderfall bilden die Schulbücher, die im Schulunterricht verwendet werden.

Während Öffentliche Bibliotheken Kinder- und Jugendbücher für ihren „natürlichen" Gebrauchszusammenhang sammeln, nämlich die Benutzung durch Kinder und Jugendliche, gibt es einige wenige Spezial- und Universalbibliotheken, die diese Literatur als Quellenmaterial für die wissenschaftliche Beschäftigung erwerben. So ist z.B. die Benutzung der Kinder- und Jugendbuchsammlung der Staatsbibliothek zu Berlin, die mit einem Bestand von über 160 000 Bänden über eine der größten Spezialsammlungen zu diesem Gebiet verfügt, nur in einem speziellen Forschungslesesaal und nur für Personen ab 18 Jahre erlaubt.

2. Formen wissenschaftlicher Literatur

a) Quellenwerke

Als Quellenwerke bezeichnet man vor allem in der Geschichts- und in der Literaturwissenschaft *Ausgaben von Quellentexten*, welche die Grundlage für die eigentliche Forschungsarbeit bilden. In der Geschichtswissenschaft sind dies Ausgaben von Chroniken und Annalen, von Urkunden und Regesten, von Akten, Verträgen, Gesetzen, Augenzeugenberichten, Memoiren und Briefen. In der Literaturwissenschaft handelt es sich vor allem um Werke der Belletristik. Man bezeichnet sie als *Primärliteratur*, während man die wissenschaftliche Literatur, die *über* diese Werke geschrieben wird, *Sekundärliteratur* nennt. Goethes „Faust" ist also Primärliteratur, während eine wissenschaftliche Abhandlung über Goethes

„Faust" zur Sekundärliteratur gehört. Das gleiche Verhältnis besteht in der Geschichtswissenschaft zwischen Quelle und (geschichtswissenschaftlicher) Literatur sowie in der Rechtswissenschaft zwischen Gesetzestext und Kommentar.

Die Herausgabe historischer oder literarischer Quellentexte erfordert oft (vor allem bei antiken und mittelalterlichen Texten) eine genaue Untersuchung der überlieferten Textfassungen und ihrer Unterschiede, um die bestmögliche Textfassung herzustellen. Solche Ausgaben, die den nach wissenschaftlichen Methoden ermittelten besten Text wiedergeben und einen „kritischen Apparat" mit abweichenden Lesarten und Erläuterungen sowie eine ausführliche Einleitung bieten, heißen „kritische Ausgabe" oder „historisch-kritische Ausgabe". Im Gegensatz dazu versteht man unter „Textausgabe" lediglich die Ausgabe eines Textes ohne längere Einleitung, Erläuterungen und kritischen Apparat. Auch bei Gesetzen spricht man von Textausgaben im Gegensatz zu kommentierten Ausgaben. Die einzelnen Werke bedeutender Schriftsteller werden oft in Gesamtausgaben zusammengefasst. Von „Gesamtausgabe" spricht man, wenn sie das Gesamtwerk, also alle Schriften eines Verfassers, enthält. Dagegen werden in „Gesammelten Werken" meist einige weniger bedeutsame Texte des betreffenden Autors weggelassen. „Ausgewählte Werke" bringen nur eine Auswahl der wichtigsten Werke des Verfassers.

b) Wissenschaftliche Einzelarbeiten

Wissenschaftliche Einzelarbeiten, in denen Forschungsergebnisse publiziert werden, erscheinen entweder als *Monographien* in Form von selbstständigen Veröffentlichungen oder unselbstständig als *Aufsätze* in Zeitschriften und Sammelwerken. Vor allem die Zeitschriftenaufsätze spielen im modernen Wissenschaftsbetrieb eine zunehmend wichtige Rolle, da hier aktuelle Forschungsergebnisse schnell publiziert werden können; besonders wichtig ist dieser Aspekt für die Bereiche Naturwissenschaften, Medizin und Technik.

Viele wissenschaftliche Arbeiten werden als *Hochschulschriften* (Diplom-, Magister- oder Masterarbeiten, Dissertationen und Habilitationsschriften) verfasst und dann als selbstständige oder unselbstständige Publikationen gedruckt. Eine wichtige Rolle spielen auch die *Kongressschriften* (Kongressberichte), in denen die auf wissenschaftlichen Kongressen und Tagungen gehaltenen Vorträge veröffentlicht werden. In manchen Fällen werden die Texte der Vorträge, die auf einem Kongress gehalten werden sollen – teilweise in gekürzter Form – bereits vor ihrer Präsentation publiziert oder als Kopie weitergegeben; diese Vorabdrucke werden als *Preprints* bezeichnet.

Eine große Bedeutung innerhalb der naturwissenschaftlich-technischen Forschung hat die *Reportliteratur* gewonnen. *Reports* (auch Forschungsberichte) entstehen im Zusammenhang mit der sogenannten Auftragsforschung, d.h. mit Forschungsvorhaben, die an staatliche oder private Forschungsinstitute oder Firmen vergeben werden. In Reports berichten diese Institute oder Firmen über die vorgenommenen Forschungs- und Entwicklungsarbeiten. Da Reports entweder unmittelbar nach Abschluss des betreffenden Forschungsvorhabens herausgegeben werden oder als „Prereports" oder „Progress Reports" (Zwischenberichte) noch während der laufenden Forschungs- oder Entwicklungsarbeit erscheinen, sind sie Informationsquellen von größtem Neuigkeitswert. Sie wenden sich meist an einen bestimmten, begrenzten Kreis von Fachleuten und sind daher in der Regel nicht im Buchhandel erhältlich. Aus diesem Grund sind sie oft schwer zu beschaffen, teilweise werden sie sogar als Geheimsachen für einen befristeten Zeitraum für die Öffentlichkeit gesperrt.

c) Sonderformen technischer Literatur

Zu den Sonderformen technischer Literatur, die eine erhebliche Bedeutung als aktuelle Informationsquellen haben, gehören vor allem Firmenschriften, Patentschriften und Normblätter. Zu den *Firmenschriften*, also von Industrie- und Wirtschaftsfirmen herausgegebenen Schriften, gehören Werbeschriften, Kataloge von Erzeugnissen einer Firma, Pläne und Betriebsanweisungen. *Patentschriften* enthalten Beschreibungen von zum Patent angemeldeten oder bereits patentierten technischen Erfindungen. *Normblätter* verzeichnen Normen (Standards), d.h. Vorschriften für die genormte Ausführung z.B. von Industrieerzeugnissen. In der Bundesrepublik Deutschland gelten die Normen des Deutschen Instituts für Normung (DIN).

d) Zusammenfassende Darstellungen

Während eine wissenschaftliche Einzelarbeit die Ergebnisse einer mehr oder minder eng begrenzten Untersuchung enthält, gibt es daneben Darstellungen, die eine Vielzahl von Einzelergebnissen zusammenfassen und ein Sachgebiet nach dem neuesten Stand der Forschung schildern. Zu nennen sind hier vor allem Fortschrittsberichte, Handbücher und Lehrbücher.

Die sogenannten *Fortschrittsberichte* geben einen zusammenfassenden Überblick über die Forschungsergebnisse, die zu einem bestimmten Thema oder Sachgebiet in jüngster Zeit veröffentlicht wurden. Fortschrittsberichte erscheinen meist jährlich oder in Abständen von einigen Jahren, teils in Fachzeitschriften, teils in eigenen Publikationsorganen mit Titeln wie „Fortschritte auf dem Gebiet ...", „Advances in ..." oder „Progress in ...".

Handbücher sind häufig Gemeinschaftsarbeiten mehrerer Autoren, die den Stoff eines Wissenschaftsfaches oder eines größeren Sachgebietes unter Heranziehung der gesamten einschlägigen Literatur ausführlich und zusammenhängend darstellen; sie erscheinen oft in mehreren Bänden.

Lehrbücher sind vor allem für Studierende und Personen in der Schul- oder Berufsausbildung bestimmt. Sie unterrichten über den gesicherten Erkenntnisstand eines Faches oder Teilgebietes in knapper, leicht verständlicher Darstellung. Den Lehrbüchern ähnlich sind kurz gefasste, einführende Darstellungen eines Wissensgebietes, deren Titel oft „Einführung", „Grundriss" oder „Leitfaden" lauten.

3. Graue Literatur

Die meisten Bücher werden von Verlagen publiziert und durch Buchhandlungen vertrieben. Daneben gibt es jedoch auch viele Publikationen, die *außerhalb des Buchhandels* erscheinen. Für diese Veröffentlichungen hat sich die Bezeichnung „Graue Literatur" eingebürgert.

Publikationen, die außerhalb des Buchhandels erscheinen, werden meist von Institutionen oder Organisationen veröffentlicht. Dabei handelt es sich vor allem um:

- *Regierungsstellen, Behörden, Internationale Organisationen* (z.B. Amtliche Veröffentlichungen wie Haushaltspläne, Jahresberichte, Untersuchungsergebnisse, Statistiken, Normen, Patente)
- *Forschungseinrichtungen* (z.B. Reports bzw. Forschungsberichte, Kongress- und Tagungsberichte, wissenschaftliche Abhandlungen, Preprints bzw. Vorveröffentlichungen von noch ungedruckten wissenschaftlichen Aufsätzen)
- *Hochschulen* (z.B. Dissertationen und Habilitationen, aber auch Vorlesungsverzeichnisse, Kongress- und Tagungsberichte, Lehrmaterialien)
- *Schulen, Museen, Bibliotheken* (z.B. Jahresberichte, Bestands- und Ausstellungskataloge)
- *Firmen, Banken, Verbände, Vereine, Parteien, Gewerkschaften* (z.B. Geschäftsberichte, Produktinformationen, Wirtschaftspläne, Bilanzen, Statuten, Mitgliederverzeichnisse, Mitteilungsblätter, Sitzungsprotokolle, Parteiprogramme, politisches Tagesschrifttum)

Da sie sich an einen begrenzten Personenkreis richten, gelangen solche Veröffentlichungen in der Regel im „Direktvertrieb" vom Hersteller an den Nutzer; zum Teil werden sie kostenlos oder gegen eine geringe Gebühr überlassen. Graue Literatur enthält oft wichtige Informationen für Wissenschaftler und Praktiker, weshalb sie auch von Bibliotheken, besonders von Spezialbibliotheken, erworben wird.

Texte, die der Grauen Literatur zuzurechnen sind, werden heute in zunehmendem Maß als elektronische Dokumente online publiziert.

II. Bücher

1. Bucharten in Geschichte und Gegenwart

a) Handschriften

Bis zur Erfindung des Buchdrucks (um 1450) wurden alle Bücher *mit der Hand geschrieben.* Abgesehen von den im alten Mesopotamien gebräuchlichen Keilschrift-Tontafeln waren im Altertum *Buchrollen aus Papyrus* üblich (bis zu 7-8 m lang und 20-40 cm hoch), auf denen man den Text in senkrechten Spalten nebeneinander anordnete. Der Beschreibstoff *Papyrus* wurde in Ägypten aus dem in Streifen geschnittenen Mark der Papyruspflanze hergestellt. Im 4. und 5. Jahrhundert nach Christus setzte sich der *Codex* durch. So bezeichnet man die im Mittelalter und auch heute noch übliche Buchform, bei der mehrere Lagen aus ineinander gelegten Blättern geheftet und durch einen Einband zusammengehalten werden. Der Codex (Mehrzahl: Codices) war handlicher und übersichtlicher als die Rolle und man konnte darin blättern. Als Beschreibstoff verwendete man im Mittelalter meist *Pergament*, d.h. besonders bearbeitete Kalbs-, Schaf- oder Ziegenhäute, die wesentlich haltbarer waren als der brüchige Papyrus. Im Spätmittelalter wurde das Pergament von dem billigeren *Papier* verdrängt.

Im Früh- und Hochmittelalter wurden die meisten Handschriften in der Schreibwerkstatt (*Scriptorium*) eines Klosters oder einer Bischofskirche von schreibkundigen Mönchen oder Geistlichen angefertigt. Viele Handschriften erhielten eine reiche *Ausschmückung*, besonders durch kunstvoll gestaltete große Anfangsbuchstaben (Initialen) und farbige Illustrationen (Miniaturen). Auch der *Einband*, der meist aus zwei mit Leder überzogenen Holzdeckeln bestand, wurde häufig verziert, indem man Ornamente und Figuren mit Metallstempeln in das Leder einpresste. Manche mittelalterlichen Codices haben Prachteinbände, die mit Goldblecharbeiten oder mit Edelsteinen geschmückt sind. Im Spätmittelalter ging die Buchherstellung auch auf Laienwerkstätten über, wo einfacher ausgestattete Gebrauchshandschriften in größeren Auflagen gewerbsmäßig angefertigt wurden.

b) Blockbücher

Vorläufer der gedruckten Bücher waren die *Blockbücher* oder *Holzschnittbücher.* Beim Holzschnitt wird das Bild auf einer Holztafel seitenverkehrt aufgezeichnet. Dann werden mit einem Messer die Holzteile herausgeschnitten, die nicht drucken sollen. Die übrig bleibenden Umriss-linien des Bildes werden eingefärbt und auf Papier abgerieben oder abgedruckt. Auf diese Weise kann man auch Texte vervielfältigen, indem man die seitenverkehrte Schrift aus einer Holztafel so herausarbeitet, dass die Buchstaben erhöht stehen bleiben und beim Abdrucken das seitenrichtige Schriftbild ergeben. Die solchermaßen hergestellten Blockbücher oder Holzschnittbücher waren im 15. Jahrhundert verbreitet. Jedoch war das Holzschnittverfahren mühsam, und die Holzplatten nützten sich schnell ab.

c) Inkunabeln

Die Kunst des Buchdrucks, genauer der Buchdruck mit beweglichen Lettern, wurde um 1450 in Mainz von *Johannes Gutenberg* erfunden. Das Neue an Gutenbergs Erfindung war, dass der Druck mit beweglichen Einzelbuchstaben (Lettern oder Typen) aus Metall vorgenommen wurde, die beliebig oft zusammengesetzt und wieder auseinandergenommen werden konnten. Vergleichbare Verfahren sind allerdings bereits früher in Ostasien zum Einsatz gekommen.

Die seit der Erfindung des Buchdrucks bis einschließlich zum Jahr 1500 gedruckten Bücher nennt man *Inkunabeln* oder *Wiegendrucke* (lat. incunabula = Windel, Wiege), weil damals der Buchdruck quasi noch in der Wiege lag. Von Mainz aus verbreitete sich der Buchdruck rasch in andere deutsche Städte (u.a. Straßburg, Bamberg, Köln, Augsburg und Nürnberg) und in die übrigen europäischen Länder (zunächst nach Italien und Frankreich). Unter den Inkunabeln befinden sich viele religiöse und literarische Werke des Spätmittelalters, aber auch Ausgaben lateinischer und griechischer Klassiker und Schriften der Humanisten.

Das berühmteste Druckwerk der Inkunabelzeit ist die von Gutenberg um 1455 in Mainz gedruckte *42-zeilige Bibel* (jede Seite hat zwei Spalten mit je 42 Zeilen), deren Satzbild von herausragender Qualität ist. Etwas später begann man, viele Inkunabeln mit Holzschnitten zu schmücken. Ein eigentliches Titelblatt fehlt in dieser Zeit noch; in der heute üblichen Form bürgert sich erst nach 1500 ein. Angaben über Verfasser, Titel, Drucker, Druckort und -jahr finden sich zum Teil in der Schlussschrift (Kolophon) am Ende des Buches. Häufig brachten die Drucker ihr Druckerzeichen (Druckersignet) in den Büchern an.

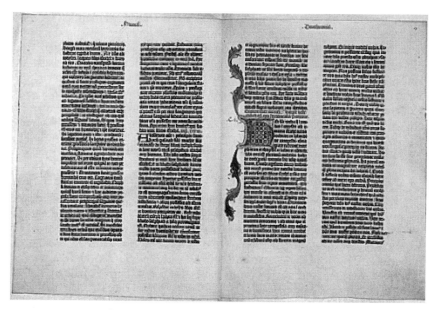

(Abb. 1: Aufgeschlagene Gutenbergbibel, Exemplar der SUB Göttingen)

d) Bücher in der frühen Neuzeit

Zur frühen Neuzeit rechnet man die Zeit von etwa 1500 bis 1800, also das 16., 17. und 18. Jahrhundert, d.h. die Epoche unmittelbar vor dem Industriezeitalter. Die Drucke aus der Zeit von 1501 bis 1530 (oder auch von 1501 bis 1550) werden häufig *Frühdrucke* genannt. Gelegentlich wird dieser Begriff auch auf die Inkunabelzeit ausgedehnt, indem man alle gedruckten Bücher seit der Erfindung der Druckkunst bis 1530 (oder 1550) als Frühdrucke bezeichnet.

Im *16. Jahrhundert* erlebte der Buchdruck durch die geistigen Auseinandersetzungen im Gefolge der Reformation einen starken Aufschwung. Zahlreiche religiöse, wissenschaftliche und populäre Werke wurden im Druck veröffentlicht, z.B. Bibelausgaben, Gesangbücher, Flugschriften, Bücher zur Medizin, Naturwissenschaft und Geschichte sowie antike Klassiker. Oft waren diese Werke mit *Holzschnitten* geschmückt, die zum Teil von berühmten Künstlern entworfen wurden (z.B. Dürer, Holbein, Cranach). Als wichtigste im Druck verwendete Schriftarten entstanden *Antiqua* und *Antiquakursive* (aus der lateinischen Schreibschrift entwickelt) und *Fraktur* (aus der gotischen Schrift entwickelt und für deutschsprachige Texte verwendet).

78

(Abb. 2: Frontispiz und Titelblatt eines Druckes von 1699)

In der *Barockzeit* (ca. 1600–1750) bevorzugte man großformatige Werke, die oft prächtige Titelkupfer (Frontispize) enthielten, zum Teil auch weitere *Kupferstiche* auf speziellen Tafeln. Beliebt waren illustrierte Länderbeschreibungen, Tier- und Pflanzenbücher sowie Kartenwerke (Atlanten). Im 17. Jahrhundert entstanden die ersten Zeitungen und Zeitschriften. Im Lauf des 18. Jahrhunderts wurden mehr Bücher in kleinen Formaten hergestellt, die oft mit Kupferstichillustrationen und -verzierungen ausgestattet waren.

e) Bücher im Industriezeitalter

Seit dem Beginn der Industrialisierung um 1800, der starken Zunahme der Bevölkerung und der Ausbreitung der Lesefähigkeit wurde das Buch allmählich zur *Massenware*. Die Erfindung von Setz- und Druckmaschinen und die industrielle Papierherstellung ermöglichten es, die Auflagen zu steigern und die Buchpreise zu senken. Populär waren illustrierte Bücher und Zeitschriften, Bilderbogen, Konversationslexika sowie preiswerte

Buchreihen. Illustrationsformen waren Holzstich, Stahlstich und Litho-graphie, später Reproduktionen von Fotos.

Seit dem Ende des 19. Jahrhunderts versuchte die *Buchkunstbewegung* die künstlerische Gestaltung des Buches neu zu beleben, u.a. durch *Pressen-drucke* (auf Handpressen hergestellt) und *bibliophile Ausgaben* (Biblio-philie = die Liebe zum schönen, alten und wertvollen Buch). Bedeutende Kunstwerke sind viele der von namhaften Künstlern (z.b. Picasso, Chagall, Miró) hergestellten *Malerbücher*, meist mit Holzschnitten, Radierungen oder Lithographien und mit künstlerisch gestalteter Typographie. Typisch für die zweite Hälfte des 20. Jahrhunderts sind *Bildbände* (Fotobände) sowie die preiswerten, in hohen Auflagen hergestellten *Taschenbücher* (kleinformatig) und *Paperbacks* (größeres Format).

f) Bücher und Buchdruck der Gegenwart

Buchangebot und moderne Entwicklungen des Buchmarktes

Betrachtet man das Buchangebot der Gegenwart, so fällt zunächst die Fülle der jährlich neu produzierten Titel auf. Sowohl bei der Unterhal-tungsliteratur (fiction) wie auch im Bereich des „Buchs zur Weiterbil-dung" (non-fiction) ist die *Titelvielfalt* immens, eine besondere Rolle spielen Romane, Ratgeber, Sachbücher, Reiseführer, humoristische Bü-cher, Biographien sowie Kinder- und Jugendbücher. Das *Verzeichnis liefer-barer Bücher* (VLB) umfasst über eine Million Titel, worunter allerdings auch Videos, Hörbücher, Kalender und andere Medien fallen. Nicht nur die Zahl der publizierten Titel ist sehr groß, auch die Gestaltung und Aus-stattung der angebotenen Werke sind vielfältig. Produziert werden präch-tige Bildbände, bibliophile Pressendrucke und hochwertige Dünndruck-ausgaben ebenso wie einfache Taschenbücher und preiswerte Sonderaus-gaben.

Neben diesen positiven Aspekten dürfen allerdings auch einige problema-tische Entwicklungen nicht übersehen werden. Mit der Steigerung der jährlichen Neuerscheinungszahlen geht auch ein Rückgang der durch-schnittlichen Auflagenhöhe einher, der sich negativ auf die Rendite der Verlage auswirkt. Dass ein merklicher Anstieg des Durchschnittspreises von Büchern in den letzten Jahren nicht zu verzeichnen war, liegt vor allem am Wachstum der Taschenbuchproduktion und der Zunahme billiger Sonderausgaben. Allerdings drohen gerade gebundene Bücher durch die steigenden Preise in diesem Sektor wieder zu einem „Elitemedium" zu werden. Deutlich wird diese Tendenz auch durch die Tatsache, dass die Bedeutung des Buches für die Unterhaltung – zumindest in einigen Teilen der Bevölkerung – gegenüber dem Fernsehen und anderen Medien stark zurückgegangen ist. Auch im Bereich der Informationsvermittlung konkurriert das Buch mit anderen Medien, vor allem den Internetangeboten.

Grundsätzlich lassen sich eine Internationalisierung des Buchangebotes, z.B. bei den Bestsellern und den wissenschaftlichen Standardwerken, und eine Zunahme des Marktanteils von Übersetzungen feststellen. Dieser Tendenz entspricht auch die internationale Konzentration der Verlagsgruppen und der Medienkonzerne.

Moderne Druckverfahren

Die erwähnte Fülle an Titeln und die Vielfalt der Ausstattung im heutigen Buchangebot wird durch den Einsatz moderner Druck- und Herstellungstechniken ermöglicht, die sich in den letzte zwei bis drei Jahrzehnten entscheidend weiterentwickelt haben.

Die wichtigste Drucktechnik des 20. Jahrhunderts ist der *Offsetdruck*. Im Gegensatz zu den in früheren Jahrhunderten zumeist verwendeten Hochdruckverfahren, bei denen die erhöht stehenden Teile drucken, ist der Anfang des 20. Jahrhunderts entwickelte Offsetdruck ein (indirektes) Flachdruckverfahren. Flachdruckverfahren beruhen auf der gegenseitigen Abstoßung von Wasser und Fett. Die druckenden Stellen der Druckplatte sind „fettfreundlich" (lipophil), sie nehmen die Druckfarbe auf, die nicht druckenden Stellen hingegen sind „wasserfreundlich" (hydrophil), sie nehmen Wasser bzw. Feuchtmittel auf. Entwickelt werden die fett- bzw. wasserfreundlichen Partien auf der lichtempfindlichen Druckplatte durch chemische Reaktionen, die durch Belichtung hervorgerufen werden – früher wurde hierfür ein Film verwendet, heute findet eine direkte Belichtung statt (CTP, Computer to plate, auch Direct Imaging). Zum Drucken wird die Druckplatte auf einen Zylinder gespannt; beim Offsetdruck wird die Druckfarbe jedoch erst auf einer zweiten, mit einem Gummituch bespannten Walze abgesetzt (engl. to set off), von der aus der Druckbogen dann bedruckt wird. Daher handelt es sich hierbei um ein *indirektes* Flachdruckverfahren.

Waren früher für die Herstellung der Druckvorlage viele Arbeitsschritte nötig (Textsatz, Reproduktion der Abbildungen, Umbruch, etc.), finden diese Arbeiten heute computergestützt statt. Man spricht in diesem Zusammenhang vom *Desktop-Publishing*, (DTP, „Publizieren vom Schreibtisch aus"). In einem weiteren Schritt ermöglicht dieses Verfahren den heute zunehmend eingesetzten *digitalen Offsetdruck*, hierbei wird der Toner des Druckers – ohne Verwendung einer Druckplatte – direkt auf den mit einem Gummituch bespannten Zylinder übertragen, von dem gedruckt wird.

Basierend auf der digitalen Drucktechnik hat sich seit der Mitte der 1990er Jahre mit *Book on Demand* („Buch auf Bestellung", auch Print on Demand) ein spezielles Produktionsverfahren für Kleinstauflagen entwickelt. Bei dieser Produktionsform werden die druckfertig eingerichteten Texte in digitaler Form auf dem Server eines Anbieters gespeichert; geht eine Bestellung ein, wird in einem weitgehend automatisierten Verfahren *ein* Exemplar des gewünschten Titels hergestellt. Zwar sind die Stückkosten bei dieser Produktionsform etwas höher als beim herkömmlichen Buchdruck, allerdings entfallen bei diesem Verfahren die Lagerkosten und die Titel bleiben beliebig lange lieferbar. Zwar gibt es heute bereits spezialisierte Verlage und ein wachsendes Angebot an Titeln, bezogen auf die gesamte Buchproduktion bilden Books on Demand allerdings gegenwärtig noch eine Randerscheinung.

2. Publikationsformen

Wenn man von „Publikationen" (Veröffentlichungen) spricht, meint man die Tatsache, dass Druckwerke zu einem bestimmten Zeitpunkt und in einer bestimmten Form „publiziert", d.h. der Öffentlichkeit zugänglich gemacht werden. Bei der Einteilung von Druckwerken nach Publikationsformen kann man von verschiedenen Gesichtspunkten ausgehen. Bei der folgenden Einteilung wurden vor allem formale bzw. äußere Merkmale berücksichtigt.

a) Einbändige und mehrbändige Werke

Ein Druckwerk kann aus nur *einem Band* oder aus *mehreren Bänden* bestehen. Bei mehrbändigen Werken können die Bände gleichzeitig oder aber nacheinander in zeitlichen Abständen erscheinen. Im letzteren Fall spricht man von einem *Fortsetzungswerk.*

b) Einzelwerke und Sammlungen

Als *Einzelwerk* bezeichnet man eine in sich abgeschlossene geistige Schöpfung, die zur zusammenhängenden Veröffentlichung vorgesehen ist und in einem oder mehreren Teilen erscheint.

Als *Sammlung* wird eine Veröffentlichung bezeichnet, in der zwei oder mehr Einzelwerke *desselben Verfassers* vereinigt sind.

c) Sammelwerke

Unter *Sammelwerk* versteht man ein Buch mit mindestens zwei Einzelwerken von *zwei oder mehr Verfassern*. Beispiele für Sammelwerke sind u.a. Handbücher, Enzyklopädien, Festschriften und Kongressschriften. Das Sammelwerk ist nicht zu verwechseln mit dem *Sammelband*. Dieser enthält mehrere selbstständig und getrennt erschienene Publikationen, die lediglich vom Buchbinder zu einem Band vereinigt wurden.

Zu den Sammelwerken gehören auch die *Anthologien*. Eine Anthologie (Blütenlese) ist eine von einem Herausgeber zusammengestellte Auswahl von Texten aus Werken verschiedener Autoren. Am bekanntesten sind Lyrik-Anthologien (Gedicht-Anthologien), doch gibt es auch Zusammenstellungen von Prosastücken, Erzählungen, Novellen usw. Ein Sammelwerk, das fachliche oder wissenschaftliche Texte zum Zweck des Studiums und zur Einführung in ein Sachgebiet enthält, wird oft als *Reader* bezeichnet.

Sammelwerke können begrenzt oder fortlaufend sein. Bei begrenzten Sammelwerken ist die Anzahl der Bände oder Teile von vornherein festgelegt, z.B. bei Lexika und Handbüchern. *Fortlaufende Sammelwerke* (engl. serials) nennt man Sammelwerke, deren Bände oder Teile keinen von vornherein geplanten Abschluss haben. Dazu gehören Zeitungen, Zeitschriften, zeitschriftenartige Reihen und Schriftenreihen (Serien).

d) Verfasserwerke

Als Verfasserwerk bezeichnet man ein Werk, das von *einem* Verfasser oder auch von *zwei bis drei Verfassern* geschrieben wurde. Auch ein anonym (d.h. ohne Verfasserangabe) erschienenes Buch gilt als Verfasserwerk, wenn der Autor ermittelt werden konnte.

e) Anonyme Werke

Anonyme Werke (auch Anonyma) sind Werke, deren Verfasser unbekannt sind. Wie Anonyma behandelt man auch gemeinschaftliche Werke, also Werke von mehr als drei Verfassern ohne unterscheidbare Anteile der einzelnen Verfasser. Ebenso rechnet man die fortlaufenden Sammelwerke zu den Anonyma (Zeitungen, Zeitschriften, zeitschriftenartige Reihen und Schriftenreihen).

f) Monographien

Eine Monographie ist eine Schrift, in der ein *einzelnes, begrenztes Thema* umfassend behandelt wird. Monographien sind beispielsweise Bücher über die Barocklyrik, über die Ammoniak-Synthese oder über das Leben Napoleons. Man spricht von „Monographie" in der Regel nur bei Einzelschriften, d.h. bei selbstständigen Veröffentlichungen, nicht bei Serienbänden oder Aufsätzen in Zeitschriften und Sammelwerken. In Bibliotheken wird der Begriff „Monographie" vielfach noch in einem anderen Sinn gebraucht, nämlich für ein einbändiges Werk im Gegensatz zu mehrbändigen Fortsetzungswerken sowie zu fortlaufenden Sammelwerken.

g) Fortsetzungswerke

Fortsetzungswerk nennt man eine mehrbändige Publikation, bei der die einzelnen *Bände* oder *Teile* nacheinander *in zeitlichen Abständen* erscheinen. Der Unterschied zur Serie liegt darin, dass Fortsetzungswerke nach einer bestimmten Anzahl von Bänden oder Teilen *abgeschlossen* sind, während Serien nicht auf einen bestimmten Abschluss hin angelegt sind. Bei Fortsetzungswerken ist also die Bandzahl *begrenzt*, während Serien unbegrenzt weiterlaufen. Beispiele für Fortsetzungswerke sind die zwischen 1992 und 1995 erschienenen Gesammelten Werke von Lion Feuchtwanger in 16 Bänden (Aufbau-Verlag Berlin) oder die „Deutsche Geschichte im Osten Europas" (Siedler-Verlag Berlin), die von 1992 bis 1999 in zehn Bänden erschien. Gelegentlich erscheinen bei Fortsetzungswerken nach Abschluss des Hauptwerkes noch Supplementbände (Ergänzungsbände).

Zu den Fortsetzungswerken gehört auch das *Lieferungswerk*. Bei einem Lieferungswerk erscheinen nicht ganze Bände, sondern unvollständige, broschierte *Lieferungen* (Faszikel), die aus meist 3 bis 4 Druckbogen bestehen. Erst wenn alle Lieferungen eines Bandes erschienen sind, werden die dazugehörigen Titelseiten und das Inhaltsverzeichnis nachgeliefert. Erst dann kann der Band gebunden werden. Als Lieferungswerke erscheinen z.B. umfängliche Fachlexika und Fachbibliographien, die nach und nach über einen längeren Zeitraum hinweg veröffentlicht werden.

Einen Sonderfall stellen die *Loseblattausgaben* oder Loseblattsammlungen dar. Darunter versteht man eine Veröffentlichung in Form von losen, durch eine Klemmvorrichtung zusammengehaltenen Blättern, bei der es möglich ist, zur Erhaltung der Aktualität des Inhalts an jeder beliebigen Stelle neue Blätter einzulegen bzw. gegen veraltete Blätter auszutauschen. Die Loseblattform wurde lange Zeit bevorzugt für Werke verwendet, deren einzelne Abschnitte rasch veralten oder ergänzt werden müssen. Heute werden derartige Werke jedoch überwiegend in elektronischer Form publiziert.

h) Fortlaufende Sammelwerke

Wenn in mehreren Teilen erscheinende Sammelwerke keinen von vornherein geplanten Abschluss haben, sondern (im Gegensatz zu begrenzten Fortsetzungswerken) ohne eine Begrenzung der Band- oder Heftzahl erscheinen, nennt man sie *fortlaufende Sammelwerke.* Dazu gehören Schriftenreihen (Serien) und Periodika (Zeitungen, Zeitschriften, zeitschriftenartige Reihen).

Schriftenreihen (Serien)

Als Schriftenreihe oder Serie bezeichnet man eine unbegrenzte Folge von Bänden oder Heften, die in unregelmäßigen Abständen erscheinen, wobei die einzelnen „Stücke" jeweils in sich abgeschlossen sind, eigene Titel (sogenannte *Stücktitel*) haben und in der Regel von verschiedenen Verfassern stammen, jedoch durch einen gemeinsamen übergeordneten *Serientitel* zusammengehalten werden.

Die Bände oder Hefte einer Schriftenreihe sind meist nummeriert, allerdings gibt es auch „ungezählte" Serien. Man unterscheidet zwischen Verlegerserien (Verlegersammlungen), die häufig thematisch sehr weitgespannt sind (z.B. Reclams Universalbibliothek, Fischer-Bücherei, Sammlung Göschen, Bibliothek Suhrkamp), und den thematisch begrenzten Serien wissenschaftlichen oder fachlichen Charakters, die meist von Instituten, Verbänden oder Firmen herausgegeben werden. Beispiel: Forschungen zur Geschichte der Stadt Ulm (= *Serientitel*). Herausgegeben vom Stadtarchiv Ulm. Band 26: Eberhard Mayer: Die evangelische Kirche in Ulm 1918–1945 (= *Stücktitel*). 1998.

Periodika (Zeitungen, Zeitschriften, zeitschriftenartige Reihen)

Sowohl Serien als auch Zeitschriften und Zeitungen erscheinen unbegrenzt, sind also fortlaufende Veröffentlichungen, genauer: fortlaufende Sammelwerke. Sie unterscheiden sich aber dadurch, dass die Stücke einer Serie in unregelmäßigen Abständen publiziert werden, während Zeitschriften und Zeitungen gewöhnlich *in regelmäßigen Abständen,* also *periodisch,* erscheinen. Man bezeichnet sie daher als Periodische Schriften oder *Periodika* (Einzahl: Periodikum). Der Inhalt von Periodika besteht fast immer aus mehreren Beiträgen (Aufsätzen, Artikeln). Unter *Zeitung* versteht man normalerweise die Tages- oder Wochenzeitung. Bei den meisten *Zeitschriften* erscheinen die Hefte monatlich, es gibt aber z.B.

auch Wochenzeitschriften, Zweimonatsschriften, Vierteljahresschriften und Halbjahresschriften.

Gewisse Übergangsformen zwischen Zeitschrift und Schriftenreihe bezeichnet man als *zeitschriftenartige Reihen.* Dazu gehören in regelmäßigen Abständen publizierte Serienbände mit Jahrgangszählung (z.b. Jahrbücher, Almanache, Geschäftsberichte und Adressbücher).

3. Aufbau und Gliederung eines Buches

a) Einband und Buchblock

Ein gebundenes Buch besteht seiner äußeren Form nach aus zwei Bestandteilen: dem Einband und dem Buchblock. Der *Einband* des Buches, der die Buchseiten umschließt und schützt, besteht aus der Einbanddecke, d.h. aus den beiden Buchdeckeln und dem Buchrücken, die durch einen Überzugstoff (Papier, Gewebe, Leder) miteinander verbunden sind. Um die Einbanddecke des Buches wird bei Verlagsbänden oft ein *Schutzumschlag* gelegt.

Auf der Innenseite des vorderen Einbanddeckels ist bei Büchern, die aus Privatbesitz stammen, oft ein *Exlibris* eingeklebt. Das Exlibris ist ein kleines Blatt Papier, das mit dem Namen des Besitzers, evtl. in Verbindung mit einem Wappen, einem Emblem oder anderem künstlerischem Schmuck, bedruckt ist. Das Exlibris dient als Eigentumsnachweis und zur Verzierung des Buches.

Als *Buchblock* bezeichnet man den Innenteil des Buches, also die Gesamtheit der Papierblätter (ohne die Vorsatzblätter). Bei einem gehefteten (nicht klebegebundenen) Buch besteht der Buchblock aus einzelnen *Lagen* oder *Bogen*, die bei einem „ganzen Oktavbogen" je 8 Blätter bzw. 16 Seiten umfassen. Die Lagen entstehen durch dreimalige Falzung des ursprünglichen Druckbogens. Zum Teil werden auch Lagen mit 16 Blättern und 32 Seiten verarbeitet (sogenannter „Doppelnutzen"). Bei der heute häufigen Klebebindung besteht der Buchblock aus Einzelblättern, die durch einen speziellen Klebstoff am Rücken zusammengehalten werden.

Der Buchblock ist heute fast immer *paginiert,* d.h. die *Seiten* des Buches sind gezählt; in früheren Jahrhunderten wurden Bücher auch *foliiert,* in diesem Fall sind die *Blätter* nummeriert.

Inhaltlich gliedert sich der Buchblock in verschiedene Teile. Die folgende Übersicht gibt ein Schema der *inneren Gliederung* eines wissenschaftlichen Werkes, wobei zu beachten ist, dass natürlich nicht bei jedem Buch alle genannten Teile vorkommen und dass das Schema im Einzelfall verschiedentlich abgewandelt sein kann:

Titelseiten	a)	Titel (Vortitel, Haupttitel)
(Titelei)	b)	Widmung
	c)	Vorwort
	d)	Inhaltsverzeichnis (oft auch am Schluss eines Buches)
Textteil	e)	Einleitung
	f)	Hauptteil
	g)	Nachwort
	h)	Bilder (im Text oder als Anhang)
Anhang	i)	Anmerkungen
	k)	Literaturangaben, Quellennachweise
	l)	Register
	m)	Beilagen

b) Titelseiten (Titelei)

Die dem eigentlichen Text des Buches vorangehenden Teile werden in der Fachsprache der Buchherstellung als *Titelei* bezeichnet. Dazu gehören auf jeden Fall die ersten beiden Blätter des Buchblocks, nämlich der Schmutztitel (auf der ersten bedruckten Seite) und der Haupttitel (auf der dritten Seite). Bei wissenschaftlichen Büchern kommen oft noch Vorwort und Inhaltsverzeichnis sowie gegebenenfalls ein Widmungsblatt dazu. Bei größeren wissenschaftlichen Werken wird für die Titelei häufig ein eigener Titelbogen verwendet. In diesem Fall erhält der Titelbogen manchmal eine Paginierung mit römischen Ziffern, während der Textteil eine arabische Seitenzählung aufweist.

Der *Schmutztitel* oder *Vortitel* steht auf dem ersten Blatt des Buches, das dem Haupttitelblatt vorgeschaltet ist und es vor Schmutz und Beschädigung schützen soll. Auf dem Vortitelblatt steht meist nur der Titel des Buches, manchmal auch der Verfassername. Die Rückseite des ersten Blatts bleibt in der Regel unbedruckt (vakat). Auf dem eigentlichen Titelblatt oder Haupttitelblatt, also auf der dritten Buchseite, steht der *Haupttitel* des Buches. Neben dem Haupttitel oder Sachtitel enthält das Titelblatt je nach den gegebenen Umständen einen Zusatz zum Sachtitel („Untertitel"), ferner den Verfassernamen sowie die Namen von Mitarbeitern, Bearbeitern, Übersetzern oder Herausgebern. Weitere Angaben auf der Haupttitelseite sind die Bandzählung bei mehrbändigen Werken, die Auflagenbezeichnung, der Beigabenvermerk (Hinweis auf Abbildungen, Tafeln, Tabellen usw.), schließlich der Erscheinungsvermerk, der aus Verlagsbezeichnung, Verlagsort und Erscheinungsjahr besteht. Vielfach befindet sich über dem Erscheinungsvermerk das Verlagssignet.

Manche der genannten Angaben können auch auf der *Rückseite des Titelblattes*, der sogenannten *Impressumsseite* stehen. Bei Übersetzungen wird hier der Originaltitel des Buches angegeben. Auch Hinweise auf den Illustrator oder Einbandgestalter können vorkommen. Häufig ist eine CIP-Titelaufnahme abgedruckt (s. u. S. 199). Am unteren Ende der Titelblatt-Rückseite steht in der Regel das Impressum, d.h. ein Vermerk, in dem Verlag, Druckerei, Buchbinderei, gelegentlich auch Schrifttype, Papierfirma und Papiersorte genannt werden. Beim Impressum stehen auch der Copyright-Vermerk und die Internationale Standard-Buchnummer. Der Copyright-Vermerk schützt das Werk gemäß den internationalen Urheberrechtsbestimmungen vor unerlaubtem Nachdruck; meist besteht er aus einem © mit dem Namen des Verlags oder Verfassers und dem Jahr der erstmaligen Veröffentlichung.

Die *Internationale Standard-Buchnummer* (ISBN) wird seit etwa 1970 in den meisten im Buchhandel erscheinenden Monographien beim Impressum angeführt. Sie dient der eindeutigen Kennzeichnung eines bestimmten Buches in einer bestimmten Publikationsform (veränderte Auflagen und andere Einbandarten erhalten eine eigene ISBN). Bis 2006 bestand die ISBN aus vier Teilen mit insgesamt 10 Stellen, seit Januar 2007 wird sie aus fünf Teilen mit insgesamt 13 Ziffern gebildet, also zum Beispiel:

ISBN 978-3-487-13225-9

Die fünf Teile der Internationalen Standard-Buchnummer sind (1) das Präfix 978 für die Warengruppe Bücher (seit 2007), (2) die Gruppen-Nummer für nationale, geographische oder Sprachgruppen (3 ist die Gruppen-Nummer für Deutschland, Österreich und die Schweiz), (3) die Verlags-Nummer, (4) die Titel-Nummer des betreffenden Buches, (5) eine Prüfziffer, welche die Kontrolle der Richtigkeit der voranstehenden Zahlenfolge gestattet. Um die Prüfziffer (für die ISBN 13) zu berechnen, wird die Quersumme der einzelnen Ziffern gebildet, wobei die Ziffern mit gerader Position (2., 4., 6., 8., 10. und 12.) dreifach gewichtet werden. Zieht man die letzte Ziffer dieser Zahl von 10 ab, so ergibt sich die Prüfziffer. Dies ergibt für die genannte ISBN folgende Rechnung:

$9 + 8 + 4 + 7 + 3 + 2 + (3 \times [7 + 3 + 8 + 1 + 2 + 5]) = 111$
Die letzte Ziffer von $111 = 1$; $10 - 1 = 9$ (Prüfziffer = 9)

Die Gruppen-Nummer, die Verlags-Nummer und die Titel-Nummer können aus einer unterschiedlichen Zahl von Ziffern bestehen (je nach der Größe der Verlagsproduktion der Gruppe bzw. des Verlages); insgesamt war die ISBN bis 2006 jedoch immer 10-stellig, heute ist sie immer 13-stellig.

Die ISBN wird bei den Buchdaten vor allem in Bibliographien, Buchhandelsverzeichnissen und Bibliothekskatalogen angegeben, um das Buch bzw. die Ausgabe eindeutig zu identifizieren. Die ISBN erleichtert das Bestell- und Rechnungswesen im Buchhandel, führt aber auch zu einer Vereinfachung und Beschleunigung bibliothekarischer Arbeitsvorgänge. Für Musikdrucke wurde eine eigene, *Internationale Standardnummer für Musikalien* (International Standard Music Number, ISMN) eingeführt, die durch das Präfix M eingeleitet wird, z.B. M-2306-7118-7.

Ähnliche Aufgaben wie die ISBN hat die *International Standard Serial Number* (ISSN), die internationale Standardnummer für fortlaufende Sammelwerke (serials), d.h. also für Zeitungen, Zeitschriften, zeitschriftenartige Reihen und Schriftenreihen (Serien). Die ISSN besteht aus einer achtstelligen Ziffer, die aus Gründen der besseren Lesbarkeit in zwei Gruppen zu je vier Ziffern geschrieben wird, zum Beispiel ISSN 0047-5734

Nach dem Titelblatt befindet sich gelegentlich auf einem eigenen Blatt eine *Widmung*, mit der das Buch einer Persönlichkeit zugeeignet wird, so vor allem in Festschriften, die anlässlich eines Jubiläums oder Geburtstags erscheinen. Das *Vorwort* ist bei wissenschaftlichen Werken ein wichtiger Bestandteil des Buches. Es dient in erster Linie dazu, den Leser über Ziel und Absicht des vorliegenden Werkes und über seine Entstehung zu informieren. Auch Hinweise auf die Forschungslage und gegebenenfalls Mitarbeiter, Dank an Personen, die zum Entstehen des Werkes beigetragen haben, und Hinweise auf frühere Auflagen und das Erscheinungsjahr sind oft im Vorwort enthalten. Das *Inhaltsverzeichnis*, das auch am Schluss des Buches stehen kann, verzeichnet die einzelnen Kapitel und Abschnitte des Werkes.

c) Textteil

Der Textteil des Buches beginnt oft mit einer *Einleitung*, die in das Thema des Buches einführt. Der *Hauptteil* des Textes ist meist in Kapitel eingeteilt, die jeweils eine besondere Überschrift tragen können. Fachbücher und wissenschaftliche Bücher sind in der Regel in viele Kapitel, Abschnitte und Unterabschnitte gegliedert. Die Kapitelüberschrift erscheint manchmal als Überschrift über allen Seiten des betreffenden Kapitels (Kolumnentitel). In wissenschaftlichen Werken sind am unteren Ende der Seiten oft *Fußnoten* angebracht, das sind *Anmerkungen* in kleinerer Schrift, die Erläuterungen und Literaturhinweise zu bestimmten Stellen des Textes der Seite enthalten. Solche Anmerkungen können auch als eigener Anmerkungsteil im Anhang des Buches zusammengefasst sein. Gelegentlich findet sich am Ende des Textes ein *Nachwort*, das die Ergebnisse der vorliegenden Arbeit noch einmal zusammenfasst.

d) Anhang

Sachbücher, Fachbücher und wissenschaftliche Werke enthalten oft einen Anhang, in dem Anmerkungen, Literaturangaben und Quellennachweise, Register sowie Beilagen zusammengefasst sind. Literaturangaben und Quellennachweise verzeichnen diejenigen Bücher und sonstigen Quellen (z.b. Akten, Urkunden, Dokumente), auf die der Autor sich im vorliegenden Werk gestützt hat. Die Register, die zur Auswertung eines fachlichen Werkes unentbehrlich sind, können nach verschiedenen Gesichtspunkten zusammengestellt werden, z.B. als Sach-, Orts- und Personenregister. Als Beilagen kommen Bildtafeln, Landkarten, Pläne, Stammtafeln, statistische Übersichten usw. in Frage. Bildtafeln, die meist auf ein spezielles Papier (Kunstdruckpapier) gedruckt sind, können als eigener Bild- oder Tafelanhang am Ende des Buches zusammengefasst werden, sie können aber auch im Text eingebunden sein.

4. Verlagswesen und Buchhandel

Buchhandel ist die zusammenfassende Bezeichnung für die an der Herstellung und der Verbreitung von Büchern beteiligten Gewerbezweige. Da das Buch einerseits „Ware" und damit Handelsobjekt, andererseits ein Bestandteil des kulturellen Lebens ist, nimmt der Buchhandel eine Zwischenstellung zwischen Wirtschaft und Kultur ein.

Man unterscheidet zwei Hauptzweige des Buchhandels: (1) den *herstellenden* und (2) den *verbreitenden Buchhandel*. Beide Zweige, also Verleger und Buchhändler, sind im *Börsenverein des deutschen Buchhandels e.V.* zusammengeschlossen. Er veranstaltet jährlich die Internationalen Buchmessen in Frankfurt und Leipzig und gibt das Fachorgan der Branche, das wöchentlich erscheinende „Börsenblatt", heraus, das Nachrichten und Beiträge aus der Welt des Buches sowie zahlreiche Verlagsanzeigen enthält. Grundlage der buchhändlerischen Geschäftsbeziehungen ist die *„Verkehrsordnung für den Buchhandel"* des Börsenvereins in der Fassung vom 9. November 2006.

a) Verlagswesen, Verlagsbuchhandel

Der Verlagsbuchhandel ist der Zweig des Buchhandels, der die Bücher herstellt („herstellender Buchhandel"). Den einzelnen Verlagsunternehmen werden von den Autoren Manuskripte angeboten, oder der Verleger entwirft selbst Pläne zu neuen Büchern, für deren Ausführung er geeignete Autoren sucht. Neben Verlagen mit weitgefächertem Programm gibt es Verlagsfirmen, die sich auf bestimmte Gebiete spezialisieren, z.B. wissenschaftliche Verlage (oft auf bestimmte Fachgebiete beschränkt), belletristische Verlage, Musikverlage, Schulbuchverlage usw.

Das Manuskript eines Werkes wird im Verlag durch einen *Lektor* geprüft. Wird das Manuskript zur Veröffentlichung angenommen, schließt der Verleger mit dem Autor einen Verlagsvertrag, in dem die beiderseitigen Rechte und Pflichten geregelt werden. Dabei überträgt der Verfasser dem Verleger gegen ein bestimmtes Honorar das Recht zur Vervielfältigung, Verbreitung und Nutzung seines Werks; der Verleger verpflichtet sich, das Werk auf eigene Kosten zu drucken und zu verbreiten.

Anschließend erfolgt die *Herstellung* des Buches. Der Verlag bestimmt die äußere Gestaltung des Buches (Typographie, Abbildungen, Papier, Einband). Nachdem das Manuskript für den Druck eingerichtet und die Korrekturen gelesen wurden, erfolgt der Druck des Buches. In der Buchbinderei werden die Druckbogen geheftet und mit einem Einband versehen. Der Verlag organisiert auch die *Auslieferung* des Buches an den Zwischen- und Sortimentsbuchhandel und betreibt die *Werbung* für das Buch durch Prospekte, Anzeigen und die Versendung von Rezensionsexemplaren (Besprechungsstücken).

Von *Selbstverlag* spricht man, wenn ein Verfasser sein Werk selbst verlegt, d.h. die Kosten für Herstellung und Verbreitung sowie das Absatzrisiko selbst trägt. *Kommissionsverlag* nennt man einen Verlag, der den Vertrieb eines Buches, evtl. auch die Herstellung, im Auftrag und auf Rechnung eines anderen (etwa einer wissenschaftlichen Institution oder auch des Verfassers) übernommen hat. Das Absatzrisiko trägt der Auftraggeber, nicht der Kommissionsverleger.

Der Verfasser (Urheber) eines Werkes besitzt das „geistige Eigentum" an seinem Werk sowie das Recht auf dessen wirtschaftliche Nutzung, wobei er letzteres meist dem Verlag überträgt. Dieses *Urheberrecht* des Verfassers ist durch gesetzliche Vorschriften geschützt, in der Bundesrepublik durch das *„Gesetz über Urheberrecht und verwandte Schutzrechte"* (Urheberrechtsgesetz, UrhG) aus dem Jahr 1965 (letzte Änderung im Dezember 2007). Das Gesetz schützt den Urheber gegen jede Vervielfältigung und Verbreitung seines Werkes, die nicht von ihm genehmigt ist. Die Zeitdauer des urheberrechtlichen Schutzes (Schutzfrist) endet in der Bundesrepublik 70 Jahre nach dem Tod des Urhebers, in vielen anderen Staaten 50 Jahre nach seinem Tod. Nach Ablauf dieser Fristen sind die Werke

„gemeinfrei" und können von jedermann gedruckt und herausgegeben werden.

Im Gegensatz zur sonstigen Preisgesetzgebung (Kartellrecht) sind die Verlage in Deutschland gesetzlich verpflichtet, für ihre Bücher einen *festen Ladenpreis* zu bestimmen, d.h. der Endverkaufspreis wird vom Produzenten, nicht vom Händler festgelegt (*„Gesetz über die Preisbindung für Bücher"* von 2002). Die Buchhändler sind zur Einhaltung des vom Verlag festgesetzten Ladenpreises verpflichtet, der den Fortbestand eines flächendeckenden und leistungsfähigen Sortimentsbuchhandels und die Vielfalt des Buchangebots gewährleisten soll. Die – durchaus nicht unumstrittene – Buchpreisbindung existiert in mehreren europäischen Ländern (neben Deutschland u.a. in Österreich und Frankreich), in der Schweiz wurde sie 2007 abgeschafft.

Vielgekaufte Bücher erscheinen oft in mehreren Auflagen. Als *Auflage* bezeichnet man die in einem Herstellungsgang angefertigten Exemplare eines Buches. *Vergriffen* ist ein Buch, wenn es beim Verlag nicht mehr lieferbar ist; durch Herausgabe einer Neuauflage kann es wieder lieferbar werden.

Elektronisches Publizieren

Neben Büchern und anderen gedruckten Medien veröffentlichen viele Verlage in steigendem Umfang *elektronische Publikationen*, überwiegend in Form von Netzpublikationen, d.h. gespeichert auf Verlagsservern für den Online-Zugriff über das Internet. Der Anteil von elektronischen Publikationen am Gesamtvolumen der Verlagsproduktion steigt seit Jahren beständig an. Die Publikation von elektronischen Büchern und Zeitschriften ist wesentlich einfacher, schneller und kostengünstiger als das Publizieren von Printmedien. Die vom Autor eingereichten Daten müssen vom Verlag nur noch überprüft und für die Publikation aufbereitet werden. Elektronische Publikationen können durch Kauf erworben oder über Lizenzverträge befristet genutzt werden.

Durch die heutigen Möglichkeiten der Online-Publikation entsteht den Verlagen eine erhebliche Konkurrenz durch private oder kommerzielle Informationsanbieter. Wissenschaftlich relevante Informationen und Publikationen in digitaler Form werden heute nicht nur von Verlagen, sondern auch von Fachinformationseinrichtungen, Fachgesellschaften, Forschungsinstituten, Universitäten und Bibliotheken online publiziert. Auf der anderen Seite geraten vor allem mittelständische Verlage häufig unter Druck durch die Aktivitäten großer, internationaler *Medienkonzerne*, die gedruckte und elektronische Produkte herausbringen und sich auch im Fernseh-, Video-, Film- und Musikgeschäft betätigen. Hieraus ergeben sich Veränderungen in der Branchenstruktur des Verlagswesens und in der Struktur des gesamten Publikationswesens.

b) Verbreitender Buchhandel

Sortimentsbuchhandel

Der Sortimentsbuchhandel ist der Zweig des Buchhandels, der den Verkauf der Bücher an das Publikum im Ladengeschäft vornimmt. Zu diesem Zweck trifft der Sortimenter (Sortimentsbuchhändler) eine Auswahl aus der Fülle des Angebots (er „sortiert" das Bücherangebot) und stellt so ein „Sortiment" von Büchern zusammen (Sortiment bedeutet eigentlich Warenauswahl, Warenlager).

Der Sortimenter bezieht die Bücher entweder direkt vom Verlag oder über den Zwischenbuchhandel. Der Verlag gewährt dem Sortimenter einen prozentualen *Rabatt* vom Ladenpreis (Buchhändlerrabatt, Sortimentsrabatt); der Buchhändler erhält die Bücher zum sogenannten „Nettopreis". Aus dem Rabatt (zwischen 25 und 50 Prozent des Ladenpreises) deckt der Sortimenter seine Unkosten; der Rest ist sein Gewinn.

Um dem Sortimentsbuchhandel das Risiko einer allzu umfangreichen Lagerhaltung abzunehmen, liefert der Verlag insbesondere fachliche und wissenschaftliche Neuerscheinungen „bedingt" oder „in Kommission" oder „à condition". Die auf diese Weise gelieferten Bücher kann der Sortimenter bis zu einem vom Verleger festgesetzten Abrechnungstermin wieder zurückgeben (als sogenannte Remittenden), wenn er sie in der Zwischenzeit nicht verkauft hat. Man bezeichnet diese Art des Buchhandels als „Bedingtverkehr" oder „Konditionsbuchhandel".

Mit einem Umsatz von über 5 Milliarden Euro und einem Anteil von über 50% am gesamten Buchumsatz ist der Sortimentsbuchhandel nach wie vor der bedeutendste Vertriebsweg für Bücher in Deutschland, allerdings erhält das traditionelle Sortiment zunehmend Konkurrenz durch andere Buchverkaufsstellen (z.B. in Warenhäusern und Buchgesellschaften) sowie durch die verschiedenen Formen des Versand- und des Internetbuchhandels.

Zwischenbuchhandel

Als Zwischenbuchhandel bezeichnet man alle Zweige des Buchhandels, die sich in den Verkehr zwischen Verlag und Sortiment einschalten und ihn erleichtern. Der Vorteil beim Zwischenbuchhandel liegt für den Sortimenter vor allem darin, dass er Bücher verschiedener Verlage von *einem* Anbieter beziehen kann. Die beiden wichtigsten Formen des Zwischenbuchhandels sind der Kommissionsbuchhandel und das Barsortiment.

Beim *Kommissionsbuchhandel* übernimmt der Kommissionär die Vermittlung zwischen Verleger und Sortimenter. Der Kommissionär hält meist ein Lager mit den Büchern der mit ihm in Geschäftsverbindung stehenden Verlage zur Lieferung an das Sortiment bereit. Der Sortimenter gibt seine Bestellung an den Kommissionär, dieser liefert die gewünschten Bücher im Namen und auf Rechnung des Verlegers. Für seine Tätigkeit erhält der Kommissionär von den Verlagen und den Sortimentern bestimmte Vergütungen oder Gebühren.

Das *Barsortiment* unterhält ebenfalls ein umfassendes Lager der gängigen Bücher, aber es kauft die Bücher vom Verleger und liefert sie auf eigene Rechnung an den Sortimenter. Der Verlag gewährt dem Barsortiment einen besonders günstigen Grosso-Rabatt; das Barsortiment gewährt der Sortimentsbuchhandlung den üblichen Sortimenterrabatt (wobei Barzahlung früher Bedingung war und zur Bezeichnung „Barsortiment" führte). Die Spanne zwischen diesen beiden Rabatten bildet den Gewinn des Barsortiments. Der Barsortiments-Lagerkatalog gibt über die beim betreffenden Barsortiment auf Lager befindlichen Bücher Auskunft und ist damit für den Buchhändler ein wichtiges Hilfsmittel. Bestandsangaben großer Barsortimente finden sich auch im „Verzeichnis lieferbarer Bücher" (s. u. S. 306).

Versandbuchhandel und Internet-Buchhandel

Der traditionelle *Versandbuchhandel* schickt seinen Kunden sowohl seine Buchangebote (in Form von Prospekten oder Katalogen) als auch seine Buchlieferungen mit der Post zu. In Reinform findet sich diese Vertriebsform fast nicht mehr, nahezu alle Versandbuchhändler bieten ihren Kunden heute auch ein umfangreiches Online-Angebot.

Mit dem *Internet-Buchhandel* ist eine neue und wichtige Form des Versandbuchhandels entstanden. Beim Online-Versandhandel können Bücher und andere Medien aus den Titeldatenbanken der Anbieter am Bildschirm ausgewählt und online bestellt werden. Die Bücher werden dann per Post geliefert; die Bezahlung erfolgt per Kreditkarte, Lastschrift oder Rechnung. Die Firmen werben mit der großen Titelzahl der verfügbaren Bücher und mit besonderen Service-Angeboten (z.B. Zusatzinformationen wie Inhaltsangaben, Rezensionen oder Autorenporträts, kostenloser Zusendung, bestimmten Rabatten, etc.). Der Anteil des Online-Buchhandels nimmt in Deutschland beständig zu und hat mittlerweile ein Volumen von über 650 Millionen Euro erreicht. Weltweiter Marktführer beim Online-Handel mit Büchern ist der 1994 gegründete US-amerikanische Versandhändler Amazon.

Viele Versandbuchhandlungen haben sich als „Library Suppliers" auf die Versorgung von Bibliotheken spezialisiert, wobei vor allem der Import ausländischer Bücher eine wichtige Rolle spielt. Vorwiegend für Bibliotheken sind auch internationale *Zeitschriftenagenturen* tätig.

Antiquariat

Der Antiquariatsbuchhandel befasst sich mit alten und gebrauchten Büchern, aber auch mit verlagsneuen Restexemplaren. Das wesentliche Kennzeichen für das Antiquariat ist, dass es Bücher führt, für die *kein fester Ladenpreis* mehr besteht. Der Preis eines antiquarischen Buches wird je nach Marktlage, dem Seltenheitswert, dem Zustand und der Ausstattung des einzelnen Exemplars vom Antiquar nach eigenem Ermessen festgesetzt.

Man unterscheidet drei Formen des Antiquariats: (a) das bibliophile Antiquariat, (b) das wissenschaftliche (oder Gebrauchs-)Antiquariat, (c) das moderne Antiquariat (oder Neu-Antiquariat).

Das *bibliophile Antiquariat* handelt mit schönen und wertvollen Büchern aus allen Zeiten, also mit alten Handschriften und Inkunabeln, mit Kupferstich-, Stahlstich- und Holzschnittbüchern, Autographen, modernen bibliophilen Ausgaben, mit Druckgraphik und mit Zeichnungen. Das *wissenschaftliche Antiquariat* handelt mit vergriffenen wissenschaftlichen Büchern und Zeitschriften; Käufer sind vor allem Wissenschaftler und Bibliotheken. Das *moderne Antiquariat* handelt vorwiegend mit unverkauften Restauflagen, bei denen der Verleger den Ladenpreis aufhebt und sie zu sehr niedrigen Preisen an Antiquariate oder Warenhäuser abgibt („verramscht").

Ein immer größerer Teil auch des Antiquariatsbuchhandels wird heute – oft mittels zentraler Plattformen – über das Internet abgewickelt. So bietet zum Beispiel das „Zentrale Verzeichnis Antiquarischer Bücher" (ZVAB) rund 25 Millionen Titel von über 4100 Antiquariaten aus 27 Ländern an.

Auktionshäuser

Auktionshäuser (Versteigerungsfirmen) sind teils auf bestimmte Mediengattungen spezialisiert (z.B. auf Handschriften und Inkunabeln), teils führen sie alte und wertvolle Bücher als Teil eines breiteren Angebots. Vor der Auktion gibt der Versteigerer einen Katalog mit Schätzpreisen heraus. Der Aufrufpreis, mit dem die Versteigerung beginnt, liegt in der Regel unter dem Schätzpreis. Der Höchstbietende erhält das Buch zum Zuschlagspreis, zu dem allerdings noch ein Aufgeld für den Auktionator (meist 15 Prozent) und die Mehrwertsteuer hinzukommen.

III. Nicht-Buch-Materialien

Mit dem Begriff *Nicht-Buch-Materialien*, einer Übersetzung des englischen Ausdrucks „Non-book-materials", bezeichnet man alle nicht in Buchform vorliegenden Bibliotheksmaterialien. Dabei handelt es sich um (1) Mikroformen, (2) audiovisuelle Medien (Tonträger, Bildträger, Filme), (3) sonstige gedruckte oder ungedruckte Materialien (Musiknoten, Druckgraphik, Fotographien, Karten und Pläne sowie Originalschriftstücke). Elektronische Datenträger gehören auch zu den Nicht-Buch-Materialien, werden aber in einem späteren Abschnitt gesondert behandelt.

1. Mikroformen

Beliebige Vorlagen – Bücher, Aufsätze, Bilder, etc. – können in starker fotographischer Verkleinerung auf Mikrofilmen oder Mikrofiches reproduziert werden. Ein *Mikrofilm* ist ein Rollfilm (meist 35 mm breit), auf dem die Vorlage – also etwa die Seiten eines Buches – in verkleinerten fotographischen Aufnahmen erscheint. Ein *Mikrofiche* (französisch fiche = Karteikarte, Zettel) ist ein Mikroplanfilm, d.h. ein transparentes Filmblatt im Format einer Karteikarte (DIN A6), auf dem die verkleinerten Wiedergaben der Textseiten der Vorlage in mehreren Reihen angeordnet sind. Je nach dem gewählten Verkleinerungsgrad kann ein Mikrofiche zwischen 60 und mehreren hundert Seiten umfassen. Mikrofiches können auf einfache Weise wie eine Kartei geordnet werden; oft erscheint vor dem Beginn der verkleinerten Aufnahmen der Titel des Textes mit den wichtigsten bibliographischen Angaben in normal lesbarer Schrift.

Die Benutzung von Mikroformen ist relativ unkomfortabel. Sie können nur mit Hilfe spezieller *Lesegeräte* gelesen werden, die den verkleinerten Text rückvergrößern und auf einen Bildschirm projizieren. Mit sogenannten *Readerprintern* lassen sich allerdings auch Rückvergrößerungen des Textes auf Papier ausdrucken.

Allerdings weisen Mikroformen auch eine Vielzahl von Vorteilen auf:

– sie sind haltbar, unempfindlich und leicht zu lagern
– sie sind preiswerter in der Herstellung als Printmedien
– sie sparen viel Lagerraum, da sie nur einen Bruchteil des für die Originale benötigten Platzes beanspruchen
– sie lassen sich leicht duplizieren und verschicken

Aus diesen Gründen gibt es bis heute Veröffentlichungen von wissenschaftlichen Texten, z.B. Dissertationen, die nur in Mikroform erscheinen.

Bevorzugt werden meist *Mikrofiches*, da sie einfacher zu handhaben sind, den schnelleren Zugriff auf bestimmte Textstellen ermöglichen und nicht vor- oder zurückgespult werden müssen. Allerdings geht die Anzahl der Publikation auf Mikroform zugunsten der elektronischen Publikationen immer stärker zurück.

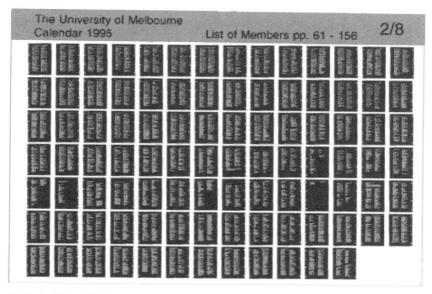

(Abb. 3: Mikrofiche)

Auch ältere Quellentexte, Zeitschriftenbände, Zeitungen oder längst vergriffene Textsammlungen können von einem Vorlageexemplar – im Idealfall von der Druckvorlage – abfotographiert und so als preiswerte *Mikropublikationen* neu veröffentlicht werden. Eine besonders umfangreiche Textedition auf Mikrofiche bildet beispielsweise die *Bibliothek der deutschen Literatur*, die auf über 25 000 Mikrofiches 15 000 Erstausgaben der deutschen Literatur von rund 2500 Autoren vom Mittelalter bis zum Beginn des 20. Jahrhunderts vereint.

Aufgrund ihrer langen Lebensdauer eignen sich Mikroformen auch besonders gut für die Wiedergabe von Texten, die langfristig aufbewahrt werden sollen (Sicherheitsverfilmung). Bei idealen Lagerbedingungen haben hochwertige Silberfilme eine Lebensdauer von ca. 500 Jahren und sind daher für die Langzeitarchivierung besser geeignet als beispielsweise die Printausgaben des 19. Jahrhunderts oder elektronische Publikationen. Aus diesem Grund werden Mikroformen auch für die Sicherung des kulturellen Erbes Deutschlands im zentralen Bergungsort der Bundesrepublik verwendet, einem Bergwerksstollen in der Nähe von Freiburg im Breisgau. Hier werden über 600 Millionen Mikroaufnahmen von Bibliotheks-, Archiv- und Museumsmaterialien auf mehr als 16,8 Millionen Metern Filmmaterial in luftdichten Stahlfässern unter höchster Sicherheitsstufe gelagert.

2. Audiovisuelle Medien

Audiovisuelle Medien (auch AV-Medien) sind technische Bild- und Tonträger, die mit einem fotographischen oder akustischen Verfahren hergestellt und mit einem technischen Gerät abgespielt bzw. vorgeführt werden. Man unterscheidet zwischen:

- *auditiven Medien*, also Tonträgern wie Tonbändern, Tonkassetten, Schallplatten und Audio-CDs; sie können jeweils als Musiktonträger oder Sprachtonträger vorkommen.
- *visuellen Medien*, d.h. Bildträgern wie z.B. Diapositiven, Transparentfolien und Stummfilmen.
- *audiovisuellen Medien* (im engeren Sinn), die Bild und Ton kombinieren, also Tonfilm in Form von Rollfilmen, Videokassetten und DVDs (Digital Versatile Discs).

In erster Linie dienen audiovisuelle Medien natürlich der Unterhaltung und der Freizeitgestaltung (Musik und Texte auf Schallplatten, Tonkassetten oder Audio-CDs, Spielfilme und Dokumentationen auf Videokassetten oder DVDs). Daneben haben die audiovisuellen Medien allerdings auch für den Unterricht und das Studium eine große Bedeutung, da sie unterschiedliche Sinne ansprechen und so das Lernen erleichtern. *Visuelle* und *audiovisuelle* Medien werden heute in fast allen Bereichen der Aus- und Fortbildung eingesetzt; unentbehrlich sind sie beispielsweise in den Fachgebieten Kunst, Geschichte und Geographie. *Auditive Medien* sind besonders für die Beschäftigung mit Musik und Sprachen wichtig; eine besondere Rolle kommt den Tonträgern in Spezialbibliotheken für Sehbehinderte und Blinde zu.

AV-Medien werden heute in großer Zahl von Verlagen produziert und angeboten. Allein mit DVDs wird in Deutschland ein Umsatz von über 1,5 Milliarden Euro im Jahr erzielt. Der Umsatz mit Audio-CDs, der sich 1997 auf 2,6 Milliarden Euro belief; ist allerdings merklich zurückgegangen. Schuld an dieser Entwicklung sind sowohl neue Technologien (z.B. MP3) als auch Raubkopien und die zunehmende Verbreitung von Musik über das Internet. Zum Teil werden AV-Medien auch in Kombination mit

Büchern oder anderen Materialien als „Medienverbund" bzw. als „Medienkombination" angeboten (z.B. bei Sprachkursen). Darüber hinaus entstehen audiovisuelle Materialien aber auch in Schulen und Bibliotheken durch die Aufzeichnung von Funk- und Fernsehsendungen mit eigenen Geräten.

In Bibliotheken werden audiovisuelle Medien je nach Art und Aufgaben der Bibliothek in unterschiedlichem Umfang und mit unterschiedlichem Inhalt gesammelt und vermittelt. In *Öffentlichen Bibliotheken* sind vor allem Musikkassetten und Audio-CDs in Gebrauch (mit populärer und klassischer Musik und als Hörbücher) sowie Videokassetten und DVDs (vor allem mit Spielfilmen); in *Schul-* und *Universitätsbibliotheken* finden sich neben Videokassetten und DVDs (meist Dokumentar- und Lehrfilme) und verschiedenen Sprachtonträgern (vor allem für den Sprachunterricht) auch Dia-Serien und Transparentfolien für den Einsatz im Unterricht. Spezialbibliotheken, die über besonders viele audiovisuelle Medien verfügen, sind vor allem die Bibliotheken der Film- und Musikhochschulen sowie Blindenbibliotheken. Zentrale Sammelstelle für Musiktonträger in Deutschland ist das Deutsche Musikarchiv in Berlin. Eine zentrale Sammelstelle für Filmmaterial gibt es nicht; über eine besonders umfassende Sammlung verfügt das Filmarchiv des Bundesarchivs in Berlin.

Für die Benutzung von AV-Medien haben viele Wissenschaftliche Bibliotheken, vor allem Universitätsbibliotheken, spezielle Räume als *„Audiovisuelle Zentren"* oder *„Medienzentren"* eingerichtet. Diese sind mit den entsprechenden Abspiel- und Vorführgeräten ausgestattet (z.B. CD-Playern, Videogeräten und DVD-Playern) und können von den Hochschulangehörigen zum Abspielen der AV-Medien sowie für Übungen und Seminare benutzt werden. In Öffentlichen Bibliotheken werden audiovisuelle Medien von den Benutzern fast immer nach Hause ausgeliehen; in der Regel unterliegen sie einer verkürzten Leihfrist.

3. Sonstige Nicht-Buch-Materialien

In vielen Bibliotheken gibt es eine Vielzahl weiterer gedruckter oder ungedruckter Nicht-Buch-Materialien. Zu den traditionellen bibliothekarischen Sammelgegenständen gehören vor allem Musikalien, Karten und Pläne sowie Autographen – auch Bildmaterialien gehören in einigen Fällen zum Sammelspektrum.

Musikalien

Musikalien sind Musikwerke in Notenschrift (auch *musica practica*). In großen Bibliotheken werden sie zusammen mit der Fachliteratur über

Musik (*musica theoretica*) und den Musiktonträgern in eigenen Musik-abteilungen verwaltet. Daneben gibt es auch eigene (meist kommunale) Musikbibliotheken, die Musikalien zur Verfügung stellen. Zentral gesammelt werden alle in Deutschland veröffentlichten Musikalien vom Deutschen Musikarchiv in Berlin.

Landkarten und Pläne

Kartographisches Material wie Land-, See, und Himmelskarten, Stadt- und Gebäudepläne, Globen, Atlanten etc., sind nicht nur für die Geographie und die Geodäsie wichtige Hilfsmittel; auch andere Forschungsbereiche nutzen Karten, um ihre Forschungsergebnisse anschaulich darzustellen (Sprachgrenzen, Ergebnisse archäologischer Grabungen, Vorkommen einzelner Tier- oder Pflanzenarten, etc.). Größere Bibliotheken verwalten ihre Kartensammlungen meist in einer eigenen Abteilung.

Autographen und Nachlässe

Autographen sind (oft unveröffentlichte) eigenhändig geschriebene Schriftstücke von bedeutenden Künstlern, Wissenschaftlern oder anderen berühmten Persönlichkeiten. Das gesamte Material, das eine berühmte Persönlichkeit nach ihrem Tod hinterlässt, wird als *Nachlass* bezeichnet. In der Regel finden sich in schriftlichen Nachlässen sowohl eigene (Notizen, Werkmanuskripte, Tagebücher, etc.) als auch fremde Autographen (z.B. Briefe an die verstorbene Person) sowie Bücher, die teilweise ebenfalls eigenhändige Notizen aufweisen (*libri impressi cum notis manuscriptis*). Von besonderer Bedeutung sind Nachlässe und Autographen z.B. für die biographische Forschung und die Edition von Werkausgaben.

Da Autographen und Nachlässe von Künstlern und Wissenschaftlern in erster Linie nicht das staatliche Verwaltungshandeln dokumentieren, sondern einen stärkeren Bezug zum kulturellen bzw. wissenschaftlichen Leben haben, werden sie zumeist nicht in den staatlichen Archiven, sondern in den Handschriftenabteilungen größerer Wissenschaftlicher Bibliotheken gesammelt. Erwirbt und übernimmt eine Bibliothek den Nachlass einer bekannten Person bereits zu Lebzeiten, so spricht man von einem *Vorlass*. Literarische Nachlässe von Dichtern und Schriftstellern werden allerdings nicht nur in Bibliotheken, sondern auch in selbstständigen Spezialeinrichtungen, den *Literaturarchiven*, gesammelt und zugänglich gemacht. Trotz ihres Namens sind Literaturarchive *bibliothekarische* Einrichtungen. Die bekanntesten Literaturarchive in Deutschland sind das Goethe- und Schiller-Archiv in Weimar und das Deutsche Literaturarchiv in Marbach am Neckar.

Bildmaterialien

Weitere Nicht-Buch-Materialien, die in Bibliotheken gesammelt werden, betreffen alle Arten von Bildmaterialien, z.B. Fotographien und Fotoreproduktionen sowie Druckgraphik. Neben den Originalen von *Fotographien* und ihren gedruckten Reproduktionen (z.B. Kunstdrucken), die nur vor Ort zu benutzen sind, bieten immer mehr Bibliotheken ihre Bildsammlungen auch in digitalisierter Form im Internet an. Meist sind die Bildbestände sowohl inhaltlich als auch formal erschlossen und die Bilder können – soweit ein Digitalisat vorliegt – über das Internet betrachtet werden. Zur Klassifizierung ihrer Bildbestände verwenden manche Bibliotheken *Iconclass*, eine spezielle Systematik zur Erschließung von Bildinhalten. Über besonders umfangreiche Bildsammlungen verfügen z.B. das der Staatsbibliothek zu Berlin angegliederte Bildarchiv Preußischer Kulturbesitz und die Sächsische Landes- und Universitätsbibliothek in Dresden.

Eine eigene Bestandsgruppe bildet in der Regel die *Druckgraphik*, dazu gehören Holzschnitte, Kupferstiche, Radierungen und Lithographien. Diese Materialien werden heute in der Regel von keiner Bibliothek mehr systematisch erworben, allerdings findet sich Druckgraphik zum Teil in älteren Beständen, zum Teil gelangen einzelne Stücke auch heute noch durch Nachlässe oder Schenkungen in den Besitz von Bibliotheken.

IV. Elektronische Publikationen

Elektronische Publikationen bezeichnen diejenigen Veröffentlichungen, deren Informationen digital gespeichert sind und für deren Verwendung man einen Computer benötigt. Musik-CDs und Film-DVDs hingegen, also ebenfalls digitale Speichermedien, rechnet man, da sie sich auch über einen CD-Player bzw. über einen DVD-Player abspielen lassen, traditionell zu den audiovisuellen Medien. Filmmedien und Tonträger werden nur dann zu den elektronischen Publikationen gezählt, wenn die multimediale Verknüpfung verschiedener Medienformen integraler Bestandteil der Veröffentlichung ist (Multimedia).

Allen Elektronischen Medien ist gemein, dass sie gegenüber konventionellen Druckmedien zahlreiche zusätzliche Möglichkeiten der Recherche und der Benutzung aufweisen können, allerdings müssen diese nicht immer verwirklicht sein. In diesem Zusammenhang spricht man von einem „medienspezifischen Mehrwert". Zu denken ist hier vor allem an die Volltextdurchsuchbarkeit elektronischer Publikationen, an die Möglichkeit mit Hilfe sogenannter Hyperlinks auf andere Stellen des Dokuments oder auch auf andere Dokumente zu verweisen sowie an die Möglichkeit, Bild-, Film- und Tonsequenzen in ein Dokument zu integrieren. Darüber hinaus lassen sich elektronische Publikationen und Teile davon – wenn der Anbieter die entsprechenden Funktionen des Datenexports vorsieht – auf andere Datenträger speichern, sie lassen sich ausdrucken, kopieren, elektronisch versenden und weiterverarbeiten. Für Bibliotheken sind elektronische Publikationen nicht zuletzt deshalb interessant, weil sie im Vergleich zu den gedruckten Bänden wesentlich weniger Magazinplatz in Anspruch nehmen.

Problematisch ist jedoch die Langzeitarchivierbarkeit von elektronischen Publikationen. Dies liegt sowohl an der relativ beschränkten Haltbarkeit der verwendeten Trägermedien für digitales Datenmaterial als auch an der kurzen Lebensdauer moderner technischer Standards. Dies kann dazu führen, dass man bereits wenige Jahre nach ihrem Erscheinen auch auf völlig intakte Datenträger nicht mehr ohne Weiteres zugreifen kann.

Den bundesweiten Sammel- und Archivierungsauftrag für elektronische Publikationen übt die Deutsche Nationalbibliothek aus. Während sie Publikationen auf physischen Trägermedien schon seit längerer Zeit sammelt, hat sie seit 2006 diesen Auftrag auch für „unkörperliche Werke", also Online-Publikationen. Gemeinsam mit internationalen Projektpartnern aus dem Bibliotheks-, Museums- und Archivbereich bemüht sie sich um die Entwicklung von zukunftsträchtigen Modellen für die Langzeitarchivierung digitaler Ressourcen.

Die leichte Überführbarkeit von digitalen in gedruckte Informationen (und umgekehrt) erlaubt es dem Bibliotheksbenutzer heute, ständig zwischen beiden Darstellungsformen zu wechseln. Den Vorzügen beider Medienarten wird bei *Parallelausgaben* in gedruckter und elektronischer Form Rechnung getragen, wie sie z.b. bei vielen Zeitschriften und Zeitungen oder bei Lexika und Nachschlagewerken vorkommen. Doch auch bei Werken, die nur in einer Print- oder in einer Online-Fassung vorliegen, werden die Übergänge fließender. Auf der einen Seite lassen sich elektronische Publikationen für die konzentrierte Lektüre fast immer ausdrucken und auf der anderen Seite bieten immer mehr Bibliotheken ihren Benutzern an, die von ihnen gewünschten Bücher zu digitalisieren und als E-Books zur Verfügung zu stellen (s. u. S. 112ff.).

Elektronische Publikationen können eingeteilt werden in:

- *Offline-Publikationen*, das sind Veröffentlichungen, die auf physischen, transportablen Datenträgern abgespeichert und vervielfältigt werden.
- *Online-Publikationen*, das sind Veröffentlichungen, die an zentraler Stelle auf den Festplatten von Netzwerkservern gespeichert werden und online im Fernzugriff über Datennetze (in der Regel das Internet) von einem angeschlossenen PC aufgerufen werden können.

1. Offline-Publikationen

Offline bezeichnet den Zustand, in dem ein Computer keine Möglichkeiten des Zugriffs auf externe Datenbestände hat, sei es dass der PC über keine Kommunikationsschnittstelle verfügt oder zwar mit einer Schnittstelle für den Zugriff auf externe Daten ausgestattet ist, diese für den Datenempfang jedoch aktuell nicht bereit steht. Konkret bedeutet offline in den meisten Fällen, dass ein Computer keine Verbindung zum Internet hat. Um elektronische Publikationen für den Offline-Betrieb verwendbar zu machen, werden sie auf physische Datenträger gespeichert und vervielfältigt. Da der PC auf die digitalen Daten des physischen Trägermediums zugreifen kann, benötigt er keine Verbindung zu externen Daten und kann offline – abgeschnitten von der Außenwelt – arbeiten. Während in früheren Jahren für die Publikation elektronischer Daten vorwiegend magnetische Trägermedien verwendet wurden – zunächst Magnetbänder, später Disketten in verschiedenen Formaten – dominieren heute die optischen Trägermedien CD-ROM und DVD; in seltenen Fällen kommen auch USB-Sticks zum Einsatz.

Disketten sind flexible Kunststoffscheiben, auf die als Datenträger eine magnetisierbare Schicht aufgebracht wird. Mit 1,44 oder 2,88 Megabyte haben sie aus heutiger Sicht eine sehr geringe Speicherkapazität. Disketten dienten der Verbreitung von Texten, Datensammlungen und Programmen. Für den oft hohen Speicherbedarf moderner Publikationsformen sind Disketten nicht geeignet, daher werden sie heute fast nicht mehr verwendet.

Wesentlich mehr Möglichkeiten bietet die *CD-ROM* (Compact Disc-Read Only Memory). Sie ist kein magnetisches, sondern ein optisches Speichermedium für digitale Daten, das – wie eine Audio-CD – aus einer metallbeschichteten Kunststoffscheibe von ca. 12 cm Durchmesser besteht. Ihr Merkmal ist die sehr kompakte Speicherung der digitalen Daten, wobei die Bits als winzige Vertiefungen (Pits) bzw. Nicht-Vertiefungen (Lands) auf der Platte fixiert sind und beim Abspielen von einem Laserstrahl abgetastet werden. Wegen ihrer großen Speicherkapazität von rund 650 Megabyte sind CD-ROMs auch für die Publikation größerer Textsammlungen und Datenbanken besonders geeignet.

Eine Weiterentwicklung der Compact Disc ist die *DVD* (Digital Versatile Disc), auf der die Daten wesentlich komprimierter gespeichert werden können als auf der CD. Auf Grund ihrer hohen Speicherkapazität von 4,7 Gigabyte (in manchen Fällen bis zu 8,5 Gigabyte) wird sie in der Regel für die Aufnahme von Filmmaterial verwendet, als DVD-ROM ist sie grundsätzlich jedoch auch für die Speicherung von Textdaten geeignet. In dieser Form kommt sie vor allem bei der Speicherung von sehr großen Datenbeständen zum Einsatz. Über deutlich mehr Speicherkapazität als eine herkömmliche DVD verfügt die *Blu-ray Disc* (BD); sie umfasst rund 25, bei beidseitiger Nutzung rund 50 Gigabyte.

Wichtige Vorzüge der CD-ROM und der DVD sind die einfache und relativ preisgünstige Herstellung, die leichte Handhabung und ihr geringer Platzbedarf. Sie können bequem verschickt, transportiert und aufbewahrt werden. Aus diesen Gründen hat sich die CD-ROM seit etwa 1990, die DVD seit Ende der 90er Jahre als preiswertes Publikationsmedium für größere Datenbestände etabliert. Da sie auch genügend Speicherplatz für aufwändige Recherchesoftware zur Verfügung stellen, erlauben sie zumeist auch komplexe Suchmöglichkeiten und bieten eine komfortable Benutzerführung. CD-ROM- und DVD-Publikationen werden von Verlagen und anderen Medienproduzenten hergestellt und verkauft. Sie erscheinen selbstständig oder als Beilage zu Büchern und Zeitschriften. Typische Inhalte von CD-ROM- und DVD-Publikationen sind beispielsweise:

– *Literatur- oder Quellensammlungen.* Häufig sind hier vor allem umfangreiche, zum Teil kommentierte Werkausgaben einzelner Schriftsteller, die gegebenenfalls durch weitere Materialien wie Bilder und Hörbeispiele ergänzt werden, sowie Sammlungen von wissenschaftlichen Quellentexten (z.B. für Historiker und Juristen). Seltener finden sich auch ältere Jahrgänge von Zeitungen und Zeitschriften. Digitale Literatur- und Quellensammlungen sind zumeist wesentlich preiswerter als die gedruckten Ausgaben und lassen sich im Volltext durchsuchen.

– *Nachschlagewerke.* Dies betrifft vor allem ältere und abgeschlossene Enzyklopädien, Lexika und Wörterbücher, deren Datenbestand nicht mehr verändert wird. Häufig werden gedruckte Nachschlagewerke auch in elektronischen Parallelversionen angeboten wie z.B. die CD-ROM-Ausgabe des „Handwörterbuch des deutschen Aberglaubens", das in der Druckausgabe zehn Bände umfasst. Wie die Literatursammlungen sind auch Nachschlagewerke auf CD-ROM zumeist wesentlich preiswerter als Druckausgaben und auch sie lassen sich im Volltext durchsuchen.

– *Lernprogramme.* Zwar werden heute Lehrmaterialien aller Fächer auf CD-ROM und DVD angeboten, doch eignet sich diese Form der Veröffentlichung durch die multimediale Aufbereitung, also Kombination von Texten, Fotos, Graphiken, Animationen, Audio- und Videoclips, die zum Teil auch interaktiv gestaltet sind, insbesondere für die Vermittlung von Fremdsprachen. Ebenfalls auf CD-ROM und DVD veröffentlicht werden sogenannte „Edutainment"-Produkte, die eine Mischung aus Wissensvermittlung und Unterhaltung darstellen.

– *Computerspiele.* Computerspiele auf CD-ROM und DVD bilden insbesondere im Bereich der Öffentlichen Bibliotheken eine wichtige Bestandsschicht, die vor allem von Jugendlichen genutzt wird. Auch Computerprogramme werden häufig auf CD-ROM und DVD publiziert, sie spielen aber in Bibliotheken eher eine untergeordnete Rolle.

Ein grundsätzlicher Nachteil von Offline-Publikationen besteht darin, dass die auf CD-ROM (oder anderen Datenträgern) gespeicherten Informationen rasch an Aktualität verlieren. Dieser Gesichtspunkt ist jedoch bei vielen CD-ROM-Inhalten nicht von vorrangiger Bedeutung. Wo es auf Aktualität ankommt, z.B. bei bibliographischen Datenbanken, die fachliche Neuerscheinungen verzeichnen, werden die Daten zumeist in Form einer Online-Publikation veröffentlicht, in selteneren Fällen wird in periodischen Abständen eine aktualisierte CD-ROM zum Austausch mit der veralteten herausgebracht. Ein zweites, weitaus größeres Problem bildet die ungesicherte Langzeitarchivierung aller in Form von Offline-Publikationen veröffentlichten Daten. Zum einen ist bereits die Speicherung der digitalen Daten auf den einzelnen Trägermedien nicht unproblematisch. Disketten sind vor allem durch Magnetfelder und Feuchtigkeit gefährdet, sie haben lediglich eine Lebensdauer von ca. 10 bis 15 Jahren; CD-ROMs und DVDs werden vor allem durch Temperaturschwankungen und direkte Lichteinstrahlung angegriffen, sie haben eine Lebensdauer von ca. 50 Jahren. Zum anderen zeigt gerade das Beispiel der Disketten, wie kurzlebig die technischen Standards und damit auch die Verfügbarkeit der jeweiligen Abspielgeräte sind, die für die Verwendung von Offline-Publikationen benötigt werden. Schon seit vielen Jahren verfügen neue PCs und Notebooks serienmäßig nicht mehr über Diskettenlaufwerke, und auch wenn der Datenbestand dieser Trägermedien noch völlig intakt ist, wird es von Jahr zu Jahr schwieriger, geeignete Hard- und Software zu finden, um ältere Disketten nutzen zu können.

Um die Benutzung von CD-ROM-Publikationen komfortabler zu gestalten und eine Entlastung bei den Entleihvorgängen zu gewinnen, speichern viele Bibliotheken die Daten häufig nachgefragter CD-ROMs auf zentralen Servern ab und stellen sie über das interne Datennetz der Bibliothek oder der Hochschule online zur Verfügung. Damit verschwimmen die Grenzen zwischen Offline- und Online-Publikationen. Eine weitere Mischform von Offline- und Online-Publikationen bilden Offline-Produkte, bei deren Kauf man – oft zeitlich befristet – auch den Zugang zu einem Online-Datenbestand erwirbt.

2. Online-Publikationen

a) Merkmale von Online-Publikationen

Online-Publikationen (Netzpublikationen) werden im Gegensatz zu Print- und AV-Medien sowie Offline-Publikationen nicht für den Benutzer vervielfältigt, sondern an zentraler Stelle auf einem Server gespeichert, man spricht in diesem Zusammenhang auch von einem Host (engl. Wirt, Gastgeber). Die Benutzung von Online-Publikationen erfolgt durch einen (Fern-) Zugriff auf die Veröffentlichung über ein Datennetz. Aus diesem Unterschied ergibt sich eine Reihe von Besonderheiten von Online-Publikationen:

(1) Da Online-Publikationen nicht vervielfältigt werden, bieten sie eine relativ preiswerte und schnelle Form der Veröffentlichung. Dies macht Online-Publikationen vor allem für Forscher interessant, die hochaktuelle Forschungsergebnisse schnell publizieren möchten (besonders wichtig in den Bereichen Medizin, Technik und Naturwissenschaften), und für

Wissenschaftler, die eine Arbeit zur Erlangung eines wissenschaftlichen Grades zwingend veröffentlichen müssen, die hohen Kosten einer konventionellen Buchveröffentlichung jedoch scheuen. Dies betrifft vor allem Dissertationen.

(2) Online-Publikationen werden in der Regel nicht erworben, sie gehen daher nur selten in den Besitz einer Person oder einer Bibliothek über. In den meisten Fällen werden sie lizenziert, das heißt der Kunde erwirbt ein – zeitlich zumeist begrenztes – Nutzungsrecht an der Online-Publikation. Für Bibliotheken kann das, je nach Vertragsgestaltung, bedeuten, dass sie nach der Kündigung eines Lizenzvertrages, für den jahrelang Lizenzgebühren entrichtet wurden, überhaupt keinen Zugriff mehr auf die elektronischen Daten haben. Im Falle der Kündigung eines konventionellen Abonnements, z.B. einer Zeitschrift, würden zumindest die bereits erworbenen Zeitschriftenbände im Besitz der Bibliothek verbleiben.

(3) Da sie nur an einer Stelle abgespeichert werden, lassen sich Online-Publikationen sehr leicht verändern bzw. aktualisieren, oft sind Online-Publikationen „dynamische Dokumente". Das macht diese Publikationsform besonders geeignet für alle Arten von Verzeichnissen, Nachschlagewerken etc., die stets aktuell gehalten werden müssen. Dieser sehr große Vorteil der Aktualisierbarkeit von Online-Publikationen schafft jedoch auch Schwierigkeiten. Oft ist es nicht unproblematisch aus dynamischen Online-Publikationen zu zitieren, denn wenn ein Benutzer die zitierte Quelle Jahre später aufruft, ist nicht gesichert, dass der Wortlaut der zitierten Stelle noch mit dem vorliegenden Zitat identisch ist und nicht bereits überarbeitet oder aktualisiert wurde. Damit verbunden ist auch das Problem der Archivierung älterer Berichtsstufen. Wird beispielsweise ein Adressverzeichnis online publiziert und immer auf dem neuesten Stand gehalten, ist es oft nicht möglich, zu recherchieren, welche Adressen zu einem bestimmten Zeitpunkt in der Vergangenheit verzeichnet waren. Bei gedruckten Adressverzeichnissen, die jährlich aktualisiert werden, ist es jederzeit möglich, in den alten Ausgaben einen bestimmten früheren Berichtsstand zu überprüfen.

(4) Der wichtigste Vorteil von Online-Publikationen besteht darin, dass man, wenn sie frei zugänglich sind oder man ein entsprechendes Nutzungsrecht an ihnen erworben hat, jederzeit und von buchstäblich jedem Ort der Erde auf sie zugreifen kann, sofern man Zugang zu dem Datennetz hat, über das sie angeboten werden. In der Regel erfolgt der Zugriff auf Online-Publikationen über das Internet. Dieser grundlegende Vorteil ist jedoch je nach Vertragsgestaltung mit dem Anbieter nicht immer möglich. Manche Anbieter von Online-Publikationen erlauben den Bibliothe-

ken und ihren Kunden einen Zugriff auf die elektronischen Daten lediglich von den Rechnern der Bibliothek oder – bei Universitätsbibliotheken – von den Computern der Universität. In diesem Fall werden die technischen Möglichkeiten des Mediums aus wirtschaftlichen Erwägungen nicht ausgenutzt. In der Regel sind die Verträge mit den Anbietern von Online-Publikationen jedoch so gestaltet, dass von jedem beliebigen PC auf die Daten zugegriffen werden kann, wenn der Nutzer sich mittels der Nummer seines Bibliotheksausweises und einer Persönlichen Identifikationsnummer (PIN) bzw. eines Passworts als registrierter Nutzer der Bibliothek ausweisen kann. In diesem Fall spricht man vom Fernzugriff auf den Datenbestand der Online-Publikationen bzw. vom *Remote Access*. Auch andere Einschränkungen des Anbieters können vorkommen. Je nach Vertragsgestaltung bzw. nach lizenzierter Publikationsform wird dem Nutzer der Export der elektronischen Daten erlaubt oder auch nicht. Die wichtigsten Möglichkeiten, Daten aus Netzpublikationen zu exportieren bzw. weiter zu verarbeiten, bestehen im Ausdrucken, Abspeichern, Kopieren und Weitersenden (per E-Mail). Bei all diesen möglichen Einschränkungen darf man jedoch nicht vergessen, dass eine enorme Zahl von Online-Publikationen heute kostenlos über das Internet zugänglich ist.

Um einen kostenfreien und langfristigen Zugang zu möglichst vielen hochwertigen elektronischen Publikationen sicherzustellen, hat sich seit Beginn dieses Jahrzehnts die Open-Access-Bewegung gebildet. Welche Kriterien für Open Access (freien Zugang) erfüllt sein müssen, haben die wichtigsten deutschen Forschungsinstitutionen in der „Berliner Erklärung" von 2003 definiert. Die wichtigsten Punkte sind:

„Die Urheber … gewähren allen Nutzern unwiderruflich das freie, weltweite Zugangsrecht zu diesen Veröffentlichungen und erlauben ihnen, diese Veröffentlichungen … zu kopieren, zu nutzen, zu verbreiten, zu übertragen und öffentlich wiederzugeben sowie Bearbeitungen davon zu erstellen und zu verbreiten, sofern die Urheberschaft korrekt angegeben wird. …"

„Eine vollständige Fassung der Veröffentlichung … wird in einem geeigneten elektronischen Standardformat in mindestens einem Online-Archiv hinterlegt, [das den] … offenen Zugang, die uneingeschränkte Verbreitung, die Interoperabilität und die langfristige Archivierung [ermöglicht]."

Wie bei den Offline- stellt auch bei den Online-Publikationen die Archivierbarkeit ein grundlegendes Problem dar. Zwar lassen sich Online-Publikationen, weil sie nur an einem zentralen Ort abgespeichert sind, wesentlich einfacher in neue Datenformate konvertieren als Offline-

Produkte, doch ist auch hier eine überzeugende technische Lösung für die dauerhafte sichere Archivierung der digitalen Daten noch nicht gefunden.

Auf Grund der aufgeführten Besonderheiten von Online-Publikationen ist diese Form der Veröffentlichung nicht für alle Literaturgattungen und Inhalte gleichermaßen geeignet. Die für die Benutzung in Bibliotheken wichtigsten Formen von Online-Publikationen sind (1) Elektronische Zeitschriften, (2) E-Books, (3) Retrodigitalisierte Drucke, (4) Elektronische Hochschulschriften, (5) Elektronische Nachschlagewerke und (6) bibliographische Datenbanken.

b) Elektronische Zeitschriften

In keiner anderen für Bibliotheken relevanten Literaturform setzte sich die Online-Publikation so schnell durch wie im Bereich der Zeitschriften. Erste elektronische Zeitschriften (E-Journals) erschienen bereits in der ersten Hälfte der 80er Jahre. Die unzureichenden Übertragungsraten der damaligen Datennetze verhinderten allerdings zunächst einen schnellen Durchbruch der neuen Medienform; in den 90er Jahren wurde dieses Problem zum Teil durch die Publikation von elektronischen Zeitschriften auf CD-ROM umgangen (DiskMag). Auf Grund der hohen Leistungsfähigkeit moderner Datennetze kommt diese Publikationsform heute allerdings kaum noch zum Einsatz. Elektronische Zeitschriften werden heute in der Regel als Online-Publikationen angeboten, in den meisten Fällen als elektronische Parallelausgabe (ca. 88%), zum Teil auch ausschließlich in der elektronischen Form (E-Only, ca. 12%). Auch wenn elektronische Zeitschriften aus dem modernen Wissenschaftsbetrieb nicht mehr wegzudenken sind, kann man daher nicht von einer Verdrängung der gedruckten Zeitschriften sprechen, sondern eher von einem Siegeszug der elektronischen Parallelausgabe. Verständlich wird diese Entwicklung, wenn man sich die Vor- und Nachteile der Online-Publikation bei Zeitschriften vergegenwärtigt. Elektronische Zeitschriften stehen dem Benutzer orts- und zeitunabhängig zur Verfügung, sie lassen sich im Volltext recherchieren, sie erlauben die Integration von Hyperlinks auf interne Dokumentenbestandteile (Fußnoten, Graphiken, etc.) wie auf externe Dokumente, sie lassen sich vom Benutzer leicht elektronisch weiterverarbeiten und sie verringern erheblich den Magazinbedarf von Bibliotheken. Dieser Vielzahl von Vorteilen steht allerdings ein erheblicher Nachteil gegenüber: Noch immer ist die Langzeitarchivierung von Online-Publikationen ein ungelöstes Problem. Aus diesem Grund lizenzieren viele Bibliotheken elektronische Zeitschriften, um ihren Benutzern den Zugang zu diesem komfortablen Medium zu gewähren, beziehen aber weiterhin parallel die

Printausgabe, um über ein sicheres Archivexemplar der Zeitschrift zu verfügen. Viele Anbieter von elektronischen Zeitschriften gehen auf diese Bedürfnisse der Bibliotheken ein und bieten die elektronische Fassung beim Bezug der gedruckten Ausgabe aufpreisfrei oder mit einem Aufpreis von rund 5-30% an (Print plus Online). Doch auch andere Angebotsformen sind üblich; so bieten manche Verlage beim Bezug der elektronischen Zeitschrift auch umgekehrt die Printausgabe gegen einen gewissen Aufpreis an (Flip pricing) oder sie berechnen die Lizenzgebühr nach den jeweils gewünschten Nutzungsbedingungen (wer darf zugreifen, wie viele Personen dürfen gleichzeitig zugreifen, von wo aus darf zugegriffen werden, etc.; Tier pricing). Da elektronische Zeitschriften – ebenso wie die gedruckten Ausgaben – in den letzten Jahren erhebliche Preissteigerungen zu verzeichnen hatten und von den großen Verlagen oft in umfangreichen Paketen angeboten werden, schließen sich Bibliotheken immer häufiger zu Vereinigungen (Konsortien) zusammen, um gemeinsam (konsortial) auch hochpreisige Angebote finanzieren zu können. Eine erhebliche Anzahl der elektronischen Zeitschriften – derzeit über 16 000 – sind allerdings kostenfrei zugänglich.

Auch wenn elektronische Zeitschriften heute in allen Fachdisziplinen von großer Bedeutung sind und vor allem die Sozial- und einzelne Fächer der Geisteswissenschaften in den letzten Jahren stark aufgeholt haben und weiter aufholen, liegt der Schwerpunkt der elektronischen Zeitschriften noch immer in den Bereichen Naturwissenschaften, Technik und Medizin, die nach den Initialen der englischsprachigen Begriffe Science, Technology und Medicine oft als STM-Fächer bezeichnet werden; ein weiterer Schwerpunkt liegt bei den Wirtschaftswissenschaften.

Um die Vorteile von elektronischen Zeitschriften auch für ältere, lediglich in gedruckter Form vorliegende Zeitschriftenbände nutzen zu können, werden seit den 90er Jahren von verschiedenen Seiten Anstrengungen unternommen, diese Bestände nachträglich zu digitalisieren. Wichtige Betreiber von solchen digitalen Zeitschriftenarchiven sind das US-amerikanische Projekt JSTOR (über 700 Zeitschriften) und das deutsche Angebot DigiZeitschriften (118 Zeitschriften), die ihre Bestände kostenpflichtig anbieten (s. u. S. 326ff.).

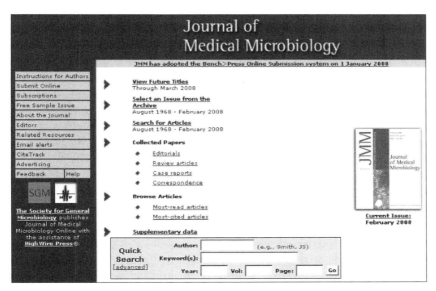

(Abb. 4: Webseite eines E-Journals)

c) E-Books

Der Begriff E-Book bzw. elektronisches Buch kann sowohl ein spezielles – oft einem gedruckten Buch oder einem kleinen Notizblock nachempfundenes – Lesegerät bezeichnen, auf das elektronische Texte geladen werden können, als auch diese in digitaler Form vorliegenden Texte selbst. Gegenüber einem herkömmlichen PC haben spezielle E-Book-Lesegeräte den Vorteil, dass sie klein und leicht zu transportieren sind, die Lektüre auch längerer Texte am Bildschirm unterstützen und sowohl ihre äußere Erscheinungsform als auch die angezeigte Textseite sehr stark den Eindruck eines gedruckten Buches erwecken. Der PC ist für die Lektüre eines E-Books zwar etwas weniger geeignet, steht jedoch Privatpersonen ebenso wie Bibliotheken meist bereits zur Verfügung und ist natürlich wesentlich vielseitiger einsetzbar. E-Books zeichnen sich in der Regel dadurch aus, dass sie wie ein gedrucktes Buch einen festen Textbestand anbieten, der – bis zu einer neuen Ausgabe – nicht mehr verändert oder aktualisiert wird, sie lassen sich daher auch wie gedruckte Bücher zitieren.

Bildeten die online angebotenen Texte von E-Books bis vor wenigen Jahren noch ein Randsegment des Buchmarktes, das sich vor allem auf kostenfrei angebotene Klassiker sowie die Texte von weniger bekannten Autoren beschränkte, so gibt es heute ein umfassendes und stetig wachsendes

111

Angebot von E-Books, das auch hochwertige aktuelle wissenschaftliche Texte aus allen Fachbereichen umfasst. Nur wenige aktuelle Titel werden ausschließlich als E-Books angeboten, zumeist bildet das E-Book gegenüber dem gedruckten Werk eine zweite, ergänzende Vertriebsform. Verlage richten ihr Angebot an E-Books sowohl an Privatpersonen als auch an Bibliotheken aus. Während Privatpersonen elektronische Bücher in der Regel einzeln (zum Teil auch nur einzelne Kapitel) erwerben, lizenzieren Bibliotheken zumeist große, im Paket angebotene Sammlungen – so bietet beispielsweise der Springer-Verlag derzeit rund 15 000 wissenschaftliche E-Books an. Neben den kommerziellen Angeboten der großen Verlage steht im Internet aber auch eine Vielzahl von kostenfreien E-Books zur Verfügung, die sich allerdings zumeist auf ältere, urheberrechtsfreie Titel beschränken. Der weltweit wichtigste Anbieter von kostenfreien elektronischen Texten ist das Project Gutenberg (bietet rund 22 000 Titel an, s. u. S. 350). E-Books weisen sowohl für Bibliotheken als auch für Bibliotheksbenutzer eine Vielzahl von Vorteilen auf: Da er direkt auf den elektronischen Text zugreifen kann, kommt es für den Benutzer nicht zu Wartezeiten durch die Bereitstellung, eine gleichzeitige Benutzung des Werkes durch mehrere Leser ist möglich, was vor allem bei stark nachgefragten Titeln wie Lehrbüchern von Vorteil ist, die Texte können im Volltext durchsucht werden, dies ist vor allem bei sehr umfangreichen Monographien hilfreich, die Texte können ausgedruckt, kopiert, abgespeichert oder versandt werden und die zusätzlichen Möglichkeiten elektronischer Texte lassen sich nutzen (Verlinkung, Querverweise, etc.). Darüber hinaus können Bibliotheken durch den Bezug von E-Books oftmals knappen Magazinraum einsparen.

d) Retrodigitalisierte Drucke

Bei der Retrodigitalisierung („rückwärts gerichtete", nachträgliche Digitalisierung) werden konventionelle Printmedien nachträglich durch Bearbeitung mit einem Scanner in digitale Dateien umgewandelt. Hierbei werden die analogen Daten der Vorlage (z.B. eine einzelne Buchseite oder eine Doppelseite) aufgenommen und in digitaler Form ausgegeben (Analog-Digital-Wandlung) und anschließend in einer strukturierten Form abgespeichert. Da Bücher bei marktüblichen Flachbettscannern vollständig geöffnet auf eine Glasplatte gedrückt werden müssen, was gerade für alte Drucke eine zu starke Belastung darstellt, hat man spezielle, hochmoderne Buchscanner entwickelt, die im Auflichtverfahren von oben das Scannen von Büchern erlauben, ohne dass diese an eine Glasplatte angelegt werden müssen, die Bücher liegen vielmehr in eigens hierfür konstruierten Buchwippen. Für sehr moderne und buchschonende Anlagen reicht die Öffnung des Buches in einem Winkel von 45-90°. Während solche Spezialscanner vor allem für die Bearbeitung von Handschriften und historischen Drucken Anwendung finden, werden große Massen von Drucken (vor allem Drucke nach 1850) heute mit Hilfe von vollautomatischen Hochleistungsscannern bearbeitet, die neben dem eigentlichen Scanvorgang auch das Umblättern der Seiten übernehmen und auf Spitzenleistungen von bis zu 2400 Seiten pro Stunde kommen. Da ein normaler Scanvorgang die bearbeitete Vorlage nur als Bilddatei ausgibt, leisten diese Scanroboter heute in der Regel gleichzeitig auch eine Nachbearbeitung des digitalen Bildes mit Hilfe einer speziellen OCR-Software (OCR = Optical Character Recognition, Optische Zeichenerkennung). Mit dieser Software werden die zunächst nur in den Bilddateien vorliegenden Buchstaben erkannt und in maschinenlesbare Textdateien umgewandelt. Diese maschinenlesbaren Volltexte erlauben nun eine Suche innerhalb des Textes, wie sie auch in primären elektronischen Veröffentlichungen möglich ist. Dies stellt natürlich eine erhebliche Aufwertung des Retrodigitalisats gegenüber dem analogen Text der Vorlage dar.

Von besonderem Interesse für Bibliotheken ist vor allem die Retrodigitalisierung von herausragenden Sonderbeständen (Handschriften, Inkunabeln, künstlerisch illustrierten Bände, etc). Durch die Online-Publikation können diese Bestände einem viel größeren Publikum bekannt und zugänglich gemacht werden und durch die Verwendung der elektronischen Veröffentlichung erübrigt sich mancher Benutzungsvorgang für das Original, wodurch die kostbaren Stücke geschont werden. Aber auch unter einem anderen Gesichtspunkt kann die Retrodigitalisierung für die Bestandserhaltung interessant sein. Da vor allem die Buchbestände aus der Zeit von 1850–1970 durch das für den Druck verwendete säurehaltige Papier vom Zerfall bedroht sind, kann eine rechtzeitige Digitalisierung dieser Bestände zwar nicht die Originale selbst, zumindest aber den Inhalt dieser Bände retten. Hierbei ist allerdings zu berücksichtigen, dass die langfristige Archivierbarkeit auch der digitalen Daten, wie oben dargelegt, nicht ohne Probleme ist.

Von bibliothekarischer Seite findet Retrodigitalisierung in Deutschland an vielen Stellen statt; in sehr großem Umfang vor allem in München und Göttingen, wo die Bayerische Staatsbibliothek und die Staats- und Universitätsbibliothek Göttingen mit Förderung der Deutschen Forschungsgemeinschaft je ein Digitalisierungszentrum eingerichtet haben. An beiden Orten konzentriert man sich vor allem auf die Digitalisierung von thematischen und materialbezogenen Sonderbeständen (*projektorientierte Digitalisierung*) und kann bereits bearbeitete Bandzahlen von über 8000 (Göttingen) bzw. 25 000 (München) aufweisen.

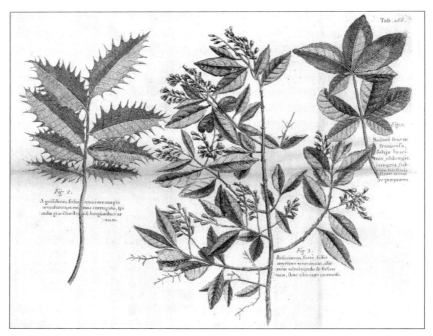

(Abb. 5: Retrodigitalisierter Druck)

Ein anderer, zum Teil parallel betriebener Ansatz ist die *bedarfsbezogene Digitalisierung* von urheberrechtsfreien Drucken im Auftrag des Benutzers (*E-Books on Demand*, EoD bzw. Digitalisierung on Demand, DoD). Hierbei erhält der Benutzer gegen eine Gebühr die digitalen Daten des in seinem Auftrag digitalisierten Werkes, gleichzeitig verbleibt eine Kopie der Daten bei der Bibliothek, deren Bestand an retrodigitalisierten Titeln auf diese Weise langsam anwächst. Ein Sonderfall der bedarfsbezogenen Digitalisierung bildet die Einrichtungen von *elektronischen Semesterapparaten* in Hochschulbibliotheken. Hierbei wird die Literatur, die im Rahmen einzelner Lehrveranstaltungen besonders häufig genutzt wird, digitalisiert und kann so allen Seminarteilnehmern elektronisch zur Verfügung gestellt werden.

In weitaus größeren Dimensionen findet die sogenannte *Massendigitalisierung* statt, die – zumeist in Kooperation mit großen Bibliotheken – von privatwirtschaftlichen Anbietern geleistet wird (Private-Public-Partnership). Zu nennen ist hier vor allem das Projekt Google Book Search, das die urheberrechtsfreien Bestände von einigen bedeutenden europäischen und amerikanischen Bibliotheken digitalisiert und diese gemeinsam mit aktuellen Verlagspublikationen zur Verfügung stellt (s. u. S. 352ff.). Doch auch andere privatwirtschaftliche Unternehmungen wie Yahoo und Amazon betreiben mittlerweile Massendigitalisierung. Mit der Menge dieser sehr unterschiedlich erschlossenen Daten wachsen jedoch auch die Probleme der Recherche, der Bewertung und des Zugangs. Gut strukturierte Such- und Zugriffsmöglichkeiten zu diesen enormen Datenbeständen zu schaffen, wird eine der großen Aufgaben des Bibliothekswesens für die kommenden Jahre werden.

e) Elektronische Hochschulschriften

Die wichtigsten Vorteile der Online-Publikation für Hochschulschriften bestehen darin, dass sich diese Art der Veröffentlichung überaus schnell und sehr preiswert realisieren lässt. Diese Vorteile betreffen vor allem die Dissertationen (Doktorarbeiten). Auf Grund der *Veröffentlichungspflicht* für Dissertationen dürfen Doktoranden den Doktortitel auch nach Abschluss aller Prüfungen erst dann führen, wenn sie ihre Arbeit in ausreichender Stückzahl veröffentlicht haben, was oft mit erheblichen Kosten und Verzögerungen verbunden ist. Mit einer elektronischen Veröffentlichung, auf die dann von überall zugegriffen werden kann, ist dieser Veröffentlichungspflicht Genüge getan; lediglich einige wenige, in der Regel vom Verfasser selbst kopierte Exemplare müssen zu Archivzwecken bei der Hochschule abgegeben werden. Zur elektronischen Veröffentlichung (Online-Publishing) von Dissertationen und anderen Hochschulschriften benötigt man eine spezielle Software und einen Archivserver. Beides stellen Bibliotheken, Universitäten und andere Forschungsinstitutionen ihren Doktoranden und Wissenschaftlern heute meist kostenlos zur Verfügung. Mit dieser technischen Unterstützung können Hochschulangehörige ihre Publikationen auch ohne größere technische Vorkenntnisse und ohne weitere Kosten selbst auf dem Archivserver ihrer Hochschule publizieren. Im deutschen Hochschulwesen wird für den Betrieb von Archivservern vor allem das von der Universität Stuttgart entwickelte Online-Publikationssystem OPUS verwendet.

Wie alle anderen Veröffentlichungen werden auch die elektronischen Dissertationen und sonstigen Hochschulschriften im Online-Katalog der Universitätsbibliotheken nachgewiesen, darüber hinaus jedoch zumeist auch in speziellen Datenbanken, in denen sie gesondert recherchiert werden können. Neben den normalen Recherchefunktionen von Bibliothekskatalogen bieten die speziellen Datenbanken von elektronischen Hochschulschriften z.B. eine Metasuche, in die sich auch die Online-Veröffentlichungen anderer Hochschulen einschließen lassen, die mit derselben Software arbeiten. So lassen sich bei einer Metasuche nach elektronischen Hochschulschriften, die mit der OPUS-Software veröffentlicht wurden, heute die Bestände von rund 70 Hochschulen gleichzeitig recherchieren. Ein weiterer Vorteil der speziellen Datenbanken für elektronische Hochschulschriften besteht darin, dass sie sich hier auch nach den jeweils zuständigen Fakultäten, nach der Schriftenart und nach einzelnen Sachgruppen recherchieren lassen. Im Gegensatz zum Hauptkatalog der Bibliothek, der heute noch überwiegend gedrucktes Material verzeichnet, ist in den speziellen Datenbanken der Online-Publikationen von Hochschulen auch eine Volltextsuche möglich, was natürlich zu erheblich größeren Trefferzahlen führt. Darüber hinaus erlauben die separaten Datenbanken auch einen Zugriff mit Internetsuchmaschinen auf die gespeicherten Dokumente.

Entsprechend ihres im Juni 2006 gesetzlich erweiterten Sammelauftrags sammelt und archiviert die Deutsche Nationalbibliothek auch alle online publizierten deutschen Hochschulschriften. In ihrer Datenbank (Diss-Online.de) sind die meisten elektronischen deutschen Hochschulschriften zwar nachgewiesen – derzeit bereits über 50 000 elektronische Dissertationen und Habilitationen – doch da diese zum Teil sehr unterschiedliche technische Standards aufweisen, sind einige moderne Recherchefunktionen, z.B. eine Volltextrecherche, noch nicht realisiert.

f) Elektronische Nachschlagewerke

Online-Publikationen eigenen sich in besonderer Weise für die Veröffentlichung von Nachschlagewerken, z.B. Enzyklopädien, Lexika, Wörterbüchern sowie Verzeichnissen aller Art (bibliographische Datenbanken werden im nächsten Abschnitt gesondert behandelt). Werden Nachschlagewerke in Form von Online-Publikationen veröffentlicht, also nur an einer zentralen Stelle auf einem Server abgespeichert, so können sie – da nur ein einziges Werk bearbeitet werden muss – im Gegensatz zu gedruckten oder auf physischen Datenträgern publizierten Werken stets aktuell gehalten werden. Dies stellt einen enormen Vorteil bei allen Nachschlagewerken dar, deren Sinn primär in einer Darstellung eines aktuellen Zustandes besteht, so z.B. bei Telefonbüchern oder Branchenverzeichnissen. Hier bedeutet jeder noch nicht eingefügte neue Eintrag ebenso wie jeder nicht mehr gültige einen erheblichen Qualitätsverlust des gesamten Werkes. Aus diesem Grund werden die genannten Telefonbücher und Branchenverzeichnisse, aber auch Bahnfahrpläne, Flugpläne, Veranstaltungskalender, Angaben mit Öffnungszeiten, etc. immer häufiger online zur Verfügung gestellt.

Auch Lexika, vor allem solche, die sich thematisch mit sehr aktuellen Gegenständen beschäftigen, profitieren von der Online-Publikationsform.

Typischerweise erschienen solche Werke früher oft in Form von Loseblatt-Ausgaben, der alte Textbestand musste dann durch neue Lieferungen ergänzt bzw. ersetzt werden. Diese in der Handhabung für Bibliotheken sehr aufwändige Publikationsform ist heute nahezu vollständig durch Online-Publikationen ersetzt worden. Ein Beispiel für eine solche Entwicklung ist das *Kritische Lexikon der deutschsprachigen Gegenwartsliteratur* (KLG). Das Lexikon, das deutschsprachige Schriftsteller, deren Wirken in die Zeit nach 1945 fällt, behandelt, ist nicht abgeschlossen, sondern wird regelmäßig ergänzt, aktualisiert und um neue Autoreneinträge erweitert. 1978 erschien das Lexikon erstmals in Form von Einzellieferungen, die in speziellen, ringbuchartigen Ordnern abgelegt werden mussten. 1999 erschien erstmals eine Ausgabe auf CD-ROM, die sich natürlich nicht mehr aktualisieren ließ, die in der Benutzung jedoch wesentlich komfortabler war. Seit 2001 steht das Lexikon, das sowohl von privaten Nutzern wie auch von Bibliotheken lizenziert werden kann, online im Internet zur Verfügung. Diese Form der Veröffentlichung erlaubt in diesem Falle nicht nur den Zugriff auf den jeweils aktuellsten Informationsstand, sondern sie ermöglicht der Redaktion auch die Einbindung weiterer Serviceangebote in das Lexikon. So können Benutzer z.B. mit dem *KLG Textdienst* online Kopien der in den Literaturangaben des Lexikons erwähnten Aufsätze und Zeitungsartikel bestellen und sich per Post oder Fax gegen eine Gebühr zuschicken lassen.

Doch nicht nur Nachschlagewerke mit einem besonderen Aktualitätsbezug wie Telefonbücher, Adressverzeichnisse oder das KLG werden online publiziert, auch Allgemeinenzyklopädien und universale Lexika nutzen die Vorteile dieser Form der Veröffentlichung. Zwei sehr unterschiedliche Beispiele bilden die Brockhaus-Enzyklopädie online und Wikipedia.

Bei der *Brockhaus Enzyklopädie online* werden die rund 260 000 Artikel der 21. Auflage der dreißigbändigen gedruckten Brockhausenzyklopädie von 2005 kostenpflichtig im Netz angeboten und von einem Team von Fachwissenschaftlern ständig bearbeitet, um so stets den aktuellen Stand der Forschung wiederzugeben. Ergänzt werden die Artikel der Printausgabe u.a. um Videos, Animationen, Bilder und Audiodateien, die in einer eigenen Mediensuche auch separat recherchierbar sind. Neben rund 25 000 Bildern innerhalb des Lexikons werden über die Brockhausenzyklopädie online z.B. auch die rund 2 Millionen Bilder des Deutschen Pressearchivs zugänglich gemacht.

Die freie Enzyklopädie Wikipedia wird ehrenamtlich von vielen Nutzern des Internet verfasst. Aufgrund der Tatsache, dass jedermann dort einen Artikel bearbeiten kann, wächst die Zahl der Artikel beständig und liegt weit über der Artikelzahl von konventionellen Enzyklopädien und Lexika. Wikipedia ist kostenfrei online zugänglich und alle dort veröffentlichten Informationen dürfen unter Angabe der Quelle frei verwendet werden. Da Wikipedia-Artikel nicht immer von ausgewiesenen Fachleuten der jeweiligen Thematik verfasst werden und kein Fachbeirat und keine Redaktion besteht, ist die Qualität der einzelnen Artikel zum Teil sehr unterschiedlich. Gemildert wird dieses Problem jedoch dadurch, dass Artikel von geringerer Qualität meist schnell erkannt und von anderen Benutzern aktualisiert bzw. verbessert werden. Die im Mai 2001 gegründete deutsche Wikipedia weist heute über 700 000, die englischsprachige Ausgabe ca. 2,3 Millionen Einträge auf; weitere Ausgaben existieren rund 80 Sprachen.

Sowohl die Brockhaus Enzyklopädie online als auch die freie Enzyklopädie Wikipedia nutzen die medientypischen Vorteile von Online-Publikationen, indem sie großzügig weiteres Informationsmaterial, vor allem Bilder und Links auf externe Webseiten in die Artikel einbauen, neben der Artikelauch eine Volltextsuche anbieten und von den aufgerufenen Artikeln auf verwandte Einträge verweisen.

Ein Nachteil von online publizierten Nachschlagewerken besteht darin, dass sich ältere Fassungen bzw. Berichtsstände häufig nicht rekonstruieren lassen, was speziell für historisch ausgerichtete Forschungsarbeiten sehr problematisch sein kann, da für einen Historiker oft gerade nicht die aktuelle Datenzusammenstellung von Interesse ist, sondern eine zurückliegende. Wikipedia und andere Online-Publikationen begegnen diesem Problem, indem sie nicht nur die aktuellen Artikel zugänglich machen, sondern auch alle zuvor veröffentlichten Fassungen.

Die Veröffentlichung von Nachschlagewerken als Online-Publikationen beschränkt sich jedoch nicht nur auf zeitgenössische Werke, die beständig aktualisiert werden; auch retrodigitalisierte historische Nachschlagewerke wie Johann Heinrich Zedlers 1732 bis 1754 erschienenes *Universal-Lexicon aller Wissenschafften und Künste* in 68 Bänden oder das vierbändige *Grammatisch-kritische Wörterbuch der hochdeutschen Mundart* von Johann Christoph Adelung (erste Auflage 1774–1786) stehen heute über das Internet online zur Verfügung. In diesen Fällen wurde die Publikationsform vor allem auf Grund ihrer guten Zugänglichkeit gewählt.

g) Bibliographische Datenbanken

Im Gegensatz zu gedruckten Bibliographien verzeichnen bibliographische Datenbanken die enthaltenen Literaturhinweise in digitaler Form. Wie die Nachschlagewerke und Lexika nutzen auch die bibliographischen Datenbanken die Vorteile der Online-Publikation, um ihre Daten weltweit jederzeit auf dem aktuellsten Stand zugänglich machen zu können. Während sich die oben behandelten Nachschlagewerke – auch wenn sie technisch in der Struktur einer Datenbank organisiert sind – in ihrem Erscheinungsbild noch stärker an einem gedruckten Text orientieren, verzichten bibliographische Datenbanken weitgehend auf eine optische Anlehnung an gedruckte Bibliographien, vielmehr nutzen sie alle Möglichkeiten einer Datenbankoberfläche, um ihren Benutzern auch komplexe Recherchen innerhalb des verzeichneten Titelmaterials zu erlauben. Ein weiterer Vorteil von bibliographischen Datenbanken besteht darin, dass hier das gesamte Titelmaterial mit einer einzigen Rechercheanfrage abgesucht werden kann, während man bei gedruckten Bibliographien für eine Suchanfrage oft viele Jahresbände nacheinander benutzen muss. Bei der Benutzung von bibliographischen Datenbanken, die auch als gedruckte Fortsetzungswerke existieren, ist allerdings unbedingt auf den Berichtszeitraum der Online-Publikation zu achten, der sich oft von dem der gedruckten Bibliographie unterscheidet. In solchen Fällen muss zur Recherche von älteren Jahrgängen noch auf das gedruckte Werk zurückgegriffen werden. Auch bei den bibliographischen Datenbanken werden in großem Umfang die technischen Möglichkeiten von Online-Publikationen genutzt; über die reine Titelanzeige hinaus wird – soweit verfügbar – auf den elektronischen Volltext verlinkt, an den Titelsatz angehängte Inhaltsverzeichnisse, Abstracts, Rezensionen, Titelbilder, etc. geben weitere Informationen über das Werk und mit Hilfe von einer speziellen Software (Linkresolver) lässt sich die Verfügbarkeit des gefundenen Titels in der eigenen Bibliothek, aber auch in anderen Bibliotheken überprüfen (s. u. S. 314).

Von besonderer Wichtigkeit für Bibliotheken ist natürlich der Online-Katalog der eigenen Bestände, der OPAC (Online Public Access Catalog). Bei großen Bibliotheken umfassen diese Online-Kataloge oft mehrere Millionen Titeldaten. Wie bei den Online-Bibliographien gilt es auch hier bei der Benutzung stets zu prüfen, ob der gesamte Titelbestand einer Bibliothek tatsächlich bereits digital vorliegt oder ob in Ergänzung zum OPAC noch andere, konventionelle Kataloge zu konsultieren sind.

3. Multimedia

Multimedia ist der Sammelbegriff für elektronische Informationsangebote, die aus einer Verbindung verschiedener Medien bestehen: Text, Bild, Ton (Sprache, Musik), Film, Animation. Ein Multimedia-PC kann auf Grund seiner Hard- und Software-Ausstattung Multimedia-Produkte abspielen, die auf einer Multimedia-CD bzw. -DVD enthalten oder als Netzpublikationen verfügbar sind. Für Multimedia müssen folgende Voraussetzungen erfüllt sein:

(1) *Unterschiedliche Medientypen* werden kombiniert. Zusammengeführt werden statische (unveränderliche) Medien wie Texte, Graphiken, Fotos und dynamische Medien wie Videosequenzen, Musik, Sprache. Von Multimedia spricht man, wenn mindestens ein statisches und ein dynamisches Medium kombiniert werden.

(2) Eine *interaktive Nutzung* der Multimedia-Angebote ist möglich. Der Nutzer ist somit nicht nur passiver Empfänger eines fest vorgegebenen Datenbestandes, sondern er kann über Rückkanäle reagieren und so Inhalte verändern bzw. unterschiedliche Aktionen auslösen.

(3) Die Multimedia-Anwendungen erfolgen mittels *digitaler Technik*. Durch dieses einheitliche Prinzip der Datenspeicherung können alle Daten – ob es sich um Töne, Bildausschnitte oder Textelemente handelt – vom PC verarbeitet werden.

Bei anspruchsvollen Multimedia-Anwendungen, vor allem bei der Verwendung von Filmmaterial in hoher Auflösung und Musik in guter Qualität, fallen große Datenmengen an. Sie erfordern eine hohe Speicherkapazität, große Rechenleistung und hohe Übertragungsgeschwindigkeit beim Datentransfer im Online-Betrieb. Diese Voraussetzungen sind heute weitgehend gegeben, so dass die Nutzung von Multimedia-Anwendungen in breitem Umfang möglich ist. Multimedia findet heute vor allem in den Bereichen von Lernprogrammen und Computerspielen Anwendung.

Lernprogramme nutzen Multimedia-Anwendungen vor allem deshalb, weil die Aufnahme von Wissensinhalten deutlich erleichtert wird, wenn der Lernstoff mit verschiedenen Sinnesorganen aufgenommen wird. Je mehr „Kanäle" bei der Aufnahme von Wissen im Spiel sind, desto besser werden die Informationen von den Lernenden gespeichert. Zusätzlich erhöht wird dieser Effekt noch, wenn aktive Lernmethoden zum Einsatz kommen, der Lernende also selbst tätig wird, was bei vielen interaktiven Multimediaprodukten heute bereits möglich ist. Durch die Einstellungsmöglichkeiten von verschiedenen Schwierigkeitsniveaus und der Gelegenheit, Stoff zu wiederholen, lässt sich die Vermittlung von Lernstoff mit Multimediasoftware individuell zuschneiden. Somit ermöglicht diese Form des Lernens orts- und zeitunabhängig den Zugriff auf virtuelle Unterrichtsstunden. Werden gesamte Stoffbereiche mit Hilfe von digitaler Lernsoftware erarbeitet, spricht man auch von *E-Learning*, wobei man zum Teil versucht, den Mangel des persönlichen Schüler-Lehrer-Kontakts durch Teleteaching bzw. Videokonferenzen zu kompensieren. Fanden

Multimedia-Anwendungen und E-Learning zunächst vor allem im Bereich des Fremdsprachenunterrichts Anwendung, so gibt es heute ein reiches Angebot dieser Lernformen für nahezu alle Fachbereiche. Multimedia-Lernprogramme werden bevorzugt von Berufstätigen zur Weiterbildung verwendet und sind ein wichtiger Bestandteil vor allem im Angebot von Öffentlichen Bibliotheken. Angeboten werden die entsprechenden Daten sowohl auf CD-ROM oder DVD als auch durch den lizenzierten Zugriff auf Online-Publikationen.

Computerspiele sind heute – nicht nur bei Jugendlichen – weit verbreitet. So wurde beispielsweise das Lebens-Simulationsspiel „Die Sims" weltweit bereits über 85 Millionen Mal verkauft. Die in den modernen Spielen dargestellten „Realitäten" werden durch die ständig steigende Leistungsfähigkeit moderner Hard- und Software immer wirkungsvoller unterstützt. Stichworte wie *Virtuelle Realität, Cyberspace* und *Second Life* signalisieren in diesem Bereich neue mediale Qualitäten. Computerspiele werden nahezu ausschließlich in Öffentlichen Bibliotheken angeboten.

Dritter Teil

Aufbau, Erschließung, Aufbewahrung und Vermittlung des Bestands

I. Bestandsaufbau (Erwerbung)

Um einen sinnvollen Medienbestand für eine Bibliothek aufzubauen und diesen den Benutzern zugänglich zu machen, sind eine Vielzahl von Arbeiten und Dienstleistungen nötig. Sie lassen sich in folgende Bereiche gliedern:

(1) Bestandsaufbau (Erwerbung)
(2) Bestandserschließung (Katalogisierung)
(3) Bestandsaufbewahrung und -erhaltung
(4) Bestandsvermittlung (Benutzungsdienste)

Der Bereich *Bestandsaufbau* oder *Erwerbung*, der Gegenstand dieses Kapitels ist, umfasst alle bei der Auswahl, der Beschaffung und der Zugangsbearbeitung der erworbenen Bücher und anderen Medien erforderlichen Arbeiten.

1. Grundsätze und Methoden des Bestandsaufbaus

Weltweit werden jährlich über 1 Million Buch-Neuerscheinungen pro Jahr veröffentlicht, davon rund 90 000 Titel in Deutschland, hinzu kommen ein riesiges Angebot an audiovisuellen Medien und eine ständig wachsende Zahl elektronischer Publikationen unterschiedlichster Art. Da keine Bibliothek diese gewaltige Flut von Publikationen vollständig erwerben kann, kommt der Medienauswahl eine große Bedeutung zu. Der Aufbau und die sinnvolle Entwicklung des Bibliotheksbestandes gehört zu den wichtigsten Tätigkeiten des Bibliothekars. Die Auswahl der zu erwerbenden Medien muss kritisch und planmäßig erfolgen und sich nach den Aufgaben der Bibliothek und den Erwartungen der Benutzer richten. Bei einer Öffentlichen Bibliothek wird die Auswahl nach anderen Grundsätzen getroffen als bei einer Wissenschaftlichen Bibliothek, bei einer Universalbibliothek anders als bei einer Spezialbibliothek.

Der Bestandsaufbau in Bibliotheken wird im Folgenden, soweit nicht anders angegeben, am Beispiel der Erwerbung von Printmedien (Büchern) dargestellt.

a) Grundlagen und Kriterien der Buchauswahl

Bei der Buchauswahl kommt es darauf an, die wesentlichen Veröffentlichungen, die vom Benutzerkreis der Bibliothek erwartet werden, zu erwerben; Nutzungsstatistiken können hierbei Aufschluss darüber geben, inwieweit dieses Ziel erreicht wurde. Maßgebend ist die Qualität, die aktuelle Bedeutung und (soweit vorhersehbar) der zukünftige Wert der Werke. Im übrigen muss sich die Auswahl natürlich auch nach der Höhe der verfügbaren Mittel richten. Im Idealfall legen Bibliotheken in einem *Erwerbungsprofil* detailliert fest, welche Fachgebiete, Literaturarten, Publikationsformen und Sprachen beim Bestandsaufbau in welcher Intensität berücksichtigt werden sollen. Solche Erwerbungsprofile helfen, die Konsistenz der Erwerbungspolitik von Bibliotheken über längere Zeiträume zu sichern, gleichzeitig informieren sie die Benutzer darüber, welche Bestände an einer Bibliothek zu erwarten sind. Unter Berücksichtigung von Durchschnittspreisen einzelner Fachgruppen und Literaturarten wurden verschiedene *Etatbedarfs-* und *Etatverteilungsmodelle* entwickelt, um den Finanzbedarf einzelner Bibliotheken entsprechend ihrem Erwerbungsprofil zu berechnen.

Die Auswahl der für die Bibliothek anzuschaffenden Publikationen wird von Bibliothekaren vorgenommen, die die fachlichen und methodischen Voraussetzungen dafür besitzen. An kleinen Bibliotheken entscheidet meist der Leiter der Bibliothek über die Buchauswahl. An größeren Bibliotheken und in Bibliothekssystemen ist die Auswahl auf mehrere Bibliothekare verteilt. Bei der Buchauswahl kann man folgende Arbeitsschritte unterscheiden: (1) die Sichtung des Angebots, (2) die Beurteilung oder Begutachtung einzelner Titel, (3) die Kaufentscheidung. In der Praxis werden diese Schritte oft in einem einzigen Auswahlvorgang vollzogen.

Sichtung des Buchangebots

Durch die Sichtung des Buchangebots verschafft sich die Bibliothek einen umfassenden oder (je nach Bedarf) ausschnitthaften *Überblick* über die *einschlägige Buchproduktion*. Die Sichtung bezweckt eine *Vorauswahl* der zur Anschaffung voraussichtlich geeigneten Bücher. Dafür stehen verschiedene Hilfsmittel zur Verfügung: Nationalbibliographien, sonstige Allgemein- und Fachbibliographien, Neuerscheinungsdienste, Veröffentlichungen des Buchhandels wie das „Börsenblatt des Deutschen Buchhandels" mit seinen Buchanzeigen und Vorankündigungen, Buchbesprechungen (Rezensionen), Verlagsprospekte sowie Verlags- und Antiquariatskataloge. Vorschläge zur Anschaffung einzelner Titel kommen auch von den Benutzern, oft stehen für diese *Anschaffungsvorschläge* konventionelle und elektronische Formulare bereit.

Eine umfassende Sichtung des internationalen Buchangebots wird nur von großen Universalbibliotheken vorgenommen. Spezialbibliotheken beschränken sich auf die Sichtung der fachlich einschlägigen Literatur,

Öffentliche Bibliotheken verzichten oft auf eine eigene Sichtung der Neuerscheinungen und beschränken sich auf spezielle Auswahllisten und Besprechungsdienste, die nur eine Auswahl solcher Titel enthalten, die für Öffentliche Bibliotheken in Frage kommen.

Beurteilung auf Grund von bibliographischen Angaben

Für die in die engere Wahl gezogenen Titel muss entschieden werden, ob ihr Inhalt die Anschaffung rechtfertigt. Bei der überwiegenden Zahl der Bücher lässt sich bereits auf Grund der bibliographischen Daten aus den Bestellunterlagen erkennen, ob ein Buch den Auswahlkriterien und Qualitätsvorstellungen der Bibliothek entspricht oder nicht. Anhaltspunkte für die Bewertung des Buches bieten beispielsweise:

- *Verfassername* (bekannter Schriftsteller oder Wissenschaftler)
- *Titel* (Thema und Formulierung)
- *Verlag bzw. Serie* (renommierte oder spezialisierte Verlage bzw. Serien)
- *Sprache*
- *Ausstattung* (Seitenzahl, Register, Literaturverzeichnis, Beilagen, etc.)
- *Erscheinungsjahr* (Aktualität des Werkes)
- *Auflagebezeichnung*

Alle Kriterien müssen in Relation zum Preis der angebotenen Publikation gesehen werden. Die Beurteilungen von Neuerscheinungen auf Grund von bibliographischen Angaben erfordert vom Bibliothekar ein hohes Maß an Erfahrung sowie vertiefte Kenntnisse in dem betreffenden Sachgebiet.

Um neu erscheinende Bücher möglichst schnell in den Bestand der Bibliothek einarbeiten zu können, stützt sich die Buchbeurteilung bzw. die Kaufentscheidung sehr oft auf bibliographische Informationen, die bereits vor dem Druck eines Buches veröffentlicht werden. Solche frühzeitig gelieferten Titeldaten stammen z.B. von CIP-Aufnahmen und aus Neuerscheinungsdiensten (s. u. S. 199). Nachteil dieser Vorgehensweise ist jedoch, dass die Daten unzuverlässiger sind als bibliographische Daten, die bei einer Erschließung des bereits vorliegenden Werkes gewonnen werden; ihre Verwendung für die Beurteilung ist insofern nicht unproblematisch.

Beurteilung auf Grund von Besprechungen

Will man sich bei der Beurteilung einer angebotenen Neuerscheinung nicht ausschließlich auf die bibliographischen Daten verlassen, kann man sich in vielen Fällen auch auf die Beurteilung anderer Fachleute stützen, d.h. auf *Buchbesprechungen* bzw. *Rezensionen*. Solche Besprechungen erscheinen in speziellen Besprechungsdiensten, in Rezensionsjournalen, in bibliothekarischen Zeitschriften, in Fachzeitschriften und Zeitungen. Für Öffentliche Bibliotheken sind die durch die „Lektoratskooperation" erstellten und von der ekz in Reutlingen herausgegebenen Besprechungsdienste besonders wichtig (s. u. S. 130). Auch in den Datenbanken von Online-Buchhandlungen lassen sich oft Besprechungen und weiterführende Informationen zu einzelnen Buchtiteln finden. Zum Teil sind diese Kataloge durch zusätzliches Text- und Bildmaterial angereichert, z.B. Umschlagfotos, Inhaltsverzeichnisse, Probeseiten, Rezensionen, etc. (Catalog-Enrichment). Die Beurteilung von Büchern anhand von Rezensionen ist zwar in der Regel fundierter als bei der Beschränkung auf das reine Titelmaterial, sie hat allerdings den Nachteil, dass Besprechungen natürlich erst einige Zeit nach dem Erscheinen des Buches zur Verfügung stehen und sich dadurch die Anschaffung des Buches entsprechend verzögert.

Begutachtung durch Einsichtnahme

Sofern es nötig und möglich ist, kann eine *Begutachtung* des Buches auch anhand eines *Ansichtsexemplars* erfolgen. Bibliotheken können sich die betreffenden Neuerscheinungen vom Buchhändler „*zur Ansicht*" (d.h. mit Rückgaberecht) vorlegen lassen. Der Bibliothekar kann dann durch Einsichtnahme in das Buch ein begründetes Urteil über seine Qualität gewinnen. Wird das Buch nicht erworben, geht das Ansichtsexemplar an den Buchhändler zurück. Allerdings erfordert die Begutachtung einer großen Zahl von Ansichtsexemplaren sehr viel Zeit; darüber hinaus entstehen für die Bibliothek erhebliche organisatorische und räumliche Probleme. Ansichtssendungen werden daher allenfalls in begrenztem Umfang angefordert oder auf seltene Ausnahmefälle beschränkt (z.B. besonders teure oder umstrittene Werke).

Kaufentscheidung

Bei der endgültigen Kaufentscheidung ist vor allem zu prüfen, ob der Kauf des Buches im Hinblick auf die Aufgaben, die fachlichen Schwerpunkte und den Benutzerkreis der Bibliothek sinnvoll und im Hinblick auf die verfügbaren Geldmittel vertretbar ist. Die Kaufentscheidung wird entweder von den an der Sichtung und Begutachtung beteiligten Bibliothekaren selbst getroffen oder sie erfolgt auf Grund der Vorschläge dieser Bibliothekare durch den Leiter der Erwerbungsabteilung oder den Leiter der Bibliothek.

Gleichzeitig mit der Kaufentscheidung muss festgelegt werden, ob das Buch nur in einem Exemplar oder aber „gestaffelt", d.h. in *Mehrfachexemplaren* (Mehrstücken) angeschafft werden soll. Diese Entscheidung richtet sich nach der voraussichtlichen Nachfrage, d.h. gestaffelt werden nur Bücher, die besonders häufig verlangt werden. Mehrfachexemplare sind typisch bei viel gefragten Werken in den Öffentlichen Bibliotheken und in den Lehrbuchsammlungen der Hochschulbibliotheken. An großen Öffentlichen Bibliotheken sind bis zu 20-30% des Bestandes Mehrstücke. In Lehrbuchsammlungen werden häufig verlangte Lehrbücher in einer Staffelung von bis zu 50 Exemplaren angeschafft.

b) Literaturauswahl an Öffentlichen Bibliotheken

Die *Sichtung* und *Beurteilung* der Bücher werden im Öffentlichen Bibliothekswesen zusammenfassend als *Lektoratsarbeiten* bezeichnet. Im Verlagswesen ist es die Aufgabe des Lektors, die eingehenden Manuskripte zu lesen und zu beurteilen. Ähnlich bestehen die Lektoratsarbeiten an Öffentlichen Bibliotheken in der Sichtung des Buchangebots und in der Beurteilung der in Frage kommenden Bücher. An großen Öffentlichen Bibliotheken und in großstädtischen Bibliothekssystemen werden in der Regel mehrere Lektorate, aufgegliedert nach Sachgebieten, gebildet. So kann zum Beispiel eine Gliederung in Lektorate, etwa für die Gebiete (1) Belletristik, Sprach- und Literaturwissenschaften, (2) Geisteswissenschaften, (3) Sozialwissenschaften, (4) Naturwissenschaften und (5) Technik erfolgen. Weitere Lektorate für Kinder- und Jugendliteratur sowie Musik können hinzukommen.

In *großstädtischen Bibliothekssystemen* werden die Lektorate meist an der Zentralbibliothek eingerichtet. Die Ergebnisse der von den Lektoraten vorgenommenen Sichtung und Beurteilung des Buchangebotes werden meist in Form von Vorschlagslisten mit Kurzbesprechungen zusammengefasst. Diese Vorschlagslisten dienen dann als Grundlage für die Kaufentscheidung. Bibliothekare der Zweigbibliotheken sind an der Begutachtung der Literatur und der Kaufentscheidung häufig mitbeteiligt, etwa im Rahmen einer festgelegten Geldsumme oder unter Beschränkung auf die von den zentralen Lektoraten aufgestellten Vorschlagslisten. In anderen Fällen bestimmt die Zentralbibliothek in stärkerem Maße, welche Titel für die Zweigbibliotheken gekauft werden.

Für den Bestandsaufbau an Öffentlichen Bibliotheken gibt es spezielle *Hilfsmittel*, die über die wichtigen Neuerscheinungen informieren und dadurch der einzelnen Bibliothek die Arbeit der Sichtung und Begutachtung ersparen oder zumindest sehr erleichtern. Zu nennen sind hier vor allem die von der *ekz.bibliotheksservice GmbH* in Reutlingen herausgegebenen *Lektorats-* oder *Informationsdienste*. Sie berichten über büchereigeeignete deutsche Neuerscheinungen und beruhen auf den Buchbegutachtungen und -besprechungen einer Vielzahl von Lektoren und Rezensenten im Rahmen der von DBV, BIB und ekz organisierten *Lektorats-*

kooperation. Die Informationsdienste enthalten außer den bibliographischen Angaben der besprochenen Werke knappe Inhaltsinformationen und Urteile über die Einsatzmöglichkeiten des jeweiligen Titels in einer Öffentlichen Bibliothek. Für die unterschiedlichen Bedürfnisse der verschiedenen Büchereien gibt es verschiedene Ausgaben des Informationsdienstes (ID) und weitere Angebote:

- *ID große Ausgabe* erscheint wöchentlich und enthält jährlich rund 14 000 Kurzbesprechungen neu erschienener Bücher. Der große ID ist vor allem für große Öffentliche Bibliotheken gedacht.
- *ID Basis-Ausgabe* erscheint ebenfalls wöchentlich mit etwa 10 000 Kurzbesprechungen im Jahr und ist vor allem ein Hilfsmittel für Mittelstadt- und Kleinstadtbibliotheken.
- *ID Auswahl-Ausgabe* erscheint ebenfalls wöchentlich und berichtet über ca. 8000 Titel pro Jahr. Sie soll vor allem kleineren Bibliotheken eine Hilfe beim Bestandsaufbau sein.
- *ID 3000* erscheint wöchentlich und berichtet jährlich über 3000 Titel
- *ID 1000* erscheint zweimonatlich und berichtet jährlich über 1000 Titel
- *ID Nonbook* erscheint wöchentlich und verzeichnet pro Jahr rund 2500 Titel von verschiedenen büchereigeeigneten Nicht-Buch-Medien.
- *BA (Besprechungen und Annotationen)* enthält die gleichen Buchbesprechungen wie die *Basis-Ausgabe* und erscheint monatlich.
- *Neue Bücher für Schulen* verzeichnet in drei Ausgaben (Primarstufe, Sekundarstufe I, II) ca. 400 lern- und unterrichtsrelevante Titel pro Jahr, die sich nicht auf Printmedien beschränken.
- *Bibtipp* verzeichnet ca. 1000 Bücher und rund 500 Hörbücher pro Jahr, er erscheint zweimal jährlich.

Die meisten der aufgeführten Informations- und Lektoratsdienste der ekz sind in einer Grundausgabe oder in einer erweiterten Ausgabe mit Begutachtungen erhältlich; neben den Printausgaben in Heft- oder Zettelform (DIN A6) können nahezu alle Angeboten auch als elektronische Publikation bezogen werden. Alle Titel der ekz-Lektoratsdienste werden auf einer CD-ROM (ab 1990) und online in der ekz-Datenbank angeboten (ab 1986).

Mit zwei weiteren Angeboten kann die ekz auf Wunsch noch weitere Komponenten der Erwerbungsarbeit für Öffentliche Bibliotheken übernehmen: Bei der *Standing Order* hinterlegt die Bücherei ihr individuelles Erwerbungsprofil und bekommt die zu diesem Profil passenden Neuerscheinungen direkt zugeschickt, dieser Grundstock an Neuzugängen wird dann gegebenenfalls durch individuelle Ankäufe noch ergänzt. Beim *Bestseller-Abodienst* werden die Top 20 der „Spiegel"-Bestsellerliste automatisch an die Bibliothek geliefert, was insofern von Interesse ist, als die Bibliothekskunden gerade die aktuellen Bestseller möglichst rasch in ihrer

Bücherei vorfinden möchten. Auch unabhängig von diesen speziellen Angeboten beliefert die ekz Öffentliche Bibliotheken mit allen bibliotheksrelevanten Medien: Büchern, Tonkassetten, CDs, CD-ROMs, DVDs, Videos, Landkarten und Spielen. Bücher können direkt von der ekz mit einem strapazierfähigen Bibliothekseinband versehen werden. Auf Wunsch werden diese Medien auch bibliothekarisch erschlossen und ausleihfertig bearbeitet.

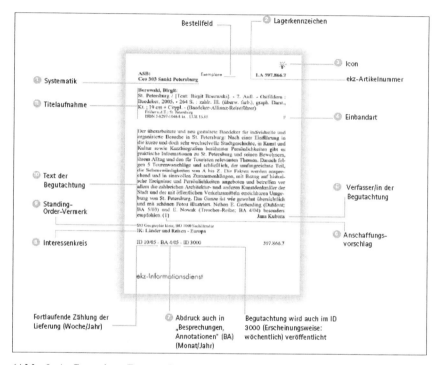

(Abb. 6: Aufbau einer Begutachtung des Informationsdienstes der ekz)

Besprechungen von Büchern für Öffentliche Bibliotheken erscheinen auch in regionalen und kirchlichen Büchereizeitschriften; Sammelbesprechungen von Literatur zu bestimmten Themen veröffentlicht die Fachzeitschrift *Buch und Bibliothek*.

c) *Literaturauswahl an Wissenschaftlichen Bibliotheken*

An Wissenschaftlichen Bibliotheken wird die Buchauswahl nach Wissenschaftsfächern auf mehrere *Fachreferate* aufgeteilt. Die als *Fachreferenten*

131

tätigen Bibliothekare besorgen die Buchauswahl jeweils für bestimmte Fachgebiete, für die sie durch ihr Studium ausgebildet sind. Allerdings ist der Fachreferent außer für seine Studiengebiete häufig auch noch für andere, benachbarte Fächer zuständig. Bei einem Fachreferatsystem betreut z.b. ein Philologe die Sprach- und Literaturwissenschaften, ein Historiker die Geschichte, ein Jurist die Rechtswissenschaft (evtl. mit Einschluss der übrigen Sozialwissenschaften), ein Biologe die Biowissenschaften (oder evtl. alle Naturwissenschaften) und so weiter. Für die Buchauswahl nutzt der Fachreferent alle einschlägige Hilfsmittel seiner Fachgebiete. Die wichtigsten Erwerbungsunterlagen sind die Nationalbibliographien bzw. die nationalen Neuerscheinungsdienste, hinzu kommen bibliographische Daten, die von international tätigen Bibliothekslieferanten (Library Suppliers) nach den spezifischen Wünschen der Bibliotheken geliefert werden. Darüber hinaus werden auch Fachbibliographien, Fachzeitschriften, Antiquariatskataloge, Verlagsprospekte, Rezensionsjournale und Informationen aus Fachportalen hinzugezogen, wobei der Anteil der Erwerbungsunterlagen, die online zur Verfügung stehen, beständig wächst. Um ihre Literatur- und Informationsbedürfnisse berücksichtigen zu können, halten Fachreferenten beständig Kontakt mit den Einrichtungen für Forschung und Lehre ihrer Fachrichtungen. Dies betrifft vor allem die Fachreferenten an Universitätsbibliotheken, die ihre Kaufentscheidungen in der Regel sehr eng mit den örtlichen Professoren und Dozenten der jeweiligen Fächer abstimmen.

Meist liegt die Kaufentscheidung bei den Fachreferenten, die hierfür über ein bestimmtes Budget (Geldmittel) oder Kontingent (Stückzahlen) verfügen. In Ausnahmefällen werden die von den Fachreferenten eingereichten Erwerbungsvorschläge vom Leiter der Erwerbungsabteilung oder vom Direktor der Bibliothek abschließend noch einmal überprüft. Die früher an manchen Bibliotheken üblichen *Kaufsitzungen*, also Besprechungen aller Fachreferenten, sind allenfalls für die Erörterung der Anschaffung von besonders teuren Werken oder von Zeitschriftenabonnements sinnvoll.

Neben den Fachreferaten gibt es an einigen großen Bibliotheken, die besonders viel ausländische Literatur erwerben, sogenannte Sprach- oder Länderreferate, die also nicht ein bestimmtes Wissenschaftsfach, sondern einen Sprachraum oder ein Land umfassen. Ein Sprach- oder Länderreferent wählt z.B. aus allen in englischer Sprache erschienenen oder allen in Frankreich veröffentlichten Büchern aus. Sprach- und Länderreferate haben Vorteile für die Organisation von Buchauswahl und Erwerbung und für die genaue Beobachtung des Publikationswesens in einem Land oder Sprachgebiet; von besonderer Bedeutung sind sie für die Erwerbungen aus entlegeneren Sprachen und Ländern, etwa für Bücher in slawischen oder orientalischen Sprachen.

Von besonderer Wichtigkeit für große Wissenschaftliche Bibliotheken ist die Erwerbung von *wissenschaftlichen Zeitschriften*. Massive Preiserhöhungen seitens der Verlage, vor allem im STM-Bereich (Science, Technology, Medicine), und die Stagnation der Bibliotheksetats haben seit einiger Zeit die Erwerbung von wissenschaftlichen Zeitschriften in eine Krise gebracht, die häufig zu Kündigungen von Abonnements oder zu einer Reduzierung der Mittel für den Erwerb von Monographien führte.

d) Aussonderung und Ersatzbeschaffung

Zum Bestandsaufbau im weiteren Sinn gehört nicht nur die Anschaffung (Akquisition), sondern auch die *Aussonderung* (Deakquisition) von Büchern und anderen Medien aus dem Bibliotheksbestand; um diese beiden Aspekte des Bestandsaufbaus zu betonen, spricht man auch von *Bestandsentwicklung* bzw. *Bestandsmanagement* (Collection management).

Die Aussonderung muss vor allem an *Öffentlichen Bibliotheken* regelmäßig durchgeführt werden, da hier der Bestand *aktuell* bleiben soll. Ausgesondert werden nicht mehr aktuelle und deshalb nicht mehr oder nur noch selten benutzte Werke. Ein besonderer Fall ist die Aussonderung *wegen Verschleißes*, d.h. wenn Bücher durch häufige Benutzung so „zerlesen" und beschädigt sind, dass das Neubinden nicht mehr möglich oder lohnend ist. Erfahrungsgemäß ist ein Buch mit Bibliothekseinband an Öffentlichen Bibliotheken durchschnittlich nach 60 Entleihungen, ein ebenso gebundenes Buch der Kinderliteratur durchschnittlich nach 40 Entleihungen zerlesen. Sind unbrauchbare Bücher inhaltlich noch aktuell und gefragt, müssen sie durch neue Exemplare ersetzt werden, d.h. auf die Aussonderung muss hier die *Ersatzbeschaffung* folgen. Auch für verlorene (z.B. gestohlene) Bücher müssen neue Exemplare angeschafft werden. Gleiches gilt für Nicht-Buch-Medien, z.B. Musiktonträger oder Videokassetten. Bei Verlusten oder Beschädigungen, die durch einzelne Leser verschuldet wurden, sind diese zum Ersatz verpflichtet.

An *Wissenschaftlichen Bibliotheken* wurden früher in der Regel nur Mehrfachexemplare (z.B. von Lehrbüchern) ausgesondert, wenn das betreffende Werk inhaltlich veraltet war. Im Übrigen galt der Grundsatz, den Medienbestand auf unbegrenzte Zeit aufzubewahren. Da viele Bibliotheken durch starke Bestandszuwächse in Raumnot geraten und der Bau neuer Magazine gerade in innerstädtischen Lagen oft unmöglich oder zu teuer ist, wurde dieser Grundsatz allerdings fragwürdig. Viele Wissenschaftliche Bibliotheken sind deshalb dazu übergegangen, bestimmte Kategorien selten benutzter Literatur auszusondern, wenn sichergestellt ist, dass sie im Bedarfsfall aus einer anderen Bibliothek (z.B. einer Pflichtexemplarbibliothek) zur Verfügung gestellt werden kann. Gegebenenfalls wird die ausgesonderte Literatur daher an eine solche Archivbibliothek abgegeben. Ausgesondert werden vor allem alte Jahrgänge von Zeitungen und von naturwissenschaftlich-technischen Zeitschriften, ältere Dissertationen, Gesetzessammlungen sowie Amts- und Firmenschriften. Nur in seltenen Fällen sollte eine Aussonderung bei Literatur erfolgen, die lange Zeit aktuell bleibt, z.B. Quellen- und Forschungsliteratur aus den Geisteswissenschaften oder bei Altbeständen, vor allem aus der Zeit vor 1850. Nicht ausgesondert werden die eigentlichen Archivbestände, z.B. die regionale Literatur in den Regionalbibliotheken.

Beim Aussondern von Büchern und Medien, die nicht durch neue Exemplare ersetzt werden sollen, müssen sämtliche zugehörigen Eintragungen in den Katalogen getilgt werden; gegebenenfalls muss im Zugangsverzeichnis vermerkt werden, dass der Titel ausgesondert wurde. Bei verlorenen Büchern und Medien, für die keine Ersatzbeschaffung vorgesehen ist, ist ebenso zu verfahren. Ausgesonderte Exemplare, die nicht an eine Archivbibliothek abgegeben werden, werden je nach Zustand und Wert entweder als Dubletten getauscht, verkauft, verschenkt oder makuliert (d.h. zum Altpapier gegeben). In allen Exemplaren, die nicht makuliert werden, muss mit einem speziellen Aussonderungsstempel kenntlich gemacht werden, dass sich die Bände nicht mehr im Besitz der Bibliothek befinden (Entwidmung).

2. Kooperative Erwerbung

Auch die größten Universalbibliotheken können nicht alle wissenschaftlichen Veröffentlichungen erwerben, die im In- und Ausland erscheinen. Für die wissenschaftliche Forschung ist es aber dringend erforderlich, dass die wichtige Fachliteratur (auch die hochspezielle und im Ausland erschienene) wenigstens in einem Exemplar im Inland verfügbar ist. Dieses Ziel kann durch die Kooperation mehrerer Bibliotheken erreicht werden, zumeist durch eine *koordinierte* bzw. *abgestimmte Erwerbung*. Dabei wird die Erwerbung einer Vielzahl von Bibliotheken eines Landes aufeinander abgestimmt. Auf diese Weise kann die wichtige wissenschaftliche Literatur wenn schon nicht an *einer* Bibliothek, so doch im Gesamtbestand der Bibliotheken eines Landes vollständig gesammelt werden. Durch den Fernleihverkehr bzw. die Dokumentlieferung können die so erworbenen Werke dann den Benutzern im ganzen Land zugänglich gemacht werden.

Neben der koordinierten Erwerbung bildet die konsortiale Erwerbung von elektronischen Medien eine weitere Form der kooperativen Erwerbung (s. u. S. 160).

a) Nationale Erwerbungskoordination

Sondersammelgebiete (SSG)

Auf einer Abstimmung der Erwerbung unter den Wissenschaftlichen Bibliotheken der Bundesrepublik beruht das von der Deutschen Forschungsgemeinschaft (DFG) seit 1949 entwickelte und geförderte *System der überregionalen Literaturversorgung*. Hierfür wurde die Gesamtheit der Wissenschaften in zahlreiche Fachgebiete aufgeteilt, von denen je eines oder mehrere als *Sammelschwerpunkte* einer der beteiligten Bibliotheken zugewiesen wurden. Über den Fernleihverkehr und die Dokumentlieferung stehen die von den Schwerpunktbibliotheken gesammelten Medien allen Interessenten zur Verfügung.

Die *überregionalen Schwerpunktbibliotheken* lassen sich in drei Gruppen zusammenfassen:

– *Staats- und Hochschulbibliotheken*, die neben ihren regionalen bzw. universitären Hauptaufgaben meist mehrere Sammelschwerpunkte als „*Sondersammelgebiete*" (SSG) betreuen
– *Zentrale Fachbibliotheken* für Technik, Medizin und Wirtschaftswissenschaften, die sich vorrangig der überregionalen Literaturversorgung widmen
– *Spezialbibliotheken* für bestimmte Spezialfächer oder Materialien, die durch die übrigen Schwerpunktbibliotheken nicht genügend abgedeckt sind

Beispiele für *überregionale Sammelschwerpunkte* der drei Bibliotheksgruppen:

– Die Germanistik wird von der Universitätsbibliothek Frankfurt am Main als Sondersammelgebiet betreut, die Philosophie von der Universitätsbibliothek Erlangen-Nürnberg, das Fach Informations-, Buch- und Bibliothekswesen von der Bayerischen Staatsbibliothek.
– Die drei Zentralen Fachbibliotheken in der Bundesrepublik betreuen u.a. die Fachgebiete Ingenieurwissenschaften, Chemie, Physik und Informatik (TIB/UB Hannover), Medizin (Deutsche Zentralbibliothek für Medizin Köln) sowie Volkswirtschaft und Weltwirtschaft (ZBW Kiel).
– Die Bibliothek des Deutschen Wetterdienstes in Offenbach ist für den Sammelschwerpunkt Meteorologie zuständig, die Bibliothek der Tierärztlichen Hochschule in Hannover für die Veterinärmedizin und die

Bibliothek im Bundesamt für Seeschifffahrt und Hydrographie in Hamburg für Seekarten.

Ein Verzeichnis der Sondersammelgebiete wird regelmäßig im „Jahrbuch der Deutschen Bibliotheken" veröffentlicht. Ein Online-Verzeichnis aller Sammelschwerpunkte an deutschen Bibliotheken (auch der regionalen Sammelschwerpunkte) mit weiterführenden Informationen und Links auf die jeweiligen Bibliotheken und ihre Kataloge bietet das *Web-Informationssystem* zur überregionalen Literaturversorgung in Deutschland (WEBIS).

Die Erwerbung der neuerscheinenden *ausländischen* Literatur (Monographien und Zeitschriften) der Sammelschwerpunkte wird von der Deutschen Forschungsgemeinschaft mit derzeit 75 Prozent der Anschaffungskosten finanziert (für die Zentralen Fachbibliotheken gelten andere Finanzierungsregelungen). Die verbleibenden 25 Prozent der Kosten für ausländische Literatur sowie die gesamten Kosten für die in Deutschland erscheinende Literatur der Sammelschwerpunkte muss aus den eigenen Mitteln der betreffenden Bibliothek bestritten werden. Die DFG unterstützt auch den Kauf von Mikroformen und elektronischen Publikationen der entsprechenden Fachgebiete. Die Sammeltätigkeit der überregionalen Schwerpunktbibliotheken erstreckt sich auch auf die „Graue Literatur" der Sammelschwerpunkte, d.h. auf nicht im Buchhandel erschienene und daher schwer beschaffbare Veröffentlichungen und Materialien.

Schon seit Langem bemühen sich die Schwerpunktbibliotheken in Bezug auf ihre fachlichen Sammelschwerpunkte um eine besonders intensive Erschließungs- und Informationstätigkeit. Über den ursprünglichen Grundgedanken der kooperativen Erwerbung und den damit verbundenen Aufbau spezieller und hochspezieller Literaturbestände hinaus erweitern die Sondersammelgebietsbibliotheken beständig ihr überregionales Informations- und Dienstleistungsangebot. Wichtige Stichworte in diesem Zusammenhang sind das Angebot leistungsfähiger *Dokumentenlieferdienste*, die *Digitalisierung* der Bestände und der Aufbau *Virtueller Fachbibliotheken* (s. u. S. 335ff.).

Sammlung Deutscher Drucke (SDD)

Als kooperatives Erwerbungsprogramm zur retrospektiven Ergänzung älterer deutscher Literaturbestände wurde 1989 das Projekt „Sammlung Deutscher Drucke" von fünf großen deutschen Bibliotheken gegründet. Ausgangspunkt war die Tatsache, dass die Nationalbibliothek in Deutschland auf Grund ihrer späten Gründung 1912 über keine bedeutenden Altbestände verfügt und die älteren deutschen Druckwerke daher nicht an einer Stelle zentral gesammelt werden. Das Projekt hatte das Ziel, fünf Sammelzentren für deutsche Drucke von 1450–1912 einzurichten. Die im deutschen Sprachraum erschienene Literatur der einzelnen Zeitsegmente sollte im Original oder in Reproduktion möglichst umfassend gesammelt, erschlossen, archiviert und der Wissenschaft zugänglich gemacht werden.

An der „Sammlung Deutscher Drucke" waren zunächst die folgenden Bibliotheken beteiligt:

- die Bayerische Staatsbibliothek München (1450–1600)
- die Herzog-August-Bibliothek Wolfenbüttel (1601–1700)
- die Niedersächsische Staats- und Universitätsbibliothek Göttingen (1701–1800)
- die Universitätsbibliothek Frankfurt a.M. (1801–1870)
- die Staatsbibliothek zu Berlin – Preußischer Kulturbesitz (1871–1912)

Diese Bibliotheken besaßen für den von ihnen betreuten Zeitabschnitt bereits ausnehmend reiche Bestände, die nun planmäßig ergänzt und vervollständigt werden. Seit 1995 ist auch die *Deutsche Nationalbibliothek* Mitglied der Arbeitsgemeinschaft „Sammlung Deutscher Drucke", sie ist verantwortlich für den Zeitraum ab 1913, da die deutsche bzw. die deutschsprachige Literatur in ihren Vorgängerinstitutionen, in der Deutschen Bücherei in Leipzig ab 1913 bzw. in der Deutschen Bibliothek in Frankfurt a.M. ab 1945 gesammelt wurde und bis heute gesammelt wird. Während einer fünfjährigen Einführungsphase wurde die „Sammlung Deutscher Drucke" von der Volkswagen-Stiftung mit 25 Mio. DM gefördert, seither wird das Projekt von den Unterhaltsträgern der beteiligten Bibliotheken weiterfinanziert.

Wie bei den fachlichen Schwerpunktbibliotheken geht das Engagement der Bibliotheken, die an der Sammlung Deutsche Drucke teilnehmen, heute weit über die Kooperation in der Erwerbung hinaus:

(1) Durch vertiefte *Erschließungsprojekte* bemühen sich die Bibliotheken, eine retrospektive deutsche Nationalbibliographie auch für den Zeitraum vor 1913 zu schaffen (s. u. S. 304).

(2) Eine wichtige Aufgabe bildet die dauerhafte *Bewahrung der Bestände* aus den jeweiligen Sammelschwerpunkten. Hierzu zählen sowohl Anstrengungen zur Erhaltung der Originalbände (Restaurierung, Entsäuerung des Papiers, ...) als auch die Herstellung von Sekundärformen (Mikrofilm, Digitalisate).

(3) Durch Digitalisierungsprojekte speziell in ihren jeweiligen Zeitabschnitten wollen die teilnehmenden Bibliotheken ihre Sammlungen in beständig wachsendem Umfang auch online zugänglich machen.

b) Regionale Erwerbungskooperation

Der Gedanke einer abgestimmten Erwerbung in einem regional begrenzten Gebiet liegt auch einem anderen Gemeinschaftsunternehmen zu Grunde, nämlich dem Sondersammelgebietsprogramm der Großstadtbibliotheken des Landes Nordrhein-Westfalen. Zu diesem Plan haben sich rund 25 kommunale Bibliotheken des Landes zusammengeschlossen. Die beteiligten Bibliotheken haben sich verpflichtet, die in der Bundesrepublik Deutschland erscheinende Literatur jeweils für ihr Sondersammelgebiet zu erwerben, allerdings ohne Berücksichtigung der hochspezialisierten Literatur. Die mit diesem Programm (mit finanzieller Unterstützung des Landes) erworbene Literatur wird im Leihverkehr zur Verfügung gestellt.

Besondere Formen der Bibliothekskooperation gibt es für die Erwerbung und Bereitstellung von speziellen Medienformen, so haben sich z.B. an vielen Orten Zusammenschlüsse bzw. Konsortien von Bibliotheken für die gemeinsame Lizenzierung und Nutzung von elektronischen Publikationen gebildet (s. u. S. 160).

3. Erwerbungsarten

Bei der Erwerbung von Büchern und anderen Medien unterscheidet man fünf verschiedene Erwerbungsarten: (1) *Kauf,* (2) *Lizenz,* (3) *Tausch,* (4) *Geschenk* und (5) *Pflicht,* wobei zwischen *berechnetem* und *unberechnetem Zugang* unterschieden wird. In gewisser Weise kann auch die Mitgliedschaft in Vereinen oder Gesellschaften zu den Erwerbungsarten gezählt werden, da diese ihre Publikationen an ihre Mitglieder oft kostenlos oder zu einem ermäßigten Preis abgeben. Im Folgenden wird vorrangig die Erwerbung von Büchern behandelt.

a) Kauf

Die mit Abstand wichtigste Erwerbungsart ist die Anschaffung durch Kauf. Gekauft werden sowohl Neuerscheinungen (Novitäten) als auch antiquarische Bücher (Antiquaria). Je nach Art des Buches empfehlen sich verschiedene *Beschaffungswege.*

Die Beschaffung der *inländischen Neuerscheinungen* erfolgt meist durch eine oder mehrere ortsansässige Sortimentsbuchhandlungen. Für die Erwerbung der *ausländischen* Neuerscheinungen bedient man sich entweder einheimischer Importbuchhandlungen, die sich häufig auf die Lieferung aus bestimmten Ländern spezialisiert haben, oder man bestellt bei leistungsfähigen ausländischen Sortimentern (bzw. direkt bei großen ausländischen Verlagen) oder bei Bibliothekslieferanten im In- oder Ausland, die sich speziell auf die Belieferung von Bibliotheken eingestellt haben (Library Suppliers). Solche Firmen bieten oft auch Informationsdienste über ausländische Neuerscheinungen an. *Zeitschriften* aus dem Ausland (besonders aus dem englischsprachigen Raum) werden häufig über internationale Zeitschriftenagenturen beschafft. Diese Agenturen verwenden elektronische Systeme, mit denen die Zeitschriftenabonnements verwaltet werden; sie registrieren die eingehenden Einzelhefte und leiten sie an die Bibliotheken weiter, erledigen die Abrechnung mit den Verlagen und reklamieren fehlende Zeitschriftenhefte beim Verlag (Konsolidierungsservice). Die Bibliothek verhandelt somit nur mit *einem* Ansprechpartner, der Zeitschriftenagentur, und nicht mit einer Vielzahl von Lieferanten. Die Geschäftsbeziehungen zu ausländischen Direktanbietern und zu Internet-Buchhandlungen können unter Umständen problematisch sein, da hier oft Vorauszahlungen bzw. der Einsatz einer Kreditkarte erwartet werden.

Es zeichnet sich ab, dass in Zukunft beim Kauf von Medien *Ausschreibungen* eine immer größere Rolle spielen werden.

Nicht über den Buchhandel erhältliche Publikationen werden meist direkt bei den herausgebenden Institutionen bestellt. Da gerade die Erwerbung dieser sogenannten *Grauen Literatur* besonders arbeitsintensiv ist, haben sich einige Versandbuchhandlungen auf die Beschaffung solcher Publikationen spezialisiert.

Besonders für Öffentliche Bibliotheken ist der Bezug über die *ekz.bibliotheksservice GmbH* in Reutlingen günstig. Die ekz hält einen großen Teil der wichtigsten aktuellen Literatur in ihrem Lagerbestand bereit, liefert aber auf Anforderung auch jedes andere im Buchhandel erhältliche deutschsprachige Buch.

Bibliotheksrabatt und Subskription

In Deutschland und Österreich gilt für Bücher nach wie vor der Grundsatz des festen Ladenpreises, d.h. der Verleger bestimmt den Preis, an den der Buchhändler gebunden ist. In der Regel gewährt der Buchhandel den Bibliotheken jedoch einen Preisnachlass, den sogenannten *Bibliotheksrabatt*. In der Bundesrepublik gestatten die meisten Verleger den Sortimentern, den allgemein zugänglichen Wissenschaftlichen Bibliotheken einen Rabatt von 5% des Ladenpreises auf ihre Verlagsprodukte zu gewähren. Öffentliche, konfessionelle und Schulbibliotheken können unabhängig von ihrem Erwerbungsetat einen Rabatt von 10% des Ladenpreises erhalten. Getragen werden diese Rabatte von den Sortimentern.

Ein Nachlass auf den Kaufpreis kann auch auf dem Wege der *Subskription* gewährt werden. Bei der Subskription verpflichtete sich der Käufer bereits vor dem Erscheinen eines Werkes, den Titel zu erwerben. Im Gegenzug für diese vorzeitige Verpflichtung erhält der Käufer (Subskribent) einen Nachlass von durchschnittlich 10-15% des späteren Ladenpreises. Der günstige Subskriptionspreis (auch Einführungs- oder Vorbestellpreis) erlischt meist mit dem Erscheinen des Werks, spätestens drei Monate danach, bei mehrbändigen Werken mit dem Erscheinen des letzten Bandes. Die Verlage schreiben eine Subskription vor allem bei teuren und mehrbändigen Werken aus, um die Höhe der Auflage leichter bestimmen zu können, um die Kostendeckung wenigstens zum Teil zu sichern und um einen Anreiz zum Kauf dieses Werkes zu geben.

Kauf von Antiquaria

Neben dem Kauf von Neuerscheinungen kann für die Wissenschaftlichen Bibliotheken auch der Kauf von *antiquarischen Büchern* (Antiquaria) wichtig sein, also bereits vergriffenen Büchern. Die traditionelle Form des antiquarischen Kaufs geschieht meist auf der Grundlage von Antiquariatskatalogen. Als Hilfsmittel legen viele Bibliotheken sogenannte *Desideratenlisten* an (Verzeichnisse gesuchter Werke). Zum Teil werden solche Listen mit den Titeln der gewünschten Werke auch an die Antiquariate des In- und Auslandes verschickt. Eine moderne Form der Erwerbung von Antiquaria bildet die Nutzung von Internetportalen, in denen eine Vielzahl von Antiquariaten ihre Angebote gemeinsam präsentieren. Angesichts des riesigen Angebots solcher Plattformen – allein über das *Zentrale Verzeichnis Antiquarischer Bücher* (ZVAB) sind über 25 Millionen Angebote von 4100 Buchhändlern zugänglich – lassen sich auch vergriffene Titel in den meisten Fällen nachbeschaffen.

Eine besondere Bedeutung kommt dem antiquarischen Kauf von Handschriften, Inkunabeln, kostbaren und seltenen Büchern sowie Briefen und Autographen zu. Solche Werke werden meist auf öffentlichen *Auktionen* angeboten. Kann eine Bibliothek nicht selbst an der Auktion teilnehmen, beauftragt sie eine am Versteigerungsort befindliche Bibliothek mit ihrer Vertretung. Zum Teil sprechen sich interessierte Bibliotheken vor einer Auktion auch über ihre Erwerbungswünsche ab, um die Preise für einzelne Stücke nicht gegenseitig in die Höhe zu treiben.

Für Öffentliche Bibliotheken, deren Interesse hauptsächlich auf aktuelle Publikationen gerichtet ist, spielt die Erwerbung von Antiquaria nur eine sehr geringe Rolle, in vielen Fällen wird überhaupt nicht antiquarisch erworben.

b) Lizenzierung

Bücher und Zeitschriften in gedruckter Form werden von Bibliotheken in der Regel durch Kauf erworben; dabei gehen die Eigentumsrechte an den Neuerwerbungen auf die Bibliotheken über. Elektronische Medien wie E-Books, E-Journals und Datenbanken werden dagegen fast immer *lizenziert*; in diesem Fall verbleiben die Eigentumsrechte beim Anbieter, durch den Lizenzvertrag erwirbt die Bibliothek jedoch ein zeitlich begrenztes Nutzungsrecht an den Daten für die Dauer des Vertragsverhältnisses. Da bei Lizenzverträgen nicht nur der Preis, sondern auch die genaue Ausgestaltung der Benutzungsbedingungen verhandelbar ist, ist es für die Bibliotheken wichtig, möglichst günstige Vertragsbedingungen zu erlangen. Besonders wichtig sind folgende Aspekte:

- *Definition der Nutzergruppe.* Hierbei wird festgelegt, wer genau die lizenzierten Publikationen zu welchen Bedingungen und zu welchem Zweck nutzen kann (z.B. nur Universitätsangehörige, alle registrierten Benutzer der Bibliothek oder alle Bibliotheksbenutzer).
- *Modalität der Benutzung.* Hierbei wird festgelegt, ob die lizenzierten Publikationen nur in den Räumen der Bibliothek oder auch durch Fernzugriff über das Internet benutzt werden können und wie viele Benutzer gleichzeitig auf eine Publikation zugreifen können.
- *Datenexport.* Hierbei wird vereinbart, ob Bibliotheksbenutzer Auszüge der elektronischen Publikation ausdrucken oder in digitaler Form weiterverarbeiten dürfen.
- *Langzeitnutzung.* Hierbei wird vereinbart, ob die einmal bezahlten Daten (z.B. die lizenzierten Jahrgänge eines E-Journals) der Bibliothek auch nach Ablauf der Vertragslaufzeit noch zur Verfügung stehen. Eine geeignete Zugriffsform ist zu vereinbaren (z.B. Überlassung der lizenzierten Publikationen auf einem Datenträger oder langfristige Zugriffsrechte auf die entsprechenden Jahrgänge auf dem Verlags- oder einem Archivserver).

Häufig werden auch die *Lieferung von Erschließungsdaten* und die *Erhebung von Nutzungsstatistiken* angeboten. Neben der sinnvollen Ausgestaltung des Lizenzvertrages muss bei der Lizenzierung von elektronischen Publikationen geprüft werden, ob die technische Infrastruktur der Bibliothek den Systemanforderungen des Angebots entspricht. Gegebenenfalls kann eine Testphase vereinbart werden.

c) Tausch

Neben dem Kauf kommt an vielen Bibliotheken der Erwerbung durch Tausch eine erhebliche Bedeutung zu. Der Wert des Tausches liegt darin, dass wichtige Literatur ohne Aufwendung von Barmitteln in die Bibliotheken gelangt, sowie darin, dass man auf diesem Weg Schriften erwerben kann, die durch den Buchhandel nicht oder nicht mehr zu beschaffen sind (z.b. Dissertationen, Institutsveröffentlichungen, vergriffene Werke). Voraussetzung für den Tausch ist die Gegenseitigkeit: Gabe und Gegengabe sollen sich wertmäßig entsprechen. Als Gegenstand des Tausches kommen *verschiedene Schriftgattungen* in Frage:

(1) Eigene Veröffentlichungen der Bibliothek bzw. der Institution, der die Bibliothek angeschlossen ist (z.b. Ausstellungskataloge, Bibliographien, wissenschaftliche Publikationen)

(2) Dissertationen und andere Hochschulschriften

(3) Schriften von Akademien und Gelehrten Gesellschaften, die den Tausch ihrer Veröffentlichungen gegen die Schriften anderer Akademien einer am gleichen Ort befindlichen Bibliothek übertragen haben

(4) Dubletten (Doppelstücke), die durch Geschenk oder Ankauf ganzer Büchersammlungen oder versehentlich in die Bibliothek gekommen sind

(1) *Pauschaltausch.* Der Tausch von eigenen Veröffentlichungen, der Dissertationen-Tausch und der Tausch von Akademieschriften vollzieht sich praktisch immer in Form eines *regelmäßigen Tausches* zwischen der Bibliothek und ihren Tauschpartnern, d.h. man trifft zunächst eine grundsätzliche Vereinbarung über die Art und den Umfang des Tausches und tauscht dann laufend und unberechnet. Die Bibliotheken prüfen lediglich, ob ein annäherndes Gleichgewicht besteht. Um den regelmäßigen Fortgang des Tausches zu überwachen, ist es nötig, ein Verzeichnis der Tauschpartner zu führen, in dem vermerkt wird, was jeder Tauschpartner von der Bibliothek erhalten und was er ihr geliefert hat.

(2) *Einzeltausch.* Beim Einzeltausch wird Buch gegen Buch bzw. Zeitschriftentitel gegen Zeitschriftentitel getauscht, ohne einen exakten Wertausgleich anzustreben. Der Vorteil dieser aufwändigeren Geschäftsform liegt darin, dass die thematischen Interessen der Bibliothek bzw. ihr Erwerbungsprofil stärker berücksichtigt werden können als dies beim Pauschaltausch möglich ist.

(3) *Verrechnungstausch.* Ein exakter Wertausgleich findet beim Verrechnungstausch statt, für den auf der Basis von Laden- bzw. Originalpreisen eine exakte Kontoführung betrieben wird. Eine Sonderform dieser aufwändigen Form des Tausches ist der Kauf-Tausch, bei dem die angeforderten Tauschgaben zunächst gekauft und aus dem eigenen Etat bezahlt werden müssen; der Kauf-Tausch spielt vorrangig im internationalen Schriftentausch eine Rolle.

Der Tausch von *Dissertationen* betrifft vor allem Universitätsbibliotheken. Jede Dissertation muss – sofern sie nicht im Buchhandel erscheint oder elektronisch publiziert wird – vom Verfasser in einer bestimmten Anzahl von Exemplaren an die betreffende Universitätsbibliothek abgeliefert werden, die sie nach einem bestimmten Verteilungsschlüssel an in- und ausländische Tauschpartner (meist andere Universitätsbibliotheken) verschickt; als Gegenleistung dafür erhält sie die Dissertationen der anderen Universitäten. Allerdings geht der Dissertationentausch in den letzten Jahren stark zurück, da die Universitätsbibliotheken aus Raummangel Dissertationen nur noch in begrenztem Umfang übernehmen können und Dissertationen in zunehmender Zahl in elektronischer Form publiziert werden.

Beim *Dublettentausch* werden Dublettenlisten erstellt und (unter Angabe einer Frist für die Rückantwort) in der Regel nur einem Tauschpartner (Bibliothek, Buchhandlung, Antiquariat) zugeschickt.

d) Geschenk

Häufig kommen Bücher als Geschenke in die Bibliotheken. Sie stammen von Freunden und Förderern der Bibliothek, von Verlagen und Vereinen oder von verstorbenen Privatleuten, die ihre Bücher der Bibliothek vermacht haben, zum Teil schenken auch Autoren ihre eigenen Werke der Bibliothek. Da auch Geschenke durch die Buchbearbeitung in der Bibliothek nicht unerhebliche betriebswirtschaftliche Kosten verursachen, ist bei jeder Schenkung sorgfältig zu prüfen, ob sich ihre Übernahme in den Bestand lohnt. Zu beachten sind vor allem folgende Fragen:

– Passt das Geschenk in das Erwerbungsprofil der Bibliothek?
– Entstehen Dubletten durch das Geschenk?
– Wie ist der physische Zustand der angebotenen Werke?
– Sind Auflagen an die Schenkung geknüpft?

Gewünschte Werke können auch als Geschenk erbeten werden, dies betrifft vor allem Veröffentlichungen, die nicht im Buchhandel vertrieben werden, sowie Publikationen von Behörden, Instituten, Firmen und Vereinen.

e) Pflichtablieferung

Unter Pflichtablieferung versteht man die gesetzlich vorgeschriebene Abgabe von „Medienwerken" an eine Bibliothek. Unter Medienwerken werden hierbei Darstellungen in Schrift, Bild und Ton in körperlicher, zum Teil auch in elektronischer Form verstanden. Die abzugebenden Stücke heißen *Pflichtexemplare* oder Pflichtstücke. Es sind dies also Publikationen, die auf Grund einer gesetzlichen Vorschrift durch den Verleger oder den Drucker unentgeltlich an eine staatliche Bibliothek abgeliefert werden müssen. Sinn dieser Regelung ist, durch die Abgabe der Pflichtexemplare die gesamte Medienproduktion einer bestimmten Region vollständig an einer Stelle zu sammeln und aufzubewahren. Diese Erwerbungsart kommt also nicht an allen Bibliotheken vor, sondern nur an denen, die durch Gesetz zum Empfang von Pflichtstücken berechtigt sind, d.h. meist an National-, Staats-, Landes- oder Regionalbibliotheken.

Die in der Bundesrepublik Deutschland zeitweise umstrittene Frage, ob die gesetzlich erzwungene, entschädigungslose Ablieferung von Pflichtexemplaren verfassungsgemäß sei, ist vom Bundesverfassungsgericht 1981 entschieden worden. Dabei wurde die unentgeltliche Pflichtablieferung eines Belegexemplars je Druckwerk an Bibliotheken als grundgesetzkonform anerkannt, da es sich um ein im Interesse der Allgemeinheit liegendes kulturpolitisches Bedürfnis handle. Jedoch müsse ermöglicht werden, dass in Ausnahmefällen (besonders teure Werke in kleiner Auflage) an den Ablieferungspflichtigen eine Entschädigung gezahlt wird. In Deutschland gibt es sowohl auf Landes- als auch auf Bundesebene Regelungen für die Pflichtablieferung von Druckwerken.

Regionale Pflichtablieferung

In den Pflichtablieferungs- bzw. Pressegesetzen der Bundesländer ist meist vorgeschrieben, dass die Verleger des jeweiligen Bundeslandes ein Exemplar jeder Neuerscheinung kostenlos bzw. gegen Entschädigung an die zuständige Landes- oder Regionalbibliothek abzuliefern haben; zum Teil besteht eine Anbietungspflicht. In manchen Ländern müssen zwei Pflichtexemplare abgeliefert werden, so z.B. in Bayern. Die Regionale Pflichtablieferung beschränkt sich oft nicht nur auf Printmedien sondern schließt zum Teil auch andere Medienformen ein. Online-Medien unterliegen zumeist noch nicht der regionalen Pflichtablieferung, allerdings bemühen sich viele Landesbibliotheken auch um die langfristige Archivierung der Netzpublikationen von regionaler Bedeutung. Ob und aus welchem geographischen Raum eine Bibliothek in Deutschland Pflichtexemplare erhält, ist im „Jahrbuch der Deutschen Bibliotheken" angegeben.

Nationale Pflichtablieferung

Von 1913 bis 1945 gab es in *Deutschland* eine *freiwillige Ablieferung* von Freistücken durch die deutschen Verleger an die Deutsche Bücherei Leipzig. Nach 1945 lieferten die deutschen Verleger ihre Neuerscheinungen auf freiwilliger Basis sowohl an die Deutsche Bücherei in Leipzig als auch an die Deutsche Bibliothek in Frankfurt a.M. In der *DDR* wurde die

Ablieferungspflicht der DDR-Verlage zu Gunsten der Deutschen Bücherei in Leipzig und der Deutschen Staatsbibliothek in Berlin durch Verordnungen geregelt. In der (alten) *Bundesrepublik Deutschland* galt seit 1969 eine gesetzliche *Ablieferungspflicht* der westdeutschen Verlage zu Gunsten der Deutschen Bibliothek in Frankfurt a.M. Ein zweites Exemplar wurde von den Verlegern der Bundesrepublik bzw. der DDR freiwillig nach Leipzig bzw. Frankfurt a.M. geliefert.

Seit der Herstellung der deutschen Einheit sind die deutschen Verleger verpflichtet, zwei Pflichtexemplare an die Deutsche Nationalbibliothek abzugeben. Geregelt wird die nationale Pflichtablieferung durch das „Gesetz über die Deutsche Nationalbibliothek" (DNBG), das am 29. Juni 2006 in Kraft trat. Es sieht vor, dass alle in der Bundesrepublik hergestellten Medienwerke in körperlicher Form in zweifacher Ausfertigung an die Deutsche Nationalbibliothek abgeliefert werden müssen, unkörperliche Werke (Online-Publikationen) nur in einfacher Ausfertigung.

Die eingehenden *Printmedien* werden in Frankfurt und Leipzig bearbeitet und an diesen Orten in jeweils einem Exemplar aufbewahrt. Die zwei Pflichtstücke von *Musikalien* (Musiknoten) und *Tonträgern* gehen an das Deutsche Musikarchiv in Berlin, das ebenfalls zur Deutschen Nationalbibliothek gehört. Nach der Bearbeitung in Berlin wird ein Exemplar in Leipzig der Benutzung zur Verfügung gestellt. Die *Online-Publikationen* werden von der Deutschen Nationalbibliothek gespeichert; die Sicherstellung ihrer langfristigen Benutzbarkeit (Langzeitarchivierung) stellt ein enormes technisches Problem dar, für dessen Bewältigung sich die Deutsche Nationalbibliothek mit sechs weiteren Projektpartnern zum Kompetenznetzwerk Langzeitarchivierung (nestor) zusammengeschlossen hat.

Amtliche Veröffentlichungen

Ein Sonderfall der Pflichtablieferung liegt bei den sogenannten Amtlichen Veröffentlichungen vor. Hierunter versteht man Schriften, die von Behörden und Körperschaften des öffentlichen Rechts, also vom Staat und seinen Behörden sowie von Gemeinden und Volksvertretungen, publiziert werden. Sie erscheinen meist nicht im Buchhandel, sind aber wichtige Quellen vor allem für die rechts- und staatswissenschaftliche Forschung. Ihre Ablieferung ist nicht durch Gesetze, sondern durch sogenannte Abgabeerlasse geregelt. Amtliche Veröffentlichungen aller Behörden und Dienststellen des *Bundes* sind an die Staatsbibliotheken in Berlin und München, an die Bibliothek des Deutschen Bundestages und an die Deutsche Nationalbibliothek abzuliefern. Auch die Abgabeerlasse der Bundesländer sehen – neben einer Abgabe an ausgewählte Bibliotheken der Länder – eine Ablieferung an diese Bibliotheken vor.

4. Beschaffung und Zugangsbearbeitung

Alle mit der Erwerbung der Bücher zusammenhängenden Arbeiten werden an größeren Bibliotheken entweder in der *Erwerbungsabteilung* (auch Akzessionsabteilung) erledigt oder in der *Medienabteilung* (auch Medienbearbeitung oder Buchbearbeitungsabteilung), in der Erwerbung und Katalogisierung zusammengefasst sind. Als Teilbereiche der Erwerbung werden in großen Bibliotheken oft die Monographienakzession, die Zeitschriftenakzession, die Tausch- und Geschenkstelle und evtl. die Pflichtexemplarstelle unterschieden.

Die auf die Buchauswahl folgenden Erwerbungsarbeiten lassen sich folgendermaßen einteilen:

– Vorakzession (Bestell-Vorbereitung)
– Bestellkatalogisierung (nur in integrierten Systemen)
– Bestellung (einschließlich Zugangskontrolle und Mahnung)
– Bestellverwaltung
– Zugangsbearbeitung (Akzessionierung)
– Rechnungsbearbeitung

In vielen Bibliotheken werden diese Arbeitsschritte nach wie vor *konventionell* durchgeführt. In diesem Fall müssen die Bestellunterlagen in mehreren Exemplaren in Papierform vorhanden sein und werden während des gesamten Beschaffungs- und Bearbeitungsvorgangs in speziellen Karteien vorgehalten (Bestellkartei, Lieferantenkartei, Interimskartei, Zugangsverzeichnis). Um das arbeitsaufwändige Führen dieser Karteien zu vermeiden und zusätzliche Funktionalitäten nutzen zu können, verwenden vor allem größere Bibliotheken für die Erwerbungsarbeit schon seit einigen Jahren spezielle *integrierte Verwaltungssysteme*, die ihrerseits zumeist Komponenten von umfassenden Bibliotheksverwaltungssystemen sind. Man spricht in diesem Zusammenhang vom Erwerbungssystem, der Erwerbungskomponente oder auch vom Erwerbungsclient (daneben gibt es auch die Katalogisierungs- und die Ausleihkomponente). Je besser die Erwerbungskomponente einer Bibliothekssoftware mit den anderen Komponenten verknüpft ist, desto leichter gestalten sich die Arbeitsvorgänge. Daher bieten voll integrierte Systeme in der Regel die besten Arbeitsbedingungen. Gegenüber der konventionellen Arbeitsweise bieten die modernen Systeme wesentliche Vorteile:

– Durch die Übernahme von Fremddaten reduzieren sie den Arbeitsaufwand. Selbst wenn keine Fremddaten vorliegen, müssen die Titel- und Erwerbungsdaten nur ein einziges Mal aufgenommen werden. Die einmal in maschinenlesbarer Form gespeicherten Daten lassen sich

dann beliebig oft weiterverwenden, z.B. auch für die anschließende Katalogisierung des Werkes.
- Durch den Wegfall der konventionellen Bestell- und Zugangsnachweise entfallen auch die hierfür nötigen Eintragungs- und Einordnungsarbeiten.
- Die Nutzung elektronischer Titel- und Erwerbungsdaten erlaubt einen wesentlich schnelleren und vielfältigeren Zugriff auf das gesamte Datenmaterial.
- Durch die Verwendung entsprechender Software lassen sich viele Arbeitsschritte, wie z.B. die Mahnung, die Budgetüberwachung etc., die früher von Bibliotheksmitarbeitern übernommen wurden, vollautomatisch erledigen.

Die im Folgenden geschilderten Arbeitsvorgänge beziehen sich im Wesentlichen auf die Erwerbung durch *Kauf von Printmedien* (Büchern) in größeren Bibliotheken.

a) Vorakzession (Bestell-Vorbereitung)

Nach der Entscheidung für den Kauf eines Buches muss in der Regel zunächst überprüft werden, ob der betreffende Titel vielleicht schon in der Bibliothek *vorhanden* ist (evtl. in anderer Ausgabe, Auflage oder Sprache) oder ob das Buch bereits *bestellt* wurde (*Dublettenprobe*). Zu diesem Zweck wird der betreffende Titel in den entsprechenden Katalogen und Bestellkarteien bzw. -dateien gesucht. In voll integrierten Systemen ist diese Überprüfung nur an einer Stelle notwendig, da Katalog- und Erwerbungssystem gleichzeitig abgefragt werden können. Es muss auch festgestellt werden, ob das Buch vielleicht als Geschenk, als Pflichtexemplar oder im Tausch (z.B. als Dissertation) zu erwarten ist.

Diese Überprüfung wird an größeren Bibliotheken als „Vorakzession" bezeichnet, manchmal auch eingeschränkt als „Dublettenprüfung", da die Vorakzession u.a. verhindern soll, dass unbeabsichtigt ein zweites Exemplar erworben wird. Gegebenenfalls wird die Kaufentscheidung dann rückgängig gemacht.

Ebenso wichtig bei der Vorakzession sind die *Ermittlung und Ergänzung bzw. Korrektur der Bestelldaten*. Wichtige bibliographischen Daten zu einem Titel (korrekter Verfassername, Erscheinungsort, ISBN, usw.) werden in den vorrangig kommerziell ausgerichteten Buchhandelsverzeichnissen und Neuerscheinungsdiensten zum Teil vernachlässigt; ohne diese Daten ist eine eindeutige Identifizierung des Titels jedoch weder für die Bibliothek noch für den Lieferanten möglich. Bibliothekarische Verzeichnisse, wie z.B. Nationalbibliographien, verfügen zwar über sehr gute Titeldaten, weisen aber andere, für die Bestellung wichtige Daten nicht nach (z.B. Preis und Erscheinungstermin). Zur Ergänzung dieser Daten muss in den einschlägigen Buchhandels- und Verlagsverzeichnissen recherchiert werden.

b) Bestellkatalogisierung

An Bibliotheken, die mit integrierten Systemen arbeiten, schließt sich an dieser Stelle die sogenannte Bestellkatalogisierung an. Bestellkatalogisierung bedeutet die (Formal-)Katalogisierung bei der Bestellung, also bereits vor dem Eingang des bestellten Buches. Bei der konventionellen Erwerbung (ohne Anbindung an einen Verbund und Automatisierung der Bestellvorgänge) entfällt dieser Schritt.

Zunächst wird geprüft, ob sich bibliographische Daten anderer Verbundbibliotheken oder auch Fremddaten für die eigene Erwerbungsarbeit übernehmen lassen. Die wichtigsten Anbieter sind zumeist die Nationalbibliotheken, die Nationalbibliographien erstellen und das entsprechende Titelmaterial zur Verfügung stellen, sowie große, häufig auf das Geschäft mit Bibliotheken spezialisierte Online-Buchhandlungen (Library Suppliers), die Titeldaten zu ihren eigenen Angeboten in konventioneller und digitaler Form liefern. Für Öffentliche Bibliotheken bestehen die verschiedenen Angebote der *ekz.bibliotheksservice GmbH* (s. o. S. 130). Bibliotheken, die einem Bibliotheksverbund angehören, erwerben die elektronischen Titeldaten in der Regel nicht selbst, sondern die Daten der verschiedenen Anbieter werden vom Bibliotheksverbund zentral erworben und allen angeschlossenen Bibliotheken über die Datenbank des Verbundkatalogs oder sogenannte Fremddatenpools zugänglich gemacht. Die bibliographischen Daten der gewünschten Titel werden in das eigene Lokalsystem übernommen und können dann für die Bestellung genutzt werden.

Stehen keine Daten von anderen Verbundbibliotheken oder Fremddatenanbietern zur Verfügung, findet die eigentliche Bestellkatalogisierung in der Datenbank des Verbundes statt. Da die Bestellkatalogisierung nicht auf der Grundlage des vorliegenden Buches, sondern nur mit Hilfe der Informationen aus den Bestellunterlagen erstellt werden kann, handelt es sich hierbei um eine Formalkatalogisierung auf niedrigem Niveau. Um ihren provisorischen Charakter deutlich zu machen, müssen Bestellkatalogisate besonders gekennzeichnet werden, bevor sie in das jeweilige Lokalsystem übernommen werden. Sobald dort eine Bestellung ausgelöst wurde, kann die provisorische Titelaufnahme – mit dem Vermerk „bestellt" – im elektronischen Bibliothekskatalog (OPAC) angezeigt werden. Damit ist der Titel für den Benutzer bereits recherchierbar, obwohl er noch nicht im Bestand der Bibliothek ist. Dies hat den Vorteil, dass ein

Benutzer den Titel bereits vorbestellen kann, dann wird die folgende Buchbearbeitung in der Regel als sogenannter Eiltgeschäftsgang besonders schnell ausgeführt. Allerdings kann der OPAC keine verlässlichen Aussagen darüber machen, wann ein bestellter Band tatsächlich für die Benutzung zur Verfügung stehen wird.

Da ein Bestellkatalogisat nur auf den Bestellunterlagen basiert, kann es nicht so vollständig und verlässlich sein wie ein Katalogisat, das anhand eines vorliegenden Werkes erstellt wurde (Autopsie). Dennoch muss auch bei der Bestellkatalogisierung ein gewisses qualitatives Mindestmaß eingehalten werden (*Kurztitelaufnahme*), das es allen Bibliotheken im Verbund erlaubt, den Titelsatz eindeutig zu identifizieren, ihn ebenso für eine Bestellung zu nutzen bzw. ihn nach der Lieferung des Buches zu verbessern und auf das Niveau einer endgültigen Titelaufnahme zu heben (*Volltitelaufnahme*).

c) Bestellung

Bevor eine Bestellung an den Buchhandel verschickt werden kann, müssen – in Abhängigkeit vom Material und seiner Herkunft – Entscheidungen zu folgenden Aspekten getroffen werden:

- Art der Erwerbung (Kauf, Lizenzierung, Tausch, etc.)
- Wahl des Lieferanten
- Typ der Bestellung (Einzelbestellung, zur Ansicht, Abonnement, etc.)

Entsprechend den „Empfehlungen für den Geschäftsverkehr zwischen Wissenschaftlichen Bibliotheken und Buchhandel" sollte jede Bestellung folgende Angaben enthalten:

(a) den Namen und die Adresse der bestellenden Bibliothek, ggf. Kunden-Nr.
(b) den Namen und die Adresse des Buchhändlers
(c) die Angabe, ob das Buch „zur Ansicht", „fest" oder „zur Fortsetzung" bestellt wird
(d) die bibliographischen Angaben (Verfasser, Titel, Auflagenbezeichnung, Bandzahl, Erscheinungsort, Verlag, Erscheinungsjahr, ISBN, gegebenenfalls Einbandart und Serie mit Zählung)
(e) den Preis
(f) das Zitat der Quelle, in der der Titel verzeichnet war (Buchhandelsverzeichnis, Bibliographie, Prospekt usw.)
(g) das Datum der Bestellung
(h) das Bestellzeichen der Bibliothek oder die Etatkennzeichnung
(i) die gewünschte Exemplarzahl

Die voraussichtlichen Kosten der fest bestellten Bücher werden jeweils in die *Bestellstatistik* (*Verplanung*) übernommen.

Bei der konventionellen Erwerbung erfolgt die Bestellung auf vorgedruckten Bestellformularen in Zettelform (für jedes Buch ein Formular), die an die Buchhändler geschickt werden, per E-Mail oder mittels vom jeweiligen Lieferanten angebotener Online-Formulare. Wurden für die Buchauswahl die Neuerscheinungsdienste von Library Suppliers in Zettelform verwendet, so können diese Zettel nun als Bestellzettel verwendet werden, allerdings müssen in jedem Fall Duplikate der Bestellunterlagen in der Bibliothek verbleiben, um sie in der *Bestellkartei* nach Titeln bzw. in der *Lieferantenkartei* nach Lieferanten geordnet abzulegen, um so einen Überblick über alle „offenen" Bestellungen zu haben.

Bei der automatisierten Bestellung werden die jeweiligen lokalen Titeldaten mit den Bestelldaten und den sogenannten Stammdaten (z.B. Adressen der Lieferanten) verknüpft, das Bestelldatum wird automatisch eingefügt, die Bestellnummer vom System vergeben und somit eine standardisierte Bestellung erzeugt, die als ausgedrucktes Formular, als E-Mail oder Datei an den Lieferanten geschickt wird. Idealerweise erfolgt die Übermittlung der Bestellung online im Format EDIFACT. EDIFACT (Electronic Data Interchange for Administration, Commerce and Transport) ist ein branchenübergreifender Standard für den Geschäftsverkehr mit elektronischen Daten. Dieser Standard hat den Vorteil, dass der Geschäftspartner alle in dieser Form eingehenden elektronischen Dokumente ohne Medienbruch direkt in sein Abrechnungs- und Warenwirtschaftssystem übernehmen kann, somit werden Abschreibarbeiten und Zeit eingespart und Fehler reduziert.

d) Bestellverwaltung

Unter Bestellverwaltung versteht man die Gesamtheit aller möglichen Arbeitsschritte bei offenen, d.h. noch nicht gelieferten Bestellungen.

Die an den Buchhandel übermittelten Bestellungen werden laufend überwacht und bei Nichterledigung in bestimmten Zeitabständen *angemahnt* (*reklamiert*). Die Überwachung geschieht bei konventionellen Verfahren anhand der *Lieferantenkartei* oder – falls eine solche nicht geführt wird – anhand der *Bestellkartei*. Für die Reklamation werden üblicherweise Kopien der ursprünglichen Bestellung verwendet. In diesem Falle ist es wichtig, dass diese Kopien mit einem deutlichen Vermerk „Reklamation, bitte nicht doppelt liefern" versehen werden.

In modernen Erwerbungssystemen erfolgt die Mahnung durch die einmalige Eingabe der entsprechenden Daten bei der Bestellung vollautomatisch.

Über die maximale *Lieferfrist* gibt es keine allgemein gültigen Festlegungen, grundsätzlich ist schnellstmögliche Lieferung erwünscht. Inländische Literatur sollte im Regelfall spätestens nach einem Monat geliefert sein; Eilbestellungen müssen innerhalb weniger Tage erledigt werden. Besonders sorgfältig muss die Überwachung des Einlaufs der einzelnen Bände oder Teile von *Fortsetzungswerken und Serien* sowie der Einzelhefte von *Zeitschriften und anderen Periodika* durchgeführt werden (s. u. S. 155).

Reklamationen sollten grundsätzlich folgende Informationen enthalten:

- Datum der Reklamation und im Wiederholungsfall die Zählung (1., 2., 3. Reklamation)
- Datum und Nummer der reklamierten Bestellung
- bibliographische Daten und Bestelldaten des bestellten Werks
- Grund der Reklamation
- evtl. abweichende Lieferadresse

Teil der Bestellverwaltung sind auch die Meldungen und Rückfragen der Buchhändler. *Meldungen* teilen typischerweise in standardisierter Form die Gründe für ausbleibende Lieferungen mit (z.B. nicht lieferbar, vergriffen, noch nicht erschienen), *Rückfragen* beziehen sich zumeist auf Abweichungen gegenüber der vorliegenden Bestellung (z.B. Preiserhöhung auf …, trotzdem liefern? nur Taschenbuchausgabe lieferbar, dürfen wir liefern? Neuauflage in Vorbereitung, Lieferung gewünscht?). Diese Rückfragen sind von den Bibliotheken ausdrücklich erwünscht, da sie Einfluss auf die weitere Vorgehensweise bzw. auf die Verplanung haben können.

In einfachen Fällen werden die Bestelldaten von beiden Seiten korrigiert und es wird gegebenenfalls in die *Mahnroutine* eingegriffen, d.h. der Termin für eine evtl. Reklamation wird dem gemeldeten neuen Lieferdatum angepasst. Da diese Abläufe zur Routine gehören, können sie auch automatisiert werden.

Problematischer sind gegebenenfalls Stornierungen von Bestellungen oder Umbestellungen. Eine *Stornierung* seitens der Bibliothek bedeutet die Abbestellung eines bereits bestellten Titels. Dabei müssen bestimmte Fristen eingehalten werden (vor allem bei Fortsetzungswerken). Der Grund und das Datum der Stornierung sowie bei Fortsetzungswerken der Zeitpunkt ab wann bzw. ab welchem Band storniert wird, müssen dem Buchhändler mitgeteilt werden. Eine *Umbestellung* ist die Koppelung einer Stornierung mit einer Neubestellung (z.B. bei einem anderen Lieferanten).

e) Zugangsbearbeitung (Akzessionierung)

Für die Bearbeitung der eingehenden Büchersendungen (auch Zugang oder Neuzugang) verwendet man auch das Wort „Akzession" oder „Akzessionierung" (Akzession = Zugang, Erwerbung). Den einlaufenden Büchersendungen liegt normalerweise die *Rechnung* oder ein *Lieferschein* bei. Das Original der Rechnung geht später zur Anweisung der Zahlung an die Rechnungsstelle, das Duplikat verbleibt in der Erwerbungsabteilung.

Eingang der Buchlieferungen

Die eingehenden Lieferungen müssen sorgfältig *geprüft* und mit den beiliegenden Rechnungen bzw. Lieferscheinen *verglichen* werden. Dabei muss vor allem die Übereinstimmung des Inhalts der Pakete mit der Rechnung bzw. dem Lieferschein sowie die Unversehrtheit und Vollständigkeit des Inhalts überprüft werden.

Bei unvollständigen Sendungen wird *reklamiert*; fehlerhafte Lieferungen, die nicht von der Bibliothek zu verantworten sind, werden *zurückgeschickt*. Mögliche Gründe für fehlerhafte Lieferungen sind Fehldrucke vom Verlag oder die Lieferung falscher Titel durch den Buchhändler. Fehldrucke werden kostenfrei umgetauscht, Irrläufer oder falsche Titel meist ohne Probleme zurückgenommen. Bei Fehlkäufen durch die Bibliothek hängt es von der Kulanz des Buchhändlers ab, ob eine Rückgabe möglich ist. Grundsätzlich sind beide Partner verpflichtet, die Geschäftsbedingungen der Gegenseite zu respektieren. Ebenfalls zurückgeschickt werden können Ansichtssendungen, sie gelten als Kauf auf Widerruf.

Die bei der konventionellen Erwerbung in der Bibliothek verbliebenen Ausfertigungen der Bestellformulare werden nun aus der Bestellkartei und der Lieferantenkartei entnommen; gegebenenfalls werden sie für den weiteren Nachweis des Werkes in der Interimskartei verwendet.

Inventarisierung des Zugangs, Zugangsnachweis

Alle von der Bibliothek erworbenen Werke müssen inventarisiert, d.h. in einem *Zugangsverzeichnis* (Bestandsverzeichnis, Inventar, Akzessionsjournal) aufgeführt werden. Die Inventarisierung ist für Bibliotheken in öffentlicher Trägerschaft haushaltsrechtlich vorgeschrieben und dient dem *Zugangsnachweis* oder *Bestandsnachweis*, also dem Nachweis, welche Bücher zu welchem Zeitpunkt von der Bibliothek erworben und welche Haushaltsmittel dafür verwendet wurden. Die Inventarisierung erfolgt in der chronologischen Reihenfolge des Zugangs.

Jedes neuerworbene Buch wird im Zugangsverzeichnis unter einer laufenden Nummer, der *Zugangsnummer*, verzeichnet, die auch auf dem

Duplikat der Rechnung und gegebenenfalls im Buch selbst vermerkt wird (meist auf der Rückseite des Titelblattes). Mit Hilfe der Zugangsnummer kann der Eintrag im Zugangsverzeichnis rasch aufgefunden werden, wenn man später z.B. den Rechnungsbetrag, das Eingangsdatum oder den Lieferanten des betreffenden Buches feststellen will. Die Zugangsnummer besteht meist aus dem Jahreskürzel und einer laufenden Nummer, z.B. 05/4576. Oft führt man mehrere Zugangsverzeichnisse nebeneinander je nach Erwerbungsart (Kauf, Tausch, Geschenk) oder getrennt nach Neuerscheinungen und Antiquaria. Es ergeben sich dann Zugangsnummern etwa in folgender Art: K/03/8541 (= Kauf, Erwerbungsjahr 2003, laufende Nummer 8541) oder T/88/379 (= Tausch, 1988, lfd. Nr. 379) oder A/07/1263 (= Antiquaria, 2007, lfd. Nr. 1263).

Für jedes neuerworbene Buch werden in der Regel folgende Angaben in das Zugangsverzeichnis übernommen: (1) die Zugangsnummer, (2) das Datum der Eintragung, (3) Verfasser, Titel und weitere bibliographische Daten, (4) der Lieferant (Buchhändler), (5) der Rechnungsbetrag, (6) das Datum der Rechnung, (7) die Anzahl der gelieferten physischen Einheiten und (8) die Erwerbungsart.

In elektronischen Erwerbungssystemen werden Zugangsverzeichnisse in der Datenbank des Systems angelegt, die Zugangsnummer wird hierbei automatisch vergeben. Der Titeldatensatz im OPAC, der bisher den Status „bestellt" aufwies, wird an dieser Stelle automatisch auf „eingelaufen" oder „im Geschäftsgang" umgestellt. Der Benutzer kann somit sehen, dass sich der gesuchte Band bereits im Hause befindet.

Bei konventioneller Erwerbung werden Zugangsverzeichnisse häufig erzeugt, indem die Kopien der Rechnungen bzw. Lieferscheine in der Reihenfolge der Zugangsnummern zusammengeheftet werden. Während in elektronischen Erwerbungssystemen alle aufgeführten Kriterien recherchierbar sind, erlauben konventionelle Inventare nur eine Recherche nach der Zugangsnummer bzw. nach dem Datum der Eintragung.

Interimsnachweis der eingelaufenen Bücher

Werden die Neuerwerbungen nicht unmittelbar nach der Inventarisierung katalogisiert und sind somit erst mit einer zeitlichen Verzögerung im Bibliothekskatalog nachgewiesen, so empfiehlt sich für Bibliotheken mit konventionellem Erwerbungsgeschäftsgang die Führung eines zeitlich befristeten *Interimsnachweises*. Dieses Nachweisinstrument verzeichnet alle Werke, die sich schon in der Bibliothek befinden, jedoch nicht mehr in der Bestellkartei und noch nicht im Bibliothekskatalog nachgewiesen sind, daher muss es bei der Vorakzession berücksichtigt werden. Zu diesem Zweck wird eine Ausfertigung des Bestellzettels nach der Entnahme aus der Bestell- oder Lieferantenkartei mit der Zugangsnummer versehen und in eine eigene Interimskartei übernommen. Sobald die Titelaufnahme des Buches im Bibliothekskatalog erscheint, kann der „Interimszettel" entfernt werden.

Bei Bibliotheken, die mit integrierten Systemen arbeiten, ist eine Interimskartei nicht nötig, hier sind die für die Bestellung angelegten Bestellkatalogisate (mit einem entsprechenden Vermerk) bereits im Bibliothekskatalog nachgewiesen.

Erwerbungsstatistik

Im Zusammenhang mit der Zugangsbearbeitung werden die Daten für die Erwerbungsstatistik erfasst. Die *Deutsche Bibliotheksstatistik* (DBS) verlangt, dass von jedem Medium folgende Angaben festgehalten werden:

- Anzahl der Medieneinheiten
- bezahlter Preis in Euro
- Erwerbungsart (z.B. Kauf, Tausch, Geschenk, Pflicht)
- Publikationsform, Medienart (z.B. Buch, Zeitung, Dissertation)
- Wissenschaftsfach
- Bestellart (z.B. fest, zur Fortsetzung)

Die Auswertung dieser Daten ermöglicht zusammenfassende Angaben über die *Bestandsentwicklung* und die *Ausgaben für den Medienerwerb*.

Der wichtigste Vorteil der automatischen Erwerbung für die Statistik liegt vor allem darin, dass *jederzeit*, unter sehr *vielfältigen Aspekten* (Etatabfluss, Datum, Erwerbungsart, Sprache, Land, Lieferant, Medienart, etc.) auf die aktuellen Daten des Erwerbungssystems zugegriffen werden kann; dies ist vor allem für die Etatplanung und die Budgetkontrolle ein wesentlicher Vorteil. Die statistischen Daten solcher Anfragen werden *automatisch* zusammengestellt und müssen nicht von Bibliotheksmitarbeitern in aufwändigen Arbeitsschritten erhoben werden. Die Daten der wichtigsten statistischen Werte lassen sich automatisch in Textverarbeitungs- oder Tabellenkalkulationsprogramme exportieren, so dass z.B. die Erwerbungsdaten des vergangenen Monats oder aller Monate des laufenden Jahres entweder in Form von tabellarischen Übersichten oder graphischen Diagrammen dargestellt werden können. Auf die gleiche Weise lassen sich auch alle relevanten Erwerbungsdaten für die Jahresstatistik der eigenen Bibliothek und für die Deutsche Bibliotheksstatistik zusammenstellen.

Der Laufzettel

An vielen Bibliotheken wird dem Buch bei der Zugangsbearbeitung ein Laufzettel beigelegt, der das Buch bei seinem weiteren „Lauf" durch die

Bibliothek begleitet. Auf dem Laufzettel sind die einzelnen Stationen aufgeführt, die das Buch durchläuft. Dadurch ist der „Geschäftsgang" des Buches, d.h. die Reihenfolge der Buchbearbeitung, genau festgelegt. Bei jedem Bearbeitungsvorgang wird vermerkt, dass das Buch in der betreffenden Stelle bearbeitet wurde. Auf diese Weise kann kontrolliert werden, ob das Buch alle vorgeschriebenen Stationen durchlaufen hat.

f) Lieferkontrolle bei Fortsetzungen und Periodika

Die eben geschilderten Arbeitsvorgänge gelten normalerweise nur für den Zugang einbändiger Werke oder für mehrbändige begrenzte Werke, bei denen alle Bände gleichzeitig in der Bibliothek einlaufen, womit das Werk geschlossen vorliegt. Daneben erhält die Bibliothek aber auch Werke, deren einzelne Teile oder Bände in zeitlichem Abstand, d.h. in Fortsetzung erscheinen, nämlich Fortsetzungswerke, Periodika und Schriftenreihen (Serien). Um die Vollständigkeit der gelieferten Teile kontrollieren zu können, erfolgt für diese Publikationsformen eine genaue *Verbuchung* der einzelnen Bände, Hefte oder Nummern.

Fortsetzungs- und Zeitschriftennachweis

Bei Fortsetzungswerken und Schriftenreihen wird die Verbuchung der einzelnen Bände, Lieferungen oder Hefte in einem eigenen alphabetischen *Fortsetzungsnachweis* vorgenommen. Dieser ermöglicht jederzeit die Feststellung, welche Teile eines Fortsetzungswerkes, einer Serie oder einer Zeitschrift in der Bibliothek eingelaufen sind.

Konventionell wird der *Fortsetzungsnachweis* meist als großformatige Flachkartei (Kardex) geführt. Für jeden Titel bzw. jede Bestellung wird eine eigene Karte angelegt. Sie enthält die bibliographischen und Bestelldaten, inklusive Subskriptionsnummer, Bezugsbeginn, Bezugsart, Erwerbungsart, Lieferant, Bindeanweisungen sowie gemeinsame Standortangaben (Signatur). Jeder neu einlaufende Band bzw. jedes Heft wird mit Zählung, gegebenenfalls Stücktitel und Eingangsdatum verbucht. Gleichzeitig werden hierbei Lücken erkannt und können reklamiert werden.

Bei der automatisierten Erwerbung findet der Fortsetzungsnachweis in der Datenbank des Erwerbungssystems statt; man spricht auch vom „elektronischen Kardex".

Anders als bei *Fortsetzungswerken* und *Serien*, deren Bände in sich abgeschlossen sind und nach der Eingangsverbuchung zum Katalogisieren weitergegeben werden können, muss bei *Lieferungswerken* und *Periodika* abgewartet werden, bis ein Band komplett, d.h. *bindereif* ist. Bis dahin werden die einzelnen Zeitschriftenhefte in Auslagen zur Benutzung bereitgelegt, Lieferungswerks werden meist in Mappen aufbewahrt. Bevor ein vollständiger Band zum Binden gegeben wird, ist darauf zu achten, dass das *Titelblatt*, das *Inhaltsverzeichnis* und gegebenenfalls das *Register* vorliegen.

Inventarisierung

Bei *Fortsetzungswerken* und *Serien* wird jeder Band auf die übliche Weise ins Zugangsverzeichnis aufgenommen. *Zeitschriften* und *Zeitungen* werden nur einmal jährlich im Zugangsverzeichnis aufgeführt, und zwar beim Vorliegen der Rechnung für den betreffenden Jahrgang.

g) Rechnungsbearbeitung

Parallel zur Zugangsbearbeitung eines durch Kauf erworbenen Buches erfolgt die Bearbeitung der Rechnung. Jede Rechnung wird sorgfältig überprüft. Laut derzeit geltendem Umsatzsteuerrecht muss sie folgende Angaben enthalten:

– Lieferant (Name, Adresse, Umsatzsteuer-Identifikationsnummer)
– Empfänger (Name, Adresse)
– Rechnungsnummer und Rechnungsdatum
– Zeitpunkt der Lieferung bzw. der Leistung
– Menge und Bezeichnung der Lieferung bzw. der sonstigen Leistungen
– Aufschlüsselung des Entgeltes nach Steuersätzen, anzuwendender Steuersatz
– Gegebenenfalls Minderung des Entgeltes

Dann wird die sachliche und rechnerische Richtigkeit durch einen entsprechenden Stempel und die Unterschrift des zuständigen Bearbeiters bescheinigt.

Die *sachliche Richtigkeit* bezieht sich auf die ordnungsgemäße Ausführung der Lieferung und die Richtigkeit des Einzelpreises. Dazu wird vom Lieferanten eine sogenannte „gläserne Rechnung" erwartet, die den Originalpreis (bei Fremdwährung auch die Umrechnung in Euro,) zuzüglich Umsatzsteuer, evtl. Versand- oder Bindekosten und Ähnliches abzüglich Rabatte detailliert ausweist.

Die *rechnerische Richtigkeit* gilt den daraus resultierenden Einzelbeträgen bzw. der Gesamtpostensumme.

Nach der endgültigen Etatzuweisung folgt die *Anweisung der Rechnung*, der Auftrag an die zuständige Kasse, die Rechnung und gegebenenfalls die steuerlichen und sonstigen Zusatzkosten zu bezahlen, bzw. bei integrierten Systemen die Übermittlung der entsprechenden Daten an die Kassenhaushaltssysteme. Bei allen Erwerbungen durch Kauf muss stets die Höhe der verfügbaren Mittel (Erwerbungsetat) berücksichtigt werden. Wichtig ist daher eine genaue Überwachung der ausgegebenen Summen mit Hilfe einer *Bestellstatistik* (voraussichtliche Anschaffungskosten der bestellten Medien) und einer *Ausgabenstatistik* (tatsächliche Anschaffungskosten der erworbenen Medien).

Bei der Verwendung von elektronischen Erwerbungssystemen lässt sich der Abfluss der Haushaltsmittel jederzeit verfolgen. Darüber hinaus kann angezeigt werden, in welcher Höhe Finanzmittel bereits gebunden sind und wie viel Geld für weitere Erwerbungen zur Verfügung steht. Auch jeder Fachreferent kann jederzeit das für seine Fächer zur Verfügung stehende Budget überschauen. Einmal festgelegte Etatsummen lassen sich jederzeit ändern (z.B. bei Haushaltssperren oder Nachtragshaushalten) und je nach Wunsch können automatische Warnungen erzeugt werden, z.B. wenn 85% eines Etatbereiches erreicht wurden. Die vielfältigen Zugriffsmöglichkeiten erlauben die Etatkontrolle jedoch nicht nur bezogen auf einzelne Fächer, sondern auch auf bestimmte Medienformen (wie viel wurde im laufenden Haushalt für CD-ROMs ausgegeben?), auf einzelne Zugangsländer (wie viel wurde im laufenden Haushalt für Medien aus Italien ausgegeben?), auf einzelne Sprachen (wie viel wurde im laufenden Haushalt für englischsprachige Medien ausgegeben?), etc.

Mit der Zugangsbearbeitung, der Rechnungsbearbeitung und der Statistik ist die Erwerbung des Buches abgeschlossen. Im Ablauf des traditionellen Geschäftsgangs folgt nun die Katalogisierung.

h) Outsourcing in der Erwerbung

Auch wenn die Titelauswahl und die Medienerwerbung zu den wichtigsten bibliothekarischen Arbeitsfeldern gehören, werden Tätigkeiten aus diesem Bereich immer öfter an privatwirtschaftliche Anbieter übertragen (Outsourcing), zum Teil um Betriebsabläufe zu straffen und Bearbeitungszeiten zu verkürzen, zum Teil um Personalkapazität für andere Arbeitsbereiche zu gewinnen. Das wichtigste Instrument für das Outsourcing im Erwerbungsbereich bilden die verschiedenen Anwendungsformen der *Standing Order* bzw. des *Approval Plan*. Bei diesen Formen der Buchbestellung überträgt die Bibliothek (zumindest in einigen Bereichen) die Auswahl der zu erwerbenden Medien auf kommerzielle Anbieter. Auf diese Weise können die Arbeitsabläufe bei der Erwerbung deutlich vereinfacht und zum Teil erheblich beschleunigt werden.

Sehr verbreitet ist die *Standing Order* in Deutschland beim Erwerb von einschlägigen *Schriftenreihen*. Der Verlag oder der Lieferant beliefert die

Bibliothek mit jedem neu erschienenen Titel aus den vorab festgelegten Schriftenreihen unmittelbar nach seinem Erscheinen, ohne auf eine Bestellung für den Einzeltitel zu warten, die Reihe ist in diesem Fall „zur Fortsetzung" bestellt. Wird dieses Verfahren angewendet, so fallen alle Arbeitsschritte der Sichtung des Medienangebots, der Beurteilung der angebotenen Titel, der Kaufentscheidung, der Vorakzession und der Bestellung weg, wodurch sich viel Zeit und durch das für andere Arbeiten freigestellte Personal folglich auch Geld einsparen lässt. Nachteile dieses Verfahren sind allerdings: Zum einen passt vielleicht nicht jeder einzelne Titel der abonnierten Schriftenreihe tatsächlich exakt in das Profil der Bibliothek, zum anderen kann es durchaus geschehen, dass einzelne Titel der Reihe auch auf anderem Wege in den Bestand gelangen (z.B. als Geschenk) und somit zu unerwünschten Dubletten führen. In der Regel überwiegen allerdings die Vorteile des Verfahrens.

Eine weitere Form der Standing Order, die sich auch für Medien eignet, die nicht in Schriftenreihen erscheinen, bildet die Formulierung eines *Approval Plan*. Entsprechend ihrem Erwerbungsprofil legt die Bibliothek ihrem Lieferanten gegenüber hierbei möglichst exakt fest, welche Erwerbungen sie vornehmen möchte. Hierbei müssen genaue Aussagen zu den gewünschten Fachgebieten, Sprachen, Medienformen, zur Erwerbungstiefe etc. gemacht werden. Ausgehend von diesem Approval Plan beliefert der Bibliothekslieferant die Bibliothek, wiederum ohne eine Bestellung abzuwarten. Die genauen Konditionen von Approval Plans können unterschiedlich formuliert werden. Es ist möglich, dass ein Lieferant aufgrund des ihm bekannten Interessensprofils eine Vorauswahl aus den Bestellunterlagen trifft und diese Selektion dann zur endgültigen Auswahl an die Bibliothek schickt. Dieses Verfahren zählt nicht zur Standing Order. Es ist recht „sicher", d.h. es kommt kein unerwünschter Titel in die Bibliothek, hat aber auch nicht den eigentlich angestrebten Effekt der Zeit- und Arbeitsersparnis. In der Regel lässt man sich daher die in einem Approval Plan festgelegten Medien direkt liefern. Zum Teil geschieht dies „zur Ansicht", in diesem Fall erreicht man die gewünschten Rationalisierungseffekte, kann jedoch einzelne Medien, die sich bei genauer Betrachtung doch nicht als geeignet erweisen, wieder zurückschicken. Möglich ist aber auch ein Medienbezug über einen Approval Plan als feste Bestellung, hier hat man zwar keine Möglichkeiten, einen unerwünschten Titel zurückzugeben; da diese Art des Bezuges für den Lieferanten jedoch die vorteilhafteste ist, werden hierfür oft die günstigsten Konditionen angeboten.

Eine letzte Form der Standing Order ist der feste Bezug der *gesamten Produktion einzelner Verlage*. Da man fürchtet, auf diese Weise zu viele unerwünschte Titel zu erwerben, ist diese Form der Erwerbung in Deutschland allerdings kaum verbreitet, in den USA kommt sie jedoch durchaus vor.

Neben der Standing Order betrifft das Outsourcing in der Erwerbung vor allem den Bereich der Eingangsbearbeitung, z.B. das Versehen der Medien mit Besitzstempeln, das Anbringen von Barcodes, Signaturenschildern etc. Viele Bibliothekslieferanten bieten heute an, diese Arbeitsschritte für die Bibliothek zu übernehmen und die Medien *regalfertig* (shelf ready) zu liefern. Weitere Angebote von Lieferanten können die Führung der Abonnement- bzw. Fortsetzungsverwaltung (Konsolidierungsservice) und der Statistik in seinen Systemen betreffen, auf die die Bibliothek dann zugreifen kann. Aufgrund der gesetzlichen Preisbindung von Büchern in Deutschland sind derartige Zusatzleistungen gerade für deutsche Buchhändler oft eine Möglichkeit, ihr Angebot für Bibliotheken attraktiv zu gestalten.

5. Erwerbung und Bereitstellung elektronischer Publikationen

Bei der Erwerbung, Bereitstellung und Zugangsvermittlung von elektronischen Publikationen sind einige Besonderheiten zu beachten. Zunächst gilt es zwischen dem medienspezifischen Mehrwert dieser Publikationen und ihrer noch ungesicherten langfristigen Benutzbarkeit abzuwägen (s. u. S. 252). Für den Erwerb von elektronischen Publikationen wird sich eine Bibliothek vor allem dann entscheiden, wenn sich der Kauf- oder Lizenzvertrag so gestalten lässt, dass die Vorteile der elektronischen Publikationen voll zum Tragen kommen. Hierbei müssen Offline- und Online-Publikationen getrennt betrachtet werden.

a) Offline-Publikationen

Digitale Daten auf physischen Datenträgern können durch Kauf erworben werden. Die CD-ROMs und DVDs, die eine Bibliothek erwirbt, können den Benutzern auf verschiedene Weise zur Verfügung gestellt werden. Für welche Form der Benutzung man sich entscheidet, muss schon beim Kauf der Medien feststehen. Zunächst können digitale Datenträger wie der Buchbestand im Magazin der Bibliothek aufbewahrt und in die Ausleihe gegeben werden. Hier stellt sich das Problem, dass nicht alle Bibliotheksbenutzer über entsprechende PCs und die notwendige Software verfügen, um alle Datenträger problemlos nutzen zu können. Dieses Problem kann man umgehen, indem man die Datenträger auf einem Einzelplatz-PC installiert und so dem Benutzer in der Bibliothek zur Verfügung stellt. Zwar fallen bei diesen beiden Formen der Benutzung beim Kauf der

Datenträger über den Ladenpreis hinaus keine weiteren Gebühren mehr an, doch ist diese Form der Benutzung keineswegs ideal: Nur eine einzige Person kann nur an einem einzigen Ort auf die Daten zugreifen, bei einer Benutzung am PC der Bibliothek ist sie darüber hinaus noch an die Öffnungszeiten gebunden. Für den Einsatz von CD-ROMs auf lokalen Netzwerken bzw. für die Mehrplatznutzung werden zwar erhebliche Preisaufschläge verlangt, dafür können die registrierten Benutzer einer Bibliothek meist auch rund um die Uhr von außerhalb, d.h. vom häuslichen PC aus, über das Internet auf die CD-ROMs zugreifen. In diesem Fall wird der Inhalt der CD-ROM auf einem lokalen CD-ROM-Server abgespeichert und steht damit online zur Verfügung. Ein weiterer Vorteil dieser Form des Zugriffs auf physische Datenträger besteht darin, dass es weniger Probleme mit den rasch veraltenden Formaten dieser Medien gibt.

b) Online-Publikationen

In zunehmendem Maß erwerben Bibliotheken Lizenzen, also zeitlich befristete Nutzungsrechte, für Online-Publikationen, die auf den externen Servern der Anbieter abgespeichert sind, und ermöglichen ihren Benutzern den bequemen Zugang zu den elektronischen Dokumenten (s. o. S. 106). Weitaus stärker als beim Erwerb von allen anderen Medienformen ist bei der Lizenzierung von Online-Publikationen die genaue Aushandlung des Lizenzvertrages für die Bibliothek und ihre Nutzer von größter Bedeutung. Ist dieser entsprechend gestaltet, bietet der Fernzugriff auf Online-Publikationen eine ideale Nutzungsform, die es mehreren Nutzern der Bibliothek gleichzeitig erlaubt, rund um die Uhr von jedem beliebigen Ort auf einen Datenbestand zuzugreifen und der gegenüber dem gedruckten Text einige Vorteile aufweist (z.B. Volltextdurchsuchbarkeit, Datenexport, etc.).

Aus diesen Aussagen wird deutlich, dass es beim Erwerb von elektronischen Publikationen nicht nur darauf ankommt, zu entscheiden, *ob* der Titel erworben werden soll oder nicht, sondern auch *in welcher Form* er den Benutzern zur Verfügung gestellt werden soll, was wiederum Einfluss auf den Preis bzw. die Lizenzgebühr haben wird.

c) Konsortialer Erwerb von Online-Publikationen

Da bei der Erwerbung von Online-Publikationen eine Vielzahl technischer, fachlicher und juristischer Aspekte zu berücksichtigen sind und es sich oft um sehr hochpreisige Produkte handelt, liegt es nahe, dass sich mehrere Bibliotheken in sogenannten *Konsortien* für den gemeinsamen Bezug von Online-Publikationen zusammenschließen. Gemeinschaftlich, also konsortial erworben werden vor allem Datenbanken und elektronische Zeitschriften, die – wie auch die gedruckten wissenschaftlichen Zeitschriften – in den letzten Jahren enorme Preisanstiege verzeichnen und somit für einzelne Bibliotheken nur noch schwer zu finanzieren sind; auch Sammlungen von E-Books werden zunehmend konsortial erworben. Ein von allen teilnehmenden Bibliotheken und dem Anbieter geschlossener Lizenzvertrag regelt die Zugriffsmöglichkeiten, Nutzungsrechte, Laufzeit, Preisgestaltung, Abbestellmöglichkeiten und Abrechnungsverfahren.

Die in den Lizenzvertrag einbezogenen elektronischen Zeitschriften und Datenbanken können den registrierten Benutzern aller Konsortialbibliotheken (meist auch im Fernzugriff über das Internet) kostenlos zur Verfügung stehen. Die Speicherung der Daten kann auf einem eigenen Server des Bibliothekskonsortiums oder -verbundes, auf dem Server des Verlags oder Anbieters oder auf dem Server einer (als Vermittlungsinstanz eingeschalteten) Zeitschriftenagentur erfolgen. Durch die Bildung von Konsortien wird die Kaufkraft der beteiligten Bibliotheken gebündelt, häufig können dadurch günstigere Vertragsbedingungen erreicht werden; darüber hinaus reduziert sich der Verwaltungsaufwand, da zumeist eine Bibliothek stellvertretend mit dem Anbieter verhandelt. Kritisiert wird allerdings die geringere Flexibilität bei der Titelauswahl, so erwerben Bibliotheken konsortial z.B. Zeitschriftenpakete, von denen einzelne Teile nicht von allen beteiligten Bibliotheken benötigt werden. Online-Publikationen können auch von *Verbundzentralen* lizenziert und allen Bibliotheken des *Bibliotheksverbundes* zugänglich gemacht werden.

Als Plattform für die strategische Zusammenarbeit der Regionalkonsortien im deutschsprachigen Raum hat sich 2000 die *German, Austrian and Swiss Consortia Organisation* (GASCO) gegründet, die einen verbesserten Informationsaustausch und die Förderung der Verhandlungskompetenz ihrer Mitglieder anstrebt.

d) Nationallizenzen für elektronische Medien

Eine Sonderform der Erwerbung von Online-Publikationen bilden die sogenannten *Nationallizenzen für elektronische Medien*. Da Lizenzverträge von Bibliotheken für Online-Publikationen normalerweise den Zugriff auf die elektronischen Dokumente lediglich für die Benutzer einer einzelnen Bibliothek oder der Bibliotheken eines Konsortiums ermöglichen, können diese Produkte nicht überregional zur Verfügung gestellt werden. Dieses Problem lösen die Nationallizenzen, ein Angebot, das 2004 von der DFG im Rahmen des Förderprogramms „Überregionale Literaturversorgung" eingeführt wurde und beständig erweitert wird.

Durch diese spezifische Form der Lizenzierung einer ständig steigenden Anzahl bibliographischer Datenbanken, Volltextdatenbanken, elektronischer Zeitschriften, E-Book-Sammlungen und Nachschlagewerken stehen allen deutschen Bibliotheken, Forschungseinrichtungen und allen Personen mit ständigem Wohnsitz in Deutschland kostenlos mehrere Millionen Dokumente zur Verfügung. Die Benutzung der Nationallizenzen kann entweder durch eine individuelle Registrierung des Nutzers erfolgen oder über eine öffentlich geförderte Hochschule oder andere Wissenschaftseinrichtung. In diesem Fall werden die IP-Adressen der Rechner dieser Institution für den Zugriff auf die elektronischen Ressourcen freigeschaltet, so dass die Nutzer von diesen Rechnern ohne weitere Identifikation direkten Zugriff auf die Datenbestände der als Nationallizenzen erworbenen Publikationen haben. Gemeinsam mit den Nutzungsrechten für die E-Book-Sammlungen und die elektronischen Zeitschriften wurden auch die bibliographischen Daten der enthaltenen Einzeltitel eingekauft. Diese lassen sich in die lokalen Bibliothekskataloge importieren und erscheinen dort wie die Titelaufnahmen von Publikationen, die von der jeweiligen Bibliothek selbst erworben wurden. Um das dauerhafte Zugriffsrecht auf die Daten zu gewährleisten und ihre Archivierung sicherzustellen, sind die Lizenzverträge so gefasst, dass die Benutzung der Online-Publikationen zwar durch den Zugriff auf die Server der Anbieter erfolgt, eine Kopie der digitalen Daten aber in den Besitz der Lizenznehmer übergeht.

Inhaltliche Schwerpunkte der Nationallizenzen liegen zum Beispiel in den Bereichen China (allein die Sammlungen *Chinese Classic Ancient Books* und *China Academic Journals* umfassen mehr als 10 000 Werke der chinesischen Literatur und 18 Millionen Fachaufsätze) und der Holocaustforschung. Insgesamt betreffen die über Nationallizenzen erworbenen Publikationen jedoch alle Bereiche der Wissenschaft; erworben werden zumeist abgeschlossene Datensammlungen. Gerade in Ergänzung zu den Sondersammelgebietsbibliotheken bilden die Nationallizenzen für elektronische Medien einen wichtigen Bestandteil der überregionalen Informationsversorgung in Deutschland und stellen ein Erwerbungsmodell dar, das die medialen Vorteile von elektronischen Publikationen – ihre orts- und zeitunabhängige Benutzbarkeit – voll zur Geltung bringt.

e) Lokale Online-Bestände

Neben die verschiedenen Formen der Erwerbung (Kauf, Lizenz, Tausch, Geschenk und Pflicht) tritt beim Bestandsaufbau im Bereich der elektronischen Publikationen noch eine weitere Form der Bestandsvermehrung: das zunehmende Angebot an elektronischen Publikationen, die auf den Servern der jeweiligen Bibliotheken gespeichert sind. Diese zeichnen sich zumeist dadurch aus, dass sie kostenfrei sind, also nicht nur den Benutzern der eigenen Bibliothek, sondern über das Internet jedem Interessierten zur Verfügung stehen (Open Access).

Wichtige Bereiche für derartige Angebote sind (1) eigene Publikationen, die früher gedruckt erschienen, heute jedoch online publiziert werden, (2) aktuelle Veröffentlichungen von Wissenschaftlern, die die technische Infrastruktur von Bibliotheken nutzen, um ihre Arbeiten im Internet zu publizieren, und (3) die wachsenden Angebote von älteren (urheberrechtsfreien) Werken, die Bibliotheken digitalisieren, um sie auf diese Weise besser zugänglich zu machen und in ihrem Textbestand zu erhalten.

(1) Ein Beispiel für eigene *Publikationen von Bibliotheken,* ist das 2006 begründete „Bibliotheksmagazin", das von der Staatsbibliothek zu Berlin und der Bayerischen Staatsbibliothek München gemeinsam herausgegebenen wird und sowohl in einer Print- als auch in einer Online-Ausgabe erscheint.

(2) *Aktuelle Forschungsliteratur* wird vor allem auf den Dokumentenservern von Universitäts- und Spezialbibliotheken bereitgestellt. Angeboten werden in erster Linie Dissertationen und sonstige Hochschulschriften sowie Preprints und Forschungsberichte von Studenten und Mitarbeitern der jeweiligen Universitäten und Forschungseinrichtungen. Vielfach lassen sich die Inhalte von Dokumentenservern einzelner Wissenschaftsinstitutionen auch gleichzeitig und im Volltext recherchieren.

(3) Viele Bibliotheken stellen Sammlungen von *retrodigitalisierten Drucken* aus dem eigenen Bestand im Netz zur Verfügung (s. o. S. 112). Meist bilden sie dabei thematische Schwerpunkte, die in der Regel einen regionalen Bezug zu der Bibliothek aufweisen oder einem Sammelschwerpunkt der Bibliothek entsprechen. Beispiele hierfür sind etwa die Sammlung „Freiburg und der Oberrhein" der Universitätsbibliothek Freiburg oder die Sammlung „Quellen zur Geschichte der Technik" der Bibliothek der Fachhochschule Nürnberg.

Universitäten und Bibliotheken treten somit in vielfältiger Weise auch selbst als *Anbieter digitaler Dokumente* auf.

II. Bestandserschließung (Katalogisierung)

Auf die *Erwerbung* von Büchern und anderen Medien durch die Bibliothek folgt ihre *Erschließung*. Sie geschieht in erster Linie durch die *Katalogisierung*, d.h. die Aufnahme der Neuerwerbungen in den Bibliothekskatalog.

Unter *Katalog* versteht man im allgemeinen Sprachgebrauch ein nach bestimmten Gesichtspunkten (meist alphabetisch oder sachlich) geordnetes Verzeichnis (z.b. Briefmarken- oder Warenkataloge). *Bibliothekskataloge* sind Verzeichnisse des *Bestandes einer Bibliothek*. Sie erschließen den Bibliotheksbestand nach verschiedenen Gesichtspunkten. Einerseits ermöglichen sie es, aus der Masse der Bücher ein bestimmtes Werk, dessen Verfasser und Titel dem Suchenden bekannt sind, zu ermitteln. Andererseits geben sie auch Auskunft, welche Bücher über ein bestimmtes Sachgebiet oder Thema in der Bibliothek vorhanden sind.

Vollständig sind in den Katalogen der meisten (Universal-)Bibliotheken in der Regel nur die *bibliographisch selbstständigen Werke* nachgewiesen. Die *unselbständige Literatur*, das sind vor allem Aufsätze in Zeitschriften und Beiträge in sonstigen Sammelwerken, wird entweder gar nicht oder nur teilweise verzeichnet; erfasst werden allerdings die Zeitschriften und Sammelwerke. Diese Einschränkung verringert den Informationsgehalt von Bibliothekskatalogen natürlich erheblich, vor allem, wenn man bedenkt, dass hochaktuelle Forschungsergebnisse heute zumeist zuerst in Form von Zeitschriftenaufsätzen veröffentlicht werden. Literaturverzeichnisse, die Bücher und meist auch unselbstständige Literatur unabhängig von ihrem Vorhandensein in einer Bibliothek verzeichnen, sind *Bibliographien*.

Während in einem Online-Katalog (OPAC) nach jedem beliebigen Bestandteil einer Katalogaufnahme gesucht werden kann, lassen sich die Titelaufnahmen eines Werkes in konventionellen Katalogen nur an der einen Stelle oder an den Stellen finden, an der oder an denen sie in den Katalog eingeordnet werden. Bei der Verwendung von konventionellen Katalogen (z.B. Kartenkatalogen) ist es daher nötig, die Ordnungsmerkmale (z.B. Name des Verfassers, Schlagwort) festzulegen, unter denen die Titelaufnahme in den Katalog eingefügt werden soll.

Bei der Katalogisierung neueingehender Medien wird zwischen der formalen und der inhaltlichen Erschließung unterschieden.

1. Formalerschließung

a) Allgemeines

Mit Formalerschließung, Formalkatalogisierung oder alphabetischer Katalogisierung bezeichnet man die Katalogisierung eines Buches zum Zweck seines Nachweises im konventionellen Alphabetischen Katalog oder im Online-Katalog einer Bibliothek. Die alphabetische Katalogisierung umfasst (a) die Beschreibung des Buches (bibliographische Beschreibung) und (b) die Festlegung der formalen Merkmale bzw. Suchbegriffe, d.h. der Namen und/oder Sachtitel, unter denen die Katalogisate in einen Alphabetischen Katalog einzuordnen sind bzw. unter denen die Eintragungen gesucht werden können.

Durch die formale Katalogisierung der Buchbestände einer Bibliothek sollen Antworten auf die drei folgenden Fragen ermöglicht werden:

(1) Ist ein bestimmtes Werk in der Bibliothek vorhanden?
(2) Welche Werke eines bestimmten Verfassers oder Urhebers besitzt die Bibliothek?
(3) Welche verschiedenen Ausgaben eines bestimmten Werkes besitzt die Bibliothek?

Regelwerke für die alphabetische Katalogisierung

Damit der Alphabetische Katalog oder der Online-Katalog einer Bibliothek diese Fragen beantworten kann, müssen genaue und detaillierte *Regeln* für die Formalkatalogisierung aufgestellt und beachtet werden. An den meisten Wissenschaftlichen Bibliotheken in Deutschland erfolgte die Titelaufnahme lange Zeit gemäß den 1899 erstmals erschienenen „Instruktionen für die alphabetischen Kataloge der preußischen Bibliotheken", kurz *Preußische Instruktionen (PI)* genannt. Die Öffentlichen Bibliotheken in Deutschland verwendeten ein vereinfachtes Regelwerk, die 1938 erschienene „Anweisung für den alphabetischen Katalog der Volksbüchereien" (*Berliner Anweisungen*).

In den 1960er und 1970er Jahren wurde von den Katalogkommissionen der deutschsprachigen Länder ein neues Katalogregelwerk für Wissenschaftliche *und* Öffentliche Bibliotheken ausgearbeitet. Diese „*Regeln für die alphabetische Katalogisierung (RAK)"* brachten zum einen eine Annäherung an die international üblichen Katalogisierungsgrundsätze, zum anderen eignen sie sich besser für die Anwendung in elektronischen Katalogen.

Die „Regeln für die alphabetische Katalogisierung (RAK)" wurden 1976 in der DDR und 1977 in der Bundesrepublik Deutschland veröffentlicht.

In der DDR wurden sie ab 1977 für alle Bibliotheken verbindlich erklärt. In Westdeutschland und West-Berlin gingen fast alle Bibliotheken im Lauf der Zeit zur Katalogisierung nach den RAK über. Allerdings ist die Kenntnis der „Preußischen Instruktionen" für die Benutzung von älteren Katalogen und Bibliographien weiterhin unentbehrlich.

RAK, RAK-WB und RAK-ÖB, RAK-Sonderregeln

Die RAK verstehen sich als ein Rahmenregelwerk für alle Arten von Bibliotheken. Neben einem Gerüst von obligatorischen Bestimmungen enthielt die 1. Ausgabe eine Fülle von fakultativen Regelungen (Kannvorschriften) und Alternativbestimmungen, über deren Anwendung die einzelnen Bibliotheken oder Bibliothekstypen entscheiden sollten. Um die dadurch entstehende Gefahr einer uneinheitlichen Anwendung der RAK zu vermeiden, sind für die Wissenschaftlichen und für die Öffentlichen Bibliotheken eigene Fassungen des Regelwerks erarbeitet worden:

– Regeln für wissenschaftliche Bibliotheken (RAK-WB, 1983)
– Regeln für öffentliche Bibliotheken (RAK-ÖB, 1986)

Diese RAK-Fassungen ersetzen die fakultativen Regelungen durch eindeutige Vorschriften, wobei die besonderen Bedürfnisse der beiden Bibliothekssparten berücksichtigt werden.

Für die Formalerschließung von speziellen Bibliotheksmaterialien sind auf der Grundlage der RAK verschiedene *Sonderregeln* erarbeitet worden:

– Regeln für die alphabetische Katalogisierung von Ausgaben musikalischer Werke (RAK-Musik)
– Sonderregeln für kartographische Materialien (RAK-Karten)
– Sonderregeln für unselbstständig erschienene Werke (RAK-UW)
– Regeln für die alphabetische Katalogisierung von Nichtbuchmaterialien (RAK-NBM) (für AV-Medien, Mikromaterialien, Spiele sowie elektronische Dokumente)

Die derzeit aktuelle Fassung der RAK-WB ist 1993 als Loseblatt-Ausgabe in der 2., überarbeiteten Auflage erschienen (4. Ergänzungslieferung von 2002), sie steht auch online zur Verfügung.

b) Grundlegendes zur Titelaufnahme

Gemäß den Regeln für die alphabetische Katalogisierung erfolgt die *Titelaufnahme*. Das Wort Titelaufnahme bezeichnet sowohl den Vorgang der formalen Katalogisierung wie auch ihr Ergebnis. Die fertige Titelaufnahme eines Buches enthält die Ordnungsmerkmale bzw. Suchbegriffe des Buches sowie die bibliographische Beschreibung, d.h. alle Angaben, die zur Identifizierung des Buches wichtig sind.

In die Titelaufnahme werden *alle bibliographisch wichtigen Merkmale des Buches* übernommen. Primär geht man von den Angaben aus, die sich auf dem *Titelblatt* des Buches befinden, darüber hinaus werden aber auch andere Stellen des Buches, zum Teil sogar externe Quellen herangezogen. Berücksichtigt werden vor allem der Verfasser, der Sachtitel und der Zusatz zum Sachtitel (Untertitel), die Ausgabebezeichnung, der Erscheinungsort, der Verlag und das Erscheinungsjahr.

Den folgenden Ausführungen liegen, soweit nichts anderes vermerkt ist, die Vorschriften und Bezeichnungen der RAK, den Titelaufnahmen die RAK-WB zu Grunde.

Einheitsaufnahme

Die einzelnen Teile der Titelaufnahme werden in einer festgelegten Reihenfolge wiedergegeben. Man unterscheidet zunächst zwischen dem Kopf und der bibliographischen Beschreibung. Der *Kopf* enthält Angaben, die für die Einordnung in konventionelle Kataloge notwendig sind, z.B. den Verfassernamen in Ansetzungsform. Die *bibliographische Beschreibung* enthält alle wichtigen Angaben über das Buch, vor allem den Sachtitel, den Verfasser, die Ausgabebezeichnung und den Erscheinungsvermerk (Ort, Verlag und Jahr); sie dient der Identifizierung des vorliegenden Werkes und unterscheidet es z.B. von anderen Werken desselben Verfassers. Unter der bibliographischen Beschreibung stehen gegebenenfalls *Nebeneintragungsvermerke* und *Verweisungsvermerke*. Das Ganze bezeichnet man als *Einheitsaufnahme*. Sie besteht also aus dem Kopf, der bibliographischen Beschreibung und gegebenenfalls den Nebeneintragungs- und Verweisungsvermerken.

Entsprechend den Vorgaben der „International Standard Bibliographic Description" (ISBD), einer internationalen Richtlinie zur Beschreibung von Bibliotheksmaterialien, werden die Daten für die bibliographische Beschreibung in folgenden *Gruppen* und in folgender Reihenfolge erfasst:

- Sachtitel- und Verfasserangabe
- Ausgabebezeichnung
- Erscheinungsvermerk (Ort, Verlag, Jahr)
- Kollationsvermerk (Umfang, Illustrationen u.a.)
- Gesamttitelangabe (Serienangabe)
- Fußnoten
- ISBN bzw. ISSN
- Aufführung der einzelnen Bände

Die Gruppen der bibliographischen Beschreibung werden durch bestimmte Deskriptionszeichen (Punkt, Spatium, Gedankenstrich, Spatium) getrennt und dadurch gegliedert. Als Deskriptionszeichen innerhalb der Gruppen werden u.a. Doppelpunkt, Schrägstrich und Komma verwendet:

Angenendt, Arnold: Das Frühmittelalter : die abendländische Christenheit von 400 bis 900 / Arnold Angenendt. – 3. Aufl. – Stuttgart [u.a.] : Kohlhammer, 2001. – 499 S. : Ill., graph. Darst., Kt. ISBN 3-17-017225-5

Verfasserwerke wie dieses erhalten in konventionellen Katalogen die *Haupteintragung* (s. u. S. 169) unter dem Namen des Verfassers. Anonyme Werke und Werke von mehr als drei Verfassern erhalten die Haupteintragung – falls es sich nicht um ein Urheberwerk handelt – unter dem Sachtitel, sie werden als *Sachtitelwerke* bezeichnet, z.B.:

Das *Nibelungenlied* / hrsg. von Helmut de Boor. – 21. Aufl. – Wiesbaden : Brockhaus, 1979. – LXV, 390 S.

Hat eine Körperschaft (z.B. Forschungsinstitut, Verein, Hochschule, Firma) ein anonymes Werk erarbeitet oder veranlasst *und* herausgegeben, so gilt sie gemäß den RAK als *Urheber* des Werkes. Unter bestimmten formalen Voraussetzungen erhält dann das Werk die Haupteintragung unter der Körperschaft (man spricht in diesem Fall von einem *Urheberwerk*):

Bayerisches Nationalmuseum <München>: Führer durch die Schausammlungen / Bayerisches Nationalmuseum. – 8. Ausg. – München, 1964. – 100 S. : Ill.

Bei einem *mehrbändigen Werk* werden die einzelnen Bände nach den Angaben zum Gesamtwerk aufgeführt:

Schicho, Walter: Handbuch Afrika / Walter Schicho. – Frankfurt am Main : Brandes und Aspel
Erschienen: 1 (1999) – 3 (2004)

1. Zentralafrika, südliches Afrika und die Staaten im Indischen Ozean. – 1999. – 351 S.
2. Westafrika und die Inseln im Atlantik. – 2001. – 384 S.
3. Nord- und Ostafrika. – 2004. – 400 S.

Bei einem *Werk, das einer Schriftenreihe (Serie) angehört,* wird der Titel der Serie zusammen mit der Bandzählung in runden Klammern als Gesamttitelangabe aufgeführt.

Lorenz, Dagmar: Wiener Moderne / Dagmar Lorenz. – 2., aktualisierte und überarb. Aufl. – Stuttgart u.a. : Metzler, 2007. – IX, 230 S. – (Sammlung Metzler ; 290)
ISBN 978-3-476-12290-5

Eine solche Aufnahme eines Serienbandes wird als *Stücktitelaufnahme* bezeichnet. Bei gezählten Serien (Serien mit Nummerierung der einzelnen Bände) wird auch für den Gesamttitel der Serie eine eigene Aufnahme (*Gesamtaufnahme*) angefertigt, in der die einzelnen Bände der Serie nacheinander (ähnlich wie bei Titelaufnahmen mehrbändiger Werke) aufgeführt werden. Wenn die einzelnen Bände keine Zählung haben, wird auf die Gesamtaufnahme verzichtet. Die Serie als solche ist dann im Katalog nicht nachgewiesen.

Schließlich noch ein Beispiel, wie ein *unselbstständig erschienenes Werk* in einer Titelaufnahme bibliographisch beschrieben wird (unselbstständig erschienene Werke sind Aufsätze, Artikel und Beiträge in Zeitschriften und Sammelwerken):

Landwehrmeyer, Richard: Die Empfehlungen des Wissenschaftsrates zur retrospektiven Katalogisierung an wissenschaftlichen Bibliotheken / Richard Landwehrmeyer.
In: Zeitschrift für Bibliothekswesen und Bibliographie. – ISSN 0044-2380. – 36 (1989), S. 19-29

In elektronischen Katalogen werden oft zusätzlich zu den gemäß RAK anzugebenden bibliographischen Daten weitere formale Angaben in kodierter Form gemacht. Solche *Codes* gibt es u.a. für Dokumenttyp (z.B. Dissertation, Festschrift, Report), Medientyp (z.B. Druckschrift, Mikroform, CD-ROM), Erscheinungsland und Sprache des Dokuments.

Bei den im Zuge der Formalerschließung erfassten Buchdaten ist zu unterscheiden zwischen *bibliographischen Daten*, die für alle Exemplare einer Ausgabe gleich sind, und *exemplarspezifischen Daten (Exemplardaten, Lokaldaten)*, die sich nur auf das vorliegende Exemplar beziehen; dazu gehört z.B. die Signatur. Vor allem für den Austausch von Titeldaten zwischen Bibliotheken und in Verbundkatalogen ist diese Unterscheidung wichtig.

c) *Haupteintragungen, Nebeneintragungen, Verweisungen*

In konventionellen Katalogen muss jedes Buch *mindestens an einer Stelle* verzeichnet werden (Verfasserwerke unter dem Verfassernamen, Sachtitelwerke unter dem Sachtitel, Urheberwerke unter dem Urheber). Diese

Haupteintragung (HE) ist der umfassendste Nachweis für ein vorhandenes Werk (Einheitsaufnahme). In vielen Fällen ist es in konventionellen Katalogen aber nötig oder zweckmäßig, einen Titel nicht nur an *einer*, sondern an *zwei oder mehr Stellen* zu verzeichnen. Einen solchen zusätzlichen Nachweis nennt man *Nebeneintragung* (NE). Als Nebeneintragung erhält die Aufnahme einen *zusätzlichen Kopf* mit dem Ordnungsmerkmal, das für die Einordnung der NE maßgeblich ist. Wurde ein Buch beispielsweise gemeinschaftlich von zwei Verfassern geschrieben, so erfolgt die Haupteintragung im konventionellen Katalog unter dem Namen des ersten Verfassers, eine Nebeneintragung erfolgt unter dem Namen des zweiten Verfassers. Im Online-Katalog spielt die Unterscheidung von Haupt- und Nebeneintragungen keine Rolle mehr, jeder Bestandteil der Titelaufnahme ist hier ein möglicher *Sucheinstieg*.

Neben Haupt- und Nebeneintragungen gibt es gemäß den RAK noch weitere Arten von Eintragungen in konventionellen Katalogen. Hier seien nur die *Verweisungen* genannt. Da sie auf die Einordnungsstellen von HE und NE hinweisen, sind sie Hilfen für das Auffinden von Eintragungen. So wird etwa bei Namensverweisungen von einer abweichenden Namensform auf die Ansetzungsform hingewiesen, z.B. vom Pseudonym auf den wirklichen Namen eines Verfassers:

> Corvinus, Jakob [Pseud.]
> s. Raabe, Wilhelm

Sucht man in konventionellen Katalogen ein Werk unter dem Namen *Corvinus, Jakob*, so wird man durch die Namensverweisung auf die Einordnungsstelle *Raabe, Wilhelm* hingewiesen und findet dort alle HE und NE, die unter diesem Verfasser gemacht wurden. Da abweichende Namensformen von Personen und Körperschaften heute Teil der für die Katalogisierung verwendeten Normdaten (s. u. S. 174) sind, führt die Suche nach *Corvinus, Jakob* (oder auch *Jakob Corvinus*) im Online-Katalog direkt zu den Werken von *Wilhelm Raabe*.

d) Ansetzung von Namen und Sachtiteln

Von großer Bedeutung für die Katalogrecherche ist die Ansetzung von Namen und Sachtiteln. Als Ansetzung bezeichnen die RAK die Bildung der für die Einordnung bzw. Suche maßgeblichen Form eines Personennamens, Körperschaftsnamens oder Sachtitels.

Ansetzung von Personennamen

Hierbei gilt der Grundsatz, dass eine bestimmte Person im Allgemeinen unter demselben Namen und unter derselben Form anzusetzen ist. Die

Durchführung dieser Grundregel ist allerdings nicht immer einfach, z.B. wenn *ein Verfasser unter mehreren Namen* auftritt (Pseudonym, Künstlername, Ehename, hier erfolgt die Ansetzung meist unter dem wirklichen bzw. gebräuchlichen Namen) oder in den Fällen, in denen der *Name eines Verfassers in verschiedenen Namensformen* erscheint. Bei Namensformen, die durch unterschiedliche Transkription aus nichtlateinischen Schriften zustande kommen (z.b. Tschechow, Tchékhov, Chekhov), wird die durch die vereinbarte offizielle Transliteration gewonnene Namensform angesetzt (Čechov). Bei verschiedensprachigen Namensformen antiker Autoren (Horatius, Horaz, Horace, Orazio) wird der Name in lateinischer Sprache angesetzt (Horatius Flaccus, Quintus). Mittelalterliche Autoren mit unterschiedlichen Namensformen (Albertus Magnus bzw. Albert der Große bzw. Albert von Bollstädt) werden unter ihrem persönlichen Namen (Taufnamen) in der Sprache angesetzt, in der sie überwiegend geschrieben haben (Albertus <Magnus>). Von den von der Ansetzung abweichenden Namensformen der Vorlagen wird verwiesen.

Besondere Probleme ergeben sich bei der Ansetzung von *Verfassernamen mit Präfixen*. Als Präfixe gelten Präpositionen (z.B. von, zu, de, da), Artikel (z.B. der, le, la, los) und Verschmelzungen aus Präposition und Artikel (z.B. vom, zum, della, du). Namen mit Präfixen werden in verschiedenen Ländern unterschiedlich angesetzt. Die RAK schreiben deshalb eine Ansetzung in der Form vor, die in dem Staat üblich ist, dessen Bürger die betreffende Person ist. Dieses „Staatsbürgerprinzip" hat zur Folge, dass eine Person in allen Katalogen und Bibliographien international einheitlich angesetzt wird. Verzeichnet sind die maßgeblichen Ansetzungs- und Verweisungsformen von Personennamen in der Personennamendatei (PND, s. u. S. 174).

Ansetzung von Sachtiteln und Körperschaftsnamen

Bis auf wenige Ausnahmen gilt, dass der *Sachtitel* in der vorliegenden Form angesetzt wird.

Unter *Körperschaften* verstehen die RAK (a) Personenvereinigungen, Organisationen und Institutionen, Unternehmen und Veranstaltungen, die eine durch ihren Namen individuell bestimmbare Einheit bilden, (b) territoriale Einheiten (Gebietskörperschaften wie Staaten, Bundesländer, Provinzen, Gemeinden) und ihre Organe. Körperschaften werden im Allgemeinen unter ihrem offiziellen Namen angesetzt, hier gibt es jedoch eine Reihe von Ausnahmen. Die maßgeblichen Ansetzungs- und Verweisungsformen enthält die Gemeinsame Körperschaftsdatei (GKD, s. u. S. 174).

e) Die Ordnung der Eintragungen im Alphabetischen Katalog

In den heute verwendeten *Online-Katalogen* sind die Titelaufnahmen nicht an einer bestimmten Stelle gespeichert, sondern sie werden bei jeder Suchanfrage jeweils neu zusammengestellt, dabei ist jedes Wort der Titelaufnahmen unabhängig von seiner Position suchbar. Aus diesem Grund spielt die Festlegung von Ordnungselementen in diesen Katalogen keine Rolle mehr.

Bei *konventionellen Alphabetischen Katalogen* ist die richtige Einordnung von Titelaufnahmen jedoch von entscheidender Bedeutung. Verfasserwerke werden unter dem Verfassernamen, Urheberwerke unter der veranlassenden Körperschaft und Sachtitelwerke unter dem Sachtitel verzeichnet. Für die genaue Einordnung ist die Buchstabenfolge des deutschen Alphabets maßgebend. Akzente und diakritische Zeichen bleiben dabei unberücksichtigt, d.h. die Buchstaben à, ç und ž werden unter a, c und z eingereiht. Die Umlaute ä, ö und ü werden als ae, oe und ue geordnet. Der Buchstabe ß wird wie ss behandelt. Besonders wichtig für die Einordnung von Titelaufnahmen in konventionelle Kataloge ist die Festlegung der Ordnungswörter innerhalb der *Sachtitel*. Hierfür gibt es zwei grundsätzlich verschiedene Methoden: Die Ordnung kann nach der *grammatikalischen Wortfolge* oder aber nach der *mechanischen (gegebenen) Wortfolge* geschehen.

Die Ordnung der Sachtitel nach der grammatikalischen Wortfolge

Die Ordnung der Sachtitel nach der grammatikalischen Wortfolge liegt den „Preußischen Instruktionen" (PI) zu Grunde. Die Ordnungswörter, die für die Einordnung eines Sachtitels maßgeblich sind, werden hierbei nach grammatikalischen Grundsätzen ausgewählt. Erstes Ordnungswort ist hierbei in der Regel ein Substantiv (Hauptwort), und zwar das sogenannte *„Substantivum regens"* („regierendes Hauptwort"), d.h. *das erste grammatikalisch unabhängige Substantiv* des Sachtitels. Die folgenden Beispiele sollen dies verdeutlichen (das erste Ordnungswort ist kursiv gesetzt):

Die neue *Zeitung*
Historischer *Atlas* von Bayern
Chinas *Weg* in die Moderne
An der Saale hellem *Strande*

Die weiteren Ordnungswörter werden nach der grammatikalischen Abhängigkeit herangezogen, wobei nur die wesentlichen Wörter, vor allem Substantive und Adjektive, berücksichtigt werden. (Bei den folgenden Beispielen wird die Reihenfolge der weiteren Ordnungswörter durch vorangestellte Ziffern gekennzeichnet.)

Beiträge zur [2]Siedlungsgeographie der [3]Ostschweiz
[2]Pädagogische *Studien* und [3]Kritiken
[2]Deutsche [3]medizinische *Wochenschrift*
Des [2]Meeres und der [3]Liebe *Wellen*

Bei der Ordnung nach der grammatikalischen Wortfolge sind also die wichtigen Wörter des Sachtitels für die Einordnung maßgeblich, während die weniger wichtigen übergangen werden.

Die Ordnung der Sachtitel nach der mechanischen (gegebenen) Wortfolge

Die Ordnung nach der mechanischen Wortfolge hat sich in Deutschland mit den „Berliner Anweisungen" und den „Regeln für die alphabetische Katalogisierung" (RAK) durchgesetzt, an ausländischen Bibliotheken war sie schon immer üblich. Entscheidendes Einordnungskriterium ist hierbei die *Reihenfolge der Wörter im Sachtitel.* Bestimmte oder unbestimmte Artikel werden am Anfang des Sachtitels allerdings übergangen, da es sonst zu einer Anhäufung von Eintragungen unter den Wörtern „Der", „Die", „Das", „Ein", „Eine" usw. kommen würde. Ebenso wie ein Artikel wird ein mit ihm gleich lautendes Zahl- oder Fürwort am Anfang des Sachtitels übergangen. Beispiele:

[1]Buch [2]und [3]Bibliothek
[1]Historischer [2]Atlas [3]von [4]Bayern
Die [1]neue [2]Zeitung
Das [1]müssen [2]Sie [3]wissen

Die mechanische Ordnung ist wesentlich einfacher zu handhaben als die komplizierte grammatikalische Ordnung. Allerdings kann ein Werk bei der Ordnung der Sachtitel nach der gegebenen Wortfolge in konventionellen Katalogen oft nur dann gezielt aufgefunden werden, wenn der Wortlaut des Sachtitels dem Suchenden *genau bekannt ist.*

f) Normdateien

Für die Einheitlichkeit der Katalogisierung sind *Normdateien* eine wichtige Hilfe. In Normdateien werden die regelgerechten Ansetzungs- und Verweisungsformen gespeichert, z.B. für Personennamen, Körperschaftsnamen oder Schlagwörter; dies führt bei den Anwendern zu einer einheitlichen Ansetzungspraxis. Wird eine Normdatei als *Informationsdatei* verwendet, kann der Katalogisierer die richtige Ansetzungsform sowie die zugehörigen Verweisungen aus einer Normdatei übernehmen und sich eigene Überlegungen und Nachforschungen ersparen. Wird eine *integrierte Datei* verwendet, so kann der Katalogisierer den Datensatz der

Normdatei über seine Identifikationsnummer direkt mit der Titelaufnahme verknüpfen. Normdateien ermöglichen sowohl eine Arbeitserleichterung als auch eine Qualitätssteigerung bei der Erschließung.

Für die Formalkatalogisierung nach den RAK-WB sind zwei Normdateien kooperativ erarbeitet worden, sie werden an der Deutschen Nationalbibliothek in Frankfurt a.M. geführt und in der Regel integriert verwendet:

Gemeinsame Körperschaftsdatei (GKD)
Sie umfasst mehr als 1 Million Datensätze mit den regelwerksgerechten Ansetzungsformen von Körperschaftsnamen, Verweisungsformen sowie chronologische und hierarchische Verknüpfungen.

Personennamendatei (PND)
Sie umfasst rund 3 Millionen Personennamensätze mit den zugehörigen Verweisungsformen. Ein Teil der Datensätze – ca. 1,3 Mio. – bezeichnen individualisierte Personen (sogenannte Tp-Sätze), der Rest bezeichnet nicht individualisierte Namen (sogenannte Tn-Sätze).

Da Normdateien laufend ergänzt und durch Korrekturen verbessert werden müssen, werden sie als Online-Datenbank geführt; von der Deutschen Nationalbibliothek werden allerdings auch CD-ROM-Ausgaben angeboten.

Dem Problem, dass die gleichen Personen und Körperschaften in verschiedenen Ländern oft unterschiedlich angesetzt werden, versucht man mit internationalen Konkordanzdateien zu begegnen, die verschiedene nationale Normdateien verknüpfen sollen. So wollen beispielsweise die Library of Congress in Washington und die Deutsche Nationalbibliothek im Projekt *Virtual International Authority File* (VIAF) die Personennamendateien Deutschlands und der USA verbinden, indem sie die unterschiedlichen Ansetzungen identischer Personen durch eine Konkordanzdatei verknüpfen.

g) Die Zukunft der Formalerschließung

Da die Anfänge der Entwicklung der RAK bis in die 1960er Jahre zurückreichen, ist es verständlich, dass sich das Regelwerk in seiner ersten Fassung noch überwiegend an Bibliotheken mit konventionellen Alphabetischen Katalogen (zumeist in Form von Kartenkatalogen) orientierte. Zwar hat es im Laufe der Zeit zahlreiche Detailveränderungen gegeben, bei dem Ziel, das Regelwerk konsequent an den Bedürfnissen der heute fast ausschließlich verwendeten Online-Kataloge auszurichten, ist ein entscheidender Durchbruch allerdings nicht gelungen. Vollzogen werden sollte dieser Schritt durch eine Neufassung des Regelwerkes, die als *RAK2* bzw. *RAK-Online* in den 1990er Jahren vorbereitet wurde. Wesentliche

Veränderungen sollten in der Streichung der auf die Bedingungen des Kartenkatalogs zugeschnittenen Regeln, in einer Enthierarchisierung von Haupt- und Nebeneinträgen und in der Vermehrung der Sucheinstiege bestehen. Für einen Großteil des deutschen Bibliothekswesens überraschend kündigte der Standardisierungsausschuss (ein Zusammenschluss von Experten aus großen Wissenschaftlichen Bibliotheken, den Bibliotheksverbünden, der DFG und der Kultusministerkonferenz) 2001 allerdings den geplanten Umstieg vom deutschen Regelwerk RAK auf das internationale Regelwerk *Anglo-American Cataloguing Rules* (AACR) an, wodurch die Weiterarbeit an RAK2 zum Erliegen kam. Die 1967 erstmals verabschiedeten Anglo-American Cataloguing Rules sind nicht nur in Großbritannien und in den USA, sondern in über 30 Ländern im Einsatz. Heute liegen sie in einer überarbeiteten Fassung der 2. Auflage vor (AACR2r). Der angestrebte Umstieg des deutschen Bibliothekswesens von RAK auf die AACR2 stieß auf den Widerstand vieler Bibliotheken, die befürchteten, dass es durch den Wechsel des Regelwerkes zu vielen Uneinheitlichkeiten in den Katalogdaten kommen würde.

Parallel zu den Entwicklungen in Deutschland gab es auch entscheidende Veränderungen bei der Weiterentwicklung der AACR: Statt einer Fortentwicklung soll nun ein völlig neues, modernes, leichter zu handhabendes und international anwendbares Regelwerk geschaffen werden. Der innovative Ansatz soll auch durch einen neuen Namen ausgedrückt werden: *Resource Description and Access* (RDA). Die Möglichkeit des internationalen Datenaustauschs auch mit Katalog- und Normdaten anderer Regelwerke soll durch die Beachtung der von der IFLA erarbeiteten funktionellen Anforderungen an bibliographische Daten und Normdatensätze erreicht werden (*Functional Requirements for Bibliographic Records*, FRBR und *Functional Requirements for Authority Records*, FRAR). Eine weitere Besonderheit dieser Neufassung bildet die Tatsache, dass das neue Regelwerk nicht nur für Bibliotheken, sondern auch für Archive und Museen anwendbar sein soll. Derzeit befinden sich die RDA noch im Entstehungsprozess, geplant ist die Fertigstellung des Regelwerks für 2009. Die an der Deutschen Nationalbibliothek eingerichtete Arbeitsstelle für Standardisierung begleitet diesen Prozess aktiv mit dem Ziel, das künftige deutsche Regelwerk durch eine starke Annäherung an die RDA zu internationalisieren, wobei Deutsch die Arbeits- und Ansetzungssprache bleiben soll.

h) Erschließung von elektronischen Publikationen

Die Formalerschließung von elektronischen Publikationen auf physischen Datenträgern und als Online-Publikationen ist in den RAK-Sonderregeln für Nichtbuchmaterialien (RAK-NBM) geregelt. Diese entsprechen im Wesentlichen den Vorschriften für die Titelaufnahme von Büchern und unselbstständigen Werken unter Zusatz medienspezifischer Ergänzungen. So heißt die allgemeine Materialbenennung „Elektronische Ressource", spezifische Materialbenennungen sind z.b. „Diskette", „CD-ROM", „DVD", „Online-Ressource", etc. Angaben zu Systemvoraussetzungen betreffen u.a. den Rechnertyp, die Speichergröße, das Betriebssystem und die Softwareanforderungen; bei Netzdokumenten wird auch die Zugangsadresse genannt. Darüber hinaus wird die Haupteintragung bei elektronischen Publikationen, auch bei Verfasserwerken, stets unter dem Sachtitel vorgenommen.

Metadaten

Zur Identifizierung, zur formalen und sachlichen Erschließung und zur Auffindung von Online-Publikationen werden heute vielfach spezielle Metadaten (Daten, die Daten beschreiben, „Daten über Daten") verwendet, die in Form einer strukturierten Datenbeschreibung entweder separat vorliegen oder in das Online-Dokument selbst eingefügt sind. Zwar können auch herkömmliche Titelaufnahmen als Metadaten bezeichnet werden, doch wird der Begriff meist im Zusammenhang mit der Beschreibung von elektronischen Publikationen verwendet. Sehr verbreitet für die Beschreibung von Internetdokumenten ist *Dublin Core*, ein einfach zu handhabendes, von der Dublin Core Metadata Initiative (DCMI) entwickeltes Metadatensystem. Empfohlen wird die Verwendung der 15 Kernfelder (core elements) des Dublin Core Metadata Element Set, die sich um zusätzliche Angaben erweitern lassen. Einige der 15 Kernfelder entsprechen traditionellen bibliothekarischen Beschreibungskategorien (Creator / Urheber, Title / Titel, Subject / Thema, Publisher / Verleger, ...), andere dienen der Beschreibung von medienspezifischen Aspekten der Online-Publikationen (Source / Quelle, Type / Typ, Rights / Rechte, ...). Durch das Ausfüllen dieser Felder, das zumeist durch den Autor der Online-Publikation selbst vorgenommen wird, können Suchmaschinen gezielt auf das so erschlossene Dokument zugreifen.

In verschiedenen Projekten werden die Möglichkeiten für die Verwendung solcher Metadaten auch für die bibliothekarische Erschließung von Online-Publikationen untersucht. Mit dem Metadatenformat *XMetaDiss* hat beispielsweise die Deutsche Nationalbibliothek – aufbauend auf dem Dublin Core Element Set – ein Metadatenformat entwickelt, das bei der Erschließung elektronischer Dissertationen zum Einsatz kommt.

2. Verbale Sacherschließung

Im Gegensatz zur *Formalerschließung*, bei der Bücher und andere Medien nach *formalen* Elementen (z.b. Verfassername, Sachtitel) beschrieben und verzeichnet werden, geht es bei der *Sacherschließung* um die *inhaltliche* Beschreibung und Erschließung. Bei der Sacherschließung ist zu unterscheiden zwischen (a) der *verbalen Sacherschließung*, die natürlich-sprachliche Bezeichnungen verwendet (meist *Schlagwörter* oder *Stichwörter*, zum Teil auch sogenannte *syntaktische Verfahren* wie z.b. Abstracts), und (b) der *klassifikatorischen Sacherschließung*, die vorwiegend auf Klassifikationssystemen mit hierarchisch geordneten Systemstellen (Notationen) beruht. Während die verbale Sacherschließung vor allem eine „punktuelle" Suche nach Publikationen zu einem begrenzten, genau definierten Thema ermöglicht, weisen Klassifikationen die Veröffentlichungen im Kontext ihres Fachgebietes nach.

Sowohl für die verbale als auch für die klassifikatorische Erschließung benötigt der Bibliothekar – über die solide Kenntnis der verwendeten Regelwerke hinaus – eine gute Allgemeinbildung, Kenntnisse der Wissenschaftskunde und, je nach dem Spezialisierungsgrad der zu erschließenden Dokumente, eine fachwissenschaftliche Ausbildung.

a) Grundsätzliches zur Schlagwortbildung

Bei der Schlagwortkatalogisierung werden Schlagwörter gebildet, die den Inhalt eines Dokuments (z.B. den Inhalt eines Buches, einer CD-ROM, etc.) möglichst genau wiedergeben. Ein *Schlagwort* (SW) ist die möglichst genaue und vollständige Bezeichnung für den sachlichen Inhalt eines Dokuments, der – terminologisch kontrolliert – für die Erschließung und Recherche verwendet wird. Die Schlagwörter werden der natürlichen Sprache entnommen; auch fremdsprachige Dokumente werden mit deutschen Schlagwörtern erschlossen.

Bei konventioneller Katalogführung (Karten- oder Listenkataloge) werden die Titelaufnahmen alphabetisch nach Schlagwörtern geordnet in den *Schlagwortkatalog* (SWK) aufgenommen. Im Online-Katalog dienen Schlagwörter (SWW) als Suchbegriffe für die sachliche Recherche.

Bei der *Schlagwortvergabe* kommt es darauf an:

– den Inhalt eines Dokuments festzustellen (Inhaltsanalyse)
– den Inhalt in einem oder in mehreren Begriffen genau und vollständig zu erfassen (Begriffsfindung)
– die Begriffe regelgerecht anzusetzen (Schlagwortbildung)

- das verwendete Vokabular zu kontrollieren, um Mehrdeutigkeiten zu vermeiden (Terminologische Kontrolle)

In vielen Fällen wird der Bearbeiter das Schlagwort dem Sachtitel des Buches (oder dem Zusatz zum Sachtitel) entnehmen können, so bei einer „Einführung in die Psychologie" das Schlagwort *Psychologie*. Häufig gibt der Titel eines Buches seinen Inhalt jedoch nicht genau wieder; das SW kann in solchen Fällen nur dem sachlichen Inhalt des Buches entnommen werden. So muss z.b. das Buch „Die armen und die reichen Völker" mit dem Schlagwort *Entwicklungshilfe* nachgewiesen werden, wenn es dieses Thema behandelt.

Bei der Festlegung von Schlagwortregeln stellt sich die Frage, ob nach dem *Prinzip des spezifischen (engen)* oder des *weiten Schlagworts* vorgegangen werden soll, d.h. ob aus den aus den einzelnen Dokumenten gewonnenen Sachbegriffen spezielle Schlagwörter werden sollen oder ob man sie besser unter einem Oberbegriff zusammengefasst. Ein Beispiel: Ein Buch über Schäferhunde würde bei *spezifischer* Schlagwortbildung das Schlagwort *Schäferhund* erhalten, ein Buch über Blindenhunde das Schlagwort *Blindenhund*. Sollen jedoch *weite* Schlagwörter gebildet werden, so würden beide Bücher (und alle Dokumente zu verschiedenen Hunderassen und -arten) unter dem Schlagwort *Hund* zu finden sein. Ein Buch über den Hund an sich erhält natürlich auf jeden Fall das Schlagwort *Hund*.

Die meisten Schlagwortregelwerke haben sich für das *Prinzip des spezifischen Schlagworts* entschieden. Es wird also dasjenige Schlagwort gewählt, das den Inhalt des Buches möglichst genau umreißt. Zusätzlich werden jedoch, soweit sinnvoll, *Verweisungen* (sogenannte „Siehe-auch-Verweisungen") von dem übergeordneten Begriff auf die untergeordneten Begriffe angelegt, z.B.:

Malerei, s.a.   Glasmalerei (s.a. = siehe auch)
Psychologie, s.a.   Kinderpsychologie
Hund, s.a.   Blindenhund, Langhaardackel, Polizeihund, Schäferhund

Dadurch wird der Benutzer, der vom übergeordneten Begriff ausgeht, auf die dazugehörigen spezifischen Begriffe hingewiesen, unter denen die einschlägigen Werke verzeichnet sind.

Auch das in Deutschland maßgebliche Regelwerk für die verbale Sacherschließung, die „Regeln für den Schlagwortkatalog" (RSWK, s. u. S. 181), verfährt nach dem Prinzip des spezifischen Schlagworts. Die Regeln und Beispiele der folgenden Abschnitte entsprechen den RSWK.

b) Sonderprobleme der Schlagwortbildung

Gibt es zwei (oder mehr) verschiedene Bezeichnungen für die gleiche Sache (*Synonyme*), wird die häufiger gebrauchte Bezeichnung als Schlagwort angesetzt. Zur Feststellung, welche Bezeichnung häufiger gebraucht wird, orientiert man sich an den gängigen Nachschlagewerken, z.B. Brockhaus, Meyer sowie an Fachlexika. Die nicht als Schlagwort gewählte Bezeichnung wird als Verweisungsform in den Datensatz des Schlagwortes eingetragen, in konventionellen Katalogen wird dies durch eine „Siehe-Verweisung" auf das gewählte Schlagwort ausgedrückt, z.b.:

Dialekt s. Mundart
Klinik s. Krankenhaus
Blutfarbstoff s. Hämoglobin

Homonyme (gleiche Wörter für verschiedene Begriffe) werden durch Zusätze in Klammern auseinander gehalten, z.b.:

Kiefer <Gattung>
Kiefer <Anatomie>

Begriffe, die aus einer Kombination mehrerer Wörter bestehen, sind als *Kompositum* anzusetzen, wenn das Kompositum gebräuchlich ist. Zum Beispiel erhält ein Buch über „Die Pflanzen der Berge" das Schlagwort *Gebirgspflanzen*, ein Werk über „Die Psychologie des Kindes" wird mit dem Schlagwort *Kinderpsychologie* nachgewiesen. Es muss sich jedoch um gebräuchliche Komposita handeln, also z.b. *Luftverschmutzung*, aber nicht *Luftverschmutzungsbioindikator*.

Verbindungen von Adjektiv und Substantiv können nur dann in unveränderter Form Schlagwort werden, wenn sie als solche gebräuchlich, also feste Prägungen sind, z.b.

Organische Chemie
Französische Revolution
Dreißigjähriger Krieg

Sind Verbindungen von Adjektiv und Substantiv keine festen Prägungen, so wird entweder ein Kompositum gebildet oder der Sachverhalt wird durch eine Schlagwortkette ausgedrückt, z.b.:

| „Musikalische Erziehung" | SW: | Musikerziehung |
| „Buddhistische Ethik" | SWW: | Buddhismus ; Ethik |

c) Schlagwortkategorien

Schlagwörter lassen sich in verschiedene Kategorien einteilen. Die RSWK unterscheiden folgende fünf *Schlagwortkategorien*:

- P   Personenschlagwörter
- G   Geographische Schlagwörter
- S   Sachschlagwörter
- Z   Zeitschlagwörter
- F   Formschlagwörter

Als *Personenschlagwörter* gelten Namen von Personen, als *geographische Schlagwörter* Bezeichnungen von Ländern, Orten, Kontinenten, Gebirgen, Flüssen, Meeren usw. Als *Sachschlagwörter* gelten Allgemeinbegriffe und Individualbegriffe, die nicht in eine der anderen Schlagwortkategorien fallen. *Zeitschlagwörter* bezeichnen einen Zeitpunkt oder Zeitraum. *Formschlagwörter* kennzeichnen die Erscheinungsweise, die literarische oder die physische Form der Veröffentlichung (z.B. Bibliographie, Mikroform, Bildband, Tagebuch, Quelle, Aufsatzsammlung, Karte, DVD).

d) Schlagwortketten

Wenn der Inhalt eines Buches nicht nur durch *ein* Schlagwort ausgedrückt werden kann, so wird eine Schlagwortkette mit zwei oder mehr Schlagwörtern gebildet. Treffen Schlagwörter aus mehreren Schlagwortkategorien zusammen, so folgen sie in der oben wiedergegebenen Reihenfolge (P, G, S, Z, F, Merksatz: **P**aula **g**eht **s**elten **z**um **F**ischen). Die Schlagwörter einer Kette werden durch ein Semikolon getrennt (früher durch einen Schrägstrich), z.B.:

Titel: „Der Weinbau in Frankreich"
SW-Kette: Frankreich ; Weinbau

Titel: „Bilder aus dem wilhelminischen Berlin"
SW-Kette: Berlin ; Geschichte 1890–1914 ; Bildband

Titel: „Der Einfluss von Stress auf den Schlaf des Kindes"
SW-Kette: Kind ; Schlafverhalten ; Stress

Für konventionelle Schlagwortkataloge wird aus der jeweiligen SW- Grundkette durch *Permutation* (Vertauschung) der Schlagwörter, ausgenommen Zeit- und Formschlagwörter, eine weitere Eintragung (oder mehrere) gebildet, um Sucheinstiege unter allen suchrelevanten Schlagwörtern zu erhalten, z.B.:

Frankreich ; Weinbau	*und*	Weinbau ; Frankreich
Irland ; Film ; Geschichte	*und*	Film ; Irland ; Geschichte
Gorilla ; Verhalten ; Kongress	*und*	Verhalten ; Gorilla ; Kongress

Das folgende Beispiel enthält alle fünf Kategorien von Schlagwörtern in einer Kette. Es handelt sich um eine Zusammenstellung von Quellentexten über den Einfluss des Philosophen Immanuel Kant auf die französische Philosophie des 19. Jahrhunderts. Nach den RSWK werden folgende drei Ketten gebildet:

- Kant, Immanuel ; Frankreich ; Philosophie ; Geschichte 1800–1900 ; Quelle
- Frankreich ; Philosophie ; Kant, Immanuel ; Geschichte 1800–1900 ; Quelle
- Philosophie ; Frankreich ; Kant, Immanuel ; Geschichte 1800–1900 ; Quelle

e) *Regelwerke und Hilfsmittel für die verbale Sacherschließung*

Regeln für den Schlagwortkatalog (RSWK)

Das heute in Deutschland und Österreich allgemein verwendete Regelwerk für die verbale Sacherschließung in Bibliotheken sind die *Regeln für den Schlagwortkatalog* (RSWK), die Anfang der 1980er Jahre von einer Expertenkommission für Sacherschließung erarbeitet wurden (1. Auflage 1986, 3. Auflage 1998 als Loseblattausgabe, 4. Ergänzungslieferung 2007). Die RSWK sind als Regelwerk sowohl für Wissenschaftliche als auch für Öffentliche Bibliotheken gedacht. Sie werden von der Deutschen Nationalbibliothek bei der Beschlagwortung der deutschen Neuerscheinungen für ihre zentralen Titeldienste angewendet. Bibliotheken, die diese Katalogdaten beziehen, können die nach RSWK vergebenen Schlagwörter für ihren eigenen OPAC oder Schlagwortkatalog nutzen. Die einheitliche Anwendung der RSWK ermöglicht eine zentrale bzw. kooperative bibliothekarische Sacherschließung und die Übernahme der zentral bzw. kooperativ erstellten Schlagwortdaten als Fremdleistung.

Eine 1999 in 2. Auflage veröffentlichte *Beispielsammlung* zu den RSWK und die 1992 erschienenen *Praxisregeln* (3. Auflage 2000, Ergänzungslieferung 2004) sollen der Verdeutlichung der Regeln dienen und die Anwendung der RSWK erleichtern. Sonderregeln für die Beschlagwortung von Musikalien und Musiktonträgern („RSWK-Musik") sind 1991 als Entwurf erschienen.

Schlagwortnormdatei (SWD)

Um eine größtmögliche Einheitlichkeit bei der Schlagwortvergabe durch Verwendung normierter Schlagwörter zu erzielen, wurde seit Mitte der 1980er Jahre als Gemeinschaftsunternehmen der Deutschen Nationalbibliothek und mehrerer Bibliotheksverbünde die *Schlagwortnormdatei* (SWD) aufgebaut.

Die Schlagwortnormdatei enthält Datensätze mit den Ansetzungsformen von Schlagwörtern (auch *Vorzugsbezeichnungen* oder *Deskriptoren*, ca. 600 000), die durch Verweisungsformen (ca. 700 000) ergänzt sind. Für die Beschlagwortung werden ausschließlich die Ansetzungen der SWD verwendet, gegebenenfalls werden neue Schlagwörter angesetzt. Bei der verbalen Sacherschließung für Online-Kataloge wird der Titeldatensatz des zu erschließenden Dokuments direkt mit dem entsprechenden Datensatz der SWD verknüpft. Damit ist die Schlagwortnormdatei ein wichtiges Instrument der *Terminologiekontrolle*, die darauf abzielt, dass für gleiche Sachverhalte immer die gleichen (normierten) Begriffe als Schlagwörter verwendet werden.

Die Schlagwortnormdatei wird kooperativ erstellt, d.h. sie wird durch die Schlagwortvergabe der beteiligten Bibliotheken bzw. Bibliotheksverbünde laufend ergänzt. Geführt wird die Datenbank von der Deutschen Nationalbibliothek; die Bibliotheksverbünde arbeiten gewöhnlich mit eigenen Abzügen der SWD, die regelmäßig aktualisiert werden. Die SWD steht online zur Verfügung, kann aber auch als CD-ROM-Ausgabe bezogen werden.

Da es durchaus nicht alle Bibliotheken schaffen, ihre Erwerbungen vollständig nach den RSWK zu erschließen, viele fremdsprachige Titeldaten, die als Fremddaten übernommen wurden, aber bereits über fremdsprachige Schlagwörter verfügen, wird derzeit nach Wegen gesucht, auch diese Daten für die sachliche Recherche nutzbar zu machen. In dem Projekt *Multilingual Access to Subject Headings* (MACS) der europäischen Nationalbibliotheken werden die Datensätze von inhaltsgleichen Sachschlagwörtern der wichtigsten englischen, französischen und deutschen Schlagwortnormdateien miteinander verlinkt. Die Suche nach einem deutschen Schlagwort soll auf diese Weise auch Treffer liefern, die mit den entsprechenden Schlagwörtern anderer Sprachen erschlossen sind und somit im deutschen, französischen und englischen Sprachraum eine sachliche Suche über die Sprachgrenzen hinweg ermöglichen. Im Rahmen des auf MACS aufbauenden Projekts *CrissCross* sollen die untereinander verknüpften Schlagwörter dann ihrerseits mit den entsprechenden Notationen der Dewey-Dezimalklassifikation (s. u. S. 187ff.) verlinkt werden und somit einen verbalen Zugriff auch auf klassifikatorisch erschlossene Bestände ermöglichen.

f) Stichwortsuche und Automatische Indexierung

Online-Kataloge bieten die Möglichkeit einer sachlichen Suche mit Stichwörtern. Ein *Stichwort* ist – im Gegensatz zum *Schlagwort* – nicht frei gewählt, sondern ein dem Sachtitel oder dem Zusatz zum Sachtitel entnommenes Wort. Die Stichwörter sind im Online-Katalog in den entsprechenden Kategorien der Katalogdatensätze enthalten und werden automatisch in den Stichwort-Index übernommen. Da ein intellektueller Aufwand für diese Art der inhaltlichen Erschließung nicht erforderlich ist, ist sie natürlich wesentlich kostengünstiger als die Vergabe von Schlagwörtern.

Voraussetzung für einen Sucherfolg mit Stichwörtern ist jedoch, dass die Sachtitel den Inhalt eines Werkes exakt wiedergeben, was nicht immer der Fall ist. Problematisch für die Stichwortrecherche sind auch Titelfassungen mit verschiedenen Begriffen für die gleiche Sache (Synonyme); zu suchen wäre dann z.B. sowohl *Dialekt* als auch *Mundart*. Fremdsprachige Dokumente können nur mit fremdsprachigen Stichwörtern gesucht werden; Publikationen zum Thema „Schule" sind dann unter den Begriffen *Schule, School, École* usw. zu suchen. Bei der Recherche in Online-Katalogen ergänzen sich die Stichwort- und die Schlagwortsuche meist gegenseitig.

Eine erhebliche Verbesserung der Rechercheergebnisse bei der Suche nach Stichwörtern kann durch verschiedene technische Verfahren erzielt werden. Eine Möglichkeit besteht z.B. darin, verschiedene Wortformen auf die gemeinsame Grundform zurückzuführen, z.B. „Häuser" und „Häusern" auf „Haus". Dieses Verfahren wird auch als *Stemming* bezeichnet. Eine andere Möglichkeit besteht in der Verknüpfung der Stichwörter der Katalogdaten mit den Einträgen in Fach- und Sprachwörterbüchern. Auf diese Weise wird nicht nur das vom Benutzer eingegebene Wort gesucht, sondern auch Synonyme, fremdsprachige Begriffe und verschiedene Flexionsendungen; die Zahl der Sucheinstiege wird daher deutlich erhöht. Eine Suche nach „Haus" kann – da nicht nur nach dem Begriff Haus, sondern auch nach allen mit diesem Wort verknüpften Begriffen gesucht wird – auch Treffer liefern, die die Stichwörter Häuser, Häusern, Wohngebäude, houses, dwelling houses, etc. enthalten.

Besonders interessant wird die Stichwortsuche vor allem dann, wenn nicht nur die einzelnen Kategorien der Titelaufnahmen oder die gesamten Titeldaten eines Bibliothekskataloges in die Recherche einbezogen werden, sondern sich die Suche nach Stichwörtern auch auf evtl. eingescannte Inhaltsverzeichnisse, auf Abstracts oder gar auf den Gesamttext der verzeichneten Publikationen erstreckt. Durch die Anreicherung von Katalogdaten (s. u. S. 211) und die Volltextsuche in elektronischen Publikationen ist dies heute vielfach möglich.

Ein Beispiel für die modernen Entwicklungen im Bereich der automatischen Indexierung bietet *Dandelon.com*, ein 2003 freigeschaltetes Suchportal für wissenschaftliche Literatur, über das zwölf Bibliotheken aus Deutschland, Österreich, der Schweiz und Lichtenstein Bücher, Aufsätze und Online-Publikationen verzeichnen. Hierbei werden die Inhaltsverzeichnisse der verzeichneten Printmedien gescannt, durch optische Zeichenerkennung (Optical Character Recognition, OCR) lesbar gemacht und in die Suche mit einbezogen. Zusätzlich werden die Suchanfragen der Benutzer automatisch analysiert und mit einem Datenbestand von 1,6 Millionen Fachbegriffen aus Wörterbüchern in 20 Sprachen abgeglichen; gegebenenfalls werden sie hierbei um weitere Suchbegriffe ergänzt. Auf diese Weise werden auch fremdsprachige Begriffe, Synonyme und unterschiedliche Flexionsendungen gefunden, nach denen gar nicht gesucht wurde. Vor allem für die sachliche Recherche nach unselbstständigen Veröffentlichungen, die in den Bibliothekskatalogen derzeit nur in geringem Umfang nachgewiesen sind, bieten sich hier zukunftsträchtige und kostengünstige Entwicklungsmöglichkeiten.

3. Klassifikatorische Sacherschließung

a) *Allgemeines*

Die Klassifikatorische Sacherschließung beruht auf Klassifikationssystemen mit (meist) hierarchisch geordneten Haupt- und Untergruppen oder *Klassen*, die durch *Notationen* bezeichnet werden. Bei der Sacherschließung durch Klassifizieren wird jede Publikation einer Klasse oder Systemstelle zugeordnet. Alle Publikationen über das gleiche Thema erhalten die gleiche Notation und sind über diese zu ermitteln.

Der Systematische Katalog (SyK) verzeichnet die Bestände einer Bibliothek gemäß ihrem Inhalt nach einem *System der Wissenschaften*, wobei die einzelnen Wissensgebiete in einer bestimmten sachlich-logischen Abfolge angeordnet sind. Der Systematische Katalog eignet sich deshalb vor allem dazu, eine Übersicht über die Publikationen zu größeren zusammenhängenden Wissensgebieten mit ihren Teil- und Nachbardisziplinen zu gewinnen. Eine Systematik kann auch als Element der sachlichen Recherche in einen Online-Katalog integriert werden.

In vielen Bibliotheken sind die zur Sachliteratur gehörigen Werke systematisch geordnet, d.h. in systematischer Reihenfolge aufgestellt. Die Aufstellung ist dann bereits ein Mittel der Sacherschließung. Der Standortkatalog, der ja die Aufstellung des Bestandes widerspiegelt, ist in diesem Fall gleichzeitig ein *„standortgebundener"* *Systematischer Katalog* (Systematischer Standortkatalog). Ist der Bestand nicht systematisch aufgestellt, sind also Aufstellung und Systematischer Katalog voneinander unabhängig, so handelt es sich um einen *„standortfreien"* *Systematischen Katalog*.

Eine Universalklassifikation spiegelt den Zusammenhang und den Aufbau aller Wissensgebiete wider, indem sie von den *umfassenden Hauptbegriffen* ausgeht und diese dann in immer *speziellere Begriffe* unterteilt. Bildlich dargestellt gleicht eine solche Systematik einem Kegel oder genauer einem Kegelstumpf, an dessen Spitze sich die allgemeinsten Begriffe (Wissensgebiete) befinden, die sich nach unten in immer kleinere Gruppen bis zu den speziellsten Begriffen an der Basis auffächern. Es wird also eine *Rangordnung* oder *Hierarchie* der Haupt- und Unterklassen gebildet (deshalb die Bezeichnung *hierarchische Klassifikation*). Jedoch haben nicht alle Systematiken eine Unterteilung bis zu den speziellsten Begriffen. Je nach den Anforderungen, die man an die Systematik stellt, kann auch eine weniger feine Gliederung, etwa nur bis zur vierten oder fünften Untergruppe, genügen. Innerhalb der letzten Untergruppe werden die zugehörigen Publikationen meist alphabetisch nach Verfassern oder Schlagwörtern geordnet.

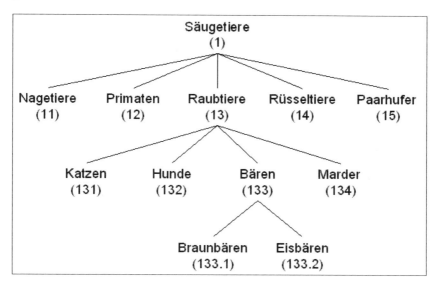

**(Abb. 7: Vereinfachtes Beispiel einer hierarchischen Begriffsstruktur –
fiktive Zählung der Systemgruppen nach dem Dezimalprinzip)**

185

Die verschiedenen Gruppen oder Klassen und ihre Untergliederungen werden jeweils durch eine *Notation* bezeichnet, die in der Regel aus einer Kombination von Buchstaben und/oder Ziffern besteht. Die Notationen spiegeln meist auch den Aufbau und die Gliederung des Systems wider, indem sie Unter- und Nebenordnungen zum Ausdruck bringen. Wenn sich der Inhalt einer Publikation auf zwei oder mehr getrennte Sachgebiete bezieht, erhält sie entsprechend zwei oder mehr Notationen zugeteilt; sie wird im Systematischen Katalog an einer Hauptstelle (bei systematischer Aufstellung identisch mit dem Standort) und an einer oder mehreren Nebenstellen verzeichnet.

Der Systematische Katalog in Karten- oder Listenform kann die Unter- und Nebenordnungen einer hierarchischen Begriffsstruktur nur *linear*, d.h. in einer einzigen Reihe abbilden. Die Reihenfolge der Systemgruppen (und der zugehörigen Literatur) aus Abb. 7 wäre in einem SyK demnach folgende:

1 – 11 – 12 – 13 – 131 – 132 – 133 – 133.1 – 133.2 – 134 – 14 – 15

b) Systematiken

Da der Systematische Katalog ohne eine gewisse Kenntnis der zugrunde liegenden Systematik kaum benutzt werden kann, gehört zu jedem SyK als Hilfsmittel ein *alphabetisches Schlagwortregister*. Darin ist bei jedem Begriff (Schlagwort) die dazugehörige Notation des Systematischen Katalogs aufgeführt. Das Schlagwortregister ermöglicht dem Benutzer, über das betreffende Schlagwort die Stelle der Systematik zu finden, an der die gesuchten Publikationen verzeichnet sind. Als weiteres Hilfsmittel für die Benutzung des Systematischen Katalogs gibt es *Systematikübersichten*, mit denen sich der Benutzer rasch über den Aufbau des gesamten Systematischen Katalogs oder eines Teilgebiets informieren kann.

Eine allgemein anerkannte Systematik konnte bisher noch nicht entwickelt werden. Verschiedene Formen der *Dezimalklassifikation* sind international weit verbreitet, sie bieten eine sehr fein gegliederte Systematik und werden daher vor allem an Wissenschaftlichen Bibliotheken angewendet. Die *Regensburger Verbundklassifikation (RVK)* wird von vielen Universitätsbibliotheken als Aufstellungssystematik genutzt. An den meisten Öffentlichen Bibliotheken werden die *Allgemeine Systematik für Öffentliche Bibliotheken (ASB)* oder die *Klassifikation für Allgemeinbibliotheken (KAB)* angewendet.

c) Dezimalklassifikationen

Das Prinzip der Dezimalklassifikation entwickelte Gottfried Wilhelm Leibniz; die ursprüngliche Form der verschiedenen heute zum Einsatz kommenden Fassungen wurde 1873–1876 von dem amerikanischen Bibliothekar Melvil Dewey ausgearbeitet. Sie ist in den USA und vielen anderen Ländern als „Dewey Decimal Classification" (DDC) in Gebrauch. Später wurde sie in Europa verändert und erweitert zur sogenannten „Brüsseler Dezimalklassifikation" oder „Universellen Dezimalklassifikation" (UDK), auf der auch die deutschen Ausgaben der Dezimalklassifikation beruhen.

Bei der Dezimalklassifikation bestehen die Notationen aus Ziffern. Die Untergliederung der Sachgruppen erfolgt stets in *Zehnergruppen*. Das gesamte menschliche Wissen wird in 10 Hauptabteilungen aufgeteilt, die mit den Zahlen 0 bis 9 bezeichnet sind. Jede dieser Hauptabteilungen wird durch Hinzufügen einer zweiten Ziffer in 10 Abteilungen zweiter Ordnung zerlegt, jede dieser Abteilungen wieder in 10 weitere Abteilungen, usw. Durch diese Zehnerteilung kann jedes Fachgebiet bis in seine feinsten Einzelheiten aufgegliedert werden.

Ursprünglich lauteten die *zehn Hauptabteilungen* der Dezimalklassifikation:

0 Allgemeines
1 Philosophie
2 Religion. Theologie
3 Sozialwissenschaften. Recht. Verwaltung
4 Sprachwissenschaft. Philologie
5 Mathematik. Naturwissenschaften
6 Angewandte Wissenschaften. Medizin. Technik
7 Kunst. Kunstgewerbe. Fotographie. Musik. Spiel. Sport
8 Literaturwissenschaft. Schöne Literatur
9 Heimatkunde. Geographie. Biographien. Geschichte

Später wurde aus Gründen der sachlichen Zusammengehörigkeit die Abteilung 4 mit der Abteilung 8 vereinigt, ohne dass für die frei gewordene Hauptgruppe 4 ein anderes Wissensgebiet bestimmt wurde; in der DDC besteht die Trennung der Gruppen 4 (Sprache) und 8 (Literatur) weiterhin.

Die Untergliederung der Hauptabteilungen in *je 10 Unterabteilungen* zeigt das folgende Beispiel für die Hauptgruppe 5:

50 Allgemeines über die mathematischen und Naturwissenschaften
51 Mathematik
52 Astronomie. Geodäsie

53 Physik
54 Chemie. Mineralogische Wissenschaften
55 Geologie und verwandte Wissenschaften. Meteorologie
56 Paläontologie
57 Biologische Wissenschaften
58 Botanik
59 Zoologie

Die folgende Beispielreihe zeigt, wie bei der *weiteren Untergliederung* vom Allgemeinen zum Speziellen fortgeschritten und wie dabei bei jeder weiteren Untergruppe eine weitere Ziffer an die DK-Zahl angehängt wird:

5	Mathematik. Naturwissenschaften
53	Physik
531	Allgemeine Mechanik. Mechanik fester Körper. Mechanik starrer Körper
531.7	Messung geometrischer und mechanischer Größen. Messtechnik im Allgemeinen
531.71	Längenmessung
531.716	Längenmaße des täglichen Lebens. Technische Messverfahren. Maßstäbe. Messbänder. Messzirkel

Wie man sieht, lässt sich an den DK-Zahlen ihre Position in der hierarchischen Struktur der Dezimalklassifikation ablesen. Je spezieller ein Begriff ist, desto länger ist seine DK-Zahl. Den DK-Zahlen kommt numerisch nicht der Wert einer ganzen Zahl, sondern der eines Dezimalbruches zu. Zur Erleichterung des Verständnisses denke man sich vor jede Zahl das Zeichen 0, (Null-Komma) gesetzt und ordne sie sodann wie einen Dezimalbruch ein. Maßgebend für die Einordnung ist also jeweils der Zahlenwert einer bestimmten Dezimalstelle. Die DK-Zahlen

5, 11, 54, 92, 289.8, 289.35, 289.194, 316, 767.3

werden also folgendermaßen geordnet:

11, 289.194, 289.35, 289.8, 316, 5, 54, 767.3, 92

Zur Erhöhung der Übersichtlichkeit wird nach jeder dritten Ziffer einer DK-Zahl ein Punkt gesetzt. Dieser ist ein rein technisches Hilfsmittel. Gelesen werden die DK-Zahlen (Beispiel 332.1): drei drei zwei–eins, nicht dreihundertzweiunddreißig–eins.

Für gewisse Gliederungselemente, die vielen Sachgebieten gemeinsam sind und daher in allen Abteilungen der Klassifikation auftauchen können, werden in der DK besonders gekennzeichnete Zahlen verwendet, die an die DK-Zahl des Sachgebiets angehängt werden (Prinzip der „Schlüsselung"). Durch diese *Allgemeinen Anhängezahlen* kann, soweit nötig oder zweckmäßig, z.B. der Ort oder die Zeit einer Sache oder die Form oder die Sprache einer Publikation ausgedrückt werden. Beispiele: 385 ist die DK-Zahl für „Eisenbahnwesen", (430) ist die *Anhängezahl des Ortes* für „Deutschland". Ein Buch über das Eisenbahnwesen in Deutschland wird also mit der Notation 385 (430) versehen. Ein Buch über das Eisenbahnwesen in Deutschland im Jahre 1900 erhält die Ziffernkombination 385 (430) „1900" (*Anhängezahl der Zeit*). Das Sachgebiet „Geologie" hat die DK-Zahl 55, für ein Wörterbuch wird die *Anhängezahl der Form* (038) verwendet. Ein „Geologisches Wörterbuch" ist also in einem DK-Katalog mit 55 (038) nachgewiesen. Die *Anhängezahlen der Sprache* werden mit einem Gleich-Zeichen angehängt. So erhält ein Geologisches Wörterbuch in Russisch die Zahlengruppen 55 (038) = 82; eine Zeitschrift (05) für Physik 53 in englischer Sprache = 20 ist eingeordnet unter 53 (05) = 20.

Die Dezimalklassifikation ist vor allem in den Bereichen der Naturwissenschaften, Technik und Medizin international weit verbreitet. Weltweit die weiteste Verbreitung aller Dezimalklassifikationen hat die Dewey Decimal Classification (DDC) gefunden. Seit 2005 liegt mit der DDC Deutsch eine deutsche Übersetzung dieser Klassifikation vor, die in einer Print- und einer Online-Ausgabe zur Verfügung steht. Seit 2004 gliedert die Deutsche Nationalbibliothek die Nationalbibliografie nach den Hauptgruppen der DDC, seit 2006/2007 werden die Neuerscheinungen nach der DDC erschlossen. Abgesehen von der Nationalbibliothek kommt die DDC in Deutschland allerdings nur in sehr wenigen Bibliotheken zum Einsatz. Gegen ihre Verwendung spricht vor allem die Tatsache, dass die DDC sehr stark auf die Bedürfnisse und das Titelmaterial der USA zugeschnitten ist, doch wird seit einigen Jahren daran gearbeitet, die Belange anderer DDC-Anwender, z.B. in Europa, zu berücksichtigen.

Um die Verbreitung der DDC auch in Deutschland zu befördern, bietet die Deutsche Nationalbibliothek seit 2006 den *Webservice Melvil* an, der aus drei Komponenten besteht. Die Klassifizierungskomponente *MelvilClass* unterstützt den Bibliothekar beim Klassifizieren durch die Möglichkeit, häufig benötigte Notationen in einem individuellen Speicher abzulegen und durch Registereinträge zu erschließen. Mit Hilfe der Schnittstelle *MelvilSoap* können Bibliotheken die Klassifikationsdaten abfragen. Mit dem Suchinstrument *MelvilSearch* werden die Dewey-Notationen in den Titelaufnahmen deutscher Bibliotheken, die zum Teil von der Deutschen Nationalbibliothek, zum Teil von ausländischen Nationalbibliotheken stammen, auch für deutsche Bibliotheksbenutzer komfortabel suchbar gemacht. Möglich ist eine Recherche sowohl durch die Suche nach den

Registereinträgen, mit denen die einzelnen Systemstellen bezeichnet sind, als auch durch ein Navigieren in der Online-Systematik. Wahlweise kann der Benutzer sich die Treffer der ausgewählten Klassen anzeigen lassen oder die Treffer der ausgewählten Klasse *und* die Treffer aller darunter liegenden Klassen.

d) Die Regensburger Verbundklassifikation

Die in den 1960er Jahren an der neu gegründeten Universitätsbibliothek Regensburg entwickelte Regensburger Verbundklassifikation (RVK) wird in vielen deutschen Hochschulbibliotheken als Aufstellungssystematik für die Freihandbestände verwendet. Die Signatur der Medien besteht in der Regel aus verschiedenen Elementen. Das erste Element ist ein lokales Standortkennzeichen (z.B. zur Angabe des Lesesaals, in der das Werk steht), es ist optional und gehört nicht zur eigentlichen Notation. Es folgt die Notation, wobei Großbuchstaben zunächst die 34 Fachsystematiken bezeichnen, z.B.:

MN-MW	Soziologie
MX-MZ	Militärwissenschaft
N	Geschichte
P	Rechtswissenschaft
Q	Wirtschaftswissenschaften

Ein weiterer Großbuchstabe kennzeichnet die Untergruppe. Die genaue Systemstelle wird durch eine 3-5stellige Zahlenfolge bezeichnet, wobei die Ziffern im Gegensatz zur DK nicht die Gliederungshierarchie widerspiegeln.

NS	Bayerische Landesgeschichte
NS 3105	Bayerische Landesgeschichte / Einzelne Orte / Regensburg

Das nächste Element der Notation bildet den Namen des Verfassers in einer verschlüsselten Form ab; hierbei wird der Nachname des Verfassers nach einer vorgegebenen Tabelle in eine Buchstaben-Zahlen-Kombination kodiert (s. u. S. 241), z.B.:

Bauer	B344
Franck	F822
Francke	F823

Weitere Gliederungselemente wie das Erscheinungsjahr (mit Punkt vierstellig an die Notation gehängt), die Auflage (...(8)), die Bandzählung (...-2) und die Nummer von Mehrfachexemplaren (...+5) können ebenfalls mit speziellen Zeichen angehängt werden.

190

Bei der Notation NS 3105 B344-2 handelt es sich um den zweiten Band einer Geschichte der Stadt Regensburg von Karl Bauer.

Da die Regensburger Verbundklassifikation von vielen Bibliotheken des Südwestdeutschen Bibliotheksverbundes (SWB) angewendet wird – immerhin 1,7 Mio. Titel des Verbundkataloges sind mit 2,4 Mio. RVK-Notationen erschlossen – wird diese Klassifikation auch für den *BibScout* verwendet. Der BibScout ist ein übergeordnetes Nachweisinstrument, das vom Bibliotheksservicezentrum (BSZ) angeboten wird und eine gleichzeitige sachliche Recherche in den Beständen zahlreicher Bibliotheken ermöglicht. BibScout bietet zwei Arten der Recherche an: Erstens kann man sich online in der Systematik bewegen und findet in rund 95 000 Ordnern, die den Systemstellen der RVK entsprechen, die jeweils einschlägigen Titel. Eine zweite Möglichkeit bietet die verbale Suche nach den Bezeichnungen für die einzelnen Systemstellen. Hierbei kann sowohl bei einer Suche über BibScout als auch bei einer Suche über kommerzielle Suchmaschinen auf die Ordner zugegriffen werden. Auf diese Weise findet der Benutzer thematisch strukturierte Listen von Titelaufnahmen, die er ohne die Zusammenstellung in BibScout bei einer einfachen Websuche nicht gefunden hätte. Alle gefundenen Titel lassen sich – falls sie in der eigenen Bibliothek nicht vorhanden sind – per Fernleihe oder durch einen Dokumentlieferdienst bestellen, darüber hinaus können die Titelangaben für Anschlussrecherchen in die Verbundkataloge anderer Bibliotheksverbünde, in Buchhandelsverzeichnisse oder in die von Google angebotene Buchsuche Google Book Search übernommen werden.

e) Die Allgemeine Systematik für Öffentliche Bibliotheken

Die „Allgemeine Systematik für Öffentliche Bibliotheken" (ASB, ursprünglich: „für Büchereien") wurde erstmals 1956 veröffentlicht, 1999 ist eine Neufassung mit alphabetischem Schlagwortregister erschienen. Die ASB wird an den meisten Öffentlichen Bibliotheken der alten Bundesländer als Instrument der klassifikatorischen Sacherschließung für die Aufstellung und für den Systematischen Katalog angewendet.

Die neue ASB umfasst 22 Hauptgruppen der Sachliteratur und eine Hauptgruppe für Belletristik, die mit Großbuchstaben bezeichnet sind:

A   Allgemeines. Wissenschaft, Kultur, Information und Kommunikation (Allgemeines)
B   Biographische Literatur
C   Geographie, Ethnologie
D   Heimatkunde
[...]

Jede Hauptgruppe ist in (unterschiedlich viele) Gruppen gegliedert, die durch Hinzufügung eines Kleinbuchstabens gekennzeichnet werden. So ist z.B. die Hauptgruppe C (Geographie, Ethnologie) unterteilt in:

Ca   Allgemeines
Cb   Geschichte, Theorie, Grundlagen und Methoden der geographischen Wissenschaft. Entdeckungsgeschichte. Historische Reiseliteratur
Cc   Allgemeine Geographie
Cd   Regionale Geographie und Ethnologie
Ce   Europa
Cf   Deutschland
Cg   Asien
[…]

Die weitere Untergliederung wird durch das Anfügen eines weiteren Kleinbuchstabens bzw. von ein bis drei Ziffern gekennzeichnet, wie das folgende Beispiel zeigt:

Hauptgruppe	U	Naturwissenschaften
Gruppe	Uh	Zoologie
1. Untergruppe	Uhn	Spezielle Zoologie
2. Untergruppe	Uhn 2	Wirbeltiere
3. Untergruppe	Uhn 24	Säugetiere
4. Untergruppe	Uhn 242	Meeressäugetiere

Wie bei der DK wird auch bei der ASB die Untergliederung durch Hinzufügung eines weiteren Notationselements ausgedrückt. Die Notationen der ASB sind damit (wie die DK-Zahlen) ein Abbild der zugrunde liegenden hierarchischen Struktur.

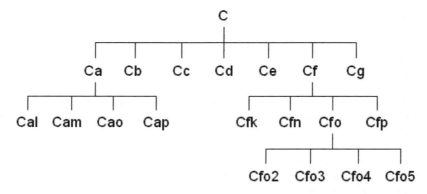

(Abb. 8: Ausschnitt aus der Allgemeinen Systematik für Öffentliche Bibliotheken)

Bei dem abgebildeten Ausschnitt aus der ASB beginnt die zweite Untergliederung zunächst mit l bzw. k, um eine spätere Erweiterung zu ermöglichen. Die Reihenfolge der Notationen lautet folgendermaßen:

C – Ca – Cal – Cam – Cao – Cap – Cb – Cc – Cd – Ce – Cf – Cfk – Cfn – Cfo – Cfo 2 – Cfo 3 – Cfo 4 – Cfo 5 – Cfp

In einigen Fällen werden die ASB-Notationen durch Personennamen, Orts- oder Sprachbezeichnungen u.a. ergänzt, wodurch eine feinere Erschließung möglich ist, z.b. Kyk Luther, Martin; Cfr 13 Regensburg. Die Belletristik (Hauptgruppe Z) wird nach formalen Gesichtspunkten, d.h. nach Literaturgattungen und -formen, untergliedert.

Die ASB ist eine weit weniger fein gegliederte Klassifikation als die DK, doch reicht sie für einen Bestand bis zu etwa 50 000 Bänden, d.h. für die meisten Öffentlichen Bibliotheken, aus. Ihr Vorteil liegt in ihrer leichteren Übersichtlichkeit und ihren einfacheren Notationen. Kleine Bibliotheken mit geringem Bestand können weitere Vereinfachungen vornehmen und z.B. nur nach Hauptgruppen und ersten Untergruppen klassifizieren.

Eine eigene „Systematik für Kinder- und Jugendbibliotheken" wurde aus der (alten) ASB entwickelt. Ferner gibt es eine eigene „Systematik der Musikliteratur und der Musikalien für Öffentliche Musikbibliotheken" (SMM) sowie eine Tonträgersystematik Musik (TSM).

f) Die Klassifikation für Allgemeinbibliotheken

In der DDR wurde 1978 die „Klassifikation für Allgemeinbibliotheken" (KAB) eingeführt. Nach der Wende wurde sie stark überarbeitet und ist bis heute in den Öffentlichen Bibliotheken der früheren DDR sehr verbreitet.

Kernstück der KAB ist der Teil „Sachliteratur und Belletristik" für Erwachsenenbibliotheken (KAB/E) in der Ausgabe 1993. Zur KAB/E gehören ein Alphabetisches und ein Systematisches Schlagwortregister. Zusätzlich gibt es Spezialklassifikationen für Kinderliteratur (KAB/K), für Tonträger/ Musik (KAB/TM), für regionalkundliche Bestände (KAB/Ter), für Bestände in Artotheken (KAB/Art), für Musikalien (KAB/MN) und für bibliothekarische Fachliteratur (KAB/BF).

Die KAB/E verfügt über 22 *Hauptgruppen* für Sachliteratur (A-X) sowie über eine Hauptgruppe für Belletristik (R, mit einer Gliederung nach literarischen Gattungen und Formen).

[…]
G   Sport. Spiele. Sammeln. Basteln
H   Literaturwissenschaft und Literaturgeschichte

| I | Sprachwissenschaft und Sprachgeschichte |
| K | Kunst |

[...]

Die hierarchische Untergliederung der Hauptgruppen erfolgt mit Hilfe von Ziffern nach dem Dezimalprinzip. Die Notationen setzen sich aus den Großbuchstaben der Hauptgruppen und den Ziffern für Gruppen, erste Untergruppen und zweite Untergruppen zusammen. Als weitere Gliederungsstufe können festgelegte Begriffe alphabetisch angefügt werden (z.b. Personen- oder Ländernamen: H 910 Brecht, K 151 Frankreich).

Das folgende Beispiel zeigt die Gliederungsstufen innerhalb der Hauptgruppe:

K	Kunst
K 5	Theater
K 51	Geschichte des Theaters
K 511	Geschichte einzelner Epochen
K 512	Einzelne Orte und Bühnen (alphabetisch nach Orten)
	[z.b. „K 512 Berlin"]

Die *ekz.bibliotheksservice GmbH* gibt in ihren Titel- und Besprechungsdiensten auch die Notationen von ASB und KAB an.

g) Sonstige Klassifikationen

An manchen *Öffentlichen Bibliotheken* der westlichen Bundesländer werden auf der ASB aufbauende, stärker gegliederte Systematiken oder völlig andere Klassifikationen verwendet. Relativ verbreitet sind:

- die Systematik der Stadtbibliothek Duisburg (SSD, eine Weiterentwicklung der ASB)
- die Systematik für Bibliotheken (SfB, ursprünglich die Systematik der Stadtbibliothek Hannover)

Für ASB, SSD und SfB ist 1986 ein gemeinsamer alphabetischer Schlagwortindex (SWI) erschienen, der bei jedem Schlagwort die Notationen der drei Systematiken aufführt.

An vielen *wissenschaftlichen Universal- und Spezialbibliotheken* sind individuelle, d.h. eigens für die betreffende Bibliothek erstellte Klassifikationen in Gebrauch. Die im Gemeinsamen Bibliotheksverbund (GBV) verwendete *Basisklassifikation (BK)* ist eine Grobsystematik mit geringer Gliederungstiefe, die die verbale Sacherschließung ergänzen soll.

4. Katalogisierung und Katalogherstellung

a) Datenformat (Kategorienschema)

Die Speicherung und Verwaltung der Titelaufnahmen in Datenbanken setzt eine eindeutige *Strukturierung* bzw. *Kategorisierung* der einzelnen Elemente der Titelaufnahmen voraus. Zu diesem Zweck werden die Datensätze der einzelnen Katalogaufnahmen zerlegt und ihre Bestandteile einzelnen *Kategorien* oder *Feldern* zugeordnet. Bezeichnet werden diese Felder jeweils mit einer Kategorie- oder Feldkennung oder -nummer. Solche Kategorien sind z.b. Verfassername, Sachtitel, Ort, Verlag, Erscheinungsjahr, ISBN, Schlagwort, System-Notation und Signatur. Vereinfacht dargestellt könnte eine Titelaufnahme z.B. folgendermaßen strukturiert werden:

Kategorie, Feld	Feldkennung	Beispiel
Autor	AU	Herm, Gerhard
Sachtitel	TI	Die Kelten
Verfasserangabe	VA	Gerhard Herm
Ausgabebezeichnung	AB	1. Aufl.
Erscheinungsort	OR	Düsseldorf, Wien
Verlag	VE	Econ
Erscheinungsjahr	EJ	1975
Kollationsvermerk	KO	438 S., Ill.
ISBN	IS	3-430-14453-1
Schlagwort	SW	Kelten
Signatur	SI	75 A 9314

Nur wenn die Titelaufnahme nach einem solchen *Kategorienschema* oder *Erfassungsschema* gegliedert wird, kann die Bibliothekssoftware den logischen Aufbau einer Titelaufnahme erkennen und die Titeldaten korrekt verarbeiten. Bei der Katalogrecherche lassen sich gezielt einzelne Kategorien der Titelaufnahmen nach bestimmten Suchbegriffen abfragen und so die gewünschten Katalogaufnahmen ermitteln.

Datenformat MAB

Die einem Kategorienschema zugrunde liegende Datenstruktur wird als *Datenformat* bezeichnet. Unter einem bibliothekarischen oder bibliographischen Datenformat versteht man die Art und Weise, wie der Datensatz einer Titelaufnahme im Computer strukturiert und dargestellt wird.

In Anlehnung an das in den USA entwickelte MARC-Format (MARC = *Ma*chine *R*eadable *C*ataloging, dieses Format liegt heute in verschiedenen Varianten vor, US-MARC, UK-MARC, UNI-MARC, etc.) erarbeitete eine deutsche Expertengruppe 1972–73 das *Maschinelle Austauschformat für Bibliotheken* (MAB oder MAB 1), das zur Grundlage für die Katalog-Erfassungsformate im deutschen Bibliothekswesen geworden ist. Die zweite Version MAB 2 ist 1995 als Loseblattausgabe erschienen (4. Ergänzungslieferung von 2002).

Das folgende Beispiel zeigt in vereinfachter Darstellung die wichtigsten Kategorien des Datenformats MAB.

Kategorie	Inhalt	Beispiel
100	Verfasser	Baumgart, Winfried
331	Sachtitel	Bücherverzeichnis zur deutschen Geschichte
335	Zusatz zum Sachtitel	Hilfsmittel, Handbücher, Quellen
359	Verfasserangabe	Winfried Baumgart
403	Ausgabebezeichnung	15., durchges. u. erw. Aufl.
410	Erscheinungsort	München
412	Verlag	Dt. Taschenbuch-Verl.
425	Erscheinungsjahr	2003
433	Umfangsangabe	310 S.
451	Gesamttitelangabe	dtv ; 34043
540	ISBN	3-423-34043-6
544	Signatur	GG 3517
902	Schlagwörter	Deutschland ; Geschichte ; Bibliographie

Bei der Erfassung von Katalogdaten werden die Kategorien-Nummern des Datenformats und die zugehörigen Teile der Titelaufnahme eingegeben; häufig werden auch Verfahren mit Eingabemasken oder Eingabeschemata verwendet, bei denen die Kategorienbezeichnungen des Datenformats in einer Art Formular auf dem Bildschirm erscheinen, die bibliographischen Daten werden dann an der jeweiligen Stelle eingegeben.

Auch wenn unterschiedliche Datenformate durch Konkordanzen verknüpft werden können, ist die Übernahme von bibliographischen Daten aus anderen Formaten nicht immer unproblematisch. Um den internationalen Austausch von Katalogdaten zu erleichtern, beschloss der Standardisierungsausschuss (s. o. S. 175) daher im Dezember 2004 einen Umstieg des deutschen und des österreichischen Bibliothekswesens auf MARC 21 (in der Schweiz kommt MARC bereits zur Anwendung). MARC 21 ist eine Weiterentwicklung der in den USA und in Kanada gebräuchlichen MARC-Standards, es ist das Datenformat, das weltweit am meisten verwendet wird. Mit dem Umstieg der großen deutschen Bibliotheksverbünde auf das internationale Format ist im Laufe der nächsten Jahre zu rechnen.

b) Verbundkatalogisierung und Fremddatenübernahme

An großen Wissenschaftlichen Bibliotheken findet die Katalogisierung heute in der Regel als *Verbundkatalogisierung* im Rahmen der Bibliotheksverbünde statt. Bei diesem Verfahren muss ein Werk, das von mehreren Bibliotheken erworben wird, höchstens ein einziges Mal katalogisiert werden, alle anderen Verbundbibliotheken können die bereits vorliegenden Titeldaten weiter verwenden, was eine enorme Arbeitsersparnis bedeutet. Grundlage für die Verbundkatalogisierung sind die Verbundkataloge der regionalen Bibliotheksverbünde.

Soll eine Neuerwerbung einer Bibliothek katalogisiert werden, so wird zunächst in der Datenbank des Verbundes recherchiert, ob eine fertige Titelaufnahme dieses Werkes – oder zumindest ein provisorisches Katalogisat, das für die Bestellung verwendet wurde, – dort bereits vorhanden ist. Handelt es sich bei den gefundenen Titeldaten um ein Bestellkatalogisat, so wird dieses anhand des vorliegenden Buches (der Vorlage) überprüft; falsche oder fehlende Angaben werden verbessert bzw. ergänzt. Durch die Überprüfung am Original ändert sich der Status des Datensatzes; aus dem provisorischen Bestellkatalogisat wird die endgültige Titelaufnahme. In den Datensatz der fertigen Titelaufnahme müssen nun lediglich die Kennung für die eigene Bibliothek und die sogenannten Lokaldaten (Signatur, Zugangsnummer, evtl. Ausleihbeschränkung, etc.) eingetragen werden. Der Eintrag der Bibliothekskennung bewirkt zweierlei: Zum einen erscheint die eigene Bibliothek nun in der Verbunddatenbank bei den Bestandsdaten, die angeben, welche Bibliotheken im Verbund das entsprechende Werk besitzen. Zum anderen sorgt die Bibliothekskennung dafür, dass der Titeldatensatz mit den Lokaldaten der eigenen Bibliothek aus der Verbunddatenbank online in die lokale Datenbank der Bibliothek überführt wird; diese bildet den Datenbestand des lokalen OPAC.

Bemerkt der Katalogisierer Fehler in der Katalogaufnahme des Verbundkataloges, kann er den Titeldatensatz korrigieren; zum Teil können Korrekturen allerdings nur innerhalb eines gewissen Zeitraums oder nur von bestimmten Bibliotheken durchgeführt werden. Wichtig bei jeder Übernahme von Titelaufnahmen für die eigene Katalogisierung ist vor allem die genaue Prüfung, ob die ausgewählte Titelaufnahme auch tatsächlich das vorliegende Medium beschreibt (keine ältere Auflage, abweichende Ausgabe, etc.).

Die Datenbestände, auf die die Bibliotheken bei der Katalogisierung ihrer Medien zugreifen können, beschränken sich allerdings nicht auf die Titelaufnahmen, die aus der Katalogisierungsarbeit der teilnehmenden Bibliotheken stammen. Im Rahmen der *Fremddatenübernahme* erwerben die

Verbünde bibliographisches Titelmaterial in großen Mengen auch von externen Anbietern und stellen es ihren Bibliotheken für die Katalogisierungsarbeit zur Verfügung. Wichtigste Anbieter solcher Fremddaten sind vor allem die Nationalbibliotheken einzelner Länder (z.b. Deutsche Nationalbibliothek, Library of Congress, British Library) sowie kommerzielle Library Suppliers, die sich auf die Belieferung von Bibliotheken spezialisiert haben (z.b. Casalini Libri aus Italien, Aux Amateurs de Livres für französischsprachige Titel, Blackwell North America für die USA). Darüber hinaus tauschen die Bibliotheksverbünde bibliographische Daten auch aus.

Nur in den seltenen Fällen, in denen in der Datenbank des Verbundes weder eine fertige Titelaufnahme noch ein Bestellkatalogisat vorliegt und die bibliographischen Daten des gesuchten Titels auch nicht im Rahmen der Fremddatenübernahme eingekauft wurden, muss der Katalogisierer eine vollständig neue Titelaufnahme anfertigen.

Neben den großen regionalen Bibliotheksverbünden gibt es mit der *Zeitschriftendatenbank* (ZDB) in Deutschland noch einen überregionalen, medienspezifischen Verbund, der sich auf die Bearbeitung von fortlaufenden Sammelwerken (überwiegend Zeitschriften, Zeitungen und Serien) beschränkt. Analog zu dem geschilderten Verfahren ruft ein Katalogisierer, der einen neuen Zeitschriftentitel erfassen will, den entsprechenden Titel in der ZDB auf und hängt die Lokaldaten der eigenen Bibliothek an; anschließend wird der Titelsatz von der ZDB in die eigene Katalogdatenbank überführt und im lokalen OPAC angezeigt. Insgesamt nutzen mehr als 4300 Bibliotheken die Verbunddatenbank der ZDB als Grundlage ihrer Zeitschriftenkatalogisierung (s. u. S. 317).

Verbundkatalogisierung und Fremddatenübernahme setzen voraus, dass alle teilnehmenden Bibliotheken gleiche oder zumindest weitgehend ähnliche Katalogisierungsregeln verwenden. In der Bundesrepublik sind dies die Regeln für die alphabetische Katalogisierung (RAK). Eine weitere Voraussetzung stellt die Verwendung eines einheitlichen Datenformates dar. Erwerben die Bibliotheksverbünde Katalogdaten in unterschiedlichen Formaten, so werden diese zumeist mit Hilfe von speziellen Programmen bzw. Protokollen so weit wie möglich in das eigene Datenformat überführt. Hierfür wird der Inhalt der einzelnen Felder des Ausgangsformates (z.B. der Felder des Verlagsortes, des Erscheinungsjahres, etc.) in die entsprechenden Felder des Zielformates übertragen. Diese Umsetzung wird zumeist von einer sogenannten *Z 39.50-Schnittstelle* oder einem ähnlichen Programm geleistet. Die Festlegung, welche Felder des einen Formats in welche Felder des anderen Formates übertragen werden sollen, wird als *Mapping*, die automatische Umsetzung als *Matching* bezeichnet.

c) Zentrale Katalogisierung

Unter zentraler Katalogisierung versteht man die Herstellung der Titelaufnahmen von Neuerscheinungen an einer zentralen Stelle, die ihre Katalogaufnahmen einer größeren Anzahl von Bibliotheken zur Verfügung stellt und ihnen so das eigene Katalogisieren erspart. Eine solche *zentrale Herstellung von Titelaufnahmen* ist eine wirkungsvolle Rationalisierungsmaßnahme. Im Idealfall enthalten die Titeldaten bereits die Ergebnisse der Sachkatalogisierung, d.h. Systematik-Notationen und Schlagwörter, so dass bei der empfangenden Bibliothek auch die Sachkatalogisierung entfallen kann, wenn die zentrale Stelle dieselbe Klassifikation und dieselben Schlagwortregeln verwendet wie die belieferten Bibliotheken.

Vor der flächendeckenden Anwendung der Online-Katalogisierung lag eine Hauptschwierigkeit bei der zentralen Katalogisierung darin, dass, vom Zeitpunkt des Erscheinens der Publikation an gerechnet, oft viel Zeit vergehen konnte, bis die Neuerscheinungen von der zentralen Stelle beschafft, die Katalogaufnahmen angefertigt und die Titeldaten an die Bibliotheken geliefert wurden. Nur wenn diese Zeitspanne möglichst kurz gehalten wird, ist die zentrale Katalogisierung sinnvoll, da ein bestimmtes, von der einzelnen Bibliothek neuerworbenes Buch erst dann benutzt werden kann, wenn die dazugehörigen Titeldaten in die Kataloge übernommen und hier nachgewiesen sind.

Cataloging in Publication (CIP)

Eine Antwort auf das Problem der Zeitverzögerung bei der zentralen Katalogisierung von Neuerscheinungen ist der *CIP-Dienst*, wie er in den USA heute beispielsweise von der Library of Congress angeboten wird. Die Abkürzung *CIP* bedeutet *Cataloging in Publication*, also soviel wie „Katalogisierung während der Veröffentlichung". Bei diesem Verfahren meldet der Verleger die wichtigsten bibliographischen Daten einer Neuerscheinung bereits einige Wochen *vor dem Erscheinen* des Buches an die Bibliothek, die die zentrale Katalogisierung durchführt. Aufgrund der vom Verlag gelieferten Daten erstellt diese Bibliothek eine provisorische Titelaufnahme. Diese Titelaufnahme wird zum einen an den Verlag zurückgeschickt und von ihm auf der Rückseite des Titelblattes abgedruckt, zum anderen wird sie in ein Neuerscheinungsverzeichnis aufgenommen, das bereits vor dem Erscheinen des Buches verfügbar ist. Durch den Bezug von CIP-Titeldaten können sich Bibliotheken schon frühzeitig über Neuerscheinungen informieren und diese – wenn das Buch erscheint – sofort auch für die eigene Katalogisierungsarbeit verwenden.

Von 1974 bis 2002 bot auch die Deutsche Nationalbibliothek einen CIP-Dienst an, der 2003 durch einen Neuerscheinungsdienst abgelöst wurde.

Grundsätzlich ist dieser Neuerscheinungsdienst mit einem CIP-Dienst vergleichbar, allerdings werden die vom Buchhandel gelieferten Daten nicht mehr bibliothekarisch bearbeitet. Seit 1999 wird der vollständige Abdruck der Titeldaten im Buch zumeist durch einen *Standardvermerk* ersetzt, der darauf hinweist, dass ein Titeldatensatz dieser Publikation bei der Deutschen Nationalbibliothek zur Verfügung steht.

Zentrale Katalogisierung in Deutschland

Zentrale Katalogisierung auf *lokaler* und *regionaler* Ebene findet heute in der Regel für Öffentliche Bibliotheken statt, d.h. vor allem in großstädtischen und regionalen Bibliothekssystemen. Hier werden die für die einzelnen (Zweig)-Bibliotheken bestimmten Medien in der Zentralbibliothek oder an einer anderen zentralen Stelle katalogisiert, die Titeldaten werden an die einzelnen Bibliotheken überstellt und in ihrem Katalog nachgewiesen. Auch die *ekz* bietet Öffentlichen Bibliotheken Titeldaten an (s. o. S. 130).

Auf *nationaler* Ebene erfolgt die zentrale Katalogisierung meist in der Form, dass eine Nationalbibliothek oder ein nationalbibliographisches Zentrum Titelaufnahmen der inländischen, durch Pflichtablieferung einlaufenden Neuerscheinungen herstellt, die in der *Nationalbibliographie* veröffentlicht werden und von den beziehenden Bibliotheken bzw. den Bibliotheksverbünden für Erwerbungs-, Katalogisierungs- und Auskunftszwecke genutzt werden können. Außer in der Nationalbibliographie werden die durch zentrale Katalogisierung erstellten Titeldaten meist in verschiedenen Formen angeboten, die eine unmittelbare Übernahme der fertigen Katalogisate erlauben (auf Titelkarten, auf Datenträgern oder als Online-Publikation).

d) Retrospektive Katalogkonversion

Als retrospektive Katalogkonversion wird die Überführung konventioneller Kataloge in maschinenlesbare Form bezeichnet. Neben der elektronischen Katalogisierung der Neuerwerbungen einer Bibliothek für den Online-Katalog stellt sich natürlich auch die Aufgabe, die konventionellen Titelaufnahmen der früher erworbenen Bestände ebenfalls in maschinenlesbare Form zu bringen. Die Grundlage der Katalogkonversion bilden nicht die Medien, sondern die bereits vorhandenen Katalogaufnahmen der konventionellen Kataloge. Die Katalogisate werden maschinenlesbar im MAB-Format erfasst und so im OPAC zugänglich gemacht. Eine Verbesserung der Titelaufnahmen bzw. eine Anpassung der älteren Titeldaten an das aktuelle Regelwerk wäre zwar wünschenswert, ist jedoch in den meisten Fällen nicht zu leisten.

Diese *retrospektive Katalogisierung* von älteren Bibliotheksbeständen durch *Konversion* (Umwandlung) der konventionellen Katalogisate in digitale Form ist zunächst in großen Bibliotheken mit bedeutenden historischen Altbeständen durchgeführt und durch die Deutsche Forschungsgemeinschaft unterstützt worden. Je weiter die retrospektive Katalogisierung in Deutschland fortschreitet, desto mehr Titeldaten älterer Werke stehen den Bibliotheken in den Verbundkatalogen zur Verfügung, die sie durch Fremddatenübernahme für die eigene Retrokonversion nutzen können.

Der Stand der Retrokonversion ist sehr unterschiedlich. Viele Bibliotheken haben bereits die Titelaufnahmen ihres gesamten Altbestandes in maschinenlesbare Form gebracht, andere haben oft erst geringe Teile davon digital erschlossen. Aus diesem Grund ist es von großer Bedeutung, Benutzer auf der Startseite des OPACs deutlich auf mögliche Einschränkungen des online zu recherchierenden Materials hinzuweisen.

Image-Kataloge

Eine Sonderform der retrospektiven Katalogkonversion, die besonders schnell und kostengünstig erfolgen kann, ist die Umwandlung konventioneller Kartenkataloge in Image-Kataloge. Hierbei werden die Katalogkarten mit ihren Titelaufnahmen durch Scannen digitalisiert und als Bilder (Images) im Online-Katalog zur Verfügung gestellt. Durch *Blättern in den Karten-Images* nach der alphabetischen oder systematischen Ordnung des Kartenkatalogs können die Titelaufnahmen am Bildschirm benutzt

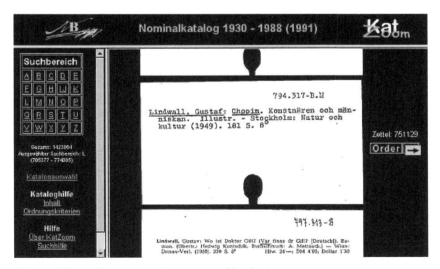

(Abb. 9: Titelaufnahmen in einem Image-Katalog)

werden. Als Einstiegshilfen für das Aufsuchen einer bestimmten Stelle können Alphabetabschnitte und Leitkartenbegriffe des Kartenkatalogs dienen; diese müssen dann allerdings mithilfe von OCR-Programmen oder durch manuelle Dateneingabe erfasst werden. Wenn außerdem bestimmte bibliographische Daten (z.B. Verfassername, Sachtitel, Systemstelle, etc.) in einem vereinfachten Kategorienschema strukturiert erfasst werden, kann über diese *Suchbegriffe* eine Recherche im Image-Katalog erfolgen.

5. Der OPAC

Der OPAC (Online Public Access Catalog = öffentlich zugänglicher Online-Katalog) ist die mit Abstand verbreitetste Form des Bibliothekskataloges. Auf Grund seiner Vorzüge gegenüber konventionellen Katalogen werden neuerworbene Medien heute in der Regel nur noch im OPAC nachgewiesen. Alle früher im Bibliothekswesen gebräuchlichen Katalogformen (s. u. S. 213ff.) lassen sich in den OPAC überführen. OPACs gewähren den Bibliotheksbenutzern online über das Internet jederzeit kostenlos den Zugriff auf die Katalogdatenbank der Bibliothek, in der Regel ist der OPAC das am häufigsten genutzte Internetangebot der Bibliothek.

In den 1980er Jahren begannen die OPACs nach und nach die konventionellen Kataloge der Bibliotheken zu verdrängen, wobei der Zugang zu den Katalogdaten zunächst über lokale Netze erfolgte. Seit der Mitte der 90er Jahre kamen immer mehr webbasierte OPACs zum Einsatz, auf die über das Internet zugegriffen werden kann. In der Regel ist die Software von OPACs heute ein Teil bzw. eine Komponente von umfassenden Bibliotheksverwaltungsprogrammen. Die wichtigsten Vorteile von OPACs gegenüber älteren Katalogformen sind:

(1) Durch die Datenbankstruktur lässt sich der Datenbestand von OPACs wesentlich komfortabler und vielfältiger recherchieren als der Datenbestand konventioneller Kataloge, in denen die Titelaufnahmen undynamisch präsentiert werden (z.B. im Alphabetischen Katalog). Damit sind im OPAC nicht nur Suchanfragen nach *nahezu allen Bestandteilen der Titelaufnahme* möglich (Verfassername, Sachtitel, Erscheinungsjahr, ISBN, ...), auch eine *Kombination* verschiedener Sucheinstiege ist möglich.

(2) Durch den Online-Zugriff auf die zentrale Katalogdatenbank kann der Benutzer immer im *aktuellen Datenbestand* recherchieren. Das Warten auf eine Neuausgabe des Kataloges (z.B. beim Mikrofiche-Katalog) oder auf das Einlegen der neuen Katalogkarten (beim Kartenkatalog) entfällt.

(3) Der Online-Zugriff ermöglicht *jederzeit* und von *jedem Ort* eine bequeme Katalogrecherche über das Internet. Auf diese Weise lassen sich lange Wartezeiten bis zur Bereitstellung der Medien vermeiden. So kann man z.b. die gewünschten Medien bequem von zu Hause recherchieren und bestellen und findet sie beim Bibliotheksbesuch am nächsten Tag bereits vor.

a) Die Katalogdatenbank

Online-Kataloge sind in Form von Datenbanken strukturiert; die spezielle Datenbanksoftware ermöglicht die für die Arbeit mit der Datenbank nötigen Such-, Sortier-, Verknüpfungs-, Ausgabe-, und Anzeigefunktionen.

In einem Datenbanksystem werden die Daten im Normalfall in drei Einheiten verwaltet: in Dateien, die aus Datensätzen bestehen, die sich wiederum in Datenfelder gliedern. In Katalogdatenbanken werden in der *Titeldatei* die bibliographischen Titelaufnahmen verwaltet, die die einzelnen *Datensätze* bilden. Sie sind gemäß dem Datenformat in *Datenfelder* (Kategorien) wie z.b. Verfasser, Sachtitel, Erscheinungsjahr, ISBN gegliedert. Damit die Datensätze eindeutig identifiziert werden können, erhalten sie eine individuelle Identifikationsnummer (ID-Nummer).

Für die Inhalte der abfragbaren Felder wird jeweils ein *Index* (Register) angelegt, der in einer eigenen *Indexdatei* gespeichert wird. Die Indizes beschleunigen die Such- und Sortiervorgänge in der Datenbank. Ein Index enthält die Suchbegriffe eines Feldes in sortierter (alphabetischer oder numerischer) Form, und zwar entweder als Einzelwörter (z.b. Stichwörter aus dem Titel) oder als vollständige Feldinhalte (z.b. Titel). Die Indexeinträge sind über die Identifikationsnummern mit den zugehörigen Datensätzen verknüpft. Bei der Recherche greift das System zunächst auf den Index zu und zeigt dann alle Datensätze an, die durch ihre ID-Nummer mit dem entsprechenden Indexeintrag verknüpft sind.

Die Katalogdatenbank ist meist in zwei Versionen verfügbar, nämlich (1) als bibliotheksinterner *Online-Dienstkatalog* für die Katalogisierung mit schreibendem Zugriff und zur Dienstrecherche, (2) als *Online-Benutzerkatalog* für die Publikumsrecherche mit ausschließlich lesendem Zugriff.

b) Die Benutzeroberfläche

Die Benutzeroberfläche des OPACs ermöglicht einen strukturierten Zugriff auf die Katalogdatenbank. Während die Oberfläche des Dienstkataloges optisch zumeist wenig ansprechend und nüchtern ist, bemüht sich

die Oberfläche des OPACs, den Benutzern die komplexen Recherchemöglichkeiten des Datenbanksystems so übersichtlich und intuitiv wie
möglich zu präsentieren. Kurze Hilfetexte sollten die wichtigsten Funktionen des OPAC erläutern und gegebenenfalls auf Medienbestände hinweisen, die nicht oder nicht vollständig im OPAC verzeichnet sind (dies gilt
vor allem für älteres Material, das oft noch in konventionellen Katalogen
recherchiert werden muss). Große Wissenschaftliche Bibliotheken sollten
die Möglichkeit bieten, die Benutzeroberfläche in englischer Sprache an-
zuzeigen.

(Abb. 10: Benutzeroberfläche eines OPAC)

In der Regel hat der Benutzer die Wahl zwischen einer Einfachen oder
Standardsuche und einer Erweiterten oder Expertensuche, die auch kom-
plexere Such- und Verknüpfungsmöglichkeiten bietet. In der *Standard-
suche* steht zumeist nur eine Eingabezeile zur Verfügung, recherchiert
wird in diesem Fall in den Indizes aller Kategorien der Titelaufnahmen.
Bezeichnet wird diese umfassende Suche meist mit Formulierungen wie
„Alle Wörter", „Freitext" oder „Beliebig". Für einen Großteil der Suchanfragen im OPAC – vor allem, wenn der Benutzer genau weiß, welchen
Titel er haben will – ist diese Standardsuche völlig ausreichend. In der
Expertensuche stehen dem Benutzer meist drei bis vier Eingabezeilen zur
Verfügung. Ihre Funktion ist auf verschiedene Indexkategorien festgelegt
(z.B. Autor, Titel, Schlagwörter, ISBN, etc.), die sich allerdings verändern lassen (meist durch sogenannte Pull-Down-Menüs). Die Verknüpfung der einzelnen Suchfelder kann der Benutzer mit Hilfe der Booleschen Operatoren „und", „oder" „nicht" vornehmen (s. u. S. 209). Durch
die Definition der Suchkategorien der einzelnen Suchfelder im Klartext
ist die Eingabe von speziellen Codes für die Auswahl einzelner Katego-

rien heute zumeist nicht mehr nötig (z.b. „au = goethe und ti = faust" für eine Suche nach Goethe in der Kategorie Autor und Faust in der Kategorie Titel). In der *Suchgeschichte* kann sich der Benutzer die Ergebnisse früherer Suchanfragen erneut anzeigen lassen und sie gegebenenfalls weiter bearbeiten.

Ist eine Suche durchgeführt worden, werden die Titeldaten der entsprechenden Treffermenge auf dem Bildschirm angezeigt und können nun weiter verarbeitet werden. Dies kann durch Bestellung oder Vormerkung der Titel geschehen, aber auch durch ein Abspeichern oder Ausdrucken der Treffermenge.

* **Angenendt, Arnold**

Das **Frühmittelalter** : die abendländische Christenheit von 400 bis 900 / Arnold Angenendt. - 3. Aufl. - Stuttgart ; Berlin ; Köln : Kohlhammer, 2001. - 499 S. : Ill., graph. Darst., Kt.; (ger / dt.)
ISBN 3-17-017225-5

Schlagwortketten:
>> s.Kirchengeschichte / z.400-900
verwandte Literatur (RVK-Notationen) [?]:
>> NM 5870
>> BO 4300
>> BO 4200

(Abb. 11: Titelanzeige im OPAC im ISBD-Format)

c) Wichtige Kategorien der OPAC-Recherche

In Online-Katalogen können die erfassten Medien nach formalen und inhaltlichen Merkmalen sowie mit Kombinationen dieser Merkmale gesucht werden. Die folgenden Abschnitte schildern in vereinfachter Darstellung die wichtigsten Sucheinstiege, wie sie im Allgemeinen bei OPACs üblich sind.

Für die *Titelsuche*, d.h. die Suche nach einer Publikation, deren Titeldaten genau oder teilweise bekannt sind, können folgende Suchmöglichkeiten in Betracht kommen:

Titelstichwörter

Ist der Titel ganz oder auch nur teilweise bekannt, kann mit Stichwörtern aus dem Sachtitel und dem Zusatz zum Sachtitel gesucht werden. Alle Wörter aus dem Sachtitel und seinem Zusatz sind in der *Freitextsuche* recherchierbar, zum Teil gibt es allerdings festgelegte *Stoppwörter*, die als Suchbegriffe ausgeschlossen sind, wie Artikel, Präpositionen und Konjunktionen. Unspezifische, häufig vorkommende Stichwörter sind wegen hoher Trefferzahl zu vermeiden bzw. sollten mit dem Verfassernamen kombiniert werden. Zu beachten ist, dass Stichwörter in der im Titel vorkommenden Form eingegeben werden müssen.

Phrasensuche

Für die Suche nach Sachtiteln, die genau zitiert werden können, ist die *String-* oder *Phrasensuche* vorteilhaft. Dabei wird der Titel gefunden, wenn der Anfang des Sachtitels (ohne einleitenden Artikel) als *Zeichenkette* (String, Phrase) aus einem oder mehreren Wörtern in gegebener Reihenfolge eingegeben wird. Meist beinhaltet die Phrasensuche eine automatischer Endtrunkierung (s. u. S. 208). So lässt sich z.B. das Werk „Wie finde ich theologische Literatur?" mit dem Titelanfang *wie finde ich th* präzise ermitteln.

Moderne OPACs ermöglichen auch die Suche mit Phrasen, die *nach* dem Titelanfang beginnen. In diesem Fall kann beispielsweise der Titel „Einführung in den curricularen Lehrplan für Mathematik an Realschulen" auch mit der Suchanfrage *curricularen lehrplan für mathematik* oder *lehrplan für mathematik an realschulen* gesucht werden.

Personennamen

Mit dem *Verfassernamen* sucht man die Werke eines bestimmten Autors. In manchen Fällen ist die invertierte Form vorgeschrieben, also *mann, thomas*. Manchmal ist eine automatische Endtrunkierung vorgegeben (s. u. S. 208). Ist die genaue Schreibweise bzw. Namensform nicht bekannt, kann die korrekte Namensform über den alphabetischen Personennamenindex ermittelt werden. Entsprechendes gilt für die *Namen sonstiger beteiligter Personen*, z.B. Herausgeber.

Mit der kombinierten Eingabe von Verfassername und Titelstichwörtern (oder gegebenenfalls von Verfassername und Titelanfang) lässt sich eine bestimmte Publikation im OPAC oft am schnellsten auffinden.

Körperschaftsnamen

Zur Suche nach Publikationen, an deren Herausgabe eine Körperschaft (Institution, Verein, Universität usw.) beteiligt ist, können meist einzelne Wörter aus dem Körperschaftsnamen oder der ganze Name der Institution verwendet werden.

Weitere formale Suchelemente

Das *Erscheinungsjahr* einer Veröffentlichung bzw. ein Zeitraum von Erscheinungsjahren kann neben anderen Suchbegriffen zur Eingrenzung mit angegeben werden. Auch der *Erscheinungsort* und der *Verlag* können zur

Präzisierung der Suche verwendet werden. Sind *ISBN, ISSN* oder *Signatur* bekannt, lässt sich mit ihnen gezielt die zugehörige Publikation ermitteln. Je nach Anlage des OPAC ist auch die Suche mit weiteren formalen Suchkriterien wie Dokumenttyp, Medienart oder Sprache der Publikation möglich. Zum Beispiel kann bei der Suche nach einer Zeitschrift mit auch sonst häufigem Titel die Recherche durch zusätzliche Eingabe des Medientyps „Zeitschrift" auf Zeitschriften eingeschränkt werden.

Bei der *sachlichen Suche* nach Literatur zu einem bestimmten Thema kommen folgende Suchmöglichkeiten in Betracht:

Schlagwörter

Schlagwörter sind vor allem Sachbegriffe, geographische Begriffe und Personennamen, die unabhängig von der Titelfassung entsprechend dem Inhalt des Buches vergeben werden (s. o. S. 177), sie sind im Allgemeinen im Singular einzugeben. Auch fremdsprachige Literatur ist unter deutschen Schlagwörtern nachgewiesen. Bei einer Schlagwortsuche ist jedoch zu beachten, dass oft nicht alle im OPAC verzeichneten Medien beschlagwortet sind. Wie das folgende Beispiel zeigt, ist eine Schlagwortsuche für die beschlagworteten Bestände einer Recherche mit Stichwörtern oft überlegen: Gesucht werden Veröffentlichungen zum Thema „Farbe in der Architektur". Die Suche mit den *Stichwörtern farbe* und *architektur* erweist sich als unergiebig. Dagegen führt die Eingabe der *Schlagwörter farbe* und *architektur* zur Anzeige mehrerer einschlägiger Publikationen, u.a. „Arquitectura y color", „Baugestaltung mit Farbe", „Color in interior design and architecture", „Il colore costruito", „Die Farben der Architektur", „Putz und Farbigkeit an mittelalterlichen Bauten".

Stichwörter

Bei der sachlichen Suche können auch Stichwörter verwendet werden. Die Sachrecherche mit Stichwörtern ist allerdings problematisch, wenn die Titelformulierungen unpräzise sind und fremdsprachige Literatur in die Suche einbezogen werden soll. Eine sachliche Suche mit Stichwörtern ist deshalb bei solchen Beständen nur für Publikationen sinnvoll, die im Online-Katalog nicht durch Schlagwörter erschlossen sind. Die Verwendung des Stichwortindex bzw. eine Endtrunkierung der eingegebenen Stichwörter ist ratsam, um Wortvarianten und unterschiedliche Endungen zu erfassen.

Notationen (Systemstellen)

Über die Notationen hierarchischer Klassifikationen können die zu einer Systemgruppe oder Systemstelle gehörigen Titel ermittelt werden. Durch die (automatische) Endtrunkierung der Notationen lassen sich verschiedene Hierarchieebenen ansprechen. In manchen Online-Katalogen kann man die Systematikübersichten auch in graphischer Form einsehen und in der Online-Systematik blättern.

d) Allgemeine Suchfunktionen

Für eine erfolgreiche Recherche ist es entscheidend, die Suchbegriffe in der richtigen *Schreibweise* einzugeben; Groß- und Kleinschreibung sind allerdings unerheblich. Umlaute und ß (z.B. *boell* oder *strasse*) müssen heute in der Regel in deutschen OPACs nicht mehr aufgelöst werden, in ausländischen OPACs muss bei Umlauten häufig der Grundvokal verwendet werden (z.B. *boll* statt *böll*). Gegebenenfalls muss die korrekte Schreibung über die Indexfunktion ermittelt werden.

Indexfunktion

Die Begriffe Index oder Register bezeichnen in diesem Zusammenhang eine alphabetisch (oder numerisch) sortierte Suchbegriffsliste, z.B. als Personennamen- oder Stichwortindex. Für jede Suchkategorie kann man sich durch Eingabe des fraglichen Suchbegriffs den Index ab der gewünschten Stelle anzeigen lassen und dann vor- und zurückblättern. Ein aus dieser Liste ausgewählter Begriff kann durch Anklicken automatisch in das betreffende Suchfeld des Recherchebildschirms übernommen werden oder führt sofort zur Trefferanzeige.

Über den *Personennamenindex* kann die richtige Namensform (z.B. bei Doppelnamen, Pseudonymen, Herrschernamen) oder die korrekte Schreibweise eines Namens ermittelt werden. Mit dem *Titelindex* lassen sich unter einem Titelanfang alle Sachtitel feststellen, die diesen Anfang haben. Über den *Schlagwort*- bzw. *Stichwortindex* kann ein „unscharfer" Suchwert präzisiert werden, indem zu einem einzelnen Schlag- oder Stichwort die richtige Schreibweise, der exakte Begriff oder vorhandene Komposita ermittelt werden. Durch Blättern im *Index der Schlagwortketten* kann die Kombination von Schlagwörtern gefunden werden, die dem gesuchten Thema am besten entspricht. Im *Körperschaftsindex* können die einzelnen Namensteile bzw. die ganzen Körperschaftsnamen aufgerufen werden.

Trunkierung

Durch eine Trunkierung (engl. truncation = Verkürzung) können verschiedene Formen eines Suchwortes ermittelt werden, indem jede beliebige Zeichenfolge vor bzw. nach dem Suchbegriff in die Suche einbezogen wird. Neben den zusammengesetzten Formen eines Suchbegriffs können so auch unterschiedliche Endungen und Pluralformen gesucht werden. Als Trunkierungszeichen sind Zeichen wie *, ? oder # üblich.

Bei der *Rechtstrunkierung* oder *Endtrunkierung* wird die Buchstabenfolge *nach* dem Suchbegriff abgefragt. Zum Beispiel kann die Eingabe der Suchbegriffe *fisch** oder *gymnastik** die Anzeige folgender Wortformen ergeben: Fischer, Fischgeschäft, Fischkutter, Fischotter bzw. Gymnastikkurs, Gymnastikübungen, Gymnastikunterricht.

Bei der *Links-* oder *Anfangstrunkierung* wird die Buchstabenfolge *vor* dem Wortstamm abgefragt. Beispielsweise werden zu den Suchbegriffen **fisch* bzw. **gymnastik* u.a. folgende Wörter angezeigt: Haifisch, Stockfisch, Zierfisch bzw. Krankengymnastik, Rückengymnastik, Skigymnastik.

In bestimmten Fällen wird vom System *automatisch rechtstrunkiert*, so dass kein Trunkierungszeichen nötig ist, so in den Indizes, zum Teil auch beim Titelanfang und bei der Notation.

Die *Maskierung* einzelner Buchstaben durch ein Maskierungszeichen ermöglicht es, Namen oder Begriffe mit leicht variierender Schreibweise abzufragen. Beispielsweise erfasst man mit *ma?er* sowohl Maier als auch Mayer, mit *do?ument* sowohl Dokument als auch document, mit *wom?n* sowohl woman als auch women.

Boolesche Operatoren

Für die Suche nach komplexen Sachverhalten können *logische Verknüpfungen von Suchbegriffen*, z.B. von Schlagwörtern, vorgenommen werden. Dies geschieht mit Hilfe der (nach dem britischen Mathematiker George Boole benannten) *Booleschen Operatoren* UND, ODER, NICHT (auch and, or, not, vgl. Abb. 12). In Benutzeroberflächen mit mehreren Suchfeldern lassen sich die Booleschen Operatoren zur Verknüpfung der einzelnen Zeilen zumeist über Pull-Down-Menüs festlegen.

(1) *Operator UND.* Durch die Verknüpfung von zwei Suchbegriffen mit UND werden diejenigen Datensätze gefunden, in denen *beide Suchbegriffe* vorkommen („sowohl A als auch B"). Logisches UND bewirkt eine *Einengung* der Suchfrage; als Ergebnis erhält man die *Schnittmenge*. Die UND-Verknüpfung wird bei der Suche im OPAC am häufigsten verwendet. Deshalb werden in den meisten Online-Katalogen mehrere Suchbegriffe automatisch mit dem Operator UND verknüpft (statt *bremen* UND *verkehrsplan* genügt die Eingabe *bremen verkehrsplan*).

(2) *Operator ODER.* Durch die Verknüpfung von zwei Suchbegriffen mit ODER werden diejenigen Datensätze gefunden, in denen *entweder der eine oder der andere Suchbegriff oder beide gemeinsam* vorkommen

(„entweder A oder B"). Logisches ODER bewirkt eine *Erweiterung* der Suchfrage; als Ergebnis erhält man die *Vereinigungsmenge*. Die ODER-Verknüpfung ist vor allem für Fragestellungen geeignet, bei denen *Synonyme* erfasst werden sollen, z.b. Reklame ODER Werbung, Tourismus ODER Fremdenverkehr. Bei Online-Katalogen mit Schlagwortvergabe ist der ODER-Operator meist für die sachliche Suche entbehrlich, da die synonymen Begriffe hier in den Datensätzen der Schlagwörter gespeichert sind und bei der Suche automatisch berücksichtigt werden. Der ODER-Operator ist jedoch bei fehlender Schlagwort-Erschließung für die *Stichwortsuche* nach Synonymen und nach Stichwörtern in mehreren Sprachen sinnvoll.

(3) *Operator NICHT*. Durch die Verknüpfung von zwei Suchbegriffen mit NICHT werden diejenigen Datensätze gefunden, in denen *nur der erste, nicht aber der zweite Suchbegriff* vorkommt („A minus B"). Logisches NICHT bewirkt eine *Einengung* der Suchfrage durch Ausschluss eines Suchbegriffs, als Ergebnis erhält man die *Restmenge*. Der NICHT-Operator sollte nur verwendet werden, wenn durch Ausschluss eines Begriffs die Treffermenge sinnvoll eingeschränkt werden kann. Mit der Schlagwort-Suche: „rheuma NICHT therapie" lassen sich beispielsweise Titel über Rheuma suchen unter Ausschluss der Therapiemöglichkeiten.

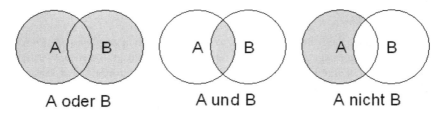

(**Abb. 12: Die Boolesche Operatoren „oder", „und", „nicht"**)

Trefferanzeige

In Online-Katalogen ist für die Anzeige der Treffer üblicherweise ein Kurzformat und ein Vollformat vorgesehen. Das *Kurzformat* enthält meist nur Verfasser, Sachtitel, Verlagsort, Verlag und Erscheinungsjahr, das *Vollformat* zeigt die vollständige Titelaufnahme mit den Lokaldaten der Bibliothek (Signatur, Ausleihstatus, evtl. Benutzungseinschränkung, etc.). Das Vollformat kann in verschiedenen Formen angeboten werden, z.B. als Einheitsaufnahme im ISBD-Format oder in kategorisierter Form mit verbalen Feldbezeichnungen. Ergibt die Recherche nur *einen* Treffer, wird der Titel sofort im Vollformat angezeigt. Werden zwei oder mehr Titel gefunden, erfolgt die Anzeige der Titel zunächst im Kurzformat. Durch Anklicken kann das Vollformat einzelner Titel aufgerufen werden. Von der Vollanzeige aus lässt sich das Werk in den meisten Fällen direkt bestellen.

Ein wichtiger Aspekt bei der Trefferanzeige – vor allem bei großen Treffermengen – ist die Sortierung der Titeldaten (Ranking). Normalerweise präsentieren OPACs die Titeldaten einer Treffermenge in der chronologischen Reihenfolge des Erscheinungsjahrs, wobei der aktuellste Titel zuerst, der älteste zuletzt aufgeführt wird. Häufig lässt sich auch eine Sortierung nach der Relevanz der Titel auswählen. Hierbei wird nach einem speziellen Algorithmus berücksichtigt, wie oft und in welchen Kategorien eines Datensatzes der Suchbegriff vorkommt. Diese errechnete Relevanz in der Titelsortierung deckt sich allerdings nicht immer mit den Erwartungen der Benutzer.

e) Moderne OPAC-Funktionen

Vor allem durch die Verwendung moderner Suchmaschinentechnologien werden OPACs in den Bereichen Bedienungskomfort (kurze Antwortzeiten, intuitive Bedienung, visualisierte Trefferanzeige), Informationsangebot und Suchfunktionalitäten ständig verbessert. Einige Entwicklungen sollen im Folgenden kurz vorgestellt werden:

Catalog Enrichment

Beim Catalog Enrichment (Kataloganreicherung) werden die traditionellen Katalogdaten um verschiedene zusätzliche Informationen angereichert. Typische Inhalte für solche Ergänzungen des Titelmaterials sind Inhaltsverzeichnisse, Inhaltsangaben/Abstracts, Rezensionen und Abbildungen des Bucheinbandes. Hierbei wird entweder auf die zusätzlichen Daten verlinkt oder sie werden direkt in den Katalogeintrag eingebracht. Durch das Catalog Enrichment ist es dem Benutzer möglich, sich schon bei der Recherche genauer über den Inhalt der gefundenen Medien zu orientieren; überflüssige Magazinbestellungen können dadurch verringert werden. Von besonderer Bedeutung ist das Anreichern von Katalogdaten mit Inhaltsverzeichnissen von Zeitschriften und Sammelbänden. Wenn sie in maschinenlesbarer Form vorliegen, können diese Inhaltsverzeichnisse in die Katalogrecherche einbezogen werden und ermöglichen somit eine Stichwortsuche auch in den bibliographischen Daten der normalerweise nicht erschlossenen Aufsätze.

Ähnlichkeitssuche

Mit der Ähnlichkeitssuche (auch unscharfe Suche oder Fuzzy-Suche) lassen sich zum einen abweichende Schreibweisen oder Abwandlungen des Wortstammes des eingegebenen Suchbegriffes finden (z.B. Schiffahrt /

Schifffahrt, Bundesstraße, Bundesstraßen). Grundlage dieser Funktion ist ein spezieller Algorithmus, der festlegt, wie stark sich die mitgesuchten Begriffe vom eingegebenen Suchbegriff unterscheiden dürfen. Zum anderen kann mit der Ähnlichkeitssuche – ausgehend von einem gefundenen Titel – nach ähnlichen Treffern recherchiert werden. Hierfür werden die Titel- und Sacherschließungsdaten des Ausgangstitels verwendet. Auch Schreibfehlerkorrekturen können geleistet werden, indem die Recherchesoftware zu einem Suchbegriff, der zu keinem oder sehr wenigen Treffern geführt hat, einen (z.b. phonetisch) ähnlichen Begriff aus dem Index vorschlägt. Eine fehlerhafte Suchanfrage nach „Niebelungenlied" führt zu der Rückfrage „Meinten Sie: Nibelungenlied?"

Hypertextverlinkung

Immer stärker werden die Angebote ausgebaut, die in Katalogdaten durch die Hypertextverlinkung gegeben sind, also durch Links, die von einem Katalogisat auf andere Katalogdaten, auf externe Daten auf den Servern der Bibliothek oder auf Daten von externen Anbietern verweisen. Verlinkt wird typischerweise auf Katalogdaten, über die sich sinnvoll weitere Bibliotheksbestände recherchieren lassen (vor allem der Autor und die Schlagwörter). Sind Ergänzungen zum Katalogisat vorhanden (Catalog Enrichment), so wird natürlich auf diese Elemente verlinkt. Handelt es sich bei dem gefundenen Titel um eine Online-Publikation, so kann direkt auf den Volltext verlinkt werden, der Titel steht dem Benutzer damit unmittelbar zur Verfügung.

Personalisierte Funktionen

Nur Katalogbenutzer, die sich mittels Passwort als registrierte Benutzer der Bibliothek identifizieren, können die personalisierten Funktionen von OPACs nutzen. Dies betrifft zunächst die Möglichkeit, bereits recherchierte Trefferlisten abzuspeichern, um die gefundenen Titel später erneut aufzurufen. Sinnvoller ist es jedoch, nicht die Trefferliste, sondern die Suchanfrage abzuspeichern, um den Suchvorgang zu einem späteren Zeitpunkt wiederholen zu können. Auf diese Weise gelangt man jeweils zu einer aktualisierten Treffermenge. Mit Hilfe von sogenannten *Alert-Diensten* (Alerting = Alarmierung) lässt sich diese Funktionalität auch automatisieren. Benutzer können ihr Interessensprofil in Form einer oder mehrerer Suchanfragen im OPAC hinterlegen und werden dann in regelmäßigen Abständen, z.B. durch E-Mails oder *RSS-Feeds* (s. u. S. 316) über neu erworbene Titel zu ihrem Interessensgebiet informiert. Zum Teil kann nach einer persönlichen Anmeldung mit dem OPAC auch in zusätzlichen Beständen recherchiert werden, z.B. in elektronischen Publikationen oder Aufsatzdatenbanken.

Verschiedene Möglichkeiten der Suchverfeinerung erlauben den Bibliotheksbenutzern heute, die oft sehr großen Treffermengen einzelner Suchanfragen im OPAC sinnvoll einzugrenzen. So lassen sich bestehende Trefferlisten durch Einschränkungen auf bestimmte Themengebiete, Erscheinungsjahre, Sprachen der Publikationen, Medienform etc. einschränken. Nicht immer werden hierbei dieselben Einschränkungsmöglichkeiten angeboten; werden diese aus der aktuellen Trefferliste gewonnen, handelt es sich um kontextsensitive (umgebungsabhängige) Einschränkungen. Man spricht in diesem Zusammenhang auch von sogenannten *drill-downs*. Sie ermöglichen die Betrachtung eines sinnvollen Ausschnitts der Treffermenge. Im Idealfall werden die einzelnen Einschränkungsmöglichkeiten übersichtlich am Rand neben der Trefferanzeige angezeigt. Eine andere Form der Verfeinerung (aber auch der Erweiterung, *roll up*) von Suchergebnissen bietet die Katalogrecherche mit Hilfe der Klassifikation. Von jedem Punkt der Systematik lässt sich hierbei zur nächst höheren oder zu den tiefer liegenden Ebenen und den zugehörigen Titeln wechseln (s. o. S. 184).

Weitere Funktionen, über die moderne OPACs heute verfügen, sind beispielsweise die originalsprachliche Suche (z.B. mit kyrillischen Zeichen), die Empfehlung thematisch verwandter Titel (Recommender-Funktion), die Visualisierung der Suchergebnisse und die Möglichkeit für Benutzer, Erschließungsdaten bzw. Rezensionen in den Katalog einzugeben (social tagging). Im Zusammenhang mit diesen Funktionen wird vielfach von OPAC 2.0 gesprochen.

6. Ältere Katalogformen

Im Gegensatz zum Online-Katalog (und Katalogen auf CD-ROM), die nach beliebigen Kriterien durchsuchbar sind und ihr Titelmaterial in immer neuen Zusammenstellungen präsentieren, bieten konventionelle Kataloge das Titelmaterial in einer starren, einmal festgelegten Form. Für die Katalogisierung von Neuerwerbungen kommen konventionelle Kataloge heute zwar so gut wie nicht mehr zum Einsatz, da viele Bibliotheken jedoch die Titeldaten ihrer konventionellen Kataloge noch nicht vollständig konvertiert, also in maschinenlesbarer Form in den OPAC eingebracht haben, werden diese Kataloge auch weiterhin benutzt. Da immer mehr Bibliotheksbenutzer die Besonderheiten dieser Verzeichnisse heute nicht mehr kennen, benötigen sie immer häufiger eine intensive Beratung durch Bibliothekare.

a) Hauptarten konventioneller Kataloge

Entsprechend ihrer festen inneren Ordnung sind vier Hauptarten von konventionellen Bibliothekskatalogen zu unterscheiden, die jeweils verschiedenen Aufgaben dienen: der *Alphabetische Katalog*, die beiden Sachkataloge, nämlich der *Schlagwortkatalog* und der *Systematische Katalog*, und der *Standortkatalog*. Diese vier wichtigsten Katalogtypen sowie eine Mischform, der *Kreuzkatalog*, werden im Folgenden kurz beschrieben.

Der Alphabetische Katalog

Der Alphabetische Katalog (AK) verzeichnet die in der Bibliothek vorhandenen Medien nach *formalen* Gesichtspunkten in *alphabetischer* Reihenfolge. Die formalen Elemente, nach denen die Bibliotheksbestände im Alphabetischen Katalog verzeichnet werden können, sind vor allem:

(1) der *Verfassername*, eventuell auch die Namen von sonstigen am Zustandekommen des Werkes beteiligten Personen

(2) der *Sachtitel*, das ist die sachliche Benennung eines Werkes

(3) der *Name einer Körperschaft*, die ein Werk erarbeitet hat oder maßgeblich an seinem Zustandekommen beteiligt war

Der Alphabetische Katalog weist in *einer alphabetischen Reihe* sowohl Verfasserwerke als auch anonyme Werke nach. Als *Verfasserwerk* gilt ein Werk von ein bis drei Verfassern. *Anonyme Werke* (Anonyma) sind Werke, deren Verfasser unbekannt sind. Zu den Anonyma rechnet man aber auch Werke von mehr als drei Verfassern sowie Zeitschriften, Zeitungen und Serien. Verfasserwerke werden im Alphabetischen Katalog unter dem Verfassernamen aufgeführt, anonyme Werke unter dem Sachtitel oder, je nach den geltenden Regeln, gegebenenfalls unter dem Namen der Körperschaft, die das Werk erarbeitet oder veranlasst und herausgegeben hat. Dazu einige Beispiele: Man findet im Alphabetischen Katalog Brehms „Tierleben" unter B (d.h. unter dem Verfassernamen *Brehm, Alfred*), das „Nibelungenlied" unter N (*Nibelungenlied*), die „Zeitschrift für Geschichtswissenschaft" unter Z (*Zeitschrift*), die „Mitteilungen der Gesellschaft für Pflanzenkunde" jedoch gegebenenfalls unter G (*Gesellschaft für Pflanzenkunde*).

Der Alphabetische Katalog dient vor allem der Recherche von Werken, deren wichtigste formale Merkmale (Verfassername, Sachtitel, evtl. Körperschaftsname) dem Suchenden bekannt sind. Da der AK der formalen Erschließung des Bibliotheksbestandes dient, ist er ein *Formalkatalog*. Der Name „Alphabetischer Katalog" ist für diesen Katalogtyp zwar allgemein üblich, aber nicht ganz eindeutig, da auch der Schlagwortkatalog alphabetisch geordnet ist. Gelegentlich spricht man daher auch von Verfasser-, Autoren- oder Nominalkatalog.

Der Schlagwortkatalog

Während der Alphabetische Katalog die Bestände einer Bibliothek nach formalen Gesichtspunkten verzeichnet, werden sie in den *Sachkatalogen* (SWK) nach ihrem *Inhalt* erschlossen. Ein Sachkatalog soll auf die Frage antworten, welche Werke die Bibliothek zu einem bestimmten Sachgebiet oder Thema (einem Gegenstand, einem Ort oder einer Person) besitzt. Die Kenntnis der Verfasser oder Sachtitel der Werke ist dazu nicht nötig. Es gibt zwei Arten des Sachkatalogs: den Schlagwortkatalog und den Systematischen Katalog.

Der *Schlagwortkatalog* ist ein Sachkatalog, der den Bibliotheksbestand nach *Schlagwörtern* ordnet, die den Inhalt der verzeichneten Dokumente möglichst genau und vollständig bezeichnen. Die Schlagwörter werden alphabetisch geordnet. Man findet also im Alphabet des Schlagwortkatalogs das „Lehrbuch der Anatomie" von Alfred Benninghoff unter A, d.h. unter dem Schlagwort *Anatomie*, die „Zeitschrift für Geschichtswissenschaft" unter G (*Geschichtswissenschaft*), ein Buch über Porzellan mit dem Sachtitel „Vom Zauber des weißen Goldes" unter P (*Porzellan*).

Bei ihrer alphabetischen Ordnung wird der sachliche Zusammenhang der Schlagwörter untereinander nicht berücksichtigt. Sachlich Zusammengehöriges wird dadurch oft auseinander gerissen. So steht unter dem Schlagwort „Kunst" nur die Literatur über das Gesamtgebiet der Kunst, während Werke über Malerei, Bildhauerei, Baukunst usw. jeweils unter diesen Schlagwörtern im Alphabet verzeichnet sind.

Der Schlagwortkatalog ist durch die alphabetische Reihenfolge der Schlagwörter leicht zu benutzen. Das Ordnungsprinzip des SWK entspricht ungefähr dem eines Lexikons, das ja ebenfalls eine alphabetische Abfolge von Sachbegriffen enthält. Der SWK ist besonders zur raschen Orientierung über die Literatur zu einem bestimmten, begrenzten Thema geeignet.

Eng verwandt mit dem Schlagwortkatalog ist der *Stichwortkatalog*, der ebenfalls alphabetisch geordnet ist. Während das Schlagwort für den Inhalt eines Buches frei gewählt wird und nicht immer im Sachtitel vorkommt, ist ein *Stichwort* immer ein charakteristisches, sinntragendes Wort des *Sachtitels* oder des Zusatzes zum Sachtitel. Das Stichwort kann, muss aber nicht mit dem Schlagwort übereinstimmen.

Der Kreuzkatalog

Eine Mischung oder Kreuzung aus Alphabetischem Katalog und Schlagwortkatalog ist der sogenannte *Kreuzkatalog* oder *Wörterbuchkatalog*. In ihm sind (1) Verfassernamen (bzw. bei den Anonyma Sachtitel oder Körperschaftsnamen) und (2) Schlagwörter in *einem* Alphabet geordnet. Das

„Lehrbuch der Anatomie" von Alfred Benninghoff ist also im Alphabet eines Kreuzkatalogs sowohl unter *Benninghoff, Alfred* als auch unter *Anatomie* zu finden. In einer erweiterten Form des Kreuzkatalogs wird jedes Werk dreimal verzeichnet, nämlich unter (1) dem Verfassernamen, (2) dem Schlagwort und (3) dem Sachtitel. In diesem Fall wäre das „Lehrbuch der Anatomie" von Benninghoff zusätzlich unter dem Sachtitel *Lehrbuch der Anatomie* nachgewiesen.

In manchen Kreuzkatalogen wird zusätzlich ein Stichwort aus dem Sachtitel berücksichtigt, sofern dieses nicht ohnehin mit dem Schlagwort übereinstimmt. Bei dem Buch „Wanderungen in Spree-Athen" von Wolfgang Schmidt ist in einem solchen Kreuzkatalog eine Katalogeintragung unter dem Verfassernamen *Schmidt, Wolfgang* eingeordnet, eine zweite unter dem Sachtitel *Wanderungen in Spree-Athen*, eine dritte unter dem Stichwort *Spree-Athen* und eine vierte unter dem Schlagwort *Berlin*.

Der Kreuzkatalog eignet sich also sowohl für die Titelsuche nach einem bestimmten, dem Benutzer bekannten Werk – und zwar unter dem Verfassernamen sowie dem Sachtitel – als auch für die thematische Recherche unter Schlagwörtern bzw. Stichwörtern.

Der Systematische Katalog

Als weiterer Sachkatalog neben dem Schlagwortkatalog gibt es den *Systematischen Katalog* (SyK). Er verzeichnet die Bestände der Bibliothek ihrem Inhalt entsprechend nach einem *System der Wissenschaften*, wobei die einzelnen Wissensgebiete in einer bestimmten sachlich-logischen Abfolge angeordnet sind. Die *Hauptgebiete* sind in ihre jeweiligen *Untergebiete* gegliedert, so z.B. die Naturwissenschaften in: Physik – Chemie – Geologie – Zoologie – Botanik usw., die Physik wiederum in: Mechanik – Akustik – Optik – Wärmelehre – Elektrizitätslehre usw. (s. o. S. 184ff.). Man muss also im SyK z.B. Benninghoffs „Lehrbuch der Anatomie" innerhalb der Medizin suchen, während Brehms „Tierleben" bei der Zoologie und eine Bismarck-Biographie bei der Geschichte zu finden ist.

Der Systematische Katalog vereinigt also *sachlich zusammengehörige Dokumente* und weist sie im Zusammenhang ihres größeren Sachgebietes nach, im Gegensatz zum Schlagwortkatalog, der das Gesamtgebiet einer Wissenschaft in einzelne Begriffe (Schlagwörter) auflöst und diese über das Alphabet verteilt. Der Systematische Katalog beantwortet die Frage, welche Publikationen die Bibliothek über ein größeres Wissensgebiet besitzt. Beim Sachgebiet „Kunst" findet man nicht nur Titel über das Gesamtgebiet der Kunst, sondern anschließend auch Werke über Malerei, Bildhauerei und Baukunst, bis zu den speziellsten Abhandlungen über Einzelfragen der Kunst.

Dem Systematischen Katalog liegt eine bestimmte *Systematik* oder *Klassifikation* zu Grunde, nach welcher die Einordnung der Bücher erfolgt. Die verschiedenen Gruppen einer Systematik und ihre Unterteilungen (Klassen) werden meist durch eine Kombination von Buchstaben und/ oder Ziffern ausgedrückt. Eine solche Bezeichnung einer bestimmten Systemgruppe oder Systemstelle heißt *Notation*. Alle Dokumente über das gleiche Thema sind im SyK an derselben Stelle, d.h. unter der gleichen Notation verzeichnet. Da man die gewünschte Systemstelle kennen oder ermitteln muss, erfordert die Benutzung des SyK eine gewisse Kenntnis der zugrunde liegenden Systematik.

Der Standortkatalog

Als *Standortkatalog* bezeichnet man einen Katalog, in dem die Medien in der gleichen Reihenfolge aufgeführt werden, in der sie in den Regalen (an ihrem „Standort") aufgestellt sind. Er dient vor allem als Hilfsmittel für die Signaturenvergabe und für die von Zeit zu Zeit notwendige Revision (Durchsicht, Prüfung) des Bestandes einer Bibliothek.

Die innere Ordnung des Standortkatalogs hängt ab von der Art, wie die Medien in den Regalen geordnet sind. Werden die Medien in *systematischer* Ordnung aufgestellt, so ist der Standortkatalog gleichzeitig ein Systematischer Katalog. Man bezeichnet ihn dann als „standortgebundenen" Systematischen Katalog oder Systematischen Standortkatalog. Ist der Bestand nach der *Gruppenaufstellung* oder *mechanisch nach dem Zugang* oder *alphabetisch nach Verfassern* geordnet, so sind auch im Standortkatalog die Medien in dieser jeweiligen Reihenfolge verzeichnet. Der unabhängig davon geführte Systematische Katalog ist in diesem Fall ein „standortfreier" SyK.

b) Die äußere Form der Kataloge

Nach ihrer äußeren Erscheinungsform kann man Bandkataloge, Kartenkataloge (Zettelkataloge), Mikrokataloge, CD-ROM-Kataloge und Online-Kataloge unterscheiden. Bandkataloge und Mikrokataloge werden auch als „Listenkataloge" bezeichnet, da sie die Werke in Form einer festen Liste aufführen.

Bandkataloge

Bandkataloge haben die Form eines großen Buches, in dem die Werke nacheinander aufgeführt sind. In alten Bandkatalogen wurden die Titelaufnahmen mit der Hand eingetragen. Solche handschriftlichen Bandkataloge finden sich nur noch vereinzelt für Teile des Altbestandes in alten Wissenschaftlichen Bibliotheken. Um 1970 erfuhr der Bandkatalog eine vorübergehende Wiederbelebung an Bibliotheken, die ihre Kataloge mit Hilfe der EDV herstellten. Hier wurden die elektronisch gespeicherten Titelaufnahmen über einen Schnelldrucker auf langen Papierbahnen ausgedruckt, die dann in Blätter geschnitten und gebunden wurden. Diese elektronisch ausgedruckten Bandkataloge, die in regelmäßigen Abständen aktualisiert wurden, sind später durch die ebenfalls elektronisch hergestellten Mikro-, CD-ROM- und Online-Kataloge abgelöst worden. Werden Bandkataloge durch Buchdruck hergestellt, so spricht man auch von *Buchkatalogen*. Die berühmtesten gedruckten Kataloge einzelner Bibliotheken sind die Kataloge der Bibliothek des Britischen Museums in London (heute British Library), der Bibliothèque nationale de France in Paris und der Library of Congress in Washington.

Kartenkataloge (Zettelkataloge)

Beim Kartenkatalog sind die einzelnen Titel auf Karten (aus starkem Papier oder Karton) aufgeführt, die in Form einer Kartei angeordnet werden. Da ursprünglich Papierzettel verwendet wurden, war auch die Bezeichnung *Zettelkatalog* üblich. Seit der Mitte des 20. Jahrhunderts wurde als Kartenformat zumeist das sogenannte *Internationale Bibliotheksformat* von 7,5 × 12,5 cm verwendet. Vom späten 19. bis zum späten 20. Jahrhundert wurden die Bibliotheken von Kartenkatalogen geprägt; für den Nachweis von älteren Beständen sind sie zum Teil noch heute in Gebrauch.

Mikrokataloge

In Bibliotheken und Bibliotheksverbünden, die schon früh eine elektronische Katalogisierung eingeführt hatten, war für eine gewisse Zeit der Mikrokatalog in Form des *Mikrofiche-Katalogs* üblich. Die Herstellung eines Mikrokatalogs erfolgt mit dem COM-Verfahren (COM = Computer Output on Microform), wobei die im Computer gespeicherten Titelaufnahmen in starker Verkleinerung auf *Mikrofiches* ausgegeben werden. Ein Mikrofiche hat Postkartengröße (Format DIN A 6) und besteht aus einer Kopfzeile, die mit bloßem Auge lesbar ist und den Inhalt des Mikrofiches angibt, sowie aus spaltenweise angeordneten Bildfeldern mit den Titelaufnahmen, die nur mit Hilfe eines Lesegerätes gelesen werden können. Ein Mikrofiche enthält je nach Verkleinerung rund 2000-6000 Titelaufnahmen auf mehreren hundert Feldern. Über ein Indexfeld am Ende oder am Anfang des Mikrofiches kann die Position des Feldes mit der gesuchten Katalogeintragung ermittelt werden. Die Herstellung eines COM-Katalogs war schnell und preisgünstig möglich. Durch Duplizierung konnten beliebig viele Exemplare produziert werden, so dass der Mikrokatalog mehrfach in der Bibliothek und auch an anderen Orten verfügbar sein konnte. Der Nachteil von Mikrokatalogen besteht darin, dass sie schon kurz nach ihrer Herstellung nicht mehr auf dem aktuellen Stand sind. Sie können nachträglich nicht ergänzt, sondern müssen durch aktualisierte Neuausgaben ersetzt werden. Mikrokataloge können nicht nur im COM-Verfahren entstehen, sondern auch dadurch, dass ein Band- oder Karten-katalog fotographiert und verkleinert auf Mikrofiches übertragen wird, was für den Nachweis von Spezial- oder Altbeständen sinnvoll sein kann, da sich Mikrokataloge preiswert vervielfältigen lassen. Mit dem Auf-kommen des Online-Katalogs ist der Mikrokatalog als Hauptkatalog einer Bibliothek allerdings weitgehend verschwunden.

CD-ROM-Kataloge

Maschinenlesbare Katalogdaten können auf CD-ROM gespeichert und veröffentlicht werden. Durch die hohe Speicherkapazität dieses Datenträgers lassen sich auch größere Bestandsverzeichnisse auf einer CD-ROM speichern. Für die Suchabfrage bieten CD-ROM-Kataloge vergleichbare Möglichkeiten wie der Online-Katalog. Im Gegensatz zum OPAC ist eine Ergänzung oder Änderung der Katalogdaten auf einer CD-ROM aller-dings nicht möglich. Da die Daten daher schon bald an Aktualität verlie-ren, wurden CD-ROM-Kataloge rasch von Online-Katalogen verdrängt.

c) Sonderformen von Katalogen

Die im Folgenden aufgeführten Sonderformen von Bibliothekskatalogen definieren sich durch ihre Zugänglichkeit (Dienst- und Publikumskatalog) und ihren Umfang (Haupt-, Teil-, Zentral- und Verbundkataloge). Diese Einteilung ist unabhängig von ihrer Publikationsform.

Dienstkataloge und Publikumskataloge

Bei Führung konventioneller Kataloge unterschied man früher in man-chen Bibliotheken Dienst- oder Verwaltungskataloge einerseits und Pub-likums-, Leser- oder Benutzerkataloge andererseits. Dienstkataloge, z.B. der Standortkatalog, waren nur den Bibliothekaren, nicht oder nur aus-nahmsweise den Benutzern zugänglich. Der *Alphabetische Katalog* wur-de in großen Bibliotheken nicht selten doppelt geführt; als Dienstkatalog stand er den Bibliothekaren, als Publikumskatalog den Benutzern zur Verfügung.

Hauptkataloge, Teilkataloge und Spezialkataloge

Nach ihrem Umfang im Vergleich zum Gesamtbestand der Bibliothek unterscheidet man Haupt-, Teil- und Spezialkataloge. *Hauptkataloge* verzeichnen den gesamten Bestand oder zumindest den hauptsächlichen

Bestand der Bibliothek. Als Hauptkataloge wurden früher zumeist der Alphabetische Katalog und ein Sachkatalog geführt, heute ist der Online-Katalog (OPAC) in fast allen Fällen der Hauptkatalog. *Teilkataloge* verzeichnen einen begrenzten Teil des Bestandes, der auch im Hauptkatalog nachgewiesen ist, z.b. die Lehrbuchsammlung, den Lesesaalbestand, die Musikalien oder die Landkarten. Dazu gehören auch sachliche Sonderkataloge (z.b. Biographische Kataloge für Werke über Personen, Regionalkataloge für die Literatur über ein Land oder eine Region). In *Spezialkatalogen* (nicht im Hauptkatalog) sind Sonderbestände wie Handschriften, Nachlässe, Autographen, Bildsammlungen und AV-Materialien erschlossen. Allerdings werden Spezialkataloge heute zunehmend auch in den OPAC integriert.

Zentralkataloge (Gesamtkataloge)

Zentral- bzw. Gesamtkataloge verzeichneten – zumeist bis in die 1990er Jahre – in konventioneller Form den Bestand nicht nur einer, sondern mehrerer Bibliotheken; geführt wurden sie fast immer als Alphabetische Kataloge. Bei jeder Titelaufnahme in einem Zentralkatalog wurde vermerkt, in welcher Bibliothek oder in welchen Bibliotheken das betreffende Werk vorhanden ist. Die einzelnen Bibliotheken wurden dabei durch sogenannte Bibliothekssigel bezeichnet, die aus Ziffern (zum Teil in Verbindung mit Buchstaben) bestehen. Ein Zentralkatalog sollte es ermöglichen, rasch herauszufinden, ob und an welcher der erfassten Bibliotheken ein gewünschtes Werk vorhanden ist. Die Hauptaufgabe eines Zentralkatalogs war der *Besitznachweis* für einen bestimmten Titel im Bestand mehrerer Bibliotheken. Daher waren Zentralkataloge wichtige Hilfsinstrumente für den örtlichen, den regionalen und den überregionalen Leihverkehr.

Zentralkataloge, die den *Gesamtbestand* mehrerer Bibliotheken verzeichnen (eventuell abgesehen von bestimmten speziellen Bestandsgruppen), kommen als lokale, regionale und nationale Zentralkataloge vor. *Lokale* oder *örtliche Zentralkataloge* gab es vor allem in den städtischen Systemen Öffentlicher Bibliotheken (Nachweis aller Medien, die in der Zentrale und den Zweigstellen vorhanden sind) oder in Universitäten (Universitäts-Gesamtkataloge, die auch die Bestände der Institutsbibliotheken enthalten). Ein *regionaler Zentralkatalog* erfasste die Bibliotheksbestände einer Region. In Deutschland enthalten die Regionalen Zentralkataloge die Bestände der Wissenschaftlichen Bibliotheken einer Leihverkehrsregion. Die *nationalen Zentral- oder Gesamtkataloge* verzeichneten die Bestände der wichtigen Bibliotheken eines Gesamtstaats. Das bekannteste Beispiel eines gedruckten nationalen Gesamtkatalogs ist der „National Union Catalog" in den USA. In Deutschland ist kein derartig umfassender Katalog zustande gekommen. Der zwischen 1931 und 1939 veröffentlichte

„Preußische" bzw. „Deutsche Gesamtkatalog", der die Bestände der deutschen Wissenschaftlichen Bibliotheken vor 1930 umfassen sollte, ist ein Bruchstück geblieben; erschienen sind lediglich 14 Bände (A-Beethordnung); das nicht veröffentlichte Titelmaterial gilt als verloren.

Neben den Zentralkatalogen, die den Gesamtbestand mehrerer Bibliotheken erfassen, gibt es auch *Fachzentralkataloge*, die den Bestand mehrerer Bibliotheken für bestimmte Fachgebiete oder Publikationsformen nachweisen.

In ihrer Funktion wurden die konventionell geführten Zentralkataloge Ende des 20. Jahrhunderts durch die elektronischen *Verbundkataloge* (s. u. S. 293) abgelöst. In vielen Fällen wurde das Titelmaterial der alten Zentralkataloge konvertiert und in die elektronischen Verbundkataloge integriert, wodurch heute das gesamte Titelmaterial online zur Verfügung steht.

7. Medienbearbeitung zwischen Katalogisierung und Bereitstellung

Nach der Zugangsbearbeitung und Katalogisierung sind noch einige Arbeitsvorgänge notwendig, bevor die neuerworbenen Medien für die Benutzung bereitgestellt werden können. Dazu gehört das Anbringen des Bibliotheksstempels, die abschließende Bearbeitung der Exemplardaten, das Binden unzureichend gebundener Werke, das Beschildern (Anbringen des Signaturschildes) sowie evtl. abschließende Kontrollarbeiten.

Stempeln

Jedes Medium einer Bibliothek muss einen deutlichen Eigentumsvermerk dieser Institution aufweisen. Dies geschieht durch Anbringung des *Bibliotheksstempels*. In Büchern wird der Stempel aus ästhetischen Gründen auf der Rückseite des Titelblattes angebracht und meist noch auf dem unteren Rand einer bestimmten, immer gleich bleibenden Seite im Innern des Buches, manchmal auch noch am Ende der letzten Textseite. An vielen Bibliotheken werden die Medien bereits bei oder nach der Zugangsbearbeitung gestempelt, an anderen erst nach der Katalogisierung. Wichtig ist auf jeden Fall, dass die Bücher den Bibliotheksstempel erhalten, bevor sie zum Binden an einen Buchbinder außerhalb der Bibliothek gegeben werden.

Bearbeitung der Exemplardaten

Arbeitet eine Bibliothek mit einem EDV-gestützten Ausleihsystem, reicht die Signatur zur eindeutigen Identifizierung eines Exemplars oft nicht aus. Zum Teil verfügt nicht jedes Medium über eine individuelle Signatur, zum Teil sind die Signaturen zu kompliziert. Daher wird zusätzlich noch eine *Mediennummer* vergeben, die – sofern dies noch nicht bei der Inventarisierung geschehen ist – nun mit den anderen Buchdaten (Titeldaten, Signatur, etc.) verknüpft wird. Die Mediennummer wird in maschinenlesbarer Form auf Etiketten in die Medien eingeklebt, verwendet werden meist Barcodes, RFID-Transponder oder OCR-Schriften. Auch Besonderheiten des vorliegenden Werkes, z.B. Beilagen, werden bei den Exemplardaten vermerkt.

Bindearbeiten

Diejenigen Bücher, die ungebunden bzw. ohne bibliotheksgerechten Einband geliefert wurden, müssen in der Regel vom Buchbinder gebunden werden. Das gleiche gilt für Zeitungen und Zeitschriften. Obwohl zu größeren Bibliotheken meist eine eigene *Hausbuchbinderei* gehört, wird das Binden der ungebunden gelieferten Werke in der Regel außerhalb des Hauses von kommerziellen Buchbindern, sogenannten *Vertragsbuchbindern*, durchgeführt. In den hauseigenen Werkstätten werden zumeist nur solche Arbeiten ausgeführt, die entweder geringfügig sind oder die eine schnelle Erledigung bzw. besondere Sorgfalt verlangen. In großstädtischen oder regionalen Bibliothekssystemen werden die Bindearbeiten zweckmäßigerweise in einer eigenen *zentralen Buchbinderwerkstatt* durchgeführt. Öffentliche Bibliotheken können Bücher bei der ekz bibliotheksservice GmbH regalfertig gebunden erwerben (mit einem Bibliothekseinband oder mit einer einfachen Folienverstärkung des Einbandes), vergleichbare Angebote bieten spezielle Bibliothekslieferanten auch für Wissenschaftliche Bibliotheken.

Die Einbandstelle

Um die nötigen Binde- und Buchpflegearbeiten zu veranlassen und zu überwachen, gibt es an größeren Bibliotheken eine eigene Dienststelle, die *Einbandstelle*. Sie bildet das Verbindungsglied zwischen der Bibliothek und den in ihrem Auftrag arbeitenden Buchbindereien (bzw. der Hausbuchbinderei), an die sie das Bindegut weitergibt. In der Regel stehen ca. 5-10% des Erwerbungsetats für Einbandkosten zur Verfügung.

In der Einbandstelle läuft folgendes Bindegut zusammen: (1) die neuerworbenen, unzureichend gebundenen *Monographien, Fortsetzungs- und Serienwerke*; (2) die ungebundenen *Zeitschriften- und Zeitungsjahrgänge*, sobald sie vollständig sind; (3) *reparaturbedürftige Bände*. Beim Verkehr mit den Vertragsbuchbindern hat die Einbandstelle im Wesentlichen folgende Aufgaben zu erfüllen:

- über die Einbandart und -qualität der zu bindenden Bücher und Periodika zu entscheiden
- dem Buchbinder einen entsprechenden Auftrag zu erteilen
- einen Nachweis über die ausgegebenen Buchbindeeinheiten zu führen
- die vom Buchbinder gebundenen Bände zurückzunehmen, ihre auftragsgemäße Beschaffenheit zu überprüfen und die Preisberechnung zu kontrollieren

Für diese Aufgaben verwenden Bibliothekare heute oft spezielle Computerprogramme, die zum Teil Komponenten von umfassenden Bibliotheksverwaltungsprogrammen sind.

Die *Ablieferungsfrist* zwischen der Übergabe einer Lieferung an den Buchbinder (Auftragserteilung) und der Rückgabe der gebundenen Bände sollte möglichst kurz sein, um die Bücher nicht zu lange der Benutzung zu entziehen. Vielbenutzte Werke aus Freihandbeständen (Nachschlagewerke, Bibliographien usw.) müssen daher beschleunigt gebunden werden.

Beschildern

Die gebundenen Bibliotheksbücher müssen etikettiert oder „beschildert", d.h. mit dem *Signaturschild* versehen werden. Für die Beschriftung des Signaturschildes werden zumeist einstellbare Prägeapparate oder Etikettendrucker verwendet. Mit Hilfe spezieller PC-Programme können Signaturschilder über einen PC-Drucker ausdruckt werden. Vielfach sind selbstklebende Signaturschilder im Gebrauch, die manchmal noch mit einem Stück Klebefolie überzogen werden. Bei mehrbändigen Werken sind die Signaturschilder stets im gleichen Abstand vom oberen oder unteren Rand des Rückens anzubringen. Es empfiehlt sich, die Signatur zusätzlich auf der Innenseite des vorderen Buchdeckels zu vermerken, um die Signatur bei einem etwaigen Verlust des Rückenschildes mühelos feststellen zu können.

Wird eine Buchsicherungsanlage verwendet, werden an dieser Stelle auch die Etiketten mit den hierfür benötigten Magnetstreifen bzw. RFID-Transpondern eingeklebt.

Schlusskontrolle

In einer eigenen „Schlussstelle" oder in der Einbandstelle oder in der Beschilderungsstelle findet an manchen Bibliotheken zum Abschluss des Buchdurchlaufs die *Schlusskontrolle* statt. Anhand des Laufzettels wird noch einmal überprüft, ob das Buch alle Bearbeitungsstationen durchlaufen hat. Die Übereinstimmung der Signatur auf Laufzettel, Signaturschild und im Buchdeckel wird kontrolliert. Außerdem wird jetzt der Status des Titeldatensatzes des Buches im Online-Katalog von „eingelaufen" oder „im Geschäftsgang" auf „verfügbar" geändert.

Sodann werden die Bücher für die Statistik erfasst und schließlich an ihren *Standort* (Magazin oder Freihandbestand) weitergeleitet. Damit ist die Buchbearbeitung abgeschlossen und der Geschäftsgang des Buches beendet. Das Buch steht jetzt an seinem durch die Signatur bestimmten Standort für die Benutzung bereit.

Der Geschäftsgang im Überblick

Je nach der Organisationsstruktur der Bibliothek kann die Abfolge der einzelnen Bearbeitungsstationen beim Geschäftsgang des Buches unterschiedlich gestaltet sein. Für bestimmte Publikationsformen und Nicht-Buch-Materialien werden oft *Sondergeschäftsgänge* eingerichtet. Die folgende Abbildung gibt einen vereinfachten Überblick über die wichtigsten Stationen beim integrierten Geschäftsgang in einer großen Bibliothek.

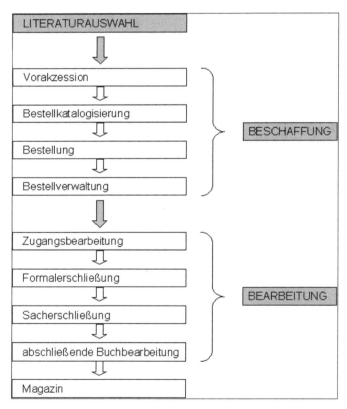

(Abb. 13: graphische Darstellung der wichtigsten Arbeitsschritte bei der Erwerbung und Erschließung von Monographien)

III. Bestandsaufbewahrung und Bestandserhaltung

Damit Bibliotheksbestände benutzt werden können, müssen sie angemessen aufbewahrt, dargeboten und erhalten werden. Bestandsaufbewahrung, -präsentation, -pflege und -erhaltung sind daher zentrale bibliothekarische Aufgaben.

1. Freihandaufstellung und Magazinaufstellung

Für die Art der Benutzung einer Bibliothek spielt es eine wichtige Rolle, ob die Bestände den Lesern *frei zugänglich* sind oder nicht. Grundsätzlich ist es wünschenswert, dass der Benutzer freien Zutritt zu den Beständen erhält, um sich am Standort der Medien einen Überblick über die vorhandenen Publikationen zu verschaffen, so kann er z.B. Einblick in die ihn interessierenden Bücher zu nehmen, bevor er die ausgewählten Titel in oder außerhalb der Bibliothek liest. In großen Bibliotheken, die umfangreiche Bestände mit alten und wertvollen Büchern besitzen, ist der freie Zugang allerdings problematisch. Die Nachteile der *Freihandaufstellung* liegen im großen Raumbedarf (die Bücherregale dürfen nicht zu eng gestellt werden), im erhöhten Verwaltungsaufwand vor allem für Aufsichtspersonal und Buchpflege sowie in der Gefährdung des Freihandbestandes durch Diebstahl, Beschädigung und Verstellen. Wo diese Gesichtspunkte eine besonders große Rolle spielen, bevorzugt man daher vielfach die rationelle und sichere *Magazinaufstellung*, d.h. die Bücher werden in geschlossenen, für die Benutzer unzugänglichen Magazinen untergebracht. Wenn Freihand- und Magazinaufstellung nebeneinander vorkommen, ist im Allgemeinen die vielbenutzte, neuere Literatur frei zugänglich aufgestellt, während die seltener benutzte, ältere Literatur im Magazin aufbewahrt wird. Eine Möglichkeit, die Vorteile von Freihandaufstellung (direkte Zugänglichkeit) und Magazinaufstellung (geringerer Raumbedarf) zu kombinieren, bieten sogenannte *Freihandmagazine*; dies sind Magazinbereiche, die auch für Benutzer zugänglich sind.

a) Öffentliche Bibliotheken

Bei den auf uneingeschränkte öffentliche Benutzung ausgerichteten Öffentlichen Bibliotheken hat die offene Aufbewahrung und wirkungsvolle Darbietung der Medienbestände eine besondere Bedeutung. Da frei dargebotene und gut präsentierte Bestände zum Lesen verlocken und die Auswahl erleichtern, ist es ein Anliegen gerade der Öffentlichen Bibliotheken, dem Benutzer einen unmittelbaren Zugang zum Standort der Medien zu verschaffen.

Die Öffentlichen Bibliotheken in der Bundesrepublik sind daher durchweg *Freihandbibliotheken*. Die „Thekenbücherei" früherer Zeiten mit ihren vom Leser durch die Ausleihtheke getrennten Büchern ist längst verschwunden. Wenn an Öffentlichen Bibliotheken ein bestimmter Bestand wichtiger, jedoch selten benutzter Literatur entsteht (z.b. ältere Zeitschriftenjahrgänge, Spezialliteratur über ein besonderes Sammelgebiet der Bibliothek), wird zusätzlich zum Freihandbestand die Einrichtung eines geschlossenen *Magazinbestandes* notwendig. Vor allem große Stadtbibliotheken und Zentralbibliotheken städtischer Bibliothekssysteme verfügen neben dem Freihandbestand häufig über umfängliche Magazinbestände älterer, weniger oft benutzter oder spezieller Literatur, die in der Regel auf Dauer aufbewahrt wird, um die nicht mehr aktuelle Literatur in einem Exemplar zentral für das Bibliothekssystem zu archivieren.

Die heutigen Konzepte für eine differenzierte Darbietung von Freihandbeständen in Öffentlichen Bibliotheken beruhen auf dem Gedanken, dass sich die Bestandspräsentation konsequent *an den Interessen der Benutzer orientieren soll*. Bahnbrechend war hierbei das zuerst in der Stadtbibliothek Münster i.W. entwickelte Konzept der *dreigliedrigen Bibliothek*. Hierbei werden die Medienbestände nicht nur, wie an großen Öffentlichen Bibliotheken üblich, in einen Freihandbestand und den Magazinbestand gegliedert, sondern zusätzlich in einem dritten Bereich, dem sogenannten „Nahbereich", dargeboten. In diesem Nahbereich werden die Medien nach *Interessenkreisen* und *aktuellen Themen* präsentiert. Der Bestand des Nahbereichs wird durch befristete Versetzungen aus dem „Mittelbereich" (dem Freihandbestand), evtl. auch aus dem „Fernbereich" (Magazinbestand) gebildet und ständig ausgewechselt. Das Konzept der dreigliedrigen Bibliothek wurde von manchen Bibliotheken auch unter der Bezeichnung „Benutzerorientierte Bibliothek" oder „Neue Freihand" übernommen und abgewandelt. Eine Weiterentwicklung ist die *fraktale Bibliothek*. Hier wird fast der gesamte aktuelle Freihandbestand dezentral nach Themen und Interessengebieten aufgestellt.

b) Wissenschaftliche Bibliotheken

In den *wissenschaftlichen Universalbibliotheken* ist die Magazin- bzw. Freihandaufstellung in unterschiedlichem Umfang üblich. Landes- und Staatsbibliotheken und viele ältere Universitätsbibliotheken sind in der Regel *Magazinbibliotheken*, d.h. die Hauptmasse der Bücher ist in geschlossenen Magazinen aufgestellt. Frei zugänglich sind hier normalerweise nur die Bestände der Handbibliotheken der Lesesäle (Allgemeiner Lesesaal, Zeitschriftenlesesaal, Speziallesesäle). Allerdings bemühen sich diese Bibliotheken vielfach durch die Einrichtung von Freihandmagazinen, einen gewissen Teil ihrer Bestände zugänglich zu machen. Die Bestände der Instituts- und Seminarbibliotheken der älteren Universitäten werden jedoch grundsätzlich in Freihandaufstellung dargeboten.

In vielen, besonders den jüngeren Hochschulbibliotheken wurde der Gedanke verwirklicht, einen Großteil des Bestandes in *Freihandaufstellung* anzuordnen, um so den unmittelbaren Kontakt zwischen Lesern und Medien am Standort zu ermöglichen, der bei geschlossener Magazinaufstellung fehlt. In einschichtigen Universitätsbibliothekssystemen sind heute etwa die Hälfte bis zwei Drittel des Buchbestandes (vor allem die weniger oft benutzte Literatur) geschlossen im zentralen Magazin untergebracht, der übrige Bestand (die aktuelle Fachliteratur) befindet sich frei zugänglich in den Teilbibliotheken. Der Anteil des Magazinbestandes steigt naturgemäß im Lauf der Zeit.

Wissenschaftliche Spezialbibliotheken sind überwiegend als Freihandbibliotheken eingerichtet; die Aufstellung in geschlossenen, für die Benutzer unzugänglichen Magazinräumen kommt nur in manchen großen Spezialbibliotheken vor.

2. Präsenzbestände und Ausleihbestände

Für die Benutzung von Bibliotheksbeständen gibt es grundsätzlich zwei Möglichkeiten: die Benutzung innerhalb oder außerhalb der Bibliothek. Wenn die Bücher einer Bibliothek nur in ihren Lesesälen benutzt werden können, wenn die Bücher also stets in der Bibliothek „präsent" (anwesend) sind, spricht man von einer *Präsenzbibliothek*. Können die Benutzer die Bücher der Bibliothek nach Hause mitnehmen (Ausleihe außer Haus), so spricht man von einer *Ausleihbibliothek*. Wissenschaftliche Spezialbibliotheken sind in der Regel Präsenzbibliotheken, während die Öffentlichen Bibliotheken den Typ der Ausleihbibliothek verkörpern.

Beide Verfahren haben ihre Vor- und Nachteile. Das *Präsenzsystem* bietet die Gewähr, dass sich die Bücher immer in der Bibliothek befinden und daher immer benutzbar sind. Ist ein gewünschtes Buch gerade in Händen eines anderen Benutzers, ist die Wartezeit meist nicht sehr lang. So können viele Leser in kurzer Zeit ein bestimmtes Buch benutzen, da es nicht durch die Ausleihe von *einem* Benutzer über einen längeren Zeitraum blockiert werden kann. Wenn der Großteil der Bücher überdies in den Lesesälen frei zugänglich aufgestellt ist, kann der Benutzer in unmittelbarer Nähe zu den Büchern arbeiten. Allerdings kann er sie eben *nur* in der Bibliothek benutzen und ist an die Öffnungszeiten gebunden. Auch sagt das Arbeiten in den oft überfüllten Lesesälen nicht jedem zu. Die Bibliothek spart sich beim Präsenzsystem die Einrichtungen und das Personal für die Ausleihe, muss aber mehr Mitarbeiter für die Aufsicht, evtl. auch für die sofortige Heranschaffung der Bücher aus den Magazinen einsetzen. Die Verluste durch Diebstahl sind in großen Freihand-Präsenzbibliotheken erfahrungsgemäß höher als in Ausleihbibliotheken.

Beim *Ausleihsystem* kommt der Benutzer für die Dauer der Leihfrist (meist vier Wochen) in den Besitz des Buches, das er zu Hause benutzen kann. Dies kommt dem individuellen Lese- und Arbeitsverhalten vieler Benutzer entgegen. Andere Leser, die das gleiche Buch benötigen, müssen bis zur Rückgabe des Bandes warten. Die Bibliothek muss einen Ausleihbetrieb einrichten und entsprechende Maßnahmen zur Ausleihkontrolle vorsehen.

Präsenz- und Ausleihbibliotheken in ganz reiner Form sind selten. Viele Präsenzbibliotheken gestatten z.B. eine Ausleihe der Bücher über Nacht, über das Wochenende bzw. für den Fernleihverkehr. Reine Ausleihbibliotheken kommen ebenfalls kaum vor. Auch kleine Öffentliche Bibliotheken haben einen gewissen Bestand an Nachschlagewerken, Lexika oder Handbüchern, der präsent gehalten und nicht ausgeliehen wird. Die deutschen Wissenschaftlichen Universalbibliotheken sind meist Ausleihbibliotheken, aber mit erheblichen Einschränkungen. Zwar kann der Großteil des Bestandes nach Hause entliehen werden, doch sind bestimmte Bestandsgruppen hiervon ausgenommen, z.B. ältere Werke und die Bestände der Handbibliotheken. Diese Bücher können nur in den Lesesälen benutzt werden, auf Wunsch natürlich auch die verleihbare Literatur. Soweit an Hochschulbibliotheken größere Teile des Bestandes in Freihandaufstellung dargeboten werden, ist für diese Bestände ganz oder teilweise die Präsenzbenutzung vorgesehen.

Die meisten Bibliotheken verfügen also sowohl über Präsenzbestände als auch über Ausleihbestände. Typischerweise gehören zum *Präsenzbestand*:

(1) alle Werke, deren Sicherung und Erhaltung im Vordergrund steht (Handschriften, Inkunabeln, ältere und wertvolle Werke)
(2) Nachschlageliteratur (Enzyklopädien, Lexika, Wörterbücher usw.)
(3) alle Werke, die von vielen Benutzern kurzfristig bzw. häufig benötigt werden (Handbücher, Semesterapparate, aktuelle Zeitschriftenhefte, etc.)

Typische *Ausleihbestände* sind dagegen:

(1) alle Werke, die man längere Zeit intensiv studieren oder in Ruhe lesen muss (Lehrbücher, Gesamtdarstellungen, Belletristik, Sachbücher; evtl. ist eine Staffelung in Mehrfachexemplaren nötig)
(2) alle seltener benötigten Bücher

Die aktuelle wissenschaftliche Spezialliteratur ist nicht eindeutig einer der beiden Gruppen zuzuordnen.

Sowohl Präsenzliteratur als auch Ausleihbestände können jeweils in *Freihandaufstellung* oder in *Magazinaufstellung* vorkommen. Es gibt also vier Möglichkeiten:

(1) Freihand-Präsenzbestände (z.B. die Lesesaal-Handbibliotheken in Wissenschaftlichen Universalbibliotheken)
(2) Freihand-Ausleihbestände (z.B. in Öffentlichen Bibliotheken)
(3) Magazin-Präsenzbestände (z.B. ältere Werke in Wissenschaftlichen Universalbibliotheken)
(4) Magazin-Ausleihbestände (z.B. aktuelle Werke in Wissenschaftlichen Universalbibliotheken)

3. Die Ordnung des Bestandes

Die Aufstellung oder Anordnung der Bücher in einer Bibliothek kann auf verschiedene Weise geschehen. Man unterscheidet vor allem die drei folgenden *Aufstellungsarten*:

(1) die *systematische Aufstellung*, d.h. die Anordnung nach einem bestimmten System der Wissensgebiete, also wie im Systematischen Katalog (s. o. S. 184ff.)

(2) die *mechanische Aufstellung* (auch *numerus currens*), d.h. die Aufstellung der Bücher nach dem Zugang, in der zufälligen Reihenfolge, in der sie in die Bibliothek kommen, also ohne Rücksicht auf den Inhalt

(3) die *Gruppenaufstellung*, d.h. die Ordnung der Bücher in verschiedene sachliche Gruppen, innerhalb derer sie mechanisch (evtl. auch alphabetisch) aufgestellt werden

Neben diesen drei hauptsächlichen Aufstellungsarten gibt es die *alphabetische Aufstellung* nach Verfassern und Sachtiteln. Auf den Gesamtbestand angewendet findet sich die alphabetische Aufstellung jedoch nur sehr vereinzelt. Häufig werden allerdings bestimmte Teile (Gruppen) des Bestandes alphabetisch geordnet, so z.B. die Belletristik in Öffentlichen

Bibliotheken. Eine *chronologische Aufstellung* der Bücher nach Erscheinungsjahren wird allenfalls bei systematischer Aufstellung innerhalb der gleichen Systemgruppe angewendet.

Für die Aufstellung der Bücher wird häufig auch ihre Größe, also das *Format* der Bücher, berücksichtigt. Das Format ergibt sich aus der Höhe des Buchrückens. Man unterscheidet zumeist drei Hauptformate:

Oktav (8°)   bis 25 cm Buchhöhe,
Quart (4°)   von 25 bis 35 cm Buchhöhe und
Folio (2°)   über 35 cm Buchhöhe.

Gelegentlich rechnet man Bände mit mehr als 45 cm Buchhöhe zu einer eigenen Formatklasse mit der Bezeichnung *Groß-Folio* (gr. 2°). Ist bei einem Buch die Breite größer als die Höhe, spricht man von *Querformaten* (quer- 8° usw.).

Um den verfügbaren Raum in den Regalen möglichst gut auszunützen, wird in großen Bibliotheken bei der mechanischen Aufstellung und bei der Gruppenaufstellung eine Unterteilung nach Formaten vorgenommen. In kleinen Bibliotheken und bei systematischer Aufstellung pflegt man die Bücher nicht nach Formaten zu trennen, sondern höchstens die übergroßen Formate (Folianten) gesondert aufzubewahren, dann verweist ein Vertreter (Repräsentant) auf den abweichenden Standort.

a) Die systematische Aufstellung

Bei der systematischen Aufstellung werden die Bücher nach einem *System der Wissenschaften* geordnet, das sich in eine Anzahl von *Hauptgruppen* gliedert, die ihrerseits wieder in kleinere sachliche *Untergruppen* eingeteilt sind. Der systematischen Aufstellung liegt also das gleiche Ordnungsprinzip wie dem Systematischen Katalog zu Grunde. Jedes neu einlaufende Buch kommt innerhalb des Systems an eine ganz bestimmte Stelle, die sich aus dem Inhalt des Buches ergibt und in der Signatur (Standortnummer) ausgedrückt wird. Die Reihenfolge der Bücher in den Regalen entspricht also der Abfolge der Sachgebiete, wie sie in der betreffenden Systematik oder Klassifikation festgelegt ist.

Wenn mehrere Bücher zum gleichen Thema vorhanden sind, d.h. in derselben Systemstelle zusammenkommen, werden sie meist alphabetisch nach Verfassern (innerhalb des gleichen Verfassers nach den Sachtiteln) geordnet. Möglich ist es auch, die Bücher innerhalb der gleichen Systemgruppe mechanisch nach dem Zugang oder chronologisch nach Erscheinungsjahren zu ordnen.

Die gebundenen Jahrgänge einer *Zeitschrift* (und am besten auch die Hefte des laufenden Jahrgangs) werden bei systematischer Aufstellung in der Regel zum jeweiligen Fachgebiet gestellt, d.h. die „Zeitschrift für englische Philologie" steht bei der Anglistik, die „Neue Juristische Wochenschrift" bei der Rechtswissenschaft. Ebenso wird häufig mit *Serien* verfahren. (Beispiel: die Bände der Serie „Abhandlungen zur Musikwissenschaft" werden geschlossen beim Fachgebiet Musik aufgestellt.) Man kann allerdings auch auf die geschlossene Aufstellung einer Serie verzichten und die Serie sozusagen „auflösen"; dann werden die einzelnen Bände der Serie je nach ihrem Inhalt an den genau entsprechenden Stellen innerhalb des Bestandes eingeordnet.

Die systematische Aufstellung ist die für den Benutzer günstigste Aufstellungsart. Sie ist natürlich nur dann sinnvoll und wirksam, wenn die Benutzer freien Zugang zu den Büchern haben, also bei Freihandaufstellung. Die *Vorteile* der systematischen Aufstellung liegen vor allem darin, dass die Literatur zu einem Thema *an einer Stelle* aufgestellt ist und man daher am Regal rasch einen Überblick über die Bücher zu einem bestimmten Sachgebiet gewinnen kann. Die systematische Aufstellung ist also neben den Katalogen der Bibliothek ein Mittel der Bestandserschließung. Bei systematischer Aufstellung kann man meist auch ohne die Hilfe von Katalogen (d.h. ohne Signatur) ein bestimmtes Buch finden, da es ja gemäß seinem Inhalt an der entsprechenden Stelle innerhalb der systematischen Abfolge der Bücher stehen muss. Allerdings muss der Benutzer – ähnlich wie beim Systematischen Katalog – eine gewisse Kenntnis der Systematik besitzen, um sich an den Regalen zurechtzufinden.

Die *Nachteile* der systematischen Aufstellung wirken sich vor allem an großen Bibliotheken mit umfangreichem Bestand und starkem Neuzugang aus. Die systematische Aufstellung erfordert viel Stellraum, da man für die neu hinzukommenden Bücher in jedem Regal eine Platzreserve freilassen muss. Bei unvorhergesehen zahlreichen Einschüben kann es trotzdem nötig werden, die Bücher in den Regalen weiterzurücken, wobei manchmal der Buchbestand vieler nachfolgender Regale verschoben werden muss. Änderungen in der Systematik, die durch die Weiterentwicklung der Wissenschaften nötig werden, ziehen entsprechende Umstellungen und Signaturänderungen nach sich. Nachteilig ist schließlich noch, dass sich bei systematischer Aufstellung großer Bestände verhältnismäßig lange und komplizierte Signaturen ergeben.

Wegen dieser Nachteile ist die systematische Aufstellung an großen Bibliotheken die schwierigste und teuerste Aufstellungsart. Trotzdem ordnen auch viele große Bibliotheken ihre Bestände (oder einen Hauptteil ihrer Bestände) systematisch und nehmen die damit verbundenen Nachteile in

Kauf, um die genannten Vorteile für die Benutzer zu erreichen. An kleineren und mittleren Bibliotheken fallen die Nachteile der systematischen Aufstellung nur weniger stark ins Gewicht. Daher ist in solchen Bibliotheken die systematische Aufstellung der Bücher, abgesehen von der Belletristik, auf jeden Fall die beste Aufstellungsart.

b) Die mechanische Aufstellung

Bei der mechanischen Aufstellung (oder Aufstellung nach dem Zugang) werden die Bücher *ohne Rücksicht auf den Inhalt* in der zufälligen Reihenfolge ihres Eingangs aufgestellt. Die Bücher werden dabei laufend durchnummeriert. Man spricht daher auch von *Aufstellung nach der laufenden Nummer* oder nach dem *numerus currens*. Wenn die Nummerierung, also die Zahlenreihe der Signaturen, unbegrenzt weiterläuft, ergeben sich bald hohe und schwer lesbare Zahlen. Deshalb werden bei der Signaturgebung oft Jahresgruppen (nach dem Erwerbungsjahr) gebildet; die Jahreszahl wird, ausgeschrieben oder gekürzt, der laufenden Nummer vorangestellt. Innerhalb einer Jahresgruppe pflegt man nach den drei Hauptformaten zu unterteilen, so dass innerhalb einer Formatreihe einer Jahresgruppe die Zählung jeweils mit 1 beginnt.

Zeitschriften und Serien werden oft in je einer besonderen Gruppe zusammengefasst (z.B. mit der Bezeichnung Z bzw. S). Innerhalb jeder Gruppe ordnet man die verschiedenen Zeitschriften bzw. Serien mechanisch, jedoch so, dass die Jahrgänge derselben Zeitschrift und die Bände derselben Serie geschlossen zusammenstehen. Deshalb muss man bei jeder Zeitschrift bzw. Serie genügend Platz für die später folgenden Jahrgänge bzw. Bände freilassen. Meist erfolgt innerhalb der Gruppen Z bzw. S noch eine Unterteilung nach Formaten, so dass erst innerhalb einer Formatreihe der betreffenden Gruppe mechanisch geordnet wird. Natürlich kann man (alle oder einzelne) Serien auch „auflösen", d.h. die einzelnen Bände der Serie werden nicht geschlossen aufgestellt, sondern, mechanisch geordnet, in den Gesamtbestand eingereiht.

Die *Vorteile* der mechanischen Aufstellung sind vor allem die optimale Raumausnutzung (die Bücher können eng gestellt werden, nur bei Fortsetzungswerken muss man eine gewisse Raumreserve lassen), ferner die Vermeidung des Rückens und Umstellens der Bücher sowie einfache Signaturen. Die Neuzugänge von Monographien stehen am Ende der Numerus-currens-Reihe und können, da sie am intensivsten benutzt werden, in räumlicher Nähe zur Ausleihe untergebracht werden. Vom Standpunkt einer rationellen Bibliotheksverwaltung aus ist die mechanische Aufstellung am günstigsten.

Die *Nachteile* der mechanischen Aufstellung liegen darin, dass eine Orientierung der Benutzer am Standort der Bücher nicht möglich ist und dass man ohne die Ermittlung der Signatur mit Hilfe des Bibliothekskatalogs kein Buch auffinden kann.

Verwendet wird die mechanische Aufstellung in Deutschland vor allem in großen Bibliotheken, die den Hauptbestand ihrer Medien in geschlossenen Magazinen aufbewahren.

c) Die Gruppenaufstellung

Bei der Gruppenaufstellung kombiniert man die systematische und die mechanische Aufstellung, indem man die Bücher in eine Anzahl von *Fachgruppen* (also nach Wissensgebieten) ordnet und *innerhalb jeder Gruppe* nach dem Zugang, also *mechanisch* aufstellt. Damit erreicht man eine gewisse sachliche Gliederung der Buchbestände und vermeidet dennoch die Nachteile der systematischen Aufstellung.

Während bei der systematischen Aufstellung an jeder beliebigen Stelle Einschübe von Neuzugängen erfolgen können und man daher in jedem Regal entsprechend Platz freilassen muss, werden bei der Gruppenaufstellung die Neuzugänge nur am Ende jeder Gruppe angereiht. Nur hier muss man also entsprechend viel Stellraum freilassen, während man im Übrigen innerhalb der Gruppe die Bücher eng stellen kann und nur bei Fortsetzungswerken eine gewisse Platzreserve vorsehen muss (auch bei Zeitschriften und Serien, falls sie innerhalb der betreffenden Gruppen aufgestellt werden). Die Gruppenaufstellung benötigt also mehr Raum als die mechanische Aufstellung, jedoch nicht so viel Raum wie die systematische Aufstellung.

Während bei der mechanischen Aufstellung auf den Inhalt der Bücher überhaupt keine Rücksicht genommen wird, erzielt man mit der Gruppenaufstellung doch eine *gewisse sachliche Ordnung*: z.B. stehen alle Bücher über Chemie und alle Bücher über Geschichte gemeinsam in je einer Fachgruppe und ermöglichen so eine gewisse Orientierung am Standort, wenn auch die mechanische Aufstellung innerhalb der Gruppe auf den genaueren Inhalt der Bücher keine Rücksicht nimmt und so den Überblick erschwert. Die Gruppenaufstellung ermöglicht es, einzelne Gruppen umzustellen, z.B. aus dem Hauptbestand auszugliedern und einer Sonderabteilung anzuschließen oder einer Speicherbibliothek zuzuweisen. Schließlich ergeben sich bei der Gruppenaufstellung ähnlich einfache Signaturen wie bei der mechanischen Aufstellung.

Die Eingliederung der Neuzugänge *innerhalb einer Gruppe* erfolgt manchmal nicht mechanisch, sondern *alphabetisch* nach Verfassern und Sachtiteln. (Man spricht dann von „geschlossener Gruppe" im Gegensatz zur „offenen Gruppe" bei mechanischer Anreihung der Neuzugänge.) Meistens handelt es sich dabei um Fachgruppen der Belletristik. An kleinen Institutsbibliotheken findet man gelegentlich eine alphabetische Untergliederung in allen Gruppen. Der Vorteil liegt (wie bei der systematischen Aufstellung) darin, dass sich der Benutzer am Standort orientieren kann (z.B. welche Werke eines bestimmten Schriftstellers vorhanden sind) und dass man ein bestimmtes Buch auch ohne Signatur auffinden kann. Allerdings ergeben sich bei der alphabetischen Ordnung innerhalb einer Gruppe dieselben Nachteile wie bei der systematischen Aufstellung: Man benötigt viel Platz, da auch hier Einschübe an jeder Stelle vorkommen können; trotzdem lässt sich von Zeit zu Zeit das Rücken größerer Buchbestände nicht vermeiden; es entstehen ziemlich komplizierte Signaturen. Wie bei der systematischen Aufstellung machen sich diese Nachteile vor allem an großen Bibliotheken mit starkem Neuzugang bemerkbar.

Die *Zahl der Fachgruppen*, die bei der Gruppenaufstellung gebildet werden, sind an den einzelnen Bibliotheken unterschiedlich. Manche Bibliotheken entscheiden sich für viele enge Gruppen (jede Gruppe enthält relativ wenig Bücher), andere für wenige weite Gruppen (jede Gruppe enthält relativ viele Bücher). Gruppenaufstellung mit vielen engen Gruppen nähert sich in Vor- und Nachteilen der systematischen Aufstellung; Gruppenaufstellung mit wenigen weiten Gruppen kommt der mechanischen Aufstellung nahe.

Innerhalb einer Gruppe werden die Bücher oft nach den drei *Hauptformaten* getrennt aufgestellt, so dass die Bücher innerhalb einer Formatreihe einer Fachgruppe durchnummeriert werden. *Zeitschriften* und *Serien* werden bei der Gruppenaufstellung entweder zu der Gruppe gestellt, zu der sie sachlich gehören (so in der Regel bei Freihandbeständen), oder sie werden, wie auch bei der mechanischen Aufstellung, in besonderen Gruppen zusammengefasst, was bei Magazinbeständen vorteilhafter ist.

Die Gruppenaufstellung (mit mechanischer Aufstellung innerhalb jeder Gruppe) ist eine *Kompromisslösung*. Sie vereinigt die Vorteile und Nachteile der systematischen und der mechanischen Aufstellung, jeweils in abgeschwächter Form. Ohne allzu schwerwiegende Nachteile zu haben, bietet sie weder die großen Vorteile für die Benutzer wie die systematische Aufstellung noch die großen Vorteile für die Bibliothek wie die mechanische Aufstellung. Deshalb ist die Gruppenaufstellung zwar an manchen (meist älteren) Wissenschaftlichen Bibliotheken üblich, im Ganzen aber weniger verbreitet als die beiden anderen Aufstellungsarten.

d) Die Aufstellungsarten in den verschiedenen Bibliothekstypen

Die Frage, wie in einer Bibliothek die Bücher am günstigsten aufzustellen und anzuordnen sind, muss individuell beantwortet werden, d.h. die Aufstellung muss sich nach der Größe, den baulichen Gegebenheiten und dem Typ der Bibliothek richten. An manchen Bibliotheken finden sich mehrere Aufstellungsarten für die verschiedenen Teile des Bestandes.

Wissenschaftliche Bibliotheken

An den Wissenschaftlichen *Universalbibliotheken* in Deutschland herrschte früher die mechanische Aufstellung des Hauptbestandes in geschlossenen Magazinen vor. An *Staats- und Landesbibliotheken* sowie an manchen *älteren Universitätsbibliotheken* ist die mechanische Aufstellung vielfach heute noch üblich. Für große Bibliotheken ist dies die rationellste Aufstellungsart, wobei man allerdings auf die freie Zugänglichkeit der Hauptmasse des Bestandes verzichtet. Ältere Bestände sind oft systematisch oder in Sachgruppen im Magazin aufgestellt. Neben dem geschlossenen Magazinbestand gibt es Freihand-Präsenzbestände ausgewählter Literatur, die in zumeist in einem großen allgemeinen Lesesaal, in einem Zeitschriftenlesesaal oder gegebenenfalls in Speziallesesälen stehen. Die Bücher dieser Handbibliotheken sind fast immer systematisch aufgestellt.

An vielen *Universitäts- und Hochschulbibliotheken* hat man die systematische Aufstellung eingeführt. Auf diese Weise kommen die Vorteile der Freihandaufstellung voll zur Geltung, die Nachteile der systematischen Aufstellung werden in Kauf genommen.

An Wissenschaftlichen *Spezialbibliotheken*, deren Bestände meist frei zugänglich sind, ist die systematische Aufstellung die Regel, vor allem an kleineren Fachbibliotheken (z.B. den Institutsbibliotheken der alten Universitäten). Seltener findet man die Gruppenaufstellung, so an größeren Spezialbibliotheken, die die Nachteile der systematischen Aufstellung vermeiden wollen. Nur gelegentlich kommt die mechanische Aufstellung vor.

An allen Typen Wissenschaftlicher Bibliotheken werden *Sonderbestände* und *Sondermaterialien* eigens, also in gesonderten Gruppen, aufbewahrt. Dies gilt vor allem für Handschriften, Inkunabeln, seltene und kostbare Bücher (Rara und Zimelien), Musikalien und Karten, vielfach auch für Kleinschrifttum und Dissertationen sowie für audiovisuelle Medien, Mikroformen und elektronische Datenträger wie CD-ROMs.

Öffentliche Bibliotheken

An den Öffentlichen Bibliotheken in Deutschland wird der Buchbestand überwiegend in *Freihandaufstellung* präsentiert. Erst von einer bestimmten

Bestandsgröße an wird es nötig, Bestände im Magazin zu halten. Der Freihandbestand Öffentlicher Bibliotheken muss selbstverständlich so aufgestellt werden, dass den Lesern die Orientierung an den Regalen leicht möglich ist. Deshalb wird die *Sachliteratur systematisch* geordnet. Angewendet werden zumeist die „Allgemeine Systematik für Bibliotheken" oder die „Klassifikation für Allgemeinbibliotheken" (s. o. S. 191ff.). Die *Belletristik* wird (gegebenenfalls innerhalb von Literaturgattungen und -formen) *alphabetisch* nach Verfassern und Sachtiteln aufgestellt, wobei Gesamtausgaben oft als gesonderte Gruppe behandelt werden. Auch Anthologien und Biographien werden oft in jeweils einer eigenen Gruppe vereinigt. Man ordnet dann die Anthologien nach dem Alphabet der Herausgebernamen oder der Sachtitel, die Biographien nach den Namen der behandelten Personen. Fast immer wird die *Kinder- und Jugendliteratur* als eigener Teil des Bestandes aufgestellt. Auch fremdsprachliche Literatur, Musikalien, Zeitschriften und Nachschlagewerke werden als gesonderte Gruppe behandelt. Nachschlagewerke, Lexika, Adress- und Branchenverzeichnisse, Fahrpläne usw. werden oft als *Informationsbestand* in der Nähe der Leseplätze bzw. im Lesesaal aufgestellt und als Präsenzbestand geführt.

Auch in Öffentlichen Bibliotheken werden *Sondermaterialien*, vor allem audiovisuelle Medien und CD-ROMs, meist in gesonderten Gruppen aufbewahrt. In vielen Bibliotheken gibt es eine eigene „Phonothek" mit Audio-CDs sowie entsprechenden Abspielgeräten.

4. Signaturen

Um seinen Standort innerhalb des Bestandes genau festzulegen, erhält jedes Buch eine *Signatur* oder *Standortnummer*. Die Signaturen sind in den Katalogen bei den einzelnen Titelaufnahmen verzeichnet und bilden somit das Bindeglied zwischen Katalog und Büchern. Je nach der Aufstellungsart ergeben sich unterschiedliche Arten von Signaturen.

a) Signaturen bei mechanischer Aufstellung

Bei der mechanischen Aufstellung nach dem Zugang ist die Form der Signatur naturgemäß recht einfach. Da man die einlaufenden Bücher nach Erwerbungsjahren und innerhalb einer Jahresgruppe nach den drei Hauptformaten zu unterteilen pflegt, wobei innerhalb der Formatreihe einer Jahresgruppe laufend durchgezählt wird, treten drei Signaturelemente auf: *Jahr, Format* und *laufende Nummer*. Man kann die Formate in Buchstaben ausdrücken (etwa A für 8°, B für 4°, C für 2°) und kommt dann zu Signaturen wie 2007 A 735 oder bei abgekürzter Jahreszahl 07 A 735. Man kann auch die übliche Formatangabe vor das Jahr setzen, z.b. 4° 2006/4183 oder 2° 06/974. Die Angabe von 8° wird, weil Oktav das häufigste Format ist, in manchen Bibliotheken weggelassen; statt 8° 91/5292 schreibt man nur 91/5292.

Innerhalb der Formatreihen eines jeden neuen Jahres beginnt die Zählung jeweils mit 1, also z.b.

96 A 1	96 A 2	96 A 3	usw.	oder
8° 96/1	8° 96/2	8° 96/3	usw.	

Auf diese Weise wird auch an Bibliotheken mit starkem Zuwachs die Laufzahl nie zu lang und unübersichtlich. Bei *Zeitschriften* und geschlossen aufgestellten *Serien* kommt als zusätzliches Signaturelement eine Gruppenbezeichnung (meist Z bzw. S) hinzu. Die Signatur einer Zeitschrift lautet dann beispielsweise Z A 597 oder 4° Z 183. Wird innerhalb der Gruppe nach Erwerbungsjahren unterteilt, was nur an sehr großen Bibliotheken zweckmäßig ist, so ergeben sich Signaturen wie Z A 03/246 oder 4° Z 03/ 319.

Bei der mechanischen Aufstellung bezieht sich jede Signatur nur auf *ein* bestimmtes Buch, nicht auf mehrere Bücher gleichzeitig. Es handelt sich also um sogenannte *Individualsignaturen.*

b) Signaturen bei Gruppenaufstellung

Bei der Gruppenaufstellung (mit *mechanischer* Aufstellung innerhalb der Gruppe) besteht die Signatur aus der *Fachgruppenbezeichnung* und der *laufenden Nummer*, also z.b.

Math. 529	Math. 530	Math. 531	usw.	oder
G 1284	G 1285	G 1286	usw.	

Wenn innerhalb einer Gruppe die Bücher nach dem *Format* getrennt aufgestellt und erst dann durchnummeriert werden, ergeben sich Signaturen wie Theol. A 973 oder 4° R 738. An großen Bibliotheken mit starkem Neuzugang werden manchmal die laufenden Nummern durch *Buchstabenexponenten* (hoch gestellte Buchstaben) aufgeteilt, um allzu hohe Laufzahlen zu vermeiden (z.B. Med. 3526[a], Med. 3526[b], Med. 3526[c] usw.).

Auch bei der Gruppenaufstellung mit mechanischer Untergliederung ergeben sich stets *Individualsignaturen*, die jeweils nur für *ein* bestimmtes Buch gelten. Die Gruppenaufstellung mit *alphabetischer* Einstellung der Neuzugänge innerhalb der Gruppe wird im übernächsten Abschnitt behandelt.

c) Signaturen bei systematischer Aufstellung

Bei der systematischen Aufstellung kommt jedes Buch an diejenige Stelle innerhalb des Bestandes, an der es gemäß seinem Inhalt im Rahmen der verwendeten Systematik eingereiht werden muss. Die Signatur muss folglich die Bezeichnung der Systemstelle oder Systemgruppe, also die *Notation*, enthalten. An Bibliotheken mit verhältnismäßig kleinem Bestand genügt es, *nur* die Notation als Signatur zu verwenden. Notation und Signatur sind dann also identisch. Dieses Verfahren ist an vielen Öffentlichen Bibliotheken gebräuchlich. Erfolgt zum Beispiel die Signaturgebung nach der „Allgemeinen Systematik für Bibliotheken" (s. o. S. 191), so erhält etwa ein Buch über die Deutschsprachige Literatur des 19. Jahrhunderts die Signatur Pgr 1, ein Werk über Höhlenkunde die Signatur Uel 12 und eine Darstellung des Ersten Weltkriegs die Signatur Ekn 3.

Gruppensignaturen

Kommen *mehrere Bücher mit gleichem Inhalt* in die Bibliothek, die folglich alle die gleiche Signatur erhalten, so ordnet man sie untereinander meist nach dem *Alphabet der Verfassernamen* (möglich ist auch eine sachliche, mechanische oder chronologische Ordnung). Die Ordnung nach Verfassern wird oft nicht ausdrücklich bei der Signatur gekennzeichnet. Beispielsweise erhalten dann drei Bücher von verschiedenen Verfassern über den Ersten Weltkrieg – nach der ASB klassifiziert – alle die Signatur Ekn 3 und werden untereinander sozusagen „stillschweigend" nach den Verfassernamen alphabetisch geordnet. Man spricht in diesem Fall von einer *Gruppensignatur*, weil die Signatur mit der Notation identisch ist und weil sie nicht nur für ein Buch, sondern unter Umständen für eine ganze Gruppe von Büchern gilt.

Gerade darin liegt aber der Nachteil dieses Verfahrens: dass eben die gleiche Signatur für mehrere Bücher gelten kann, d.h. dass die Signatur sich nicht ausschließlich auf ein ganz bestimmtes Buch bezieht und dessen Standort eindeutig festlegt. An Bibliotheken mit kleinem Bestand fällt dieser Nachteil kaum ins Gewicht, da hier im Allgemeinen nur wenige Bücher zum selben Thema vorhanden sind. Je größer der Bestand ist, desto ungünstiger sind Gruppensignaturen. Deshalb ist es in den meisten Öffentlichen Bibliotheken üblich, an die Signatur (= Notation) den *abgekürzten Verfassernamen* anzufügen, um die alphabetische Ordnung mehrerer Bücher innerhalb der gleichen Systemgruppe in der Signatur deutlich zu machen. Ein Beispiel: Wenn drei Bücher über den Ersten Weltkrieg von den Verfassern Fischer, Müller und Zimmermann vorhanden sind, lauten die Signaturen:

Ekn 3	Ekn 3	Ekn 3
Fis	Mül	Zim

Individualsignaturen

An größeren Bibliotheken mit umfangreichem Bestand genügt auch diese Methode nicht mehr, denn es können ja mehrere Bücher vom gleichen Verfasser (oder von gleichnamigen Verfassern) über das gleiche Thema erscheinen, und dann haben wieder mehrere Bücher die gleiche Signatur. Deshalb muss an großen Bibliotheken eine *Individualsignatur* vergeben werden, d.h. die Notation muss durch einen Zusatz zu einer individuellen, nur für *ein* bestimmtes Buch gültigen Signatur erweitert werden. Die Individualsignatur setzt sich also bei systematischer Aufstellung aus zwei Teilen zusammen: aus der *Notation* und aus einem *weiteren Element*, das sich nur auf das betreffende Buch bezieht. Dieses weitere Signaturelement kann auf verschiedene Weise gewonnen werden:

(1) Wenn man, wie oben erläutert, *innerhalb einer Systemgruppe alphabetisch nach Verfassern* ordnet, so wird dem abgekürzten Verfassernamen eine Zahl angefügt, und zwar meistens nach der Methode der „springenden Nummern", d.h. man teilt den nebeneinander stehenden Büchern mit gleicher Notation und gleichem Verfassernamen Ziffern mit größerem Zahlenabstand zu, um für spätere Einschübe Nummern frei zu haben; z.B.:

Ekn 3	Ekn 3	Ekn 3
Mül 10	Mül 20	Mül 30

(2) Für die *alphabetische Ordnung nach Verfassern innerhalb einer Systemgruppe* empfiehlt sich an großen Bibliotheken die *Cutter-Methode*. Hier werden die Verfassernamen – abgesehen vom Anfangsbuchstaben – durch Ziffern „verschlüsselt" und dann nach diesen Ziffern geordnet (s. u. S. 241).

(3) Statt innerhalb einer Systemgruppe alphabetisch nach Verfassern zu ordnen, kann man eine gewisse weitere *sachliche Ordnung* vornehmen, die an sich nicht in der Systematik vorgesehen ist. Auch bei diesem Verfahren werden springende Nummern verwendet, um an jeder beliebigen Stelle Einschübe zu ermöglichen. Es ergeben sich dann Signaturen wie:

Ekn 3	Ekn 3	Ekn 3
10	20	30

Soll zwischen den ersten beiden Büchern ein neues Werk eingereiht werden, so erhält es z.B. die Signatur Ekn 3/15 oder, wenn es thematisch dem ersten Buch näher steht, die Signatur Ekn 3/12. Reichen die Ziffern an einer bestimmten Stelle nicht mehr aus, kann man springende Buchstabenexponenten verwenden, zum Beispiel:

Ekn 3/15, Ekn 3/15^f, Ekn 3/15^m, Ekn 3/15^s, Ekn 3/16.

Wenn zu viele Einschübe in einem bestimmten Bereich erfolgen und die Signaturen zu kompliziert werden, lässt sich eine Neuverteilung der Springzahlen, d.h. das „Umsignieren" der betreffenden Gruppe, manchmal nicht vermeiden.

Dieses Verfahren empfiehlt sich vor allem bei Systematiken, die nicht sehr fein differenziert sind, die letzte Systemgruppe also verhältnismäßig umfassend ist.

(4) Innerhalb einer Systemgruppe kann *mechanisch* nach der Reihenfolge des Zugangs geordnet werden, also z.B.:

Ekn 3	Ekn 3	Ekn 3	
1	2	3	usw.

Diese Methode empfiehlt sich nur bei Anwendung eines fein gegliederten Systems oder bei verhältnismäßig kleinem Bestand, so dass innerhalb einer Systemgruppe nur eine relativ geringe Zahl von Büchern steht.

Eine mechanische Ordnung innerhalb einer Systemgruppe ergibt sich auch, wenn innerhalb der Gruppe nach den *Zugangsnummern* (Akzessionsnummern) geordnet wird. Lautet die Notation W JUR 220 und die Akzessionsnummer A 512, so ergibt dies die Individualsignatur W JUR 220 A 512.

(5) Selten kommt es vor, dass innerhalb einer Systemgruppe *chronologisch* nach Erscheinungsjahren geordnet wird. Hierbei müssen springende Nummern verwendet werden, um ein später einlaufendes Buch an der chronologisch richtigen Stelle einordnen zu können. Auch dieses Verfahren ist nur bei Anwendung eines fein gegliederten Systems bzw. bei einem relativ kleinen Bestand günstig.

d) Signaturen bei alphabetischer Aufstellung

Die alphabetische Aufstellung nach Verfassern und Sachtiteln wird fast immer nur auf bestimmte Teile des Bestandes angewendet, so z.B. bei der Belletristik in Öffentlichen Bibliotheken oder in bestimmten Fachgruppen im Rahmen der Gruppenaufstellung. Wie bei der systematischen, so können auch bei der alphabetischen Aufstellung an jeder beliebigen Stelle Einschübe nötig sein, weil dem einzelnen Buch auf Grund seines Verfassers und Sachtitels ein ganz bestimmter Platz zwischen den anderen Büchern zugewiesen werden muss. Viele Öffentliche Bibliotheken geben bei ihrem

Belletristik-Bestand nur die ersten drei Buchstaben des *Verfassernamens* als „Signatur" an, z.b. GRA für Grass, STI für Stifter usw., und ordnen die verschiedenen Werke des gleichen Verfassers „stillschweigend" alphabetisch nach dem Sachtitel. Schwierigkeiten entstehen, wenn mehrere Verfasser gleichen Namens oder mit gleichem Namensanfang auftreten, z.b. Thomas Mann und Heinrich Mann, Grimm und Grimmelshausen, Heiseler und Heißenbüttel. Hier können leicht Verstellungen der Bücher vorkommen. Um diese Schwierigkeiten zu vermeiden, werden in manchen Öffentlichen Bibliotheken und Bibliothekssystemen den einzelnen Verfassern mit gleichem Namensanfang bestimmte *Kennziffern* (nach Art der springenden Nummern) zugewiesen, z.b.

Boe 8	für Boeheim	Boe 20	für Böll
Boe 10	für Böhlau	Boe 30	für Bötticher
Boe 15	für Bökhoff	usw.	

Soll nun der Verfassername Börne eingefügt werden, würde er etwa die Kennziffer Boe 25 erhalten.

Wenn man *Individualsignaturen* vergeben, d.h. jedem einzelnen Werk eine eigene Signatur zuweisen will, muss man innerhalb eines Verfassers mit springenden Nummern arbeiten. So verfährt man meist an größeren Bibliotheken, wenn innerhalb der Gruppenaufstellung bestimmte Gruppen (z.b. Belletristik) in sich alphabetisch nach Verfassern und Sachtiteln geordnet werden.

e) Signaturgebung nach der Cutter-Methode

Ein besonderes Verfahren zur Signaturgebung bei einem *alphabetisch geordneten Bestand* hat der amerikanische Bibliothekar *Charles A. Cutter* entwickelt. Bei dieser Methode nimmt man den Anfangsbuchstaben des Verfassernamens und fügt an Stelle der folgenden Buchstaben des Namens eine zwei- oder dreistellige Zahl hinzu, die man aus einer Ziffern-Tafel (Cutter-Sanborn-Tafeln) entnimmt. Diese Tafeln sind so angelegt, dass bestimmten Namen oder Namensanfängen Ziffernfolgen zugeteilt sind, wobei für die „dichten" Stellen im Alphabet, d.h. für die Buchstabenfolgen, die häufig als Namensanfänge auftreten, entsprechend mehr Ziffernfolgen zur Verfügung stehen als für die dünner besetzten Bereiche. Auf diese Weise wird erreicht, dass die Zahlen möglichst zweckmäßig über das Alphabet verteilt werden, ohne dass an bestimmten Stellen mit häufigen Namen lange Zahlenreihen nötig sind.

Dazu ein Beispiel: In den Cutter-Sanborn-Tafeln finden sich am Anfang des Buchstabens B folgende Buchstaben- und Ziffernreihen:

Ba	111	Babi	114
Bab	112	Babr	115
Babe	113	Bac	116

Demgemäß erhält ein Buch mit dem Verfassernamen Baar die Cutter-Nummer B 111, ein Buch mit dem Verfassernamen Babault die Cutter-Nummer B 112, ein Buch des Autors Baber die Nummer B 113, ein Buch eines Autors namens Babris die Nummer B 115. Wie man sieht, werden die Verfassernamen (abgesehen vom Anfangsbuchstaben) durch Ziffern „verschlüsselt" und lassen sich dann leichter nach diesen Ziffern ordnen.

Wird es nötig, einen Namen an einer Stelle einzusetzen, wo die verfügbaren Nummern schon durch benachbarte Namen besetzt sind, so fügt man eine weitere Ziffer nach Art eines Dezimalbruchs an. Soll etwa zwischen Babault B 112 und Baber B 113 ein Buch des Verfassers Babbit eingeschoben werden, so erhält es die Nummer B 1125 oder besser B 1122, weil Babbit im Alphabet dem Namen Babault näher liegt als dem Namen Baber.

Sind mehrere Werke eines Verfassers vorhanden, so ist eine weitere Individualisierung der Nummer notwendig. Man fügt in diesem Fall den Anfangsbuchstaben des Titels, notfalls auch mehrere Anfangsbuchstaben, hinzu und erhält Nummern wie

Goethe: Faust	G 599 f
Milton: Paradise lost	M 662 p

Die Signaturgebung nach der Cutter-Methode ist nicht nur möglich, wenn ein größerer Teil des Bestandes alphabetisch nach Verfassernamen geordnet wird, sondern kann auch bei *systematischer Aufstellung* erfolgen, wenn man die Bücher *innerhalb einer Systemgruppe* alphabetisch nach Verfassern ordnen will. In diesem Fall wird an die Notation, die die betreffende Systemgruppe bezeichnet, die Cutter-Nummer angehängt; Notation und Cutter-Nummer zusammen bilden dann die Individualsignatur des Buches. Dieses Verfahren ist besonders günstig bei der Verwendung einfacher, wenig differenzierter Systematiken mit relativ vielen Büchern in einer Systemgruppe, findet sich aber auch an großen Wissenschaftlichen Bibliotheken mit feiner gegliederter Systematik.

Ein Beispiel: Ein Buch von A. Schultz über die Philosophie des deutschen Idealismus soll nach der ASB klassifiziert und nach der Cutter-Methode „signiert" werden. Die ASB-Notation lautet Lbq 50, die Cutter-Nummer S 387; hieraus ergibt sich die Signatur Lbq 50 S 387.

Es gibt verschiedene Abwandlungen der Cutter-Methode. In manchen Öffentlichen Bibliotheken werden die für die Hamburger Öffentlichen Bücherhallen ausgearbeiteten „Hamburger Signiertafeln" verwendet.

f) *Signaturen bei mehrbändigen Werken, verschiedenen Auflagen und Mehrfachexemplaren*

Mehrbändige Werke werden geschlossen aufgestellt (alle Bände des Werks zusammen) und erhalten eine gemeinsame „Werksignatur", zu der dann noch die jeweilige Bandziffer hinzugefügt wird. Die Bandziffer wird an manchen Bibliotheken in Klammern, anderswo mit einem Strich oder einem Doppelpunkt angefügt, also z.B.

Bc 136 (1)   oder
Bc 136-1   oder
Bc 136: 1

Ebenso wird bei *Zeitschriften* und *Serien* (soweit letztere geschlossen aufgestellt werden sollen) verfahren. Lautet die Signatur einer Zeitschrift z.B. 4° Z 65/193, so ergibt sich für ihren 30. Jahrgang die Signatur 4° Z 65/193-30.

Verschiedene *Auflagen* und *Mehrfachexemplare* des gleichen Werks werden bei systematischer Aufstellung ebenfalls geschlossen aufgestellt. Sie erhalten eine gemeinsame Grundsignatur, zur Unterscheidung der verschiedenen Auflagen und Mehrfachexemplare werden Ziffern verwendet. Zum Beispiel kann die Signatur 89/5791-1 (3) + 2 bedeuten, dass der erste Band in 3. Auflage im 2. Exemplar vorliegt. Auflagen können auch durch Buchstaben gekennzeichnet werden. So würde z.B. die Signatur Fm 487 d + 2 das zweite Exemplar (+ 2) der vierten Auflage (d) von Fm 487 bedeuten.

Im Einzelfall können sich, besonders bei der systematischen Aufstellung großer Bestände, lange und komplizierte Signaturen ergeben. Lautet z.B. die Notation Zool HC 5721 und die Cutter-Nummer S 384 m, so ergibt sich, wenn ferner das dritte Exemplar des ersten Bandes dieses Werks vorliegt, die Signatur: Zool HC 5721 S 384 m – 1 + 3.

5. Aufbewahrung des Bestandes

a) Allgemeines

Die Aufbewahrung der Bücher in der Bibliothek muss so erfolgen, dass sie eine leichte Benutzung zulässt und den Büchern eine lange Lebensdauer sichert. Zu diesem Zweck werden sie in geeigneten, gut gelüfteten, beheizbaren *Räumen* aufgestellt, die so angeordnet sind, dass sie von den Mitarbeitern der Bibliothek oder (je nach Art der Benutzung) von den Benutzern leicht erreichbar sind. Die Bücher stehen aufrecht in *Regalen* aus Holz oder Stahl, die in geschlossenen Magazinen relativ eng gestellt sind (Achsabstand ca. 130 cm), während sie bei offenen Freihandbeständen weiträumiger angeordnet werden, um den Lesern das mühelose Aussuchen der Bücher ohne Gedränge zu ermöglichen. Der Raumbedarf für die Regale ist also bei Freihandaufstellung wesentlich größer als bei der Magazinaufstellung.

Die *Regale* sollen nicht höher als etwa 2 m bis 2,25 m sein und nicht zu tief nach unten mit Büchern besetzt werden, damit auch die Bücher im obersten und untersten Fach gut sichtbar und ohne Mühe erreichbar sind. Normalerweise enthält ein Regal sechs *Regalbretter* oder *Borde*, die verstellbar sein müssen. Die Tiefe der Borde kann je nach der Größe der Bücher abgestuft sein (30-35 cm für Folioformate, 25 cm für Quartformate, 20 cm für Oktavformate). Im Regal dürfen die Bücher nicht zu eng gepresst, aber auch nicht zu locker aufgestellt sein. Für nicht vollständig besetzte Regalbretter werden *Buchstützen* benötigt. Die Regale müssen übersichtlich beschriftet oder beschildert sein.

Moderne Bücherregale sind auf eine Breite (bzw. Pfostenabstand) von 1 m genormt. Auf einem vollbesetzten Bücherbord von 1 m Länge können durchschnittlich 33 Bände untergebracht werden, in einem 1 m breiten Bücherregal mit 6 Brettern also rund 200 Bände. Diese Durchschnittszahlen gelten jedoch nur bei vollbesetzten Regalen, also bei mechanischer Aufstellung im Magazin. Sind die Bücher systematisch oder alphabetisch aufgestellt, muss Raum für Neueinstellungen frei bleiben, so dass hier der Platzbedarf um mindestens ein Drittel höher veranschlagt werden muss. Bei einer Häufung von starken Bänden wird entsprechend mehr, von schmalen Bänden entsprechend weniger Platz benötigt.

Wenn Buchbestände in großen Bibliotheken Raum sparend untergebracht werden sollen, empfiehlt sich die Einrichtung einer *Kompaktregalanlage*. Dabei laufen die einzelnen Regale auf Rollen in einer Laufschiene und können von Hand oder durch einen Elektromotor bewegt werden. Die Regale lassen sich ganz zusammenschieben, so dass ein geschlossener „Regalblock" entsteht. Ein nach dem Kompaktsystem gebautes Magazin besteht folglich aus einer Reihe solcher Regalblöcke. Zum Herausnehmen und Einstellen der Bücher kann der Regalblock durch Verschieben der Einzelregale an jeder gewünschten Stelle geöffnet werden. Kompaktmagazine haben eine wesentlich größere Fassungskraft als normale Magazine, belasten aber infolge ihres Gewichts den Boden sehr stark und werden daher oft in Kellergeschossen eingerichtet.

Die Ordnung der Bücher am Standort sollte regelmäßig überprüft und gegebenenfalls korrigiert werden. Bei einer solchen *Revision* werden die

Bücher im Regal mit dem Standortkatalog verglichen, wobei auch die gerade ausgeliehenen Bücher berücksichtigt werden müssen. Eine Gesamtrevision kann in großen Bibliotheken nur im Abstand von Jahrzehnten durchgeführt werden. Man begnügt sich deshalb mit Teilrevisionen, bei denen jeweils ein Teil des Bestandes revidiert wird.

b) Aufbewahrung besonderer Bestandsgruppen

Gewisse Bestandsgruppen einer Bibliothek müssen auf besondere Weise aufbewahrt werden.

Kleinschrifttum (dünne Broschüren, Prospekte, Informationsblätter usw.) wird am besten in einer *Vertikalablage* aufbewahrt, d.h. in Behältern oder Vorrichtungen, in die Publikationen senkrecht eingeordnet werden können. Die einfachste Form ist die Verwendung von Kapseln (aus Pappe oder Kunststoff) oder von senkrecht stehenden Mappen. In dieser Form lassen sich auch Abbildungen (Fotos) und Zeitungsausschnitte ordnen. Kleinschrifttum wird meist nicht inventarisiert und nicht katalogisiert.

Landkarten und *Stadtpläne* werden nach geographisch-systematischen Gesichtspunkten horizontal in Planschränken abgelegt. Ebenfalls in Planschränken verwahrt man die in manchen Wissenschaftlichen Bibliotheken vorhandenen Sammlungen alter *Graphik*, also z.B. Kupferstiche, Holzschnitte und Lithographien.

Schallplatten, Tonkassetten, Audio-CDs, Diapositive, Filme, Videokassetten und *DVDs* sowie *Mikroformen* und *CD-ROMs* müssen staubgeschützt, kühl und trocken aufbewahrt werden. Für Schallplatten gibt es spezielle Plattenschränke, die Auswahl und Ausleihe erleichtern. Tonbänder, Dia-Serien und Filme werden in Kassetten bzw. Dosen aus Kunststoff oder Blech verwahrt und in geeigneten Schränken untergebracht. Bei magnetischen Speichermedien (Tonbänder, Ton- und Videokassetten) ist darauf zu achten, dass sie keinen magnetischen Feldern ausgesetzt werden. *Mikrofilme* werden auf Spulen in passenden Pappschachteln oder Kunststoffdosen aufbewahrt, die man in Spezialschränken mit flachen Schubladen lagert. *Mikrofiches* sollten einzeln in Hüllen gesteckt werden, man kann sie dann in Karteiform ordnen und in Schränken unterbringen. CD-ROMs, Audio-CDs und DVDs werden am besten stehend in speziellen Plastikhüllen gelagert.

c) Magazinverwaltung an großen Bibliotheken

An großen Bibliotheken mit geschlossenen Magazinen werden die Medien von eigenem Magazinpersonal verwaltet. Die Aufgaben dieses *Magazin-*

dienstes sind insbesondere (a) das Einstellen der Neuzugänge, (b) das Aussuchen („Ausheben") der bestellten Bücher und ihre Weiterleitung an Ausleihstelle, Lesesäle oder Fernleihstelle, (c) das Wiedereinstellen der von der Benutzung zurückgekehrten Bücher und (d) die Aufrechterhaltung der Ordnung im Magazin. Manche Bibliotheken haben eine *Magazinzentrale*, in der die Bestellscheine und die zurückkehrenden Bücher gesammelt und an die verschiedenen Magazinabschnitte verteilt werden.

Das *Holen und Einstellen der Bücher* geschieht anhand der Signaturen. Größte Sorgfalt ist vor allem beim Einstellen der Bücher nötig, da sie durch Verstellungen unauffindbar und damit der Benutzung entzogen werden.

An den meisten Bibliotheken gilt der Grundsatz, dass für jedes Buch, das für die Benutzung von seinem Standort im Magazin entfernt wird, ein sogenannter *Vertreter* oder *Stellvertreter (Repräsentant)* eingestellt werden muss. Ein solcher Vertreter besteht aus einer speziell geformten Plastikkarte, an der eine Tasche angebracht ist, in welche entweder der Ausdruck der Online-Bestellung oder ein Abschnitt des Leihscheins (Kupon) gesteckt wird. Der Ausdruck bzw. der Kupon enthalten meist die genaue Signatur, das Datum der Bestellung und den Namen oder die Ausweisnummer des Benutzers, zum Teil auch die genaue Angabe, an welche Stelle das Buch gegangen ist: Ausleihe, Fernleihe oder Lesesaal. Für Bücher, die für lange Zeit an anderer Stelle der Bibliothek aufgestellt sind (z.B. Bücher der Handbibliotheken), werden sogenannte *Dauervertreterpappen* im Magazin eingestellt.

Aufgrund der Vertreter kann der Mitarbeiter des Magazindienstes bei jeder Bestellung (a) entweder das Buch zur Verfügung stellen oder (b) angeben, dass es verliehen oder an anderer Stelle der Bibliothek aufgestellt ist oder (c) angeben, dass das Buch ohne Nachweis nicht am Standort ist. In den Fällen (b) und (c) schreibt der Mitarbeiter einen entsprechenden Vermerk auf den Bestellschein. Wenn ein Buch ohne Nachweis nicht am Standort ist, wird der Fall nach Möglichkeit durch einen Suchdienst (Recherchedienst) geklärt.

d) Außenmagazine und Speicherbibliotheken

Der starke Bestandszuwachs der letzten Jahrzehnte hat in vielen Bibliotheken zu großen Raumproblemen geführt. In vielen Wissenschaftlichen Bibliotheken ist kaum noch Platz vorhanden, um neuerworbene Bücher unterzubringen. Zahlreiche Bibliotheken müssen Teile ihres Bestandes außerhalb der Bibliotheksgebäude in *Außen*- bzw. *Ausweichmagazinen* lagern, was einen täglichen Bücherautodienst nötig macht und zu Verzögerungen bei der Benutzung führt. Um für alle Bibliotheken den erforderlichen Raum durch neue Magazinbauten zu schaffen, müssten immense finanzielle Mittel aufgewendet werden. Diskutiert werden daher im Wesentlichen zwei Lösungen:

(1) Die Errichtung regionaler *Gemeinschaftsdepots*, in denen die selten benutze Literatur mehrerer Bibliotheken Raum sparend (in Kompaktmagazinen) aufbewahrt wird, aber weiterhin vollständig benutzbar bleibt.

(2) Die Schaffung eigenständiger regionaler oder überregionaler *Speicherbibliotheken*, an die selten benutzte Literatur abgeben werden kann, wobei jeweils nur ein Exemplar für die künftige Benutzung archiviert wird. Mehrfachexemplare werden makuliert, d.h. ausgesondert. In Deutschland konnte sich dieses Modell allerdings nicht durchsetzen.

6. Bestandserhaltung

Bücher und andere Medien sollen eine möglichst lange Lebensdauer haben. Die Sorge für ihren guten *Erhaltungszustand* gehört deshalb zu den wichtigsten bibliothekarischen Aufgaben. Alte und wertvolle Bücher sowie alle Publikationen, die auf Dauer erhalten werden sollen, bedürfen der besonderen Pflege. Sie müssen möglichst lange unbeschädigt bewahrt (konserviert) und gegebenenfalls wiederhergestellt (restauriert) werden. Wichtig für die Lebensdauer von Buchbeständen sind ein stabiler Einband, eine angemessene Aufbewahrung und ein schonender Umgang.

a) Einbände von Bibliotheksbüchern

Nur ein Teil aller Neuerscheinungen wird vom Buchhandel bereits in *gebundenem* Zustand geliefert. Diese *Verlagseinbände* sind zwar meist nicht so haltbar wie die speziell für Bibliothekszwecke gebundenen Bücher, dennoch werden sie gewöhnlich ohne Umbinden in den Bestand eingereiht und nur neu gebunden, wenn sie beschädigt sind. Manche Bibliotheken schlagen Verlagseinbände, die viel benutzt werden (Freihandbestände) oder die einen schmutzempfindlichen Überzug (z.B. raues Leinen) haben, in eine durchsichtige (meist selbstklebende) Kunststoff-Folie ein. Der lose Schutzumschlag von Verlagseinbänden wird bei Freihandbeständen, vor allem in Öffentlichen Bibliotheken, meist beim Buch belassen und in den Folienumschlag einbezogen, bei Magazinbeständen wird er in der Regel entfernt.

Viele Neuerscheinungen werden *ungebunden, also broschiert* geliefert. Dies sind vor allem Zeitschriften, Reihen, Lieferungswerke, wissenschaftliche Spezialliteratur und Schriften von geringem Umfang. Sie müssen vor der Benutzung noch gebunden werden. Bei selten benutztem Kleinschrifttum wird häufig *auf das Binden verzichtet*, ebenso bei rasch veraltender Literatur und bei Werken, deren Neuanschaffung billiger ist als das Binden. Werke, die dauerhaft archiviert werden, sollten jedoch grundsätzlich gebunden werden.

Bevor ein Buch für Bibliothekszwecke gebunden wird, muss die *Einbandart* festgelegt werden. Welche Einbandart gewählt wird, richtet sich nach der Größe und dem Wert des Buches, nach der voraussichtlichen Häufigkeit der Benutzung und nach der Dauer der Aufbewahrung. Freihandbestände in *Öffentlichen Bibliotheken* enthalten vorwiegend aktuelle Gebrauchsliteratur, die intensiv benutzt wird, jedoch nicht für alle Zeiten aufbewahrt werden soll. Solche Freihandbestände sollen ein lebendiges und attraktives Bild bieten, was bei Magazinbeständen und bei wissenschaftlicher Literatur eine geringere Rolle spielt.

Bei Buchbeständen, die dauernd aufbewahrt werden, müssen an Bindetechnik und Bindematerial besonders hohe Anforderungen gestellt werden. Für die Ausführung der Einbände an *Wissenschaftlichen Bibliotheken* wurden deshalb eigene Richtlinien erarbeitet. Meist entscheiden sich große Bibliotheken für Einbände mit strapazierfähigem Kunststoffüberzug, zum Teil werden auch *Halbgewebebände* (Halbleinenbände) und *Ganzgewebebände* (Ganzleinenbände) gewählt; schmale und weniger intensiv benutzte Bücher werden als Steifbroschuren oder Pappbände gebunden. Besonders strapazierfähig ist die Fadenheftung auf Band, es wird jedoch auch die preisgünstige Klebebindung verwendet.

b) Das Buchklima

Bei der Aufbewahrung der Bücher in Bibliotheken muss darauf geachtet werden, dass sie nicht durch ungünstige klimatische Bedingungen geschädigt werden. Wichtig sind dabei besonders die Temperatur und die Luftfeuchtigkeit.

Eine *Temperatur* über 20 Grad ist für gewisse Buch- und Einbandmaterialien schädlich. Besonders Leder und Pergament leiden dabei durch zu starke Austrocknung. Auch der Zerfall säurehaltiger Papiere wird durch höhere Temperaturen beschleunigt. Für geschlossene Magazine sind Temperaturen *zwischen 15 und 18 Grad* zu empfehlen. Tiefere Temperaturen schaden den Büchern nicht, wenn sie nicht mit höherer Luftfeuchtigkeit verbunden sind. Nachteilig ist hierbei jedoch der plötzliche Temperatursprung beim Transport der Bücher von sehr kühlen Magazinen in den warmen Lesesaalbereich. Unbedingt zu vermeiden ist direkte Sonneneinstrahlung auf Bücher.

Wesentlich für die Bestandserhaltung ist nicht die absolute Luftfeuchtigkeit (Wassermenge, die in 1 m³ Luft enthalten ist), sondern die *relative Luftfeuchtigkeit*, d.h. die Luftfeuchtigkeit in Beziehung zur Temperatur. Je wärmer die Luft ist, desto mehr Feuchtigkeit kann sie aufnehmen. Wenn bei gleich bleibendem absolutem Feuchtigkeitsgehalt die Temperatur steigt, sinkt die relative Luftfeuchtigkeit; wenn die Temperatur sinkt, steigt die relative Luftfeuchtigkeit an. Bei 100 Prozent relativer Luftfeuchtigkeit ist die sogenannte Sättigungsfeuchtigkeit erreicht, d.h. die Höchstmenge an Feuchtigkeit, die bei einer bestimmten Temperatur in der Luft enthalten sein kann, ohne zu kondensieren.

Die relative Luftfeuchtigkeit wird mit einem Hygrometer bzw. einem Hygrographen gemessen, der die Luftfeuchtigkeit nicht nur misst, sondern auch aufzeichnet. Meist werden in Bibliotheksräumen *Thermohygrographen* verwendet, also kombinierte Temperatur- und Feuchtigkeitsmessgeräte, die den Verlauf von Temperatur und Feuchtigkeit auf einer Papierrolle aufzeichnen.

Die relative Luftfeuchtigkeit sollte in Bibliotheksräumen, besonders in Magazinen, *zwischen 40 und 50 Prozent* betragen. Hat die Luft weniger als 40% Feuchtigkeit, so wird das Papier zu trocken und spröde und reißt leicht ein; auch andere Materialien, besonders Leder, Pergament und Klebstoffe, trocknen zu stark aus. Noch problematischer ist eine zu hohe Luftfeuchtigkeit. Schimmel- und Bakterienbefall als Folgeerscheinung sind für Menschen gesundheitsschädlich und können ein Buch im Lauf der Zeit vollständig zerstören.

c) Papierkonservierung

Die größte Bedrohung für die Buchbestände der Bibliotheken bildet der säurebedingte Papierzerfall, der vor allem Papiere betrifft, die von 1840 bis 1960 unter Verwendung bestimmter chemischer Zusätze industriell aus Holzschliff hergestellt wurden. Bücher aus säurehaltigem Papier haben zum Teil nur eine Lebensdauer von weniger als 100 Jahren. Aus diesem Grund ist ein großer Teil der in den Wissenschaftlichen Bibliotheken vorhandenen Bücher in den nächsten Jahrzehnten von der Vernichtung bedroht. Ca. 80 Prozent der in den deutschen Wissenschaftlichen Bibliotheken magazinierten Bestände sind durch *Papierzerfall infolge Säurefraß* gefährdet; rund 60 Millionen Bücher sind bereits jetzt so stark geschädigt, dass eine Benutzung nur noch eingeschränkt oder gar nicht mehr möglich ist. Ein geeignetes Buchklima in den Magazinen kann die Gefahren des Papierzerfalls vermindern; bei kühler, trockener und dunkler Lagerung laufen die Alterungsvorgänge im Papier nur sehr langsam ab.

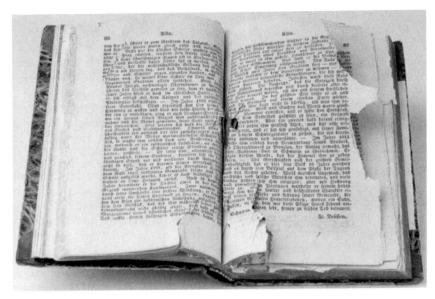

(Abb. 14: Papierzerfall bei säurehaltigem Papier)

Seit Jahren bemühen sich vor allem große Bibliotheken mit Archivfunktion darum, gefährdete Bücher zu retten oder wenigstens ihren Inhalt zu bewahren. Zur *Sanierung geschädigter Originale* kommen folgende *Erhaltungsmaßnahmen* in Frage:

(1) *Einzelbehandlung* besonders wertvoller Werke z.b. durch Neutralisieren des Säuregehalts von Einzelblättern und Ergänzen fehlender Blattteile durch Anfasern (Ansetzen von Blatträndern).

(2) *Massenentsäuerungsverfahren* sind Verfahren, die den Säuregehalt des Papiers durch das Einbringen von alkalischen Substanzen neutralisieren und so den künftigen Papierzerfall stark verlangsamen. Die Lebensdauer des Papiers wird somit verlängert, bereits eingetretene Schäden können allerdings nicht rückgängig gemacht werden. Dieses Verfahren kann daher nur bei Büchern angewendet werden, deren Papier zwar vergilbt, aber noch nicht brüchig ist. Drei Verfahren, die die Behandlung größerer Mengen ganzer (d.h. unzerlegter) Bücher ermöglichen, kommen zur Anwendung:

Bei den *wässerigen Tränkverfahren* werden die Buchblöcke in eine Flüssigkeit getaucht, die neben Wasser und der einzubringenden alkalischen Substanz (Calcium-, Magnesiumcarbonat) auch einen Filmbildner (Methylcellulose) enthält, der eine Festigung des Papiers bewirkt.

Beim *Lösungsmittel-Tränkverfahren* wird den Büchern zunächst in einer Vakuumkammer ihre natürliche Feuchtigkeit weitgehend entzogen, um sie aufnahmefähig für die folgende Tränkung zu machen. Sie werden in eine Flüssigkeit getaucht, in der eine metallorganische Verbindung gelöst ist. Durch die Verdunstung des Lösungsmittels und den Kontakt mit dem Kohlendioxid der Luft wandelt sich diese Verbindung in die gewünschte Neutralisationssubstanz (Calcium- oder Magnesiumcarbonat) um.

Beim *Feinstaubverfahren* werden mit einem starken, warmen Luftstrom feinste Partikeln der Neutralisierungssubstanz (Magnesiumoxid) in die vorgetrockneten, aufgefächerten Bücher eingeblasen. Mit der nach dieser Behandlung aus der Raumluft in das Papier eindringenden Feuchtigkeit gelangt auch das Magnesiumoxid in das Papier hinein.

(3) *Papierspaltverfahren.* Bei diesem Verfahren wird auf die Vorder- und Rückseite eines geschädigten Blattes mit Gelatinekleber je ein Trägerpapier geklebt; durch Auseinanderziehen dieser Trägerpapiere wird das Papier gespalten. So kann ein stabilisierendes dünnes Kernpapier zwischen der Vorder- und der Rückseite des Blattes eingebracht werden. Dieses aufwändige und teure Verfahren verändert die Originalsubstanz des Papiers natürlich sehr stark und ist daher nicht unumstritten. Meist wird Papier manuell gespalten, das Zentrum für Bucherhaltung in Leipzig bietet jedoch auch ein maschinelles Verfahren an.

Die beste Grundlage für die Langzeitarchivierung von Druckwerken bietet die Verwendung von speziellen *alterungsbeständigen Papieren* (gemäß der Norm DIN EN ISO 9706 „Voraussetzungen für Alterungsbeständigkeit").

d) *Buchrestaurierung*

Beschädigte alte, wertvolle und seltene Bücher, vor allem mittelalterliche Handschriften, Inkunabeln und Drucke der frühen Neuzeit, können nur von speziell ausgebildeten *Buchrestauratoren* bearbeitet werden. In den letzten Jahrzehnten sind vor allem an großen Bibliotheken mit reichen Altbeständen eigene Abteilungen und Institute für *Buch- und Handschriftenrestaurierung* eingerichtet worden, in denen Experten mit Spezialmethoden die Schäden an Einband und Buchblock erhaltenswerter Bücher beheben.

e) *Sekundärformen*

Zur *Sicherung des Inhalts* stark geschädigter Bücher werden häufig *Sekundärformen* (Ersatzmedien) hergestellt, indem die Informationen auf andere Trägermaterialien übertragen werden. Eine Möglichkeit bietet die

Mikroverfilmung als Schutzverfilmung. Sie bezeichnet die Herstellung von Mikroformen, die wegen ihrer langen Lebensdauer sehr gut archivierbar und zudem beliebig duplizierbar sind. Verwendet werden zumeist Rollfilme, deren lichtempfindliche Schicht aus einer Silberhalogenid-Emulsion besteht; diese sogenannten *Silberfilme* weisen eine Lebensdauer von über 500 Jahren auf.

Eine andere Möglichkeit bildet die *Digitalisierung* der gefährdeten Originale. Die digitalen Daten können als Bilddateien oder als maschinenlesbarer Text (durch optische Zeichenerkennung OCR) abgespeichert und online zur Verfügung gestellt werden. Digitalisate bieten eine Reihe von Vorteilen für die Benutzung, allerdings ist auch ihre Langzeitarchivierung nicht unproblematisch.

Erfolgt eine parallele Verfilmung *und* Digitalisierung der gefährdeten Bestände, spricht man von einer *hybriden Archivierung*; hierbei kommen die Vorteile beider Sekundärformen zum Tragen. Die Filme werden in diesem Fall nicht vom Original, sondern vom Digitalisat hergestellt. Ein Umkopieren gefährdeter Bestände auf alterungsbeständiges Papier wird heute nicht mehr praktiziert.

f) Langzeitarchivierung elektronischer Daten

Besonders problematisch ist die „Bestandserhaltung" bzw. die Langzeitarchivierung von elektronischen Publikationen. Das liegt zunächst daran, dass die Speichermedien nur eine relativ kurze Haltbarkeit haben. Magnetische Speicher (Disketten, Festplatten, Magnetbänder) können schon nach wenigen Jahren Daten verlieren, nach etwa 20 Jahren sind sie in der Regel unbrauchbar. Wenn man die Daten erhalten will, müssen sie also immer wieder umkopiert werden. Die Lebensdauer von optischen Speichermedien (CDs, DVDs) ist etwas höher, sie wird auf 30 bis 100 Jahre geschätzt. Etwas einfacher gestaltet sich die Langzeitarchivierung von Online-Publikationen, da evtl. nötige Datenkonversionen hier nur an einer einzigen Stelle durchgeführt werden müssen.

Ein zweites Problem bei der Archivierung elektronischer Publikationen besteht darin, dass die zur Nutzung von digitalen Dokumenten notwendige Technik (Computer, Betriebssysteme, Anwendungsprogramme) relativ rasch veraltet, so dass ältere Datenbestände mit neuer Hard- und Software oft nicht mehr benutzbar sind. Will man digitale Informationen langfristig bewahren, so muss man entweder die alten Geräte und Programme konservieren und betriebsbereit halten, um die dazu passenden Daten weiterhin nutzen zu können, oder man muss die alten Datenbestände über Konvertierungsprogramme immer wieder auf die jeweils aktuellen Hard- und

Softwaresysteme überspielen. Nur wenige Bibliotheken werden diesen Aufwand leisten können. Gemeinsam mit verschiedenen Partnern entwickelt die Deutsche Nationalbibliothek im Projekt KOPAL ein Langzeitarchiv für digitale Informationen, um so ihrem Archivierungsauftrag auch für elektronische Publikationen gerecht zu werden. Auch einige Landesbibliotheken haben Archivierungsprojekte für elektronische Publikationen ins Leben gerufen, um auch die regionale Langzeitarchivierung dieser Medien sicherzustellen. Die Langzeitsicherung ausgewählter elektronischer Publikationen des Auslandes wird in zunehmendem Maße die Aufgabe einiger großer Universalbibliotheken und der Schwerpunktbibliotheken im System der überregionalen Literaturversorgung sein.

g) Initiativen für die Bestandserhaltung

Um eine nationale Strategie zur kooperativen Bestandserhaltung (Erhaltung der gefährdeten Originale *und* Erstellung von Sekundärformen) zu entwickeln, haben sich 2001 vierzehn Wissenschaftliche Bibliotheken, Archive und Regierungsstellen zur *Allianz zur Erhaltung des schriftlichen Kulturgutes* zusammengetan. Neben der Koordination von regionalen Initiativen bemüht sie sich darum, die Erhaltung des schriftlichen Kulturgutes als nationale Aufgabe im Bewusstsein der Öffentlichkeit zu verankern.

Der Information und dem Erfahrungsaustausch in allen Fragen, die mit der Erhaltung von Bibliotheks- und Archivgut verbunden sind, dient das *Forum Bestanderhaltung*. Diese Internetplattform beschäftigt sich vor allem mit den wissenschaftlichen Grundlagen der Bestandserhaltung, mit Fragen der Konservierung und der Restaurierung, mit der Medienkonversion sowie mit den Präventionsmaßnahmen und möglichen Reaktionen auf Katastrophen (Bestandsschäden durch Krieg, Feuer, Wasser).

IV. Bestandsvermittlung (Benutzungsdienste)

Bestandsaufbau (Erwerbung), Bestandserschließung (Katalogisierung) sowie Bestandsaufbewahrung und -erhaltung sind die Voraussetzungen für die *Vermittlung des Bestandes* an die Benutzer. In der *Benutzung* erfüllt sich der Zweck der Bibliothek, nämlich der Literatur- und Informationsversorgung ihrer Benutzer zu dienen. Es ist daher ein Hauptanliegen jeder Bibliothek, für eine rasche und bequeme Vermittlung ihrer eigenen Bestände, der Bestände anderer Bibliotheken sowie weiterer Informationsquellen zu sorgen.

1. Zulassung und Einführung des Benutzers

a) Zulassung zur Bibliotheksbenutzung

Die Zulassung zur Benutzung einer Bibliothek kann von bestimmten Bedingungen abhängig und, je nach dem Zweck und den Aufgaben der Bibliothek, eingeschränkt sein. Die kommunalen *Öffentlichen Bibliotheken* stehen allen Einwohnern der Stadt oder Gemeinde offen und lassen meist auch alle Interessenten zu, die ihren Wohnsitz nicht am Ort haben. Die *Wissenschaftlichen Bibliotheken* dienen wissenschaftlichen Zwecken sowie der beruflichen Arbeit und der Fortbildung. Bei den *Universitäts- und Hochschulbibliotheken* stehen die Bedürfnisse von Wissenschaft und Forschung sowie von Lehre und Studium im Vordergrund; außer den Hochschulangehörigen werden allerdings auch andere Interessenten zugelassen. Die meisten *Spezialbibliotheken* stehen vor allem den Angehörigen der Institution zur Verfügung, der sie angeschlossen sind; die Zulassung anderer Personen ist hier oft auf Ausnahmefälle beschränkt.

Benutzungsordnung

Die Bedingungen, unter denen die Bestände einer Bibliothek benutzt werden können, bilden den Inhalt der *Benutzungsordnung*, die vom Träger der Bibliothek erlassen wird. In ihr wird geregelt, wer zur Benutzung berechtigt ist, in welchen Formen sie sich abspielt und welche Rechte und Pflichten die Bibliothek und die Benutzer haben. Mit der Zulassung verpflichtet sich der Benutzer, die Benutzungsordnung einzuhalten.

Die Benutzungsordnung enthält oft auch die Regelung der Öffnungszeiten und der Gebühren. Die *Öffnungszeiten* der Bibliothek sollten möglichst ausgedehnt und auf den jeweiligen Benutzerkreis zugeschnitten sein. Sie müssen so gelegt werden, dass auch Berufstätige die Bibliothek benutzen können. *Gebühren* für die normalen Dienstleistungen bei der Benutzung werden an den meisten Bibliotheken nicht verlangt. Dagegen gibt es bestimmte *kostenpflichtige Sonderleistungen*, z.B. Foto- und Kopieraufträge sowie die Lieferung von Zeitschriftenaufsätzen aus externen Beständen. Außerdem werden bei Überschreitung der Leihfrist entsprechende *Mahngebühren* erhoben.

Anmeldung des Benutzers

Um zugelassen zu werden, muss sich der Benutzer in der Regel persönlich unter Vorlage des Personalausweises *anmelden*. Bei Kindern und Jugendlichen kann die Bibliothek die schriftliche Erlaubnis der Eltern oder Erziehungsberechtigten verlangen. Der Benutzer erhält einen *Benutzerausweis*, er enthält die *Benutzernummer*, mit der sich der Benutzer identifizieren kann (am Computer meist in Verbindung mit einem Passwort). Der Benutzerausweis wird regelmäßig überprüft und die Gültigkeit gegebenenfalls verlängert. Die Benutzerdaten (Name, Adresse, Beruf, Geburtsdatum) und die Benutzernummer werden von der Bibliothek in der Benutzerdatei elektronisch gespeichert.

b) Einführung in die Bibliotheksbenutzung

Der mit der Bibliothek noch nicht oder nur wenig vertraute Benutzer muss die Möglichkeit haben, in die Methoden der Bibliotheksbenutzung eingeführt und über Angebote und Einrichtungen der Bibliothek informiert zu werden. Dies kann auf unterschiedliche Weise geschehen.

Mündliche Hinweise des Bibliothekspersonals können eine erste Hilfe geben, eine umfassende Einführung eines einzelnen Benutzers ist nur in Ausnahmefällen in kleinen Bibliotheken möglich. Viele Bibliotheken veranstalten regelmäßig *Führungen für Gruppen*, vor allem für Schulklassen und Studienanfänger. Kurzgefasste *Faltblätter*, evtl. eine ganze Serie davon, und *Texte auf Wandtafeln* können z.B. Informationen über Art und Benutzung der Kataloge oder die Durchführung einer Ausleihe vermitteln. An vielen Bibliotheken gibt es einen gedruckten *Bibliotheksführer*, der die wichtigsten Angaben über die Bibliothek, ihre Abteilungen, Bestände, Kataloge und Dienstleistungen enthält. In steigendem Maß werden bei der Einführung in die Bibliotheksbenutzung digitale Medien eingesetzt, in denen Informationen über die Bibliothek z.B. durch *Filme, Filmsequenzen* und *interaktive Lernprogramm* vermittelt werden. Solche Einführungen werden als *Online-Tutorials* im Internet angeboten oder neuen Benutzern auf einer DVD zur Verfügung gestellt.

Maßnahmen der systematischen und intensiven Einführung in die Bibliotheksbenutzung werden als *Benutzerschulung* bezeichnet. Sie wird vor allem in Universitätsbibliotheken für Studenten durchgeführt, meist in eigenen Lehrveranstaltungen (Übungen, Unterricht in Kleingruppen), die an manchen Hochschulen verpflichtender Teil der Fachstudiengänge sind. Benutzerschulungen werden oft mit speziellen fachlichen Schwerpunkten durchgeführt (Fachinformationsvermittlung), damit die Möglichkeiten der Literatur- und Informationsrecherche in den jeweils einschlägigen Datenbanken an Hand von fachlichen Beispielen erläutert werden können. In diesem Zusammenhang ist es besonders wichtig, die Benutzer mit den unterschiedlichen Fachinformationsmitteln ihrer Fächer vertraut zu machen. Umfassende Schulungen zu allen Bereichen der Informationskompetenz können sich anschließen (s. u. S. 382ff.).

2. Benutzung in der Bibliothek

Die Benutzung des Buchbestandes in den Räumen der Bibliothek kommt in allen Bibliothekstypen vor. In Präsenzbibliotheken ist sie die alleinige oder zumindest die vorherrschende Benutzungsart; in Deutschland gilt dies vor allem für die Spezialbibliotheken. An den übrigen Wissenschaftlichen Bibliotheken und noch mehr an den Öffentlichen Bibliotheken spielt die Benutzung innerhalb der Bibliothek verglichen mit der Ausleihe eine geringere Rolle.

a) Lesesäle

Kleine Bibliotheken haben oft nur wenige *Leseplätze*, die meist zu „Lesezonen" innerhalb des Bibliotheksraumes zusammengefasst werden. Bei den Leseplätzen wird der Präsenzbestand an Nachschlagewerken, Lexika usw. aufgestellt. Größere Bibliotheken mit geschlossenen Magazinen haben meist einen eigenen *Lesesaal*, in dem eine Handbibliothek mit grundlegenden und wichtigen Werken frei zugänglich und präsent aufgestellt ist. Diese Handbibliothek enthält vor allem allgemeine und spezielle Nachschlagewerke, Wörterbücher, Quellenwerke, wichtige Hand- und Lehrbücher aller Fächer sowie wichtige Fachzeitschriften und Bibliographien.

Mehrere *Fachlesesäle* mit umfangreichen Freihandbeständen gibt es an Wissenschaftlichen Bibliotheken und an großen Öffentlichen Bibliotheken. Ein System mehrerer Fachlesesäle findet sich vor allem an Universitätsbibliotheken mit dezentralen fachlichen Teilbibliotheken. In den sehr großen Freihand-Präsenzbeständen dieser Bibliotheken befindet sich die aktuelle Studien- und Forschungsliteratur einschließlich der wichtigsten Zeitschriften. Neben den Fachlesesälen gibt es meist noch einen eigenen allgemeinen Lesesaal der Zentralbibliothek mit der fächerübergreifenden Literatur.

In bestimmten Ausnahmefällen können auch Bücher aus den in Lesesälen präsent aufgestellten Beständen ausgeliehen werden. Besonders an manchen Universitätsbibliotheken sind für die Präsenzbestände der Teilbibliotheken bestimmte *Sonderformen der Ausleihe* geschaffen worden, z.B. Ausleihe über Nacht bzw. über das Wochenende und befristete Entnahme für Angehörige des Lehrpersonals. Im Lesesaal bzw. in den Lesesälen können nicht nur die dort als Freihand- bzw. Präsenzbestand aufgestellten Bände benutzt werden, sondern auf Wunsch auch alle Bücher aus den geschlossenen *Magazinen* sowie Bücher, die der Benutzer selbst in die Bibliothek mitbringt.

An großen Bibliotheken gibt es im Lesesaal oft kleine *Arbeitskabinen* (Carrels), die für eine festgelegte Frist, z.B. ein Semester, bestimmten Benutzern (z.B. Examenskandidaten, Doktoranden) zur Verfügung gestellt werden. Wichtig ist die Bereitstellung einer ausreichenden Zahl von *PC-Arbeitsplätzen* zur Benutzung von elektronischen Publikationen auf physischen Datenträgern und für den Zugriff auf Online-Publikationen. PC-Arbeitsplätze sind zumeist an einer Stelle eingerichtet, um die Lärmbelästigung für andere Benutzer möglichst gering zu halten; an vielen Bibliotheken sind daher auch private Notebooks nicht in allen Lesesaalbereichen zugelassen. Für *Mikroformen* und *audiovisuelle Medien* müssen eigene Benutzungseinrichtungen vorgesehen werden.

Die bibliothekarischen Mitarbeiter, die in einem Lesesaal tätig sind, sind sowohl für die Sicherheit und Ordnung der Lesesaalbestände verantwortlich als auch für die Betreuung und Beratung der Benutzer. Die *Ausgabe und Rücknahme* der aus dem Magazin in den Lesesaal bestellten Werke vollzieht sich entweder bei der Lesesaalaufsicht oder an einer eigenen Ausgabestelle im Lesesaal. Am Eingang zum Lesesaal ist die *Lesesaalkontrolle* untergebracht. An dieser Kontrolle werden die Benutzerausweise geprüft; Mäntel und Taschen dürfen in der Regel nicht mit in den Lesesaal genommen werden. Spezielle Buchsicherungsanlagen sichern die Lesesaalbestände vor Diebstahl (s. o. S. 64).

Je nach der Größe und Typ der Bibliothek kann es bestimmte *Sonderlesesäle* geben. Dazu gehört an Wissenschaftlichen Bibliotheken der *Zeitschriftenlesesaal*, in dem die Zeitschriftenhefte des laufenden Jahrgangs zur Benutzung ausliegen, sowie Lesesäle für bestimmte Bestandsgruppen, z.B. für Handschriften, Inkunabeln, Karten oder Bildmaterialien.

b) Kopier- und Fotodienst

Vor allem an Wissenschaftlichen Bibliotheken besteht ein außerordentlich großes Bedürfnis der Benutzer, Texte schnell und unkompliziert zu kopieren, um sie so für die eigene Arbeit verfügbar zu haben. In fast allen Bibliotheken stehen daher heute Kopierautomaten und Scanner zur Selbstbedienung für die Benutzer bereit. In Wissenschaftlichen Bibliotheken ist darüber hinaus ein eigener Kopierdienst erforderlich, um die über Fernleihe bestellten Aufsätze aus Fachzeitschriften zu kopieren. Zur Erledigung der Fotoarbeiten gibt es an großen Bibliotheken meist eine *Fotostelle*, d.h. ein Fotolabor, in dem für die Benutzer auf Bestellung Fotographien, Diapositive oder Mikrofilme von Texten oder Abbildungen aus den Beständen der Bibliothek hergestellt werden.

Bücher, deren Beschaffenheit und Erhaltungszustand eine Schädigung durch Kopieren befürchten lassen, dürfen nicht kopiert werden. Dazu gehören vor allem alte Bücher, Bücher aus brüchigem Papier, in übergroßen Formaten oder mit schwacher Klebebindung.

3. Bestellverfahren bei Magazinbeständen

Im Gegensatz zu den *Freihandbeständen*, die der Benutzer selbst aus dem Regal nehmen kann, muss er Bücher aus dem *Magazinbestand*, die er im Lesesaal einsehen oder nach Hause ausleihen will, *bestellen*, damit sie aus dem Magazin gebracht und für ihn im Lesesaal oder in der Ausleihe bereitgestellt werden. Die Bestellung erfolgte früher konventionell mit Bestellscheinen, heute kommen fast ausschließlich spezielle EDV-Systeme bzw. Ausleihkomponenten der von den Bibliotheken verwendeten Software zum Einsatz.

a) Konventionelles Bestellverfahren mit Bestellscheinen

Bei der konventionellen Bestellung wird ein vorgedruckter *Bestellschein* verwendet, auf dem der Benutzer die erforderlichen Angaben über das gewünschte Buch sowie Angaben zu seiner Person (Name, Adresse, Benutzernummer) vermerkt. Das *Zitat des Buchtitels* sollte alle wichtigen bibliographischen Angaben über das Buch enthalten, nämlich Verfasser, Sachtitel, Auflagebezeichnung, Erscheinungsort und Erscheinungsjahr, gegebenenfalls auch den Serientitel und die Seriennummer. Bei Titeln von bibliographisch unselbständigen Texten (z.B. Aufsätzen in Zeitschriften oder Sammelwerken) muss der Titel des Werks, in dem sie enthalten sind, hinzugefügt werden, gegebenenfalls auch die Band- und

Jahrgangsbezeichnung und möglichst die Seitenangabe. An den vorgesehenen Stellen wird die *Signatur* des gewünschten Buches oder Bandes vermerkt. Normalerweise werden für das konventionelle Bestellverfahren zwei- oder dreiteilige Leihscheine verwendet, wobei die einzelnen Bestandteile des Leihscheins der Ausleihverbuchung dienen (s. u. S. 263).

Im *Magazin* nimmt der Mitarbeiter anhand der Signatur auf dem Bestellschein das betreffende Buch aus dem Regal. In der entstandenen Lücke wird ein *Repräsentant* hinterlassen, der einen Teil des Bestellscheins oder einen eigens beschrifteten Zettel enthält. Hierauf befinden sich meist folgende Angaben: Signatur, Datum (der Bestellung oder der Entnahme des Buches), Name oder Nummer des Benutzers sowie Angabe der Stelle, an die das Buch gegeben wird, z.B. Ortsleihe, Allgemeiner Lesesaal, Sonderlesesaal.

Aus dem Magazin gelangt das bestellte Buch mit dem Bestellschein in den gewünschten Lesesaal oder in die Ortsleihstelle. Ist das bestellte Buch *nicht* an seinem Standort, so schreibt der Magazinmitarbeiter anhand des vorgefundenen Repräsentanten einen Vermerk über den Verbleib des Buches auf den Bestellschein.

b) Automatisiertes Bestellverfahren

Ein automatisiertes Bestell- und Ausleihverfahren setzt voraus, dass jedes ausleihbare Medium und jeder Benutzer *eindeutig zu identifizieren* sind. Hierfür erhält jedes *Medium* einen *Buchdatensatz*, der in der *Buchdatei* des Ausleihsystems gespeichert ist. Der Buchdatensatz verknüpft die bibliographischen Daten mit der für jedes einzelne Medium individuell vergebenen Mediennummer, auch der Medientyp (Buch, DVD, Kassette, etc.) wird in kodierter Form angegeben.

Die wichtigsten *Benutzerdaten* werden in der *Benutzerdatei* erfasst, mit der die Ausleihkonten verwaltet werden. Hierbei bildet die Benutzernummer das eindeutig identifizierende Element; meist kommt noch die Zuordnung zu einer Benutzergruppe hinzu (Hochschullehrer, Student, Institution, Mitarbeiter, etc.).

Hat ein Benutzer bei der OPAC-Recherche ein gewünschtes Buch ermittelt, so kann er durch Anklicken des Feldes „Ausleihe" die Titeldaten in die Bestellkomponente des Ausleihsystems übernehmen. Hier wird die Verfügbarkeit des Bandes angezeigt, z.B. „ausleihbar", „entliehen" oder „bestellt". Mit seiner Ausweisnummer und einem Passwort meldet sich der Benutzer im System an und schickt die Bestellung ab. Neben den Titeldaten erscheinen auf dem Bildschirm auch die für dieses Medium möglichen Ausgabeorte (Ortsleihe, Lesesaal, Sonderlesesäle), aus denen der Benutzer den gewünschten auswählt. Das System verknüpft die Buch- und die Benutzerdaten, bestätigt die ordnungsgemäße Bestellung (Ausleihstatus „bestellt") und teilt dem Benutzer mit, wann das bestellte Werk zur Abholung bereitliegt.

Die Bestellung wird gemäß der Signatur automatisch an den zuständigen Magazinabschnitt geschickt und dort von einem Drucker als *Bestellausdruck* (Bestellschein) ausgegeben. Der Bestellausdruck enthält Angaben zum Benutzer (Name, Benutzernummer) und zum Medium (Verfasser, Titel, Mediennummer, Signatur, Ausgabeort, Leihfristende und Verlängerungsmöglichkeiten). Ein Magazinangestellter entnimmt das Buch am Standort, hinterlässt dort einen Repräsentanten und leitet das Buch mit dem Bestellausdruck an den gewünschten Ausgabeort weiter.

Ein Buch, dessen Signatur bekannt ist, kann auch ohne vorherige Recherche im OPAC bestellt werden Hierbei wird im Ausleihmenü direkt die Funktion „Bestellung" aufgerufen. Auf dem Bestellbildschirm müssen Signatur, Benutzernummer und Abholort eingegeben werden. Es folgen die Bestätigung der Bestellung durch das System und der Hinweis auf das Abholdatum.

Ist ein Medium ausgeliehen, kann der Benutzer es *vormerken* (vorbestellen); wie bei der Bestellung muss er sich hierfür durch die Eingabe seiner Benutzernummer identifizieren. Gibt der erste Entleiher das Medium zurück, wird die Vormerkung bei der Löschung der Verbuchung angezeigt und der Benutzer wird darüber informiert, dass der Titel nun für ihn bereitliegt. Da für die Benachrichtigung durch Postkarten von den Benutzern Portoersatz zu leisten ist, wird eine Benachrichtigung per E-Mail zumeist bevorzugt.

Lässt sich die Signatur eines bestimmten Buches vom Benutzer selbst nicht ermitteln, so kann er einen sogenannten *Rechercheschein* mit den bekannten bibliographischen Daten einreichen. Der *Signierdienst* (Recherchedienst) bemüht sich dann, die Signatur – oder auch einen alternativen Bestandnachweis des Werkes – zu ermitteln.

c) Absignieren und Bereitstellen

Bücher, die für die *Ortsleihe* bestellt wurden, werden in manchen Bibliotheken in der Ausleihstelle vor der Bereitstellung nach bestimmten Kriterien überprüft. Bei diesem Vorgang, der auch als *Absignieren* bezeichnet wird, wird die Übereinstimmung des vorliegenden Buchs mit der Bestellung überprüft, Schäden werden festgestellt und in der Buchdatei vermerkt, gegebenenfalls werden bibliographische Daten, Mediennummern oder Etiketten ergänzt.

Nach dem Absignieren werden die Bücher mit den Bestellausdrucken in der Ausgabestelle der Ortsleihe für den Benutzer *bereitgestellt*. Dies geschieht normalerweise in Regalen in der Nähe der Ausgabestelle alphabetisch nach den Namen der Benutzer oder numerisch nach den Nummern der Benutzerausweise. Meist ist Selbstabholung durch den Benutzer üblich. Wurden Bücher in einen *Lesesaal* bestellt, werden sie dort bereitgestellt. Entweder holt der Benutzer das Buch ab (bei Selbstabholung) oder es wird ihm an der Lesesaalausleihstelle ausgehändigt. Bei der Abholung bzw. Ausgabe werden die Bücher verbucht und bei der Rückgabe entsprechend rückverbucht (s. u. S. 262ff.). Die Dauer der Bereitstellung der Bücher in der Ortsleihe bzw. den Lesesälen schwankt zwischen drei und zehn Tagen. Werden die Bücher in dieser Zeit nicht abgeholt, werden sie ins Magazin zurückgegeben.

4. Ortsleihe

Die *Ortsleihe* ist an den Öffentlichen Bibliotheken die wichtigste Benutzungsform. Auch an vielen Wissenschaftlichen Bibliotheken in Deutschland herrscht sie vor, tritt jedoch an Universitätsbibliotheken mit großen Freihandbeständen gegenüber der Präsenzbenutzung zurück. An den meisten Spezialbibliotheken bildet die Ausleihe die Ausnahme, hier ist die Benutzung in der Bibliothek die Regel.

Rechtlich ist die Ausleihe in deutschen Bibliotheken unterschiedlich zu bewerten, je nachdem, ob auf Grund der Rechtsstellung der Bibliothek und der Regelungen in ihrer Benutzungsordnung ein *privatrechtliches* oder ein *öffentlich-rechtliches Verhältnis* zwischen der Bibliothek und dem Benutzer begründet wird. Bei Öffentlichen Bibliotheken liegt in der Regel ein privatrechtlicher Leihvertrag nach dem Bürgerlichen Gesetzbuch vor, bei den Wissenschaftlichen Staats-, Landes- und Hochschulbibliotheken ein öffentlich-rechtliches Benutzungsverhältnis.

Zu beachten ist, dass es sich bei der Ausleihe an Öffentlichen Bibliotheken fast ausschließlich um *Freihandbestände* handelt, zu denen der Leser einen unmittelbaren Zutritt hat, während an den Wissenschaftlichen Bibliotheken vorwiegend *Magazinbestände* ausgeliehen werden, die der Benutzer zuerst bestellen muss. Einen Sonderfall bilden die *Lehrbuchsammlungen* an den Universitätsbibliotheken; sie enthalten häufig verlangte Lehrbücher in Mehrfachexemplaren, systematisch geordnet und frei zugänglich aufgestellt, die zur Sofortausleihe bereitstehen.

Bei der Ausleihe muss der Benutzer seinen Benutzerausweis vorlegen. Der Benutzer erhält die Medien zum ordnungsgemäßen Gebrauch für die Dauer der *Leihfrist*, die in der Regel vier Wochen, bei Zeitschriftenbänden zum Teil zwei Wochen beträgt. Wenn ein Werk nicht von einem anderen Benutzer vorgemerkt wird, kann die Leihfrist *verlängert* werden. Die Zahl der von einem Benutzer gleichzeitig entliehenen Medien darf eine bestimmte Höchstgrenze nicht übersteigen.

Benutzer, die entliehene Medien nicht innerhalb der Leihfrist zurückbringen, werden von der Bibliothek durch ein entsprechendes Schreiben gemahnt, wenn nötig mehrmals. Das *Mahnverfahren* sollte in jedem Fall einheitlich und zügig durchgeführt werden. Meist wird für jede Mahnung eine Gebühr erhoben. Die erste Mahnung erfolgt möglichst sofort nach Ablauf der Leihfrist. Das zweite Mahnschreiben sollte etwa eine Woche nach dem ersten verschickt werden. Bleibt auch dies erfolglos, ergeht eine dritte und letzte Mahnung als eingeschriebener Brief oder mit Postzustellungsnachweis unter Hinweis auf das anschließende Vollstreckungsverfahren. Werden alle Mahnungen nicht beachtet, beantragt die Bibliothek bei der zuständigen staatlichen oder kommunalen Behörde ein *Einziehungsverfahren* (Vollstreckungsverfahren) gegen den Benutzer, in dessen Verlauf das Buch bzw. sein Gegenwert inklusive der angefallenen Gebühren zwangsweise eingetrieben werden. Beim genauen Ablauf des Vollstreckungsverfahrens ist zwischen einem privatrechtlichen und einem öffentlich-rechtlichen Benutzungsverhältnis zu unterscheiden.

5. Verfahren der Ausleihverbuchung

a) Allgemeines

Die Bibliothek muss dafür sorgen, dass die ausgeliehenen Medien fristgerecht zurückgegeben und schnell wieder verfügbar gemacht werden. Daher muss ein Nachweis über die ausgeliehenen Medien und ihre Leihfrist geführt werden, der es ermöglicht, säumige Benutzer zu *mahnen* und gegebenenfalls haftbar zu machen. Außerdem muss es dem Benutzer ermöglicht werden, ein bestimmtes Buch, das gerade ausgeliehen ist, *vorzubestellen*. Um diese Aufgaben zu erfüllen, wurden verschiedene Verfahren zur *Ausleihverbuchung* entwickelt.

Bei der Durchführung und Überwachung der Ausleihe geht es immer um die Beantwortung der folgenden drei Fragen:

(1) Welche Medien hat ein *bestimmter Benutzer* entliehen?
(2) Welcher Benutzer hat *ein bestimmtes Werk* entliehen?
(3) Welche Medien sind an *einem bestimmten Datum* zur Rückgabe fällig?

Bei diesen drei Fragen geht man aus (1) vom Benutzer, (2) vom entliehenen Medium, (3) vom Rückgabedatum. Um die Fragen bei konventioneller Ausleihverbuchung *sofort* beantworten zu können, sind drei Karteien erforderlich:

(1) *Benutzerkartei* (Leihregister). Unter dem Namen oder der Nummer des *Benutzers* werden die Medien nachgewiesen, die er zur Zeit entliehen hat.

(2) *Kuponkartei* (Kuponregister oder Signaturregister). Unter der auf dem Leihschein-Kupon befindlichen *Signatur* des entliehenen Mediums wird nachgewiesen, welcher Benutzer es zur Zeit entliehen hat.

(3) *Fristkartei* (Fristregister). Unter dem *Rückgabedatum* werden die an diesem Tag zur Rückgabe fälligen Medien nachgewiesen.

Da das Führen dieser drei Karteien einen erheblichen Arbeitsaufwand mit sich bringt, kann bei der konventionellen Ausleihverbuchung auf eine oder auch zwei dieser Karteien verzichtet werden.

Bei automatisierter Ausleihe werden für jeden Ausleihvorgang die Daten zu *Benutzer, Medium* und *Leihfrist* miteinander verknüpft und im Ausleihsystem gespeichert. In elektronischen Verbuchungssystemen können die drei oben genannten Fragen jederzeit sofort beantwortet werden.

b) Konventionelle Ausleihverfahren

Die früher vorherrschenden konventionellen Ausleihverfahren mit Leihscheinen oder Buchkarten sind heute fast vollständig durch automatisierte Verfahren abgelöst worden, nur in kleineren Bibliotheken werden sie noch praktiziert.

Ausleihverfahren mit Leihscheinen

Bei diesem Verfahren nimmt der Bibliotheksmitarbeiter bei der Ausgabe den Bestellschein des Benutzers aus dem Buch; dadurch wird der Bestellschein zum *Leihschein,* der als Ausgabe- und Empfangsbestätigung für das ausgegebene Buch dient. Stattdessen wird dem Buch ein Fristzettel beigelegt, auf dem das Ende der Leihfrist für den Benutzer deutlich angegeben ist.

Verwendet werden zumeist *dreiteilige Bestellscheine,* sie enthalten drei durch Perforierung voneinander getrennte Abschnitte: (a) den *Stammabschnitt* mit den Angaben über das gewünschte Buch und den Besteller, (b) den seitlichen Abschnitt, *Kupon* genannt, und (c) den *Löschabschnitt* oder Löschstreifen, der über oder neben dem Stammabschnitt angebracht ist. Kupon und Löschabschnitt enthalten die Signatur des Buches. Eine Bestellschein-Variante ist der *zweiteilige Bestellschein* (Stammabschnitt und Kupon, ohne Löschabschnitt).

Soweit die Bibliothek den Kupon des Leihscheins nicht als Repräsentant am Magazin belässt, wird er nach der Ausgabe des Buchs vom Leihschein abgetrennt. Auf dem Löschabschnitt und auf dem Kupon wird der Datumsstempel (Ausgabedatum oder Ende der Leihfrist) angebracht. Der Hauptabschnitt des Leihscheins (also Stammabschnitt plus Löschabschnitt) wird in die *Benutzerkartei* unter dem Namen des Benutzers oder unter seiner Benutzernummer eingeordnet, der Kupon wird in die nach Signaturen geordnete *Kuponkartei* (Kuponregister) eingelegt. Man kann somit (1) vom *Benutzer* ausgehend in der Benutzerkartei feststellen, welche Bücher der betreffende Benutzer entliehen hat, (2) von der *Signatur* ausgehend im Kuponregister feststellen, von welchem Benutzer ein bestimmtes Buch entliehen wurde. Existiert keine Kuponkartei, so kann man die letztere Feststellung nur am Standort des Buches im Magazin treffen.

Bei der *Rückgabe* wird der Leihschein aus der Benutzerkartei entnommen und dem Benutzer als Rückgabequittung ausgehändigt; soweit vorgesehen, wird der Löschabschnitt vorher abgetrennt und zurückbehalten. Anhand des Löschabschnitts oder, wo ein Löschabschnitt nicht vorgesehen ist, anhand der Bücher selbst wird der Kupon aus dem Kuponregister gezogen („gelöscht"). An Bibliotheken, an denen kein Kuponregister besteht und dafür der Kupon als Repräsentant im Magazin verblieben ist, wird der Kupon beim Einstellen des Buches am Standort gelöscht. Löschstreifen und Kupon werden vernichtet.

Ausleihverfahren mit Buchkarten

Beim Ausleihverfahren mit Buchkarten ist ein Leihschein überflüssig. In jedem Buch befindet sich eine *Buchkarte*, sie steckt in einer am hinteren oder vorderen Innendeckel befestigten Buchtasche; auf ihr sind die Signatur sowie der Verfasser und der Titel des Buches vermerkt. Der größte Teil der Buchkarte ist frei für die Eintragung der Benutzernummern, evtl. auch der Fristdaten.

Bei der Ausgabe entnimmt der Mitarbeiter die Buchkarte und trägt die Benutzernummer des Entleihenden ein. Das Rückgabedatum wird auf ein am Vorsatzblatt des Buches angeklebtes *Fristblatt* gestempelt, oder man legt eine eigene *Fristkarte* oder *Datumskarte*, die bereits mit dem Rückgabedatum vorgestempelt ist, in das Buch ein. An manchen Büchereien wird das Rückgabedatum außerdem neben die Benutzernummer auf der Buchkarte eingetragen. Das Buch wird nun dem Entleiher ausgehändigt, die Buchkarte wird in eine Kartei eingeordnet, die nach Rückgabedaten (und innerhalb eines Rückgabedatums nach Signaturen) geordnet ist. Man bezeichnet diese Fristkartei als *Absenzapparat*, also als Nachweis der „absenten" (abwesenden) Bücher.

Bei der *Rückgabe des Buches* wird anhand des Fristblattes oder der Fristkarte die Einhaltung der Leihfrist überprüft. Die Buchkarte wird (anhand des auf Fristblatt oder Fristkarte aufgestempelten Rückgabedatums und anhand der Signatur auf dem Buch) aus dem Absenzapparat gezogen und wieder in die im Buch befindliche Buchtasche gesteckt.

c) Automatisierte Ausleihverbuchung

In fast allen Bibliotheken wird heute die sogenannte automatisierte Ausleihverbuchung praktiziert. Bei diesem Verfahren werden alle bei der Ausleihe und Rückgabe der Medien anfallenden Arbeitsschritte mit Hilfe einer speziellen Software durchgeführt. Die automatisierte Ausleihverbuchung ist vor allem für große Bibliotheken von enormer Bedeutung, da in den Leihstellen dieser Bibliotheken täglich großen Mengen routinemäßiger Arbeiten anfallen, die so automatisiert werden können (Verbuchung einer Ausleihe, Löschen der Verbuchung, Mahnen). Wie beim automatisierten Bestellverfahren ist die Voraussetzung für die automatisierte Ausleihverbuchung, dass sowohl die *Benutzerdaten* als auch die *Mediendaten* in maschinenlesbarer Form vorliegen.

Bei der *Buchausgabe* werden die Mediennummern der auszuleihenden Medien und die Nummer des Benutzerausweises an der Leihstelle von einem Bibliotheksmitarbeiter mit Hilfe eines Lesegerätes maschinell erfasst. In der Regel geschieht dies durch ein *Barcodelesegerät* (auch Lesestift oder Lesepistole) oder einen *Handscanner*, wie er zum Teil auch in Kaufhäusern verwendet wird. Die notwendigen Ausleihdaten können allerdings auch mit der Tastatur am Ausgabeterminal eingegeben werden. Über die Mediennummer wird vom System auf die weiteren Angaben zur Publikation (Verfasser, Titel, evtl. Ausleihbeschränkung, etc.) aus der Buchdatei zugegriffen, über die Nummer des Benutzerausweises auf die weiteren Daten zum Benutzer aus der Benutzerdatei. Wenn der Benutzer bereits zu viele Medien entliehen hat oder wegen ausstehender Mahngebühren gesperrt ist, wird dies vom System sofort gemeldet. Kann die Ausleihe vollzogen werden, wird die Speicherung der Ausleihdaten bestätigt; der Status des Buches lautet nun „entliehen". Damit ist die Ausleihe verbucht, das Buch wird dem Leser ausgehändigt. Beigefügt wird bei Büchern aus dem Magazin der dort ausgedruckte Bestellbeleg, sofern er als Leihfristzettel ausgestaltet ist, oder es wird bei der Ausleihe ein Leihfristzettel ausgedruckt und dem Buch beigelegt.

Anhand der gespeicherten Ausleihdaten überwacht das Ausleihsystem automatisch die *Leihfristen* und druckt termingerecht die *Mahnungen* für die nicht fristgemäß zurückgegebenen Medien aus oder verschickt automatisch eine E-Mail. Der Benutzer kann jederzeit durch Eingabe seiner Benutzernummer am PC eine *Benutzerkontoabfrage* vornehmen und sich seine derzeitigen Entleihungen, Bestellungen, Vormerkungen und eventuell ausstehenden Gebühren anzeigen lassen. Durch Eingabe der Signatur eines gewünschten Buches kann eine *Buchanfrage* durchgeführt und der Ausleihstatus (entleihbar, bestellt, entliehen, vorgemerkt) eines Buches ermittelt werden.

Bei der *Rückgabe* des Buches wird die Mediennummer und die Nummer des Benutzerausweises erneut eingelesen und damit die *Ausleihe gelöscht*. Meistens wird eine Rückgabequittung für den Benutzer ausgedruckt.

Verlängerungen der Leihfrist können von den Benutzern selbst in ihren Benutzerkonten ausgeführt werden. Meist ist eine solche Verlängerung nur innerhalb eines bestimmten Zeitraums (z.B. sieben Tage) vor Ablauf der Leihfrist möglich. Der Benutzer ruft mit seiner Benutzernummer die Kontoanzeige auf, erhält einen Überblick über die von ihm veranlassten Ausleihen und gibt die Verlängerung für das betreffende Medium ein. In der Regel ist neben der Einzelverlängerung eines Titels auch die Gesamtkontoverlängerung möglich; die Fristverlängerung wird dann für alle Medien durchgeführt, deren Leihfrist im genannten Zeitraum endet.

d) Selbstverbuchung

Immer mehr Bibliotheken bieten ihren Benutzern auch die Möglichkeit der Selbstverbuchung von Medien an. Bei diesem Verfahren werden sogenannte Selbstverbuchungsautomaten verwendet. Zunächst muss sich der Benutzer gegenüber dem System identifizieren, dies geschieht zumeist mit Hilfe des maschinenlesbaren Benutzerausweises, allerdings ist auch die Eingabe der Benutzernummer und eines Passwortes möglich. Dann führt der Benutzer nacheinander alle Medien einzeln über den Laserscanner des Verbuchungsautomaten, wobei er darauf achten muss, dass der ein- oder aufgeklebte Barcode mit der maschinenlesbaren Mediennummer vom Barcodelesegerät tatsächlich erfasst wird. Die Erkennung eines Mediums wird vom System jeweils durch ein akustisches oder optisches Signal bestätigt. Sind alle Medien erfasst, bestätigt der Benutzer den Ausleihwunsch, hierauf werden die Medien automatisch auf sein Konto gebucht und ein Fristenzettel wird ausgedruckt.

Die Selbstverbuchung kommt vor allem in Öffentlichen, zunehmend aber auch in Wissenschaftlichen Bibliotheken zum Einsatz, sie ist sowohl für die Bibliotheken als auch für die Benutzer von Vorteil. Durch den Einsatz von mehreren Selbstverbuchungsautomaten ergeben sich für die Benutzer *kürzere Wartezeiten;* sie gehen zu einem freien Gerät, verbuchen ihre Medien und können die Bibliothek verlassen. Auf Seiten der Bibliothek wird *Arbeitszeit eingespart*, so kann es beim Einsatz der Selbstverbuchung beispielsweise ausreichen, statt bisher drei Plätze in der Leihstelle nur noch einen einzigen Platz zu besetzen, dies reicht zumeist aus, um die vollständige Verbuchung aller Medien zu überwachen und gegebenenfalls Hilfe zu leisten. Besonders groß ist der Rationalisierungseffekt, wenn die Selbstverbuchung mit einer *Buchsicherungsanlage* gekoppelt werden kann. Hierbei bewirkt die Verbuchung der Medien gleichzeitig eine Entsicherung des in den Medien angebrachten Magnetstreifens, der im nicht entsicherten Zustand beim Verlassen der Bibliothek einen Alarm auslösen würde. Solche Verfahren werden vor allem in Bibliotheken mit sehr langen Öffnungszeiten angewendet, um den Personalbedarf in den Nachtstunden sowie an Sonn- und Feiertagen so gering wie möglich zu halten.

e) Radio Frequency Identification (RFID)

Die RFID-Technologie (Radio Frequency Identification = Identifizierung durch Radiowellen) wird schon seit Langem in vielen Bereichen eingesetzt, vor allem in Warenwirtschafts- und Warensicherungssystemen. Im Bereich der Medienverbuchung bietet sie gegenüber den herkömmlichen

(Abb. 15: RFID-Transponder)

267

Methoden erweiterte Möglichkeiten. Im Gegensatz zum Barcodeverfahren, bei dem die Benutzer- und Mediennummern optisch gespeichert werden, werden diese Daten bei der RFID-Technologie digital auf einem sogenannten *Transponder* (auch RFID-Tag) gespeichert, der in die Medien eingeklebt werden kann. Der Transponder besteht aus einem winzigen Computerchip, der die entsprechenden Informationen speichert, sowie einer Antenne. Die in Bibliotheken verwendeten Transponder haben keine Batterien, der Chip erhält die nötige Energie durch das vom Lesegerät erzeugte elektromagnetische Feld; er ist also nur aktiv, während er gelesen wird. Die notwendigen Lesegeräte für die RFID-Transponder können in verschiedener Form in Selbstverbuchungsautomaten, an Leihstellenplätzen oder in der Buchsicherungsanlage angebracht werden.

Grundsätzlich funktioniert die *Selbstverbuchung* mit der RFID-Technologie wie oben geschildert, allerdings gibt es einige Vorteile: Da der Auslesevorgang der Mediennummern nicht optisch, sondern mit Hilfe von Radiowellen erfolgt, müssen die Medien nicht mehr (wie beim Barcode) in eine spezielle Position zum Laserscanner gebracht werden. Somit können mehrere Medien gleichzeitig auf eine Lesestation gelegt werden, wo die Mediennummern automatisch ausgelesen werden. Bei dieser Form der *Stapelverbuchung* kann eine Verbuchungsstation mehrere Hundert Medien in einer Stunde verbuchen. Auch die Rückgabe der Medien außerhalb der Öffnungszeiten der Bibliothek wird durch den Einsatz von RFID stärker automatisiert und für den Benutzer sicherer und komfortabler. Schon seit einiger Zeit bieten manche Bibliotheken ihren Benutzern an, Medien rund um die Uhr von außerhalb des Bibliotheksgebäudes in spezielle Klappen zu legen, von wo sie in innen bereitstehende Rückgabecontainer gelangen. Eine Rückbuchung dieser Medien findet hierbei allerdings erst am nächsten Morgen durch die Mitarbeiter der Bibliothek statt, der Benutzer erhält keine Quittung. Mit dem Einsatz der RFID-Technik können die Medien nun direkt bei der Abgabe rückgebucht werden und der Benutzer erhält eine Quittung.

Weitere Vorteile der RFID-Technik bestehen in der Möglichkeit, die rückgebuchten Medien über ein steuerbares Förderband in Gruppen sortieren zu lassen, wodurch die Arbeit beim Zurückstellen verringert wird. Die RFID-Transponder können auch für den Betrieb der Buchsicherungsanlage verwendet werden. Kommt es zu einem Alarm, weiß man bei einem RFID-gesicherten Medium sofort, welches Medium durch die Schranken getragen wurde, ohne dass es entsichert wurde, während man bei der Verwendung von Magnetstreifen nur wusste, dass ein Medium nicht entsichert war. Und schließlich bietet RFID auch die Möglichkeit einer automatisierten Revision. In diesem Fall geht ein Bibliotheksmitarbeiter mit einem transportablen Lesegerät an den Regalen entlang. Durch ein akustisches Signal meldet das System, wenn ein Buch fehlt oder an einem falschen Platz steht. Gewisse Nachteile der RFID-Technik stellen die heute noch relativ hohen Kosten für die Transponder und ihre begrenzte Lebensdauer dar.

RFID wurde zunächst in großen Öffentlichen Bibliotheken eingesetzt, z.b. von den Stadtbibliotheken in München, Hamburg, Wien und Stuttgart, zunehmend kommt die Technik jedoch auch in Wissenschaftlichen Bibliotheken zum Einsatz, so z.b. in den Bibliotheken der Universitäten in Graz und Karlsruhe sowie an der Bayerischen Staatsbibliothek.

f) Onleihe

Eine völlig neue Form der Ausleihe ist die sogenannte Onleihe (Online-Ausleihe); sie gibt den Benutzern Öffentlicher Bibliotheken die Möglichkeit, digitale Publikationen aller Art (E-Journals, E-Books, E-Musik, E-Audio, E-Video) auf ihre eigenen Endgeräte herunterzuladen, wo sie für einen gewissen Zeitraum benutzt werden können. Nach Ablauf dieser Leihfrist sorgt ein *Digital Right Management* (DRM) dafür, dass die heruntergeladenen Dateien auf dem Computer oder dem MP3-Player des Benutzers unbrauchbar werden. Der Vorteil dieses Verfahrens besteht vor allem darin, dass die digitalen Publikationen orts- und zeitunabhängig heruntergeladen (ausgeliehen) werden können. Da die heruntergeladenen Titel nach Ablauf der Leihfrist nicht mehr benutzbar sind, müssen sie nicht aktiv zurückgegeben werden, Mahngebühren wegen überschrittener Leihfristen können also nicht anfallen. Erstmals angeboten wurde die Onleihe 2005 von der New York Public Library; in Deutschland bieten derzeit siebzehn Öffentliche Bibliotheken diesen Service an, die Einführung der Onleihe in weiteren Bibliotheken ist bereits geplant.

6. Auswärtiger Leihverkehr

Benötigt ein Benutzer Medien, die an der von ihm besuchten Bibliothek nicht vorhanden sind, so lassen sich diese zumeist von einer anderen Bibliothek beschaffen. Diese Art der Literaturvermittlung von Bibliothek zu Bibliothek wird als *Leihverkehr* bezeichnet. Dabei unterscheidet man zwischen dem Internen Leihverkehr innerhalb eines Bibliothekssystems und dem Auswärtigen Leihverkehr.

Der *Interne Leihverkehr, z.B.* innerhalb eines (groß-)städtischen Bibliothekssystems, ermöglicht es dem Benutzer einer Zweigbibliothek (Stadtteilbibliothek), ein hier nicht vorhandenes Medium aus dem Bestand einer anderen, dem System angeschlossenen Bibliothek (meist der Zentralbibliothek) zu erhalten. Im Gesamtkatalog des Bibliothekssystems wird ermittelt, welche zum System gehörende Bibliothek über das gewünschte Medium verfügen. Kann das Werk aus dieser Bibliothek beschafft werden, so wird es angefordert oder vorbestellt und im regelmäßigen Autoverkehr an die betreffende Zweigbibliothek gebracht.

Beim *Auswärtigen Leihverkehr* handelt es sich um die Verleihung von Medien zwischen zwei Bibliotheken an verschiedenen Orten (engl. Inter-Library-Loan). Man spricht hier von *Fernleihe* (im Gegensatz zur Ortsleihe) und unterscheidet, von einer bestimmten Bibliothek aus gesehen, zwischen der *aktiven Fernleihe* (Verleihung nach auswärts) und der *passiven Fernleihe* (Entleihung von auswärts). Gebräuchlich sind auch die Bezeichnungen „gebender" bzw. „nehmender Leihverkehr".

Der *Deutsche Leihverkehr* ist eine kooperative Einrichtung von Bibliotheken zur Vermittlung von am Ort nicht vorhandener Literatur. Er gliedert sich in den Regionalen und den Überregionalen Leihverkehr.

a) Regionaler Leihverkehr

Der Regionale Leihverkehr dient der allgemeinen Literaturversorgung innerhalb der Leihverkehrsregionen. Er spielt sich zwischen den Bibliotheken einer Leihverkehrsregion ab und soll den allgemeinen (nicht spezialisierten) Literaturbedarf in der Region schnell und rationell befriedigen. Einen organisierten Regionalen Leihverkehr gibt es nur in einigen deutschen Leihverkehrsregionen, z.B. in Bayern und Nordrhein-Westfalen. Nach der Farbe der Leihscheine wird er oft als „gelber Leihverkehr" bezeichnet. Geregelt wird er durch Vorschriften der Bundesländer.

Der Regionale Leihverkehr wird vor allem von Öffentlichen Bibliotheken in Anspruch genommen, allerdings sind viele größere Öffentliche Bibliotheken auch in den Überregionalen Leihverkehr aufgenommen worden. Eine Fernleihbestellung im Regionalen Leihverkehr kann auf Wunsch des Benutzers in den Überregionalen Leihverkehr übergeleitet werden.

b) Überregionaler Leihverkehr

Der Überregionale Leihverkehr zwischen Bibliotheken wird in Deutschland durch die *Ordnung des Leihverkehrs in der Bundesrepublik Deutschland – Leihverkehrsordnung (LVO)* geregelt, deren aktuelle Fassung im September 2003 von der Kultusministerkonferenz verabschiedet und von den Bundesländern in Kraft gesetzt wurde.

Der Überregionale Leihverkehr dient hauptsächlich der Förderung von Forschung und Lehre. Aufgrund der Farbe der verwendeten Leihscheine spricht man auch vom „roten Leihverkehr". Grundprinzip des Überregionalen Leihverkehrs ist die *Gegenseitigkeit*, alle teilnehmenden Bibliotheken verpflichten sich, nicht nur nehmend, sondern auch gebend am Leihverkehr teilzunehmen.

Für die Teilnahme am Überregionalen Leihverkehr ist eine offizielle *Zulassung* der einzelnen Bibliothek nötig, die vom Wissenschafts- oder Kultusministerium des betreffenden Landes durch Aufnahme der Bibliothek in die amtliche Leihverkehrsliste erteilt wird. Zum Überregionalen Leihverkehr können allgemein zugängliche Wissenschaftliche und Öffentliche Bibliotheken zugelassen werden, wenn sie von Fachpersonal geleitet werden, über angemessene technische Kommunikations- und Recherchemittel sowie einen ausreichenden bibliographischen Apparat verfügen und Bestände besitzen, die für den Leihverkehr von Bedeutung sind. In der Regel nimmt an jedem Ort nur *eine* Bibliothek am Überregionalen Leihverkehr teil.

Bibliotheken, die die oben genannten Anforderungen erfüllen, nehmen *unmittelbar* am Überregionalen Leihverkehr teil; alle anderen Bibliotheken *mittelbar*, d.h. sie schließen sich einer anderen zum Leihverkehr zugelassenen Bibliothek an. Alle Fernleihbestellungen der betreffenden Bibliotheken werden zunächst an diese Bibliothek geschickt (früher Leitbibliothek). Sie hat die Aufgabe, die Bestellungen der mit ihr kooperierenden Bibliotheken entweder selbst zu erfüllen oder für den Überregionalen Leihverkehr zu bearbeiten.

Leihverkehrsregionen und Leihverkehrszentralen

Zur Durchführung des Überregionalen Leihverkehrs ist die Bundesrepublik Deutschland in *Leihverkehrsregionen* eingeteilt. Für die Koordinierung des Leihverkehrs in den Regionen sind die *Leihverkehrszentralen* zuständig. Als Leihverkehrszentralen fungieren gemäß der Leihverkehrsordnung von 2003 die *Regionalen Zentralkataloge* oder die Einrichtungen, die in den regionalen Verbundsystemen mit der Leihverkehrssteuerung beauftragt sind. Derzeit gibt es folgende *Leihverkehrszentralen* und *Leihverkehrsregionen:*

(1) *Bibliotheksservice-Zentrum / Zentralkatalog Baden-Württemberg* in Stuttgart für Baden-Württemberg, das Saarland und Teile von Rheinland-Pfalz (SWB)

(2) *Bayerische Staatsbibliothek / Bayerischer Zentralkatalog* in München für Bayern (BVB)

(3) *ZLB Berlin / Leihverkehrszentrale Berlin* für Berlin und Brandenburg (KOBV)

(4) *UB Frankfurt / Hessischer Zentralkatalog* in Frankfurt für Hessen und Teile von Rheinland- Pfalz (HeBIS)

(5) *Hochschulbibliothekszentrum NRW / Leihverkehrszentrale* in Köln für Nordrhein-Westfalen und Teile von Rheinland- Pfalz (hbz)

(6) *SLUB Dresden / Sächsischer Zentralkatalog* in Dresden für Sachsen (SWB)

Die Leihverkehrszentralen

(7) *SUB Göttingen / Niedersächsischer Zentralkatalog* in Göttingen

(8) *SUB Hamburg / Norddeutscher Zentralkatalog* in Hamburg

(9) *ULB Halle / Zentralkatalog Sachsen-Anhalt* in Halle

(10) *ULB Jena / Thüringer Zentralkatalog* in Jena

betreuen gemeinsam das Gebiet des Gemeinsamen Bibliotheksverbundes (GBV), das die Bundesländer Bremen, Hamburg, Mecklenburg-Vorpommern, Niedersachsen, Sachsen-Anhalt, Schleswig-Holstein und Thüringen umfasst.

Während Leihscheine früher in einer bestimmten Reihenfolge (Leitweg) von einer Leihverkehrszentrale zur nächsten weitergegeben wurde, bis das bestellte Werk nachgewiesen werden konnte, erlauben die heutigen Verbundkataloge zumeist einen direkten Nachweis über auswärtige Standorte von gesuchten Medien. Daher richten sich Fernleihbestellungen heute in der Regel direkt an die besitzende Bibliothek.

Regionalprinzip

Bibliotheken und Leihverkehrszentralen sind nach der Leihverkehrsordnung verpflichtet, für die Erledigung der Bestellungen zuerst alle Möglichkeiten der eigenen Leihverkehrsregion auszuschöpfen (Regionalprinzip). Gibt es Bestandsnachweise in der eigenen Region, sollen Bestellscheine nur dann in andere Regionen weitergeleitet werden, wenn eine angemessene Erledigung in der eigenen Region nicht möglich ist. Soweit möglich, sind Direktbestellungen auf Grund von Bestandsnachweisen vorzunehmen. Bei Direktbestellungen legt die bestellende Bibliothek den Leitweg fest, d.h. sie bestimmt den weiteren Weg, den die Bestellung gegebenenfalls nehmen soll.

Direktbestellungen auf Grund von Bestandsnachweisen

Direkt bei besitzenden Bibliotheken wird Literatur bestellt, wenn sie nachgewiesen ist in

– Datenbanken und sonstigen Nachweisinstrumenten der eigenen Leihverkehrsregion

– Verbund- und überregionalen Datenbanken

272

- Nachweisinstrumenten überregionaler Schwerpunktbibliotheken
- Nachweisinstrumenten einzelner Bibliotheken anderer Leihverkehrsregionen

Bei mehreren Besitznachweisen soll in der Regel folgender Leitweg gelten: (a) Bibliotheken der eigenen Leihverkehrsregion, (b) überregionale Schwerpunktbibliothek, (c) Bibliotheken anderer Regionen. Vorrangiges Bestellprinzip im Leihverkehr ist die Online-Bestellung auf der Basis eines Bestandsnachweises.

Direktbestellungen ohne Bestandsnachweise

Direktbestellungen sind auch möglich, wenn keine Bestandsnachweise ermittelt werden können, sie können allerdings nur von zugelassenen Leihverkehrsbibliotheken aufgegeben werden. Bestellungen von *Monographien* richten sich in diesem Fall an die Bibliotheken, bei denen der Besitz erwartet werden kann (Schwerpunktbibliotheken); dies gilt vor allem für Literaturgruppen, die in den Verbundkatalogen oft nicht vollständig verzeichnet sind (Orientalia, Ostasiatika, Musikalien, kartographische Materialien, Dissertationen, etc.). Bestellungen für ältere deutsche Monographien sind an die zuständigen Bibliotheken der AG Sammlung Deutscher Drucke zu richten, für neuere deutsche Monographien an die regionalen Pflichtablieferungsbibliotheken bzw. die Deutsche Nationalbibliothek. Die Bibliotheken der AG Sammlung Deutscher Drucke sind auch für alle älteren deutschen *Zeitschriften* ohne Bestandsnachweis zuständig, Bestellungen für neuere deutsche Zeitschriften sind an eine Schwerpunktbibliothek, die regionale Pflichtablieferungsbibliothek oder die Deutsche Nationalbibliothek zu richten. An die Schwerpunktbibliotheken richten sich auch die Bestellungen ausländischer Zeitschriften.

Nicht oder beschränkt verleihbare Literatur

Nicht alle Medien werden im Überregionalen Leihverkehr versandt. Bestimmte Mediengruppen sind aus verschiedenen Gründen davon ausgenommen. Dies betrifft vor allem Medien von besonderem Wert, speziell solchen, die vor 1800 erschienen sind, Medien in schlechtem Erhaltungszustand, Medien in ungewöhnlichen Formaten, Medien, die durch den Versand gefährdet werden könnten, sowie Präsenzbestände. Ist ein Versand nicht möglich und auch von anderen Bibliotheken nicht zu erwarten, geht die Bestellung an den Besteller zurück. Nicht zulässig sind Bestellungen von Werken, die bei der bestellenden oder einer anderen Bibliothek am Ort oder im Bibliothekssystem einer bestellenden Hochschulbibliothek vorhanden und nur im Augenblick der Bestellung nicht verfügbar sind. Zum Teil werden auch Werke vom Leihverkehr ausgeschlossen, die im Buchhandel zu einem geringen Preis erhältlich sind.

Kopienversand im Leihverkehr

Zeitschriftenaufsätze, Zeitungsartikel, Werke von geringem Umfang und kleine Teile eines Werkes werden grundsätzlich nicht im Original verschickt, sondern nur als *Kopien* geliefert, soweit dies urheber- und lizenzrechtlich möglich ist. Der Vorteil dieser Regelung liegt darin, dass die Originalwerke, vor allem die viel beanspruchten Zeitschriftenbände, immer in der Bibliothek greifbar bleiben, außerdem werden Versandkosten gespart.

Die Kopien sind *nicht rückgabepflichtig*, d.h. sie verbleiben beim Benutzer. Gemäß Leihverkehrsordnung sollen bis zu 20 Kopien ohne Berechnung der Kosten geliefert werden. Manche Bibliotheken verfahren jedoch großzügiger und fertigen bei Bedarf auch mehr kostenlose Kopien an.

Wird ein *Aufsatz größeren Umfangs* bestellt, so sollte die besitzende Bibliothek prüfen, ob sie nicht doch den ganzen Band kurzfristig versenden kann. Ist dies nicht möglich, kommt die Anfertigung einer Kopie des Aufsatzes gegen Berechnung der Kosten in Frage. In diesem Fall werden dem Benutzer alle Kopien in Rechnung gestellt. Dazu muss er allerdings vorher – d.h. schon bei Abgabe der Bestellung – durch einen Vermerk auf dem Bestellschein sein Einverständnis erklärt haben.

Konventionelle Bestellung im Überregionalen Leihverkehr

Aufgrund der langen Bearbeitungszeiten von meist mehreren Wochen kommen konventionelle Bestellungen im Überregionalen Leihverkehr immer seltener vor. Bei diesem Verfahren überträgt der Benutzer in der *Fernleihstelle* die Titelangaben des gewünschten Buches auf den von der Leihverkehrsordnung vorgeschriebenen *roten Bestellschein*. Soweit möglich ermittelt der Bibliothekar Standortnachweise und Signaturen und legt den Leitweg fest.

Auf den *auslaufenden Bestellscheinen* ist anzugeben, (a) wenn nur eine bestimmte Ausgabe oder Auflage eines Werkes gewünscht wird, (b) der Zeitpunkt, nach dem die Erledigung zwecklos ist, (c) bis zu welcher Höhe außergewöhnliche Kosten ohne vorherige Rückfrage übernommen werden und (d) ob in Ausnahmefällen der Gesamtumlauf durch alle Leihverkehrszentralen gewünscht wird. Der Bestellschein wird mit einer Bestellnummer und dem Ausgangsdatum versehen und verschickt.

Trifft ein Bestellschein in der besitzenden Bibliothek ein, wird das bestellte Buch von seinem Standort geholt und noch einmal überprüft (absigniert). Auf dem (links angebrachten) Kontrollabschnitt des roten Bestellscheins sind die Bestellnummer und der Name des Benutzers angegeben. Die *verleihende Bibliothek* trennt diesen Kontrollabschnitt ab und schickt ihn mit dem Buch an die bestellende Bibliothek. Der Hauptabschnitt und der rechte Kupon des roten Bestellscheins dienen der verleihenden Bibliothek als Belege. Der Versand der Bücher im Leihverkehr erfolgt per Post oder durch einen regionalen Bücherautodienst.

Die *empfangende Bibliothek* benachrichtigt den Benutzer vom Eintreffen des gewünschten Buchs und händigt es dem Benutzer aus, sofern die verleihende Bibliothek nicht bestimmt hat, dass es nur im Lesesaal zur Verfügung gestellt werden kann. Normalerweise gelten die in der Ortsleihe üblichen Leihfristen. Wenn der Benutzer das Buch in der empfangenden Bibliothek wieder zurückgegeben hat, schickt es diese mit dem Kontrollabschnitt an die *verleihende Bibliothek* zurück. Nach Erhalt des Buches vernichtet die verleihende Bibliothek den Hauptabschnitt und den Kupon des roten Bestellscheins.

Die im Leihverkehr anfallenden Kosten werden von der Bibliothek getragen, bei der sie entstehen. Der Benutzer bezahlt lediglich eine Gebühr, die meist 1,50 Euro pro Fernleihvorgang beträgt, sie soll verhindern, dass der Auswärtige Leihverkehr missbräuchlich genutzt wird.

Online-Bestellung

Um eine rasche Abwicklung des Überregionalen Leihverkehrs zu gewährleisten, hat die Leihverkehrsordnung festgelegt, dass für die Abwicklung der Bestellungen der schnellste Kommunikationsweg zu nutzen ist; die Online-Bestellung ist allen anderen Bestellverfahren vorzuziehen. Bei der Fernleihe im Online-Verfahren recherchiert die bestellende Bibliothek zunächst im Verbundkatalog nach Bestandsnachweisen für das gewünschte Medium. Dann bestellt sie den Titel – wie ein normaler Benutzer – direkt online im Ausleihsystem der Bibliothek, die das gewünschte Werk besitzt. Auch bei diesem Verfahren der Bestellung ist anzugeben, ob nur eine bestimmte Ausgabe oder Auflage eines Werkes gewünscht wird und nach welchem Zeitpunkt die Erledigung zwecklos ist. Über das Ausleihsystem gesteuert, wird die Bestellung sofort an den Standort im Magazin übertragen und als Bestellschein ausgedruckt; das Buch wird ausgehoben und umgehend an die bestellende Bibliothek geliefert.

Online-Fernleihe

Um die Arbeitsbelastung der Bibliotheken in Grenzen zu halten und den Bestellvorgang für die Benutzer noch komfortabler zu gestalten, haben die Bibliotheksverbünde die Möglichkeit der Online-Fernleihe (Direktbestellung durch den Benutzer) eingerichtet. Findet der Benutzer im Verbundkatalog (oder einem anderen zugelassenen Online-Katalog des Verbundes) ein gewünschtes Medium, das in keiner Bibliothek seiner Stadt vorhanden ist, so hat er selbst die Möglichkeit, eine Fernleihbestellung abzuschicken. Hierfür muss er die von ihm benutzte Bibliothek angeben (dorthin wird das gewünschte Medium geschickt) und sich mit der Nummer seines Benutzerausweises und mit seinem Passwort im System anmelden. Über ein elektronisches Formular gibt der Benutzer an, an welcher Stelle der eigenen Bibliothek er das Medium abholen will (Ortsleihe, Lesesaalleihe), bis zu welchem Termin er es spätestens benötigt, welche Kosten er gegebenenfalls übernehmen würde und ob er evtl. auch andere Ausgaben oder Auflagen des Werkes wünscht.

Das wichtigste Charakteristikum bei der Online-Fernleihe ist die automatische Festlegung des Leitweges über einen zentralen Server. Bestände, die für die Fernleihe als „nicht ausleihbar" gekennzeichnet sind, werden hierbei übergangen. Ist ein Bestellwunsch erfüllbar, wird die Bestellung sofort auf dem Konto des Benutzers angezeigt. Die Möglichkeit der Online-Fernleihe wird von den Benutzern sehr gut angenommen. Mittlerweile ist es bereits möglich, dass Direktbestellungen, die im eignen Verbund nicht zu erledigen sind, an andere Verbünde weitergeleitet werden.

c) Internationaler Leihverkehr

Wenn eine Fernleihbestellung innerhalb Deutschlands nicht erledigt werden kann, weil das gewünschte Buch im Inland nicht nachgewiesen ist, kann das benötigte Werk auf dem Weg des Internationalen Leihverkehrs aus dem Ausland beschafft werden. Der Internationale Leihverkehr vollzieht sich nach den Bestimmungen der International Federation of Library Associations and Institutions (IFLA), zum Teil ist er allerdings mit erheblichen Gebühren verbunden. Verwendet wird ein genormter Bestellschein, auf dem die üblichen Angaben in mehreren Sprachen aufgedruckt sind, allerdings kommen auch hier zunehmend Fax und E-Mail für die Bestellungen zum Einsatz. Bis zur Erledigung internationaler Fernleih-Bestellungen müssen erfahrungsgemäß allerdings längere Wartezeiten in Kauf genommen werden.

7. Dokumentlieferung außerhalb der Fernleihe

In den letzten Jahren hat sich immer stärker das Bedürfnis entwickelt, jederzeit ortsunabhängig auf Informationen aller Art zugreifen zu können. Der Auswärtige Leihverkehr kann dieses Bedürfnis aus verschiedenen Gründen nicht befriedigen. Am meisten beklagt werden die zu langen Bearbeitungszeiten, die Tatsache, dass die Ausgabe der bestellten Medien (bei der konventionellen Fernleihe auch die Bestellung) nur über Bibliotheken möglich ist, und das Fehlen von Rückmeldungen (Negativmeldungen).

Um dem gestiegenen Informationsbedürfnis standortunabhängig und schneller entsprechen zu können, wurden zahlreiche Dokumentenlieferdienste eingerichtet. Der wichtigste Unterschied zwischen einem Dokumentenlieferdienst und dem Auswärtigen Leihverkehr besteht darin, dass die Dokumentenlieferung *direkt zwischen dem Benutzer (Kunden) und der liefernden Bibliothek* bzw. der liefernden Institution abgewickelt wird. Zwar bieten die meisten Dokumentenlieferdienste heute auch den Versand von Büchern an, der Schwerpunkt des Angebots liegt jedoch auf der Lieferung von nicht rückgabepflichtigen Kopien. Anbieter von Dokumentenlieferungen können sowohl kommerziell als auch nicht kommerziell arbeitende Institutionen sein. Vor allem nichtkommerzielle Anbieter unterscheiden bei der Festlegung der Gebühren für die einzelnen Dienstleistungen häufig zwischen verschiedenen Benutzerkategorien (z.B. Hochschulangehörige, Privatpersonen, Firmen). Dokumentenlieferdienste richten sich vorrangig an Benutzer, die im Anschluss an eine Online-Recherche die gewünschten Dokumente sofort bestellen und eine schnelle Lieferung direkt an ihren Arbeitsplatz wünschen. Die Abwicklung der Bestellung erfolgt innerhalb von sehr kurzen, von den Lieferdiensten garantierten Fristen; lässt sich eine Bestellung innerhalb dieses Zeitraums nicht realisieren, so erhält der Benutzer eine Benachrichtigung. Der Benutzer legt auch die gewünschte Versandart fest. Die Lieferung von *Aufsatzkopien* ist grundsätzlich möglich in Form von Papierkopien per Post oder per Fax, durch die Sendung von PDF-Dateien per E-Mail oder durch die Bereitstellung des elektronischen Dokuments auf einem Server des Lieferdienstes bzw. des Kunden (file transfer protocol, FTP passiv bzw. FTP aktiv). *Bücher* werden per Post verschickt. Die anfallenden Gebühren werden dem Kunden direkt in Rechnung gestellt.

Die wesentlichen Schritte bei der Nutzung eines elektronischen Bestell- und Liefersystems sind folgende:

(1) *Online-Recherche.* Sie erfolgt durch den Kunden in den vom jeweiligen Lieferdienst angebotenen bzw. verwendeten Datenbanken. Die Recherche zeigt auch die Standortnachweise des gewünschten Dokuments.

(2) *Online-Bestellung.* Über ein Bildschirm-Formular bestellt der Kunde bei einer an das System angeschlossenen Lieferbibliothek, die das Dokument besitzt. Hierbei vervollständigt er gegebenenfalls die bibliographischen Angaben und wählt die Art des Versands aus.

(3) *Dokumentlieferung.* Die besitzende Bibliothek liefert direkt an den Kunden. Rückgabepflichtige Dokumente (Bücher) werden per Post zugesandt, nicht rückgabepflichtige (Aufsätze) werden in der vom Kunden gewünschten Weise geliefert. Ist eine Bestellung nicht zu erfüllen, erhält

der Kunde eine Rückmeldung, eine Weitergabe der Bestellung an Dritte erfolgt nicht.

Aufgrund des „Zweiten Gesetz zur Regelung des Urheberrechts in der Informationsgesellschaft", das am 1. Januar 2008 in Kraft trat, wurde der Kopienversand in elektronischer Form allerdings erheblich eingeschränkt. Die Übermittlung von Dokumenten in elektronischer Form ist seither nur noch als Graphikdatei zulässig, wenn sie (a) nicht gewerblichen Zwecken dient und (b) der Zugang zu dem entsprechenden Text nicht auch auf anderen Wegen mittels einer vertraglichen Vereinbarung zu angemessenen Bedingungen ermöglicht wird. Da dies in jedem Einzelfall überprüft werden müsste, haben manche Dokumentenlieferdienste die elektronische Lieferung vorläufig vollständig aufgeben, andere beschränken sie auf diejenigen Publikationen, für die sie mit den Verlagen entsprechende vertragliche Regelungen getroffen haben, die einen elektronischen Versand erlauben.

(4) *Bezahlung.* Gebühren fallen nur bei positiv erledigten Dokumentbestellungen an und richten sich nach der gewählten *Lieferart,* nach der *Benutzerkategorie* sowie danach, ob es sich um eine *Normal-* oder eine *Eilbestellung* handelt. Die *Abrechnung* der Gebühren kann unterschiedlich erfolgen, z.B. durch Überweisung, Scheck, Bankeinzug, Guthabenkonto oder Kreditkarte.

Die *Lieferzeit* für die bestellten Dokumente liegt meist zwischen zwei bis sechs Tagen bei Normalbestellungen und wenigen Stunden bei Eilbestellungen mit Fax- oder Dateilieferung.

Die bestehenden Dokumentenlieferdienste lassen sich einteilen in, *lokale, regionale, überregionale* und *internationale* Angebote. Darüber hinaus ist zu unterscheiden zwischen *allgemeinen* und *fachbezogenen Dokumentenlieferdiensten.* Fachbezogene Dokumentenlieferdienste werden u.a. von Sondersammelgebietsbibliotheken, Zentralen Fachbibliotheken und Fachinformationszentren angeboten.

Subito

Der bekannteste Dokumentenlieferdienst in Deutschland, „subito. Dokumente aus Bibliotheken e.V.", wird betrieben von einem Zusammenschluss von 41 Wissenschaftlichen Bibliotheken aus Deutschland, Österreich und der Schweiz mit Sitz in Berlin. Subito (lat. subito = eilig, sofort) bietet sowohl die Anfertigung und Lieferung von Kopien aus Zeitschriften und anderen Printmedien an (Subito-article-delivery) als auch die Ausleihe von Büchern (Subito-book-delivery). Die gewünschten Dokumente können an Bibliotheken (Subito Library Service) oder direkt an den bestellenden Endnutzer (Subito Direct Customer Service) geliefert werden. Subito bietet:

- die elektronische Bestellung sowie die konventionelle oder elektronische Lieferung von Dokumenten vom bzw. zum Arbeitsplatz des Kunden
- den Zugriff auf umfangreiche Bibliotheksbestände unter einer einheitlichen Benutzeroberfläche
- die schnelle Lieferung des Dokuments innerhalb von drei Werktagen plus Versandzeit
- relativ günstige Preise für die zentralen Angebote

Bevor eine *Recherche* erfolgen kann, muss sich der Kunde selbst im System registrieren; für die Recherche stehen ihm dann die Datenbanken von Subito zur Verfügung. Der Zeitschriftenkatalog umfasst rund eine Million gedruckter Fachzeitschriften in allen Sprachen mit ca. 3,5 Millionen Besitznachweisen, für die Monographienrecherche werden die regionalen Verbundkataloge genutzt, angezeigt werden nur die Titel mit Bestandsnachweisen in Bibliotheken, die an Subito teilnehmen.

Hat der Kunde das gewünschte Buch ermittelt oder die Zeitschrift, die den gewünschten Aufsatz enthält, wählt er unter den besitzenden Bibliotheken einen Lieferanten aus und gibt die *Bestellung* ein. Hierbei wird auch die gewünschte Lieferart und Zahlungsweise angegeben. Subito garantiert die Erledigung von Bestellungen innerhalb von drei Werktagen bei Normalbestellungen bzw. einem Werktag bei Eilbestellungen. Kann eine Bestellung nicht ausgeführt werden, gibt die Lieferbibliothek dem Kunden innerhalb der vorgeschriebenen Bearbeitungszeit eine Rückmeldung. Informationen über den aktuellen Status einer Bestellung können über die Website von Subito jederzeit abgerufen werden (bestellt, in Bearbeitung, geliefert, nicht erledigt).

Hinsichtlich der *Gebühren* wird bei Kunden aus Deutschland, Österreich, der Schweiz und Lichtenstein zwischen vier verschiedenen Kundengruppen unterschieden:

- *nicht-kommerzieller Bereich* (Kundengruppe 1: Schüler, Auszubildende, Studierende, Mitarbeiter von Hochschulen, öffentlichen Forschungsinstitutionen, Kirchen, etc.)
- *kommerzieller Bereich* (Kundengruppe 2: Mitarbeiter von kommerziellen oder industriellen Einrichtungen, Selbstständige, etc.)
- *privater Bereich* (Kundengruppe 3: Privatpersonen)
- *Bibliotheken* (Kundengruppe 4)

Für die Dokumentenlieferung an die Kundengruppen 1, 3 und 4 sind die *Gebühren* im Normaldienst einheitlich festgelegt. Alle anderen Preise werden von den liefernden Bibliotheken festgelegt. Der Einzug der Gebühren wird im Auftrag der Lieferbibliothek von der Geschäftsstelle von Subito betrieben. Die Zahlung der Gebühren kann durch Barzahlung, Banküberweisung, Scheck oder Kreditkarte vorgenommen werden.

Die Lieferung nicht rückgabepflichtiger Materialien kann auf den *konventionellen Vertriebswegen* (Post und Fax) oder auf dem *elektronischen Vertriebsweg* erfolgen, wozu das Dokument eingescannt und als Datei abgespeichert wird. Eine elektronische Lieferung ist allerdings nur möglich, wenn vertragliche Vereinbarungen mit dem betreffenden Verlag dies erlauben. Derzeit findet die elektronische Lieferung nur sehr eingeschränkt und im Rahmen eines Digital Right Management (DRM) statt, das die Rechte des Kunden an dem gelieferten Dokument reglementiert (innerhalb eines Monats kann der Nutzer das Dokument zehn Mal öffnen und zwei Mal ausdrucken).

Zur Bearbeitung der Bestell- und Liefervorgänge verwenden die meisten Subito-Lieferbibliotheken das DOD-System (Document Order Receive and Delivery), eine Software für die Bestellverwaltung und die Dokumentenversendung. Das System empfängt die einlaufenden Bestellungen, die im entsprechenden Magazinbereich ausgedruckt werden. Die Medien werden vom Standort geholt, die gewünschten Teile kopiert oder gescannt und – wiederum vom System unterstützt – elektronisch oder konventionell verschickt, der aktuelle Status einer Bestellung ist jederzeit im System abfragbar.

TIBORDER

TIBORDER ist ein fachbezogener Lieferdienst der Technischen Informationsbibliothek Hannover (TIB) mit dem Schwerpunkt Technik und Naturwissenschaften. Ähnlich wie bei Subito werden die Kunden in verschiedene Gebührengruppen eingeteilt, wobei sich die Höhe der Gebühren auch hier nach der gewünschten Erledigungsdauer (72, 24 oder 3 Stunden) und der Versandart richtet. Der Bestellvorgang, die Abwicklung der Auslieferung sowie die Versandwege entsprechen ebenfalls den Abläufen bei Subito.

TIBORDER liefert nicht nur Dokumente aus dem Bestand der eigenen Bibliothek, sondern übernimmt auch die Dokumentenlieferung für mehrere weitere Informationsdienstleister. Die wichtigste Recherchegrundlage für dieses Angebot bildet *GetInfo* (s. u. S. 333), eine von der TIB und drei technisch-naturwissenschaftlichen Fachinformationszentren gemeinsam betriebene Rechercheoberfläche, die eine gleichzeitige Suche in zahlreichen einschlägigen Datenbanken erlaubt.

8. Informationstätigkeit und Umgang mit Benutzern

a) Informations- und Auskunftsdienst

Unabhängig von der Einführung in die Bibliotheksbenutzung muss der Benutzer auch in jedem Einzelfall, wenn er sich mit einer Frage an das Bibliothekspersonal wendet, *Auskünfte, Informationen und Beratung* erhalten.

Die Wünsche und Fragen, mit denen sich Benutzer an die Auskunftsstellen der Bibliothek wenden, sind außerordentlich vielfältig. Der Auskunft gebende Bibliothekar muss sich auf den Fragenden und die jeweilige Frage einstellen und diese im Rahmen seiner Möglichkeiten und Hilfsmittel beantworten. Kann die Frage nicht beantwortet werden, so muss man den Benutzer zumindest an diejenige Stelle verweisen, die ihm weiterhelfen kann.

Eine wichtige Aufgabe des Bibliothekars besteht darin, im *Auskunftsinterview*, also im Gespräch mit dem Benutzer, dessen spezielles Informationsbedürfnis exakt zu umreißen bzw. zu präzisieren. Auskünfte werden mündlich, telefonisch oder schriftlich (meist als E-Mail) erteilt. Immer häufiger wird der Prozess der Auskunftserteilung auch von technischen Komponenten unterstützt (s. u. S. 371ff.).

An manchen Bibliotheken gibt es eine zentrale *Auskunftsstelle* oder ein *Informationszentrum*, das mit allen nötigen Informationsmitteln und Arbeitsinstrumenten ausgestattet ist. An anderen Bibliotheken sind einzelne Bereiche der Auskunftstätigkeit auf verschiedene Stellen in der Bibliothek verteilt (z.B. Kataloge, Lesesäle, Ausleihstelle, Fachabteilungen).

Inhaltlich zielen die meisten Auskunftswünsche auf *Literaturinformation*, d.h. die Benutzer suchen Informationen über einzelne Titel oder über Literatur zu bestimmten Sachgebieten oder Themen. Innerhalb des Auskunftsdienstes lassen sich folgende Bereiche unterscheiden:

Katalogauskunft

Die Katalogauskunft informiert den Benutzer über die Bestände der Bibliothek sowie über die Benutzung des OPACs und gegebenenfalls weiterer Bestandskataloge. Hierbei ist es vor allem wichtig, dem Benutzer zu erläutern, welche Bestände unter welchen Gesichtspunkten in welchen Katalogen verzeichnet sind (unterschiedliche Berichtszeiträume und Regelwerke), welche Kataloge online zur Verfügung stehen und welche in konventioneller Form benutzt werden müssen sowie über die Vielfalt der Recherchemöglichkeiten in modernen OPACs.

Bibliographische Auskunft

Einen weiteren Kernbereich der bibliothekarischen Auskunftserteilung bildet die *bibliographische Auskunft*, also die bestandsunabhängige Auskunft über Bücher und Aufsätze sowie über veröffentlichte Informationen aller Art. Zentrale Arbeitsinstrumente für die bibliographische Auskunft sind vor allem Bibliotheks- und Verbundkataloge, alle Arten von Bibliographien sowie sonstige Informationsmittel. Auch wenn sich die bibliographische Auskunft immer stärker auf elektronische Informationsmittel stützt, wird weiterhin eine Vielzahl an konventionellen Hilfsmitteln benötigt. Diese Informationsmittel werden in Form von Druck- oder Mikrofiche-ausgaben in einem eigenen *bibliographischen Apparat* bei der Auskunftsstelle zusammengefasst.

Die einschlägigen Informationsmittel werden dem Auskunftssuchenden genannt, erläutert und zur Verfügung gestellt, d.h. der Benutzer wird anhand der verfügbaren Hilfsmittel zur eigenständigen bibliographischen Recherche angeleitet. Neben der Beantwortung der konkreten Frage soll also auch immer die Informationskompetenz des Benutzers gestärkt werden (s. u. S. 382).

Lesesaalauskunft

Die Lesesaalauskunft, also die *Auskunft am Bestand*, findet dort statt, wo die Medienbestände der Bibliothek in Freihandaufstellung dem Benutzer zugänglich sind. Dies ist in Öffentlichen Bibliotheken der Fall, aber auch in den Teilbibliotheken der integrierten Bibliothekssysteme an Universitäten, in den Lesesälen mit Handbibliotheken und in den meisten Spezialbibliotheken. Die von den Lesern gewünschten Auskünfte beziehen sich häufig auf die Anordnung der Bestandsgruppen, auf die der Anordnung zugrunde liegende Systematik, auf den Standort von Literatur zu einem bestimmten Thema oder auf das Vorhandensein eines bestimmten Werkes.

Beratung

Besonders anspruchsvoll ist der *Beratungsdienst*, bei dem der Bibliothekar dem Benutzer Literatur *empfiehlt*. In Öffentlichen Bibliotheken muss der beratende Bibliothekar nicht nur über gute Literaturkenntnisse verfügen, sondern sich auch auf den Benutzer und seine Wünsche einstellen (ähnlich wie der Buchhändler bei der Beratung eines Kunden). In Wissenschaftlichen Bibliotheken werden Fragen nach Literaturempfehlungen nur sehr selten gestellt; hier ist es meist die Aufgabe des zuständigen Fachreferenten, die Benutzer entsprechend zu beraten.

Information durch spezielle Bestandsverzeichnisse

Zur Auskunftstätigkeit der Bibliotheken sind im weiteren Sinn auch die Bemühungen zu rechnen, durch veröffentlichte Bestandsverzeichnisse aller Art die Interessenten über spezielle Bestände der Bibliothek zu informieren. Dies geschieht durch die Erarbeitung von Bücherlisten, Auswahlverzeichnissen und Teilkatalogen. Am häufigsten werden *Auswahlverzeichnisse* aus dem Gesamtbestand oder *thematische Sonderverzeichnisse* über einzelne Sachgebiete zusammengestellt. *Neuerwerbungslisten* unterrichten über die jüngsten Anschaffungen der Bibliothek. Derartige Verzeichnisse werden in der Regel online verfügbar gemacht oder ausgedruckt und in der Bibliothek ausgelegt bzw. an Interessenten verschickt.

Fakteninformation

Einen Sonderfall der Auskunftserteilung bildet die Fakteninformation, also die Erteilung von Auskünften nicht über Publikationen, sondern über die in Büchern oder anderen Medien enthaltenen *Fakten* und *Sachverhalte* selbst. Traditionell ist die direkte Ermittlung und Vermittlung solcher Sachinformationen keine zentrale Aufgabe der Bibliotheken. Normalerweise stellt die Bibliothek lediglich die Quellen bereit, denen der Benutzer die gewünschten Einzelfakten selbst entnehmen kann. Der Bibliothekar recherchiert in der Regel nicht selbst nach den gesuchten Fakten, sondern verweist den Benutzer auf die verfügbaren Informationsmittel, also auf einschlägige *Faktendatenbanken*, auf *Lexika* und *Nachschlagewerke*, auf Handbücher, Adressbücher, Firmenkataloge, Tabellenwerke, Statistiken, Normensammlungen etc. Allerdings ist es dem versierten Auskunftsbibliothekar – vor allem über online verfügbare Informationsmittel – oft möglich, ein konkretes Informationsproblem sehr schnell zu lösen. In solchen Fällen kann die Informationsrecherche durchaus durch den Bibliothekar erfolgen. Immer mehr Bibliotheken bieten ihren Benutzern jedoch auch an, sachliche Recherchen für sie durchzuführen, dies gilt vor allem für Spezialbibliotheken.

b) Umgang mit Benutzern

Das richtige Verhalten des Bibliothekspersonals beim Umgang mit den Benutzern ist sowohl für die Arbeitsabläufe als auch für das Image der Bibliothek von großer Bedeutung. Als Dienstleistungsbetrieb hat die Bibliothek der Literatur- und Informationsversorgung der Leser zu dienen. Alle Mitarbeiter der Bibliothek sollten sich daher stets bewusst sein, dass ihre zentrale Aufgabe darin besteht, die Benutzer bei ihren Informations- und Literaturwünschen zu unterstützen. Den Benutzern gelten letzten Endes alle in der Bibliothek geleisteten Arbeiten und Bemühungen.

Der Kontakt zwischen Benutzern und Bibliothekaren kommt vor allem an den *Leihstellen* (Ortsleihe, Fernleihe, Lesesaalausleihe) sowie bei der Auskunftserteilung und Beratung an den *Informationsstellen* zustande. Die mit der Ausleihe und der Auskunft beschäftigten Bibliothekare müssen daher in besonderem Maße jene Eigenschaften entwickeln, die für einen professionellen Umgang mit den Benutzern nötig sind. *Freundlichkeit* und *Hilfsbereitschaft* stehen dabei an erster Stelle. Bibliothekare sollten aufgeschlossene, kontaktfähige Menschen sein, denen es Freude macht, den Benutzern bei der Ermittlung und Vermittlung von Literatur und Informationen zu helfen, und die dabei auch eine gehörige Portion *Geduld* aufbringen.

Der Bibliothekar muss ferner die Fähigkeit besitzen, *sich auf den Benutzer einzustellen*. Ein neuer Benutzer kennt sich naturgemäß in der Bibliothek noch nicht aus. Bibliothekarische Begriffe wie Signatur, Bibliographie oder Fernleihe sind zumindest dem Neuling unbekannt, speziellere Fachausdrücke (z.B. Notation, Trunkierung, Virtuelle Fachbibliothek) kann man selbst bei erfahrenen Benutzern nicht voraussetzen. Der Bibliothekar hat die Aufgabe, dem Benutzer die *bibliothekarischen Angebote* (und Begriffe), soweit sie für das Anliegen des Benutzers wichtig sind, in verständlicher Weise zu *erklären* und ihn in seinem individuellen Anliegen zu unterstützen.

Manchmal ist es nötig, dem Benutzer den Sinn einzelner *Benutzungsvorschriften* zu erläutern, besonders wenn sie sich einschränkend oder nachteilig für ihn auswirken (z.B. die Begrenzung der Leihfrist oder die Erhebung von Mahngebühren). Wenn er ihre Berechtigung nicht versteht, fasst mancher Benutzer eine solche Vorschrift als Schikane auf. Hier sollte der Bibliothekar versuchen, Verständnis für solche Maßnahmen zu wecken. Hat ein Benutzer gegen die Bestimmungen der Benutzungsordnung verstoßen, so soll der Bibliothekar dies in sachlichem Ton beanstanden und gegebenenfalls die notwendigen Maßnahmen ergreifen.

Das Bestreben des Bibliothekars, den Benutzer bei seiner Informations- oder Literaturrecherche so weit wie möglich zu unterstützen, sollte nicht dazu führen, dass unzumutbare Forderungen einzelner Benutzer erfüllt werden. Nur in Ausnahmefällen, etwa in Spezialbibliotheken, gehört z.B. es zu den Aufgaben des Bibliothekars, für Benutzer Literaturrecherchen vorzunehmen und Literaturzusammenstellungen anzufertigen. Übertriebene Hilfeleistung für *einen* Benutzer beeinträchtigt meist den Service für die anderen. Auch wenn sich die Anliegen der einzelnen Benutzer quantitativ und qualitativ natürlich stark unterscheiden und daher zum Teil unterschiedlich viel Zeit beanspruchen, gilt hier der Grundsatz der Gleichberechtigung.

Fehler und *Pannen* – gleichgültig ob ein Benutzer oder ein Bibliothekar sie verursacht hat – sollte man nicht persönlich nehmen. Ist dem Bibliothekar ein Fehler oder Versäumnis unterlaufen, so sollte er dies ohne Verlegenheit zugeben, sich gegebenenfalls entschuldigen und den Fehler berichtigen bzw. das Versäumte nachholen. In solchen Situationen zeigt sich, dass der Bibliothekar beim Umgang mit den Benutzern ein großes Maß an *Ausgeglichenheit* und *Gelassenheit* benötigt. Auch wenn ein Benutzer sich – berechtigter- oder unberechtigterweise – aufregt, sollte der Bibliothekar ruhig bleiben und das Gespräch in bestimmter, aber sachlicher Tonart fortsetzen. Kommt der Bibliothekar in einem Konfliktfall selbst nicht weiter, so ist gegebenenfalls der Vorgesetzte einzuschalten.

Der Benutzer hat ein Recht auf *Beschwerde*. Kritik von Seiten der Benutzer ist ernst zu nehmen und muss auf ihre Berechtigung geprüft werden. Sinnvoll ist ein *Beschwerdemanagement*, hierbei wird dem Benutzer die Äußerung von Beschwerden (aber auch Anregungen und Lob) auf Formularen (online und konventionell) angeboten, diese werden zügig bearbeitet, im Idealfall wird das Problem gelöst, auf jeden Fall erhält der Benutzer eine Antwort.

Vierter Teil

Bibliothekarische Informationsangebote

I. Das Informationsproblem

a) Informationsexplosion

Eine der wichtigsten Tatsachen unserer Gegenwart ist die *schnelle Zunahme der zur Verfügung stehenden Informationen.* Seit mehr als 100 Jahren vollzieht sich eine gewaltige *Expansion der Wissenschaften* und damit verbunden auch ein *ungeheures Anwachsen der wissenschaftlichen Publikationen.* Die Menge an Informationen wächst in der heutigen Informationsgesellschaft überproportional zu allen anderen Bereichen der Gesellschaft und Wirtschaft. Die Zahl der auf der ganzen Welt neu erscheinenden wissenschaftlichen Werke, Aufsätze, Berichte und Artikel wird heute auf mehrere Millionen im Jahr geschätzt. Man spricht daher zu

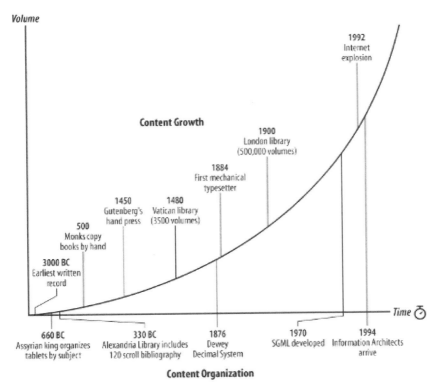

(Abb. 16: schematische Darstellung der „Informationsexplosion", aus: Morville, Rosenfeld, Information Architecture, 3. Aufl. 2006)

Recht von einer „Informationsexplosion" oder einer „Informations-" bzw. „Publikationsflut", die sich in Zukunft mit Sicherheit noch weiter vergrößern wird. Allerdings ist der *quantitative Zuwachs* an veröffentlichen Informationen nicht immer gleichzusetzen mit einem entsprechenden Zuwachs an *Qualität* oder *Wert* der gewonnenen Erkenntnisse.

Für diese Informationsflut gibt es eine Vielzahl von Gründen. Ein wichtiger Punkt ist sicherlich die *steigende Anzahl der Medienformen*. Diese Entwicklung beginnt schon mit der Popularisierung der elektronischen Medien in der 2. Hälfte des 20. Jahrhunderts und setzt sich mit der enormen Verbreitung der digitalen Medien seit dem Ende des letzten Jahrhunderts fort. Allein die Zunahme der Medienvielfalt erhöht das Informationsangebot. Enorm zugenommen hat auch *die Anzahl der im wissenschaftlichen Bereich tätigen Menschen* und sie nimmt weiterhin zu. Haben 1850 rund ein Million Menschen weltweit wissenschaftlich gearbeitet, geht man heute von einer Zahl von weit über 100 Millionen aus. Auch für die wirtschaftliche Wertschöpfung außerhalb der Wissenschaft hat *der Wert von aktuellen Informationen* erheblich zugenommen. In vielen praktischen Berufen sind die neuesten wissenschaftlichen Erkenntnisse eminent wichtig. Nicht nur im Bereich der naturwissenschaftlich-technisch-medizinischen Forschung und der industriellen Entwicklung und Produktion, sondern für fast alle Sparten der Wirtschaft ist der schnelle Zugriff auf die neuesten Forschungs- und Praxisinformationen von großer Bedeutung für den wirtschaftlichen Erfolg.

b) Informationsüberflutung

Neben der prinzipiell zu begrüßenden Zunahme der zur Verfügung stehenden Informationen bringt die Informationsfülle allerdings auch Probleme mit sich. Die Überfülle der Informationen kann leicht zu einer Informationsüberflutung führen, ein Zustand, der dadurch gekennzeichnet ist, dass zu viele Informationen vorliegen, um in der Menge die für den eigenen Bedarf relevanten gezielt finden zu können. Der eigentliche Vorteil der Informationsfülle verkehrt sich in diesem Fall zum Nachteil.

Auch die Zunahme der Publikationsformen, in denen relevante Informationen veröffentlicht werden, wird immer größer. Während wissenschaftliche Erkenntnisse in früheren Jahrhunderten überwiegend in Form von *Monographien* publiziert wurden, sind in neuerer Zeit andere Publikationsformen stärker in den Vordergrund getreten. Die meisten wissenschaftlichen Erkenntnisse werden heute zunächst in Form von *Aufsätzen in Fachzeitschriften* veröffentlicht. An Bedeutung gewinnen außerdem sonstige Veröffentlichungsformen, die oft nicht in Form einer Verlagspublikation vorliegen und deren Erfassung und Beschaffung daher besonders schwierig ist: Kongressschriften, Forschungsberichte (Reports), Firmenschriften, Patentschriften, Veröffentlichungen in Mikroformen, usw. Für die Wissenschaft sind solche auch als *„ Graue Literatur "* bezeichneten Publikationen außerordentlich wichtig, da sie häufig sehr aktuelle Informationen enthalten. Auch diese Zunahme der Publikationsformen erschwert das Auffinden wichtiger Informationen.

Weiter verschärft wird das Problem der Informationsüberflutung durch die schnelle Entwicklung der modernen Informations- und Kommunikationstechnik. Neben die auf Papier gedruckten Veröffentlichungen sind *elektronische Publikationen* getreten, die über das Internet global verfügbar gemacht und jederzeit und an jedem Ort abgerufen werden können. Wie bei den gedruckten Publikationen liegt auch bei den vielen Milliarden im Internet frei zugänglichen Websites das Hauptproblem im zuverlässigen Auffinden der relevanten und wichtigen Sachverhalte im Ozean nicht relevanter Informationen. Mit den schnellen Entwicklungen im Bereich der digitalen Medien hängen natürlich auch die globale Vernetzung des Wissens und der Information zusammen. War dem wissenschaftlich Arbeitenden früher nur die Information zugänglich, die an seinem Heimatort erreichbar war, die er aufsuchen oder sich zusenden lassen konnte, so stehen heute Informationen in elektronischer Form weltweit zur Verfügung.

c) Informationsvermittlung als bibliothekarische Aufgabe

Neben der Erwerbung, Erschließung und Vermittlung ihrer eigenen Bestände wird die Informationsvermittlung (d.h. die Vermittlung von Informationen unabhängig davon, wo und in welcher medialen Form diese vorliegen) zu einer immer wichtigeren Aufgabe von Bibliotheken.

Mehrere Gründe spielen eine Rolle, warum eine Beschränkung der Informationsvermittlung von Bibliotheken auf die eigenen Bestände in der heutigen Zeit nicht mehr ausreicht und immer mehr nur noch einen Grundstock bildet, der durch weitere Informationsangebote ergänzt werden muss:

- In den Bibliothekskatalogen sind meist nur die selbstständigen Werke verzeichnet; die Aufsätze, deren Zahl und Bedeutung für die Forschung immer größer wird, lassen sich über den OPAC meist nicht ermitteln.
- Je stärker die Literaturproduktion weltweit zunimmt, desto geringer wird der Anteil, den eine einzelne Bibliothek zur Verfügung stellen kann.

- Das Informationsbedürfnis der Benutzer beschränkt sich immer seltener auf Bücher und Aufsätze; andere Medienformen und Informationstypen müssen hinzugezogen werden, um ihre Bedürfnisse zu befriedigen.

Aus diesen Gründen benutzen Bibliothekare Informationsmittel – und produzieren diese häufig auch selbst –, deren Ansprüche und Möglichkeiten weit über das Auffinden eines Titels im eigenen Bestand hinausreichen. Versucht man, die Informationsangebote zusammenzustellen, mit denen Bibliothekare auf das zunehmende Problem der Informationsüberflutung reagieren, so ergeben sich folgende Gruppen, die in diesem abschließenden Teil in aller Kürze exemplarisch vorgestellt werden sollen:

- Bestandskataloge, die den Bestand mehrerer oder gar vieler Bibliotheken gleichzeitig verzeichnen (*II. Übergeordnete Kataloge*)
- Verzeichnisse, die Literatur unabhängig vom Bestand einer Bibliothek möglichst vollständig verzeichnen und häufig auch die unselbstständige Literatur berücksichtigen (*III. Bibliographische Informationsmittel, IV. Informationsangebote für Zeitschriften und Datenbanken*)
- Informationsangebote, die Informationen unterschiedlicher Art und von verschiedenen Anbietern fachbezogen zusammenstellen (*V. Fachbezogene Informationsangebote*)

Darüber hinaus soll der Benutzer in die Lage versetzt werden, nach Möglichkeit auf alle für ihn relevanten Informationen und Dokumente auch jederzeit und von jedem Ort aus zugreifen zu können. Diesem Bestreben dienen weitere bibliothekarische Angebote:

- die Schaffung von umfassenden digitalen Angeboten, deren Nutzung weltweit möglich ist (VI. Digitale Bibliotheken)
- die Ausweitung des bibliothekarischen Informationsangebotes auf den Bereich der im Internet publizierten Dokumente (VII. Informationssuche im Internet)
- die Etablierung von Auskunftsdiensten, die besonders schnell und kompetent auf alle Fragen antworten können, die an Bibliotheken herangetragen werden (VIII. Virtuelle Auskunft)

Neben der Bereitstellung der gesuchten Information müssen dem Benutzer nach Möglichkeit immer auch die Techniken der Recherche und der Bewertung von Informationen vermittelt werden. Hieraus ergeben sich auch spezifische ethische Ansprüche, die bei der Informationsvermittlung zu berücksichtigen sind (*IX. Informationskompetenz und Informationsethik*).

II. Übergeordnete Kataloge

Ein zentrales bibliothekarisches Informationsangebot, das über die Verzeichnung des eigenen Bibliotheksbestandes hinausgeht, ist die gemeinsame Verzeichnung bzw. der gemeinsame Nachweis der Bestände vieler Bibliotheken. Meist werden die Bestände der Bibliotheken einer Region, eines Staates, einer Fachrichtung oder einer Mediengattung zusammengeführt. Durch dieses Angebot erhält ein Benutzer Kenntnis über gewünschte Medien, die seine Bibliothek nicht besitzt, und kann sie entweder gezielt per Fernleihe bestellen oder auch selbst eine andere Bibliothek aufsuchen, die über das gewünschte Werk verfügt. Die geschilderte Funktion wurde früher von den konventionellen *Zentralkatalogen* (s. o. S. 220) wahrgenommen, die Ende der 1990er Jahre von den Verbundkatalogen abgelöst wurden.

1. Verbundkataloge

a) Die Verbundkataloge der großen Bibliotheksverbünde

Verbundkataloge verzeichnen die Bestände mehrerer Bibliotheken in einer Datenbank bzw. unter einer Oberfläche; in der Regel werden sie von allen teilnehmenden Bibliotheken gemeinsam erstellt und bilden gleichzeitig die Grundlage für die Verbundkatalogisierung.

Im Gegensatz zu den lokalen Bibliothekskatalogen enthalten die Verbundkataloge oft auch große Mengen von Titelaufnahmen bibliographisch unselbstständiger Werke (Aufsätze). Zum Teil bilden diese gemeinsam mit den Titelaufnahmen der Monographien einen einheitlichen Verbundkatalog, zum Teil werden sie in einer separaten Aufsatzdatenbank parallel zur Datenbank der Monographien verzeichnet. So umfasst z.B. die Aufsatzdatenbank des Bibliotheksverbunds Bayern rund 42 Millionen Aufsatznachweise aus 20 400 Zeitschriften. Während manche Verbünde das bibliographische Material der unselbstständigen Werke selbst erstellen (z.B. durch die Erstellung von Regionalbibliographien), erwerben andere das Titelmaterial für unselbstständige Werke in großen Mengen von kommerziellen Anbietern großer Aufsatzdatenbanken.

Die wichtigsten Kataloge der regionalen Bibliotheksverbünde in Deutschland sind:

– der *Südwestdeutsche* Bibliotheksverbund (SWB, mehr als 1200 Bibliotheken, Bücher und Aufsätze in einem gemeinsamen Katalog, ca. 13 Mio. Titeldaten, ca. 50 Mio. Bestandsnachweise)

- der *Bibliotheksverbund Bayern* (BVB, ca. 120 Bibliotheken, über 16 Mio. Titeldaten, über 27 Mio. Bestandsnachweise; Aufsätze getrennt in der Aufsatzdatenbank, 20 400 verzeichnete Zeitschriftentitel mit Schwerpunkt 1993 bis heute mit 42 Mio. Aufsatznachweisen)
- der *Gemeinsame Bibliotheksverbund* (GBV, ca. 400 Bibliotheken, Bücher und Aufsätze gemeinsam, rund 30 Mio. Titeldaten und ca. 60 Mio. Bestandsnachweise)
- der *Nordrheinwestfälische Bibliotheksverbund* / Hochschulbibliothekszentrum des Landes NRW (hbz, 1200 Bibliotheken, Bücher und Aufsätze mit NRW-Bezug, 14 Mio. Titeldaten, 31 Mio. Bestandsnachweise)
- das *Hessische Bibliotheks-Informationssystem* (HeBIS, über 630 Bibliotheken; insgesamt 15 Mio. Titeldaten, 23 Mio. Bestandsnachweise; Aufsätze und Bücher getrennt in mehreren Datenbanken, HeBIS-Verbundkatalog, HeBIS-Aufsatzkatalog, HeBIS-Retro; eine gemeinsame Suche ist über das HeBIS-Portal möglich;)
- der *Kooperative Bibliotheksverbund Berlin-Brandenburg* (KOBV, ca. 390 Bibliotheken, 10 Mio. Titeldaten und 35 Mio. Bestandsnachweise; der KOBV unterhält keinen zentrale Katalogdatenbank, recherchiert wird unter einer Oberfläche in den Daten der teilnehmenden Bibliotheken)..

Im Februar 2008 gaben der BVB und der KOBV die Begründung einer Entwicklungspartnerschaft bekannt, deren Ziel u.a. in der Integration ihrer Verbundkataloge besteht.

Auch wenn die Kataloge der großen Bibliotheksverbünde in der Gestaltung der Rechercheoberfläche und in den genauen technischen Möglichkeiten stark variieren, lassen sich doch einige grundsätzliche Gemeinsamkeiten benennen. Ähnlich wie beim lokalen OPAC kann auch beim Verbundkatalog über eine Einfache bzw. Standardsuche oder eine Erweiterte bzw. Expertensuche recherchiert werden. Gewünschte Suchkriterien und Verknüpfungen lassen sich einstellen. Die Suche erfolgt dann im Verbundkatalog, also in der Katalogdatenbank des Bibliotheksverbundes. Bei der Trefferanzeige werden allerdings lediglich die Titeldaten, nicht die Lokaldaten (z.B. die Signatur) und die Bestellmöglichkeit angezeigt. Die Bestandsnachweise werden – meist in Form einer Liste der Bibliotheken, die das gesuchte Werk besitzen – aufgeführt. Wählt man eine Bibliothek aus dieser Liste aus, so wird die lokale Signatur angezeigt, ebenso Hinweise zur Entleihbarkeit und zum genauen Standort des Werkes sowie – bei Zeitschriften – Angaben zum lokal vorhanden Bestand. In der Regel gelangt man über einen Hyperlink von den Bestandsnachweisen des Verbundkatalogs auf die Webseite der ausgewählten Bibliothek bzw. direkt zu deren OPAC, wobei die Suchanfrage übernommen wird. Auf diese Weise gelangt man im OPAC der ausgewählten Bibliothek direkt zu dem gesuchten Treffer und kann ihn von dort gegebenenfalls bestellen. Ist man kein Benutzer einer der besitzenden Bibliotheken, so lassen sich Titel der Verbundkataloge in der Regel direkt per Fernleihe oder Dokumentenlieferung bestellen.

b) DBI-Verbundkatalog 97 und Dreiländerkatalog

Nachdem bereits der Preußische bzw. Deutsche Gesamtkatalog gescheitert war (s. o. S. 220), gab es in jüngster Zeit zwei Versuche, die Bestände aller wichtigen deutschen Bibliotheken in einem Verbundkatalog nachzuweisen.

Das Deutsche Bibliotheksinstitut in Berlin (DBI, 1999 aufgelöst) führte ab 1983 die Daten der Bibliotheksverbünde und einzelner Bibliotheken im „Verbundkatalog maschinenlesbarer Katalogdaten Deutscher Bibliotheken" (*DBI-Verbundkatalog 97*) zusammen. Dieser deutsche Verbundkatalog wurde zunächst auf Mikrofiches publiziert, später auch als Online-Datenbank angeboten. Der Katalog umfasst ca. 22 Millionen Titel mit rund 46 Millionen Besitznachweisen von 1000 Bibliotheken; schwerpunktmäßig enthält er Bestände aus den Jahren von 1966 bis 1996. Bedingt durch die Schließung des DBI wurde die Arbeit am DBI-Verbundkatalog 1997 abgebrochen; die Titeldaten sind heute über das Gateway Bayern recherchierbar (s. u. S. 299).

Einen neuen Ansatz für einen Gesamtnachweis der Bestände aller großen Bibliotheken des deutschsprachigen Raums bot der 2005 freigeschaltete *Dreiländerkatalog*, der mittelfristig die Titeldaten aller Bibliotheksverbünde aus Deutschland, Österreich und der Schweiz in einer Datenbank nachweisen sollte. Tatsächlich eingegangen sind die Daten des Hochschulbibliothekszentrums des Landes Nordrhein-Westfalen (hbz), des Bayerischen Bibliotheksverbunds (BVB), des Gemeinsamen Bibliotheksverbunds (GBV) und der Österreichischen Bibliotheksverbund und Service GmbH (obv gh). Der Dreiländerkatalog umfasste rund 60 Millionen Titelsätze, die zum Teil durch Inhaltsverzeichnisse und Abstracts angereichert waren, darüber hinaus verfügte er über eine *Umkreissuche*, mit der sich die Suche auf Bestände mit Besitznachweisen innerhalb eines vom Benutzer definierten Abstandes zu seinem Standort beschränken ließ. Im Januar 2008 wurde der Dreiländerkatalog aus technischen Gründen vom Netz genommen; ob, wann und in welcher Form er wieder benutzt werden kann und ob die Datenbestände dann gegebenenfalls ergänzt und aktualisiert werden, lässt sich derzeit nicht sagen. Recherchierbar ist ein Großteil der Daten des Dreiländerkatalogs über das Internetportal Vascoda (s. u. S. 339).

c) WorldCat

Der umfangreichste Verbundkatalog weltweit ist heute der WorldCat des Online Computer Library Center (OCLC) in Ohio. Er umfasst die Bestände von über 10 000 Bibliotheken weltweit und verzeichnet mehr als 1 Milliarde Medien. Wie viele Verbundkataloge, beschränkt sich auch der WorldCat nicht auf das reine bibliographische Material, sondern es werden verstärkt Zusatzinformationen wie z.b. Inhaltsverzeichnisse, Abstracts, Besprechungen eingebracht (Catalog Enrichment). Zugänglich sind die Datenbestände des WorldCat auf verschiedene Weise.

Den kostenfreien Zugang zu den vollständigen Datenbeständen bietet seit 2006 *WorldCat.org*. In der Bestandsliste der hier recherchierten Treffer sind alle teilnehmenden Bibliotheken verzeichnet, die den gewünschten Titel besitzen. Wie beim Dreiländerkatalog können diese Bibliotheken nach ihrer Entfernung zum eingegebenen Standort des Benutzers sortiert werden. Über einen Link können Benutzer direkt in den OPAC der ausgewählten Bibliothek gelangen. Der im WorldCat gefundene Titel wird hierbei übernommen und wird sofort im lokalen OPAC angezeigt. Über die Erkennung der IP-Adressen werden die Computer von Bibliotheken erkannt und elektronische Publikationen können direkt im Volltext angezeigt werden, wenn die Bibliothek Lizenzen für die entsprechenden Publikationen erworben hat.

Die Funktionalität *Open WorldCat* öffnet Teilbestände des WorldCat auch den Benutzern, die nicht gezielt in der Datenbank des WorldCat recherchieren, sondern die für ihre Informationssuche kommerzielle Internetsuchmaschinen wie Google oder Yahoo verwenden. Versehen sie ihre Suchbegriffe mit dem Zusatz „Find in a Library", so erscheinen die passenden Titel aus dem WorldCat in der Trefferliste der Suchmaschine. Ausgehend von diesem Treffer der Internetsuchmaschine gelangt man dann zur Titelaufnahme im WorldCat.org, wo man sich die besitzenden Bibliotheken – wiederum sortiert nach der Entfernung – anzeigen lassen kann. Der Schwerpunkt der über Open WorldCat recherchierbaren Titel liegt im Bereich der populären Literatur, allerdings sind durchaus auch wissenschaftliche Werke auf diese Weise zugänglich. Diese spezifische Art des Zugangs zu den Titeldaten des WordCat und ihre Verknüpfung zu einer nahe gelegenen Bibliothek können dazu führen, dass neue Benutzerschichten für Bibliotheken gewonnen werden.

Einen kostenpflichtigen Zugang zu den Daten des WorldCat bietet *First Search*. Hierbei werden die bibliographischen Daten des WorldCat um ca. 70 weitere Datenbanken des Online Computer Library Center ergänzt; die Treffer, die in der benutzten Bibliothek zur Verfügung stehen, sind optisch hervorgehoben. Mit First Search stehen dem Benutzer über die Titeldaten des WorldCat und der weiteren Datenbanken hinaus mehr als 10 Millionen Aufsätze im Volltext zur Verfügung.

d) Fachbezogene Verbundkataloge

Neben den allgemeinen Verbundkatalogen existieren auch Verbundkataloge für spezielle Medientypen, wie z.B. die Zeitschriftendatenbank (s. u. S. 317).

Fachbezogene Verbundkataloge verzeichnen die Titel mehrerer, fachlich ähnlich ausgerichteter Bibliotheken. Ein Beispiel für einen solchen fachbezogenen Verbundkatalog bildet der gemeinsame Fachverbundkatalog der drei universitätsunabhängigen deutschen kunsthistorischen Forschungsinstitute, dem Kunsthistorischen Institut in Florenz, dem Zentralinstitut für Kunstgeschichte in München und der Bibliotheca Hertziana in Rom. Die Datenbank dieses Kataloges umfasst die (selbstständigen und unselbstständigen) Bestände dieser Institutionen, überwiegend nach 1996; insgesamt sind rund 1,4 Millionen Titel verzeichnet, davon ca. 700 000 Aufsätze, darunter auch viele elektronische, die online benutzbar sind. In der Trefferanzeige der Katalogoberfläche erscheinen nicht nur die Bestandsnachweise der angezeigten Medien, die erzielten Treffer lassen sich direkt über den Dokumentenlieferdienst des Zentralinstituts für Kunstgeschichte bestellen oder man kann – bei Zeitschriftenartikeln – eine Folgerecherche in der Zeitschriftendatenbank auslösen, um festzustellen, welche deutschen Bibliotheken den entsprechenden Zeitschriftenband besitzen.

2. Metakataloge

Eine grundsätzlich andere Art, mit einer einzigen Suchanfrage in den Beständen mehrerer Bibliotheken zu recherchieren, bieten sogenannte Metakataloge. Da sie über keine eigenen Katalogdatenbanken verfügen, sollte man sie genauer als Meta-Suchmaschinen bezeichnen. Metakataloge schicken die Suchanfrage des Benutzers an mehrere andere Datenbanken (meist Bibliothekskataloge, Verbundkataloge oder Bibliographien, zum Teil auch Buchhandelsverzeichnisse) und präsentieren dann die Treffer der jeweils angefragten Datenbanken. Diese im Bibliothekswesen immer häufiger eingesetzte Technik ermöglicht – wenn viele große Verbundkataloge angesprochen werden – die Recherche in riesigen Datenmengen oder – wenn in den Katalogen einschlägiger Spezialbibliotheken gesucht wird – die Recherche in den Beständen mehrerer für die Fragestellung relevanter Institutionen. Die genaue Funktion und die Recherchemöglichkeiten, aber auch die Probleme von Metakatalogen sollen im Folgenden an zwei Beispielen erläutert werden.

a) Der Karlsruher Virtuelle Katalog

Der wichtigste Metakatalog des deutschen Bibliothekswesens ist der an der UB Karlsruhe entwickelte Karlsruher Virtuelle Katalog (KVK). Insgesamt lassen sich mit dem KVK rund 60 verschiedene Bibliothekskataloge, Verbundkataloge, Bibliographien und Buchhandelsverzeichnisse ohne fachliche Begrenzungen durchsuchen. Zwar gibt es einen Schwerpunkt auf den Beständen der Bibliotheken der deutschsprachigen Länder, doch auch das nicht-deutschsprachige Ausland ist umfassend vertreten; u.a. lassen sich über den KVK Suchanfragen an den WorldCat, die Library of Congress in Washington, die British Library und die Französische Nationalbibliothek richten. Ebenso vertreten sind z.B. die Verbundkataloge Frankreichs, Großbritanniens und Spaniens sowie diverse nationale und internationale Buchhandelsverzeichnisse.

Vor jeder Suchanfrage kann der Benutzer in der Suchoberfläche des KVK selbst auswählen, welche Verzeichnisse berücksichtigt werden sollen und welche nicht. Sind alle Verzeichnisse ausgewählt, so lässt sich ein Datenbestand von über 500 Millionen Titeln recherchieren, der Bücher, Zeitschriften und andere Medien umfasst. Bei der Trefferanzeige, die der KVK bietet, werden die einzelnen abgesuchten Datenbanken nacheinander mit den jeweils erzielten Treffern angezeigt, eine Dublettenkontrolle findet nicht statt, d.h. ein Titel, der in mehreren Verzeichnissen gefunden wird, wird auch mehrfach angezeigt. Klickt man einen der Kurztitel an, so wird man über einen Hyperlink direkt zu den vollständigen Titelaufnahmen der einzelnen Systeme geführt.

Das zentrale Problem des KVK ist – wie bei allen Metakatalogen – die Tatsache, dass die Suchmöglichkeiten einer Metasuche im Vergleich zur Suche in einer einzigen Datenbank mehr oder weniger stark eingeschränkt sein können. Während ein einzelner Bibliothekskatalog immer die Sucheinstiege anbietet, die in der Datenbank angelegt sind, ist diese Übereinstimmung bei Metakatalogen oft nicht gegeben; so lässt sich beispielsweise nicht in allen vom KVK abgesuchten Verbundkatalogen nach dem Erscheinungsjahr und dem Verlag recherchieren. Viele der abgesuchten Verzeichnisse akzeptieren eine Suche nach dem Autor in der Fassung *Vorname Nachname (Thomas Mann)*, andere verlangen die Suchanfrage *Nachname, Vorname (Mann, Thomas)*. Weitere Probleme resultieren aus der Verwendung unterschiedlicher Regelwerke und unterschiedlicher Datenformate in den verschiedenen Zielkatalogen, die gleichzeitig durchsucht werden. Die Antwortzeiten sind länger als bei der Suche in den einzelnen Katalogen und nicht immer sind alle angefragten Kataloge erreichbar.

(Abb. 17: Benutzeroberfläche des Karlsruher Virtuellen Katalogs)

Auch Verbundkataloge lassen sich durch die zusätzliche Aufnahme von weiteren Online-Katalogen zu Metakatalogen ausweiten. So bietet beispielsweise das Gateway Bayern eine Suche im Verbundkatalog des Bibliotheksverbundes Bayern, gleichzeitig wird die Suchanfrage an weitere Verbundkataloge, Kataloge von National-, Staats-, Hochschul- und Spezialbibliotheken, Zeitschriften- und Aufsatzdatenbanken weitergeleitet, entsprechend einem Profil, das sich der Nutzer wie beim KVK selbst zusammenstellen kann.

b) Fachbezogene Metakataloge

Fachbezogene Metakataloge nutzen die gleiche oder eine vergleichbare Technik wie der KVK: Eine einzelne Suchanfrage wird an mehrere Bestandsverzeichnisse geschickt, die erzielten Treffer werden – nach den abgefragten Katalogen sortiert – in einer einheitlichen Trefferliste präsentiert. Während allgemeine Metakataloge wie der KVK jedoch ohne fachliche Beschränkung möglichst große Kataloge ansprechen, um auf diese Weise zu sehr guten Rechercheergebnissen zu gelangen, leiten fachbezogene Metakataloge die Suchanfragen der spezialisierten Benutzer nur an eine Auswahl von fachlich einschlägigen Verzeichnissen weiter, meist an die Kataloge von entsprechenden Spezialbibliotheken. Auch für die fachbezogenen Metakataloge gelten die grundsätzlichen Probleme von Metakatalogen, wie sie beim KVK dargelegt wurden.

artlibraries.net

Der Meta-Fachkatalog artlibraries.net (auch Virtual Catalog for Art History, früher auch Virtueller Katalog Kunstgeschichte, VKK) erlaubt den gleichzeitigen Zugriff auf die Literaturnachweise von zahlreichen bedeutenden Fachdatenbanken aus dem Bereich der Kunstgeschichte. Auch hier kann der Benutzer auswählen, auf welche der angebotenen Datenbanken zugegriffen werden soll. Angeboten werden die Daten wichtiger Kunstbibliotheken (z.B. Kunstbibliothek Berlin), der Bibliotheken berühmter Museen (z.B. The Metropolitan Museum New York) von Forschungsinstituten (z.B. Getty Research Institut Los Angeles) und Verbundkatalogen zur Kunstgeschichte (z.B. dem Fachverbundkatalog Florenz, München, Rom). Auf diese Weise lässt sich in einem Bestand von mehr als 6 Millionen Datensätzen (Monographien und Aufsätzen) recherchieren. Durch die Verbindung der 26 abgefragten Datenbanken ergänzen sich die jeweiligen Sammelschwerpunkte der teilnehmenden Institutionen zu einem umfassenden Datenbestand aller Forschungsrichtungen der Kunstgeschichte. Vergleichbare fachbezogene Metakataloge existieren z.B. für die Fachrichtungen Medizin und Theologie.

Neben den fachbezogenen Metakatalogen gibt es auch regionale Metakataloge (z.B. die Kooperation der Kölner Bibliotheken), medienspezifische Metakataloge (z.B. Verbundkatalog Noten, Verbundkatalog Film) und den Einsatz von Metasuchmaschinen bei der Recherche in Bibliographien (z.B. Virtuelle Deutsche Landesbibliographie, s. u. S. 307).

III. Bibliographische Informationsmittel

Eine umfassende Literatursuche muss sich auf alle Publikationen erstrecken, unabhängig von ihrer Erscheinungsweise und ihrem Vorhandensein in einer Bibliothek oder in mehreren Bibliotheken. *Bestandsunabhängige* Verzeichnisse von Literatur, d.h. die Verzeichnung ohne direkten Bezug zum Bestand einzelner Bibliotheken, sind *Bibliographien*. Neben Allgemeinbibliographien, die zumeist die Literaturproduktion eines Landes verzeichnen, gibt es auch unterschiedliche Arten von fachbezogenen Bibliographien. Neben Bibliothekskatalogen und sonstigen Bestandsverzeichnissen bilden Bibliographien das wichtigste Mittel der bibliothekarischen Literaturinformation.

Bibliographien werden oft von Wissenschaftlichen Bibliotheken erarbeitet, daneben erstellen aber auch Forschungsinstitute, Fachbehörden, wissenschaftliche Gesellschaften, Einrichtungen der Information und Dokumentation (IuD) sowie einzelne Wissenschaftler Bibliographien. Bibliographien existieren zum Teil in gedruckter Form, zum Teil in Form von Datenbanken, die zumeist online zu benutzen sind. Manche Bibliographien erscheinen sowohl in einer Print- als auch in einer Online-Ausgabe. Die differenzierten Bedürfnisse von Bibliotheksbenutzern haben eine große Zahl und Vielfalt von allgemeinen und fachlichen Literaturverzeichnissen und Literaturdatenbanken hervorgebracht, von denen im Folgenden nur die wichtigsten Arten und Typen erwähnt werden können.

1. Allgemeinbibliographien

Allgemeinbibliographien verzeichnen Veröffentlichungen ohne fachliche Beschränkung. Die wichtigste Form der Allgemeinbibliographie bilden die Nationalbibliographien.

a) Nationalbibliographien

Nationalbibliographien verzeichnen laufend die Neuerscheinungen eines Landes. Viele Länder besitzen ein ganzes System von aufeinander abgestimmten nationalbibliographischen Verzeichnissen, die für unterschiedliche Suchzwecke gedacht sind (*Beobachtung der Neuerscheinungen* für die laufende Erwerbung; *Titelsuche*, d.h. bibliographische Ermittlung eines bestimmten Titels; *Literatursuche* zu einem bestimmten Thema oder Sachgebiet). In einem *bibliographischen System* werden die bibliographischen Daten der angezeigten Publikationen in mehreren Berichtsstufen verzeichnet. Die Primärstufen erscheinen meist als wöchentliche Verzeichnisse; als Zusammenfassungen sind Monats-, Vierteljahres-, Halbjahres-, Jahres- und Mehrjahresverzeichnisse (oder entsprechende Register) möglich. Immer mehr europäische Nationalbibliographien werden nur noch als Online-Publikation angeboten.

Im Gegensatz zu den meisten anderen Formen von Bibliographien verzeichnen Nationalbibliographien nur selbstständig erscheinende Literatur, sie verzichten also auf die Verzeichnung von Aufsätzen, Netzpublikationen werden allerdings in zunehmendem Umfang berücksichtigt.

Deutsche Nationalbibliografie (DNB)

Die in Deutschland erscheinenden Publikationen und die im Ausland erscheinenden deutschsprachigen Veröffentlichungen werden seit 1991 in der Deutschen Nationalbibliografie (DNB) verzeichnet, Bearbeiter und Herausgeber ist die Deutsche Nationalbibliothek. Bis 1990 wurden sie in der Deutschen Bibliographie (Frankfurt a.M.) und in der Deutschen Nationalbibliographie (Leipzig) angezeigt.

Über die Katalogdatenbank *ILTIS* steht die Deutsche Nationalbibliografie kostenfrei online zur Verfügung. In dieser Datenbank sind alle seit 1945 erfassten Publikationen verzeichnet; seit 2004 dient ILTIS der bibliographischen Erstverzeichnung. Täglich wird die Datenbank um über 1000 Titel ergänzt, die sofort für die Recherche zur Verfügung stehen. Aufgrund der Vollständigkeit des Materials und der Aktualität ist die Katalogdatenbank ILTIS für die Recherche innerhalb der Deutschen Nationalbibliografie am besten geeignet; eine Alternative und Ergänzung zu dieser Datenbank bildet der *Katalog der Deutschen Nationalbibliothek*. Hier sind alle Bestände der Deutschen Nationalbibliothek (auch vor 1945) nachgewiesen, darüber hinaus bietet der OPAC auch die Möglichkeit, die gefundenen Titel in die Lesesäle der Deutschen Nationalbibliothek in Leipzig oder Frankfurt zu bestellen.

Viele Kunden der Deutschen Nationalbibliografie (vor allem Bibliotheken und der Buchhandel) nutzen neben den genannten Datenbanken auch die gedruckten Angebote der Deutschen Nationalbibliothek, vor allem die Auswahl einzelner Medientypen und die Anzeige der neu hinzukommenden Datensätze in bestimmten zeitlichen Intervallen. Grundlage dieser Angebote bilden die einzelnen Reihen der Deutschen Nationalbibliografie:

– *Reihe A.* Monographien und Periodika des Verlagsbuchhandels. Bücher, Zeitschriften, nicht musikalische Tonträger, weitere AV-Medien, Mikroformen und elektronische Publikationen. Seit 2004 auch im Ausland erschienene Übersetzungen und Bücher über Deutschland (Germanica),

die zuvor in der Reihe G erschienen sind. – Wöchentliches Verzeichnis; gedruckt und als HTML-Version.
- *Reihe B.* Monographien und Periodika außerhalb des Verlagsbuchhandels. Bücher, Zeitschriften, nicht musikalische Tonträger, weitere AV-Medien, Mikroformen und elektronische Publikationen. – Wöchentliches Verzeichnis; gedruckt und als HTML-Version.
- *Reihe C.* Karten. – Vierteljährliches Verzeichnis; gedruckt und als HTML-Version.
- *Reihe H.* Hochschulschriften. Dissertationen und Habilitationsschriften deutscher Hochschulen und ausländische Dissertationen und Habilitationen in deutscher Sprache, unabhängig von ihrer Erscheinungsform. – Monatliches Verzeichnis; gedruckt und als HTML-Version.
- *Reihe M.* Musikalien und Musikschriften. – Monatliches Verzeichnis; HTML- und PDF-Version.
- *Reihe T.* Musiktonträgerverzeichnis. – Monatliches Verzeichnis; HTML- und PDF-Version.

Innerhalb der einzelnen Reihen der Deutschen Nationalbibliografie ist das Titelmaterial weitgehend nach der Dewey-Dezimalklassifikation (DDC) gegliedert, wobei zumeist nur die beiden obersten Ebenen (Hundertergruppen) verwendet werden (s. o. S. 187).

Neben den hier aufgeführten Einzelreihen werden auch *Kumulationsstufen* publiziert, in denen die in den einzelnen Reihen verzeichneten Titel gesammelt (kumuliert) und mit Stich- und Schlagwortregistern erschlossen werden. Folgenden Kumulationsstufen werden angeboten:
- Das *Halbjahresverzeichnis* (Reihe D), es kumuliert die Titel der Reihen A, B und C und erscheint halbjährlich in gedruckter Form.
- Das *Mehrjahresverzeichnis* (Reihe E), es kumuliert die Halbjahresverzeichnisse und die Titel der Reihe H, es erscheint alle drei Jahre in gedruckter Form.

Der Bezug der Titeldaten der Deutschen Nationalbibliografie ist neben den genannten Vertriebsformen auch in Form von Titelkarten möglich, hierbei können gesamte Reihen oder einzelne Sachgruppen bezogen werden; auch der Bezug von einzelnen Titelkarten ist möglich. Eine weitere Form des Bezuges bilden die verschiedenen CD-ROM- und DVD-Angebote der Deutschen Nationalbibliothek.

Der Neuerscheinungsdienst der Deutschen Nationalbibliothek

Das Ziel von Neuerscheinungs- und CIP-Diensten (s. o. S. 199) ist die Verzeichnung neu erscheinender Publikationen noch vor ihrem Erscheinen. Der Neuerscheinungsdienst (ND) der Deutschen Nationalbibliothek löste 2002 die Reihe N (Vorankündigungen, CIP) ab. Er beruht auf den

Meldungen der Verleger an das Verzeichnis Lieferbarer Bücher (VLB); die Titeldaten werden an die Deutsche Nationalbibliothek weitergeleitet und dort nach den Sachgruppen der Deutschen Nationalbibliografie verzeichnet. Der Neuerscheinungsdienst wird in Form von Titelkartenlieferungen und als Online-Service angeboten, er ist allerdings nicht Bestandteil der Deutschen Nationalbibliografie.

Retrospektive Nationalbibliographien

Retrospektive Nationalbibliographien enthalten die (selbstständig erschienene) Literatur eines Landes oder Sprachgebietes für einen größeren Zeitraum, z.b. für ein Jahrhundert oder mehrere Jahrzehnte. Deutschland ist schon seit Jahrhunderten vom Föderalismus geprägt; daher ist es zur Gründung einer Deutschen Nationalbibliothek und einer Nationalbibliographie erst viel später gekommen als in den meisten anderen europäischen Ländern (1912/1913). Aus diesem Grund ist eine retrospektive, also eine rückwärtsgerichtete nationalbibliographische Verzeichnung der älteren in Deutschland erschienenen Drucke hier noch wichtiger als in anderen Ländern.

Eine umfassende Verzeichnung aller *Inkunabeln* (Drucke bis 1500) leistet der *Gesamtkatalog der Wiegendrucke* (GW), ein 1904 gegründetes Katalogprojekt, das an der Staatsbibliothek zu Berlin angesiedelt ist. Eine Besonderheit des GW besteht darin, dass er sowohl alle im 15. Jahrhundert gedruckten *Ausgaben* verzeichnet als auch alle hiervon erhaltenen oder nachgewiesenen *Exemplare*. Insofern verbindet er die Funktionen eines Kataloges mit denen einer Bibliographie. Zwar ist bis heute weniger als die Hälfte des Titelmaterials in den bisher gedruckten Bänden verzeichnet (diese umfassen den Alphabetbereich A-Horae), doch sind seit 2003 alle im vollständigen Manuskript des GW nachgewiesenen Ausgaben in der Online-Datenbank des Gesamtkatalogs der Wiegendrucke in unterschiedlicher Erschließungstiefe erfasst und recherchierbar. Eine zweite umfassende Inkunabelbibliographie steht mit dem *Incunabula Short-Title Catalogue* (ISTC) der British Library zur Verfügung.

Die deutschen Drucke von 1501 bis 1600 sind aufgeführt im *Verzeichnis der im deutschen Sprachbereich erschienenen Drucke des 16. Jahrhunderts* (VD 16). Die zunächst in Buchform in insgesamt 25 Bänden (drei Registerbände) erschienene Bibliographie wurde 2004 vollständig konvertiert (d.h. in maschinenlesbare Form gebracht) und steht heute als Datenbank online zur Verfügung. Verzeichnet sind über 100 000 Titel mit Besitznachweisen aus über 240 Bibliotheken. Von 1969 bis 1999 wurde das VD 16 durch die Deutsche Forschungsgemeinschaft gefördert, heute wird die Datenbank von der Bayerischen Staatsbibliothek betrieben; die verzeichneten Bestände dieser Bibliothek werden derzeit digitalisiert und werden in Zukunft über das VD 16 in digitalen Volltextausgaben zur Verfügung stehen.

Ein vergleichbares Verzeichnis für die Drucke des 17. Jahrhunderts bildet das *Verzeichnis der im deutschen Sprachraum erschienen Drucke des 17. Jahrhunderts* (VD 17), das als Gemeinschaftsprojekt von 9 Bibliotheken von Beginn an als Datenbank konzipiert wurde. Derzeit verzeichnet das VD 17 rund 250 000 Drucke. Um den Benutzern des VD 17 die Identifikation von unbekannten Drucken zu erleichtern, weist diese Datenbank zwei Besonderheiten auf. Zum einen sind die bibliographischen Beschreibungen durch Digitalisate einiger „Schlüsselseiten" ergänzt (Titelseiten, Beginn des Hauptteils, Kolophon, etc.), die einen Vergleich mit einem unbekannten Werk ermöglichen. Zum anderen werden von allen Drucken sogenannte *Fingerprints* entnommen, das sind Zeichenkombinationen, die einen Druck möglichst zweifelsfrei identifizieren. Die vier Zeichengruppen des Fingerprints (z.B. i,um e.nt umr- ded.) stammen von genau definierten Zeilen und Seiten des verzeichneten Druckes und ermöglichen so eine sichere Identifikation des vorliegenden Werkes.

Ähnlich wie die Drucke des 16. und des 17. Jahrhunderts sollen auch die Drucke des 18. Jahrhunderts in einem *Verzeichnis der im deutschen Sprachraum erschienenen Drucke des 18. Jahrhunderts* (VD 18) verzeichnet werden. Eine Machbarkeitsstudie, in der die Voraussetzungen, Möglichkeiten und Kosten für die Digitalisierung und bibliographische Verzeichnung der ca. 600 000 relevanten Drucke beschrieben werden, wurde 2008 publiziert.

Die deutschsprachige Literatur zwischen 1700 und 1965 ist nachgewiesen in zwei *Gesamtverzeichnissen*, die als Zusammenfassungen (Kumulation) einer Vielzahl von gedruckten Bibliographien entstanden sind, indem die fotographisch reproduzierten Titeleintragungen in ein durchgehendes Alphabet gebracht wurden. Es handelt sich um die meist als „GV alt" und „GV neu" bezeichneten Gesamtverzeichnisse, die ihre Bedeutung für die Literaturinformation in Bibliotheken trotz der fortschreitenden retrospektiven Verzeichnung nicht verloren haben:

– *Gesamtverzeichnis des deutschsprachigen Schrifttums (GV alt) 1700– 1910* (160 Bände und Nachtragsband, 1979–1987 erschienen, verzeichnet ca. 2 Millionen Titel)
– *Gesamtverzeichnis des deutschsprachigen Schrifttums (GV neu) 1911– 1965* (150 Bände, 1976–1981 erschienen, verzeichnet ca. 2 Millionen Titel)

Beide Gesamtverzeichnisse sind auch als Mikrofiche-Ausgabe erhältlich.

Verzeichnisse lieferbarer Bücher

Verzeichnisse lieferbarer Bücher werden zumeist vom Buchhandel herausgegeben; sie verzeichnen alle in einem Land oder in einer Sprache erschienenen Bücher, die derzeit im Buchhandel, d.h. bei den Verlagen, *lieferbar* sind. Die früher in gedruckter Form veröffentlichten Verzeichnisse liegen heute online publiziert vor. Die in Deutschland, Österreich und der Schweiz lieferbaren deutschsprachigen Bücher sind im *Verzeichnis lieferbarer Bücher (VLB)* nachgewiesen. Es enthält rund eine Million lieferbarer Bücher aus über 18 000 Verlagen und wird täglich aktualisiert. Neben der kostenpflichtigen Online- und der CD-ROM-Version (monatlich aktualisiert) existiert mit *buchhandel.de* auch eine kostenfreie Rechercheoberfläche, die sich nicht an den Buchhandel, sondern an den Endkunden richtet.

Beispiele für Verzeichnisse lieferbarer Bücher aus dem Ausland sind „Books in Print" (USA, rund 1,5 Millionen Titel von 50 000 Verlagen) und „International Books in Print" (rund 2 Millionen Titel von 90 000 Verlagen).

b) Regionalbibliographien

Im Gegensatz zu Nationalbibliographien, die die Literaturproduktion eines Landes verzeichnen (*aus einer Region*), erfassen Regionalbibliographien die landeskundliche Literatur, also die Veröffentlichungen *über eine bestimmte Region*, in Deutschland in der Regel über ein Bundesland, einen Bezirk, eine historische Landschaft oder eine Stadt. Meist verzeichnen Regionalbibliographien auch die unselbstständige Literatur (Aufsätze) und die „graue" Literatur (außerhalb des Buchhandels). Während bei der inhaltlichen Auswahl der zu verzeichnenden Literatur der Schwerpunkt früher oft stark auf die *landesgeschichtlichen* Publikationen gelegt wurde, sind die meisten Regionalbibliographien heute umfassende *landeskundliche Bibliographien*, die Publikationen aus allen Fachgebieten verzeichnen, sofern sie einen regionalen Aspekt aufweisen.

Die Regionalbibliographien werden meist von den Landesbibliotheken oder anderen Regionalbibliotheken (manchmal in Zusammenarbeit mit regionalen Geschichtsvereinen oder landesgeschichtlichen Kommissionen) erarbeitet und publiziert, oft auf der Grundlage der regionalen Pflichtablieferungen. Beispiele sind die Niedersächsische Bibliographie, die Saarländische Bibliographie, die Hessische Bibliographie, die Landesbibliographie Baden-Württemberg und die Bayerische Bibliographie. Neben diesen Bibliographien, die jeweils ein Bundesland umfassen, gibt es auch Bibliographien zu kleineren Regionen, etwa die Lippische Bibliographie; eine länderübergreifende Regionalbibliographie ist z.B. die Bodenseebibliographie.

Fast alle Druckausgaben der wichtigen Regionalbibliographien wurden vor einigen Jahren abgebrochen, heute werden fast alle deutschen Regionalbibliographien in Form von Online-Datenbanken publiziert; dies erhöht den Komfort der Benutzung und die Aktualität der verzeichneten Titel. Die gefundenen Titel der Regionalbibliographien können meist direkt online bei der jeweiligen Regionalbibliothek bestellt werden.

Mit der *Virtuellen deutschen Landesbibliographie* existiert ein Metakatalog zum überregionalen Nachweis der landeskundlichen Literatur in Deutschland. Der Metakatalog verwendet dieselbe Technik wie der Karlsruher Virtuelle Katalog (s. o. S. 298), d.h., der Benutzer kann selbst auswählen, wie viele und welche der 16 angebotenen Regionalbibliographien bei der Recherche berücksichtigt werden sollen. Die Suchanfrage wird an die ausgewählten Bibliographien weitergeleitet und die Treffer in einer Gesamtliste – sortiert nach den einzelnen Bibliographien – angezeigt. Wie bei allen Metakatalogen können natürlich nur die online vorliegenden Daten der Regionalbibliographien berücksichtigt werden. Hierbei ist darauf zu achten, dass die Datenbanken der einzelnen Regionalbibliographien unterschiedliche Berichtszeiträume abdecken (z.B. Rheinland-Pfalz 1991 bis heute, Bayern 1988 bis heute).

Durch die Verbindung von Regionalbibliographien mit anderen regionalen Informationsangeboten entwickeln sich immer mehr regional ausgerichtete Informationsportale. So vereint beispielsweise das Landesgeschichtliche Informationssystem Hessen (LAGIS) eine landesgeschichtliche Literaturdatenbank mit einem historischen Ortslexikon, digitalen Atlanten, Karten und Stadtansichten, Online-Quellen zur hessischen Landesgeschichte und weiteren landesgeschichtlichen Informationsangeboten. Die Bayerische Landesbibliothek Online (BLO) ist das zentrale kulturwissenschaftliche Portal zur Geschichte Bayerns und bietet neben der Literaturrecherche auch Sucheinstiege zur Landes- und Kunstgeschichte, zur Musik, zum Theater und zur Volkskunde Bayerns.

c) *Personalbibliographien und biographische Nachschlagewerke*

Bibliographien, die sich auf einzelne Personen konzentrieren, heißen *Personalbibliographien*. Verzeichnisse, die eigene Werke einer Person enthalten, nennt man *subjektive* Personalbibliographien, solche mit Werken über eine Person *objektive* Personalbibliographien. Beide Formen können auch verbunden werden. Personalbibliographien werden zum Teil von Bibliotheken mit den entsprechenden Beständen, zum Teil aber auch von gelehrten Gesellschaften oder einzelnen Wissenschaftlern erarbeitet. Aufgrund der oft überschaubaren Titelmenge haben Online-Datenbanken im

Bereich der Personalbibliographie das gedruckte Buch wesentlich weniger verdrängt als bei anderen Bibliographietypen. Allerdings ist auch bei gedruckten Bibliographien immer der Berichtszeitraum zu beachten; für die Zeit davor und danach muss sich eine weitere Literaturrecherche anschließen. Eine besondere Schwierigkeit bei der Recherche bilden die zahlreich existierenden *versteckten Personalbibliographien*, d.h. Personalbibliographien einzelner Personen, die Teil von Sammelbänden und daher in Bibliothekskatalogen oft nicht einzeln nachgewiesen sind.

Literatur von und über Personen ist meist auch in *biographischen Nachschlagewerken* verzeichnet, z.B. in „Kürschners Deutschem Gelehrtenkalender", in der „Allgemeinen Deutschen Biographie" (ADB, 56 Bände, die 26 500 Artikel stehen als Images elektronisch zur Verfügung) oder der „Neuen Deutschen Biographie" (NDB, die ca. 21 000 Artikel der bisher erschienenen 23 Bände sollen bis 2009 digitalisiert werden). Die Artikel aus vielen derartigen Sammelwerken wurden in den 80er Jahren des 20. Jahrhunderts fotomechanisch reproduziert und gesammelt als Mikrofiche-Edition in sogenannten biographischen Archiven veröffentlicht. So umfasst beispielsweise das „Deutsche Biographische Archiv" auf fast 4000 Mikrofiches die Artikel aus über 900 biographischen Sammelwerken. Mit den entsprechend angelegten Biographischen Archiven aller Länder und Völker bildet es das „Biographische Weltarchiv" auf rund 30 000 Mikrofiches, das durch ein Gesamtregister in Online- und CD-ROM-Version erschlossen wird. Der Erschließung der einzelnen Einträge in den zahlreichen Sammelwerken dienen auch die für viele Länder gedruckten *biographischen Indizes*, die die Fundstellen in den biographischen Nachschlagewerken zu den verzeichneten Personen auflisten. Die umfassendste Zusammenstellung biographischer Daten bietet das *World Biographical Information System*. Es enthält biographische Kurzinformationen zu über 4,6 Millionen Personen aus allen Zeiten; neben zentralen Daten zum Leben der verzeichneten Personen und den Fundstellen in den ausgewerteten Sammelwerken umfasst die Datenbank auch 5,5 Millionen eingescannte Artikel aus biographischen Nachschlagewerken zu 3,8 Millionen Personen.

d) Bibliographien spezieller Publikationsformen

Neben den aufgeführten National-, Regional- und Personalbibliographien existiert noch eine Vielzahl weiterer Typen von Bibliographien. Mit Ausnahme der Fach- und Zeitschriftenbibliographien, die gesondert behandelt werden (s. u. S. 310 u. S. 317ff.), sollen die wichtigsten im Folgenden kurz vorgestellt werden.

Bibliographien der Bibliographien

Bibliographien der Bibliographien verzeichnen Bibliographien, Bestandskataloge und andere Formen von Literaturinformationen und bieten damit dem Literatursuchenden, der die für seine Fragestellung relevanten Bibliographien nicht kennt, eine sehr gute Ausgangsbasis für die Literaturrecherche. Beispiele sind die gedruckte Internationale Bibliographie der Bibliographien (IBB) und der Bibliographic Index Plus, der in einer Online-Datenbank über 450 000 Bibliographien verzeichnet.

Hochschulschriftenverzeichnisse

Vor allem Dissertationen und Habilitationen sind wichtige Publikationstypen für Wissenschaftliche Bibliotheken. Verzeichnet werden sie in Hochschulschriftenverzeichnissen, die zumeist für einzelne Länder existieren. Die für Deutschland wichtigsten Verzeichnisse sind die Reihe H der Deutschen Nationalbibliografie bzw. Diss-CD für den Berichtszeitraum von 1945 bis 1997. Für ältere Berichtszeiträume liegen separate Verzeichnisse vor.

Amtliche Veröffentlichungen

Bis 1984/85 wurden die amtlichen Veröffentlichungen in Deutschland in einer eigenen Reihe der Nationalbibliographie verzeichnet (Reihe F). Seit der Einstellung dieser Reihe werden die Amtlichen Veröffentlichungen in den Reihen A (im Buchhandel erscheinend) und B (außerhalb des Buchhandels erscheinend) verzeichnet, sind dort allerdings nicht als solche gekennzeichnet.

Kongressschriftenverzeichnisse

Vor, während und nach Kongressen entsteht Literatur, wobei die nach den Kongressen entstehenden Tagungsbände, die die Ergebnisse der Tagungen festhalten, für Bibliotheken und ihre Nutzer am wichtigsten sind. Es kann unterschieden werden zwischen *Kongressschriftenverzeichnissen*, die nur die Kongressbände (Sammelbände) verzeichnen, *Kongressschrifteninhaltsverzeichnissen* (mit Verzeichnung der einzelnen Aufsätze) und *Kongresskalendern*.

Patentdokumente und Normen

Patentdokumente und Normen werden in speziellen Datenbanken nachgewiesen.

Das kostenfreie Patentinformationssystem *DEPATISnet* des Deutschen Patent- und Markenamts verzeichnet alle deutschen Patentschriften seit 1877 sowie Patentdokumente anderer Länder und internationaler Patentorganisationen. Insgesamt umfasst die Datenbank über 66 Millionen Patente, zumeist als vollständige PDF-Dateien. Recherchiert werden können die Patentdokumente u.a. über ihren Titel, den Erfinder, den Anmelder und die Veröffentlichungsnummer; klassifiziert sind sie mit der *International Patent Classification* (IPC), auch eine Volltextsuche ist möglich. Vom Europäischen Patentamt wird die Datenbank *esp@cenet* angeboten, die über 60 Millionen Patentdokumente verzeichnet. Die Recherchemöglichkeiten entsprechen denjenigen von DEPATISnet, allerdings wird eine andere Klassifikation verwendet, die *European Classification* (ECLA), eine Weiterentwicklung der IPC. Weiterführende Informationen über Patente bieten die 25 *Patentinformationszentren* in Deutschland, die zum Teil an Bibliotheken angeschlossen sind (z.B. UB Dortmund, UB Rostock).

Die bibliographische Datenbank für Normen und technische Regelwerke *Perinorm* umfasst die Normdatenbanken aus 23 Ländern sowie die Daten der europäischen und internationalen Norminstitute; insgesamt verzeichnet Perinorm mehr als eine Million Dokumente. Klassifiziert sind die Normen mit der *International Classification for Standards* (ICS). Zur Benutzung und Recherche von Normen existieren spezielle *Normenauslegestellen*, die ebenfalls oft an Bibliotheken angeschlossen sind (z.B. UB Stuttgart, TUB München).

Weitere Bibliographien spezieller Publikationsformen sind Verzeichnisse von *Forschungsberichten* (Reports), *Festschriften, Übersetzungen, Zeitungen* und *Zeitungsartikeln* sowie von *Rezensionen*.

2. Fachbibliographien und Fachinformationsmittel

Auch wenn sich die verzeichneten Dokumente bei allen bisher vorgestellten Formen der Bibliographie auf unterschiedliche Weise definierten, hatten sie doch gemeinsam, dass sie keine inhaltlichen Beschränkungen auf ein Fach oder mehrere Fächer aufwiesen. Im Gegensatz hierzu berücksichtigen Fachbibliographien und Fachinformationsmittel die erstgenannten Unterscheidungskriterien nicht und verzeichnen im Gegenteil – im Idealfall – die gesamte zu einem bestimmten Wissenschaftsfach oder Themengebiet gehörende Literatur unabhängig vom Verlagsort, der Erscheinungsweise, dem regionalen Bezug oder dem Bezug auf eine bestimmte Person.

Neben den eigentlichen Fachbibliographien können auch *fachbezogene, nicht primär bibliographische Nachschlagewerke* von großem Nutzen für die Literaturinformation sein, da auch sie eine Auswahl wichtiger Literatur enthalten. Gemeint sind hier vor allem Fachlexika, Fachenzyklopädien, Handbücher eines Fachgebiets, Sachwörterbücher und fachliche biographische Lexika.

a) Fachbibliographische Einführungen und Fortschrittsberichte

Fachbibliographische Einführungen sind erste Orientierungshilfen zur Literatur eines Wissenschaftsfaches oder einer Teildisziplin. Sie sind vor allem für Studenten von großem Nutzen, aber auch für Wissenschaftler und Bibliothekare, die sich einen Überblick über die Literatur eines ihnen fremden Fachgebietes verschaffen wollen. Fachbibliographische Einführungen verzeichnen meist (1) wichtige Bibliographien des Fachgebiets, (2) wichtige fachliche Nachschlagewerke wie Handbücher, Fachlexika, Fachbiographien, Fachadressbücher, (3) Standardwerke des Fachs und seiner Teilgebiete, z.B. Quellenwerke, Textausgaben, wichtige Darstellungen und Zeitschriften.

Fortschrittsberichte geben einen zusammenfassenden Überblick über die Forschungsergebnisse in einem Fach oder Spezialgebiet anhand wichtiger Publikationen der letzten Zeit. In einem fortlaufenden Text wird von Fachleuten über den Inhalt der ausgewerteten Literatur berichtet und daraus der aktuelle Forschungsstand erfasst. Fortschrittsberichte erscheinen jährlich oder in Abständen von einigen Jahren, teils unselbstständig in Fachzeitschriften, teils als eigene Publikationen mit Titeln wie „Fortschritte auf dem Gebiet ...", „Advances in ..." oder „Progress in ...".

b) Fachbibliographien

Fachbibliographien verzeichnen in der Regel sowohl selbstständige als auch unselbstständige Literatur und bemühen sich meist um größtmögliche Vollständigkeit; somit können sie für ihren Berichtszeitraum einen umfassenden Überblick über die Literatur eines Wissenschaftsfaches oder eines Teilgebiets davon verschaffen. Bibliographien für eng begrenzte oder auch interdisziplinäre Sachgebiete oder Themen nennt man auch *Spezialbibliographien* oder *thematische Bibliographien*. Zum Teil beschränken sich Fachbibliographien auf die Verzeichnung der bibliographischen Daten (Titelbibliographien), zum Teil sind die Titeldaten durch kurze Erläuterungen (Annotationen) ergänzt, die den Inhalt charakterisierenden.

Fachbibliographien werden sowohl von Bibliotheken als auch von wissenschaftlichen Gesellschaften erarbeitet. Traditionell werden Fachbibliographien in Deutschland häufig von Bibliotheken mit den entsprechenden Sondersammelgebieten erstellt; so wird zum Beispiel die Bibliographie der Deutschen Sprach- und Literaturwissenschaft (BDSL) von der Universitätsbibliothek Frankfurt am Main (mit Sondersammelgebiet Germanistik) herausgegeben oder der Index Theologicus von der Universitätsbibliothek Tübingen (mit den Sondersammelgebieten christliche Theologie und Allgemeine und vergleichende Religionswissenschaft).

Gedruckte Fachbibliographien

Immer seltener erscheinen Fachbibliographien ausschließlich in gedruckter Form, häufig wird eine elektronische Parallelausgabe oder nur noch eine Online-Ausgabe angeboten. Vergleichbar mit dem konventionellen Systematischen Bibliothekskatalog ist das Titelmaterial in gedruckten Fachbibliographien meist systematisch angeordnet und durch ein Schlagwort- und ein Personenregister zusätzlich erschlossen. Man unterscheidet zwischen:

- *Abgeschlossenen (retrospektiven) Fachbibliographien*, die die Literatur des Faches (meist in Auswahl) für einen größeren zurückliegenden Zeitraum enthalten.
- *Laufenden (periodischen) Fachbibliographien*, die in regelmäßigen Zeitabständen alle wichtigen neu erschienenen Publikationen eines Fachgebietes anzeigen; sie haben für die Wissenschaft, Forschung und Praxis die größte Bedeutung.

Beispiele für *retrospektive* Fachbibliographien sind der „Dahlmann-Waitz: Bibliographie der Quellen und der Literatur zur deutschen Geschichte" und das von Wilhelm Totok bearbeitete (bibliographische) „Handbuch der Geschichte der Philosophie".

Beispiele für *laufende* Fachbibliographien, die noch in einer gedruckten Ausgabe erscheinen, sind etwa die „Karlsruher Juristische Bibliographie" (KJB), die „International medieval bibliography" (IMB), die „Bibliographie zur Zeitgeschichte", die „Internationale volkskundliche Bibliographie" (IVB), die „International Bibliography of the Social Sciences" (IBSS) und die „Revue d´histoire ecclesiastique" (RHE).

Elektronische Fachbibliographien

Überragende Bedeutung für die fachliche Literaturinformation haben Fachbibliographien gewonnen, die ihr Titelmaterial in Form von *Online-Literaturdatenbanken* anbieten. Diese Datenbanken erlauben wesentlich vielfältigere Recherchemöglichkeiten als alle Arten von gedruckten Bibliographien; wie beim OPAC sind auch hier prinzipiell alle verzeichneten Kategorien der Titelaufnahmen recherchierbar. Außerdem erlauben die ständig anwachsenden bibliographischen Datenbanken die rasche Recherche in sehr großen Datenbeständen, während man bei periodisch erscheinenden gedruckten Fachbibliographien für eine einzige Recherche oft Dutzende Jahresbände durchsehen musste. Gerade in Online-Datenbanken sind neben bibliographischen Daten vielfach auch *Referate* oder *Abstracts* gespeichert, d.h. kurze Inhaltsangaben des betreffenden Werkes. Die Lektüre dieser Referate ermöglicht es dem Interessenten, sich einen Überblick über den Inhalt der neuesten wissenschaftlichen Publikationen seines Faches oder Spezialgebietes zu verschaffen; gleichzeitig kann ein Benutzer mit ihrer Hilfe leichter entscheiden, welche der gefundenen Veröffentlichungen er im Original lesen möchte.

Wichtige Beispiele großer fachlicher Online-Literaturdatenbanken sind: PHYS (Physikalische Berichte/Physics Briefs), BIOSIS (Biological Abstracts), SCI-Search (Science Citation Index), COMPENDEX (Computerized Engineering Index), PsycINFO (Psychological Abstracts), MLA (International Bibliography der Modern Language Association of America).

Auch wenn die Datenbanken von verschiedenen elektronischen Bibliographien sehr unterschiedlich aufgebaut sind und sich auch im Erscheinungsbild der Rechercheoberfläche stark unterscheiden, finden sich fast immer gewisse gemeinsame Grundfunktionalitäten. Wie beim OPAC unterscheiden die meisten bibliographischen Datenbanken zwischen einer Einfachen und einer Erweiterten Suche, auch Basic Search und Advanced Search. Während bei der Einfachen Suche nur eine einzige Eingabezeile für die Freitextsuche zur Verfügung steht, bietet die Erweiterte Suche mehrere Eingabezeilen, für die sich unterschiedliche Suchkriterien definieren lassen und die durch die Booleschen Operatoren (und, oder, nicht bzw. and, or, not) verbunden werden können. Präsentiert werden die gefundenen Treffer zunächst in einer Kurztitelanzeige, durch Markieren oder durch Anklicken des Kurztitels gelangt man zur Vollanzeige. Viele Kategorien der Titel sind interaktiv gestaltet (z.B. Autor, Titel der Zeitschrift, Schlagwörter), durch Anklicken dieser Begriffe kann eine neue Suche nach dem entsprechenden Begriff ausgelöst werden. Ihre Rechercheergebnisse können Benutzer ausdrucken, abspeichern, per E-Mail versenden oder in eigene Literaturverwaltungsprogramme importieren. In der Regel ist eine Aussage, ob ein in einer bibliographischen Datenbank gefundener Titel in der eigenen Bibliothek vorhanden ist, nur möglich, wenn der Benutzer eine Recherche nach dem gewünschten Titel im OPAC anschließt.

3. Funktionen moderner bibliographischer Datenbanken

Ähnlich wie beim OPAC führen auch bei den bibliographischen Datenbanken neue Technologien heute dazu, dass die Suchmöglichkeiten ständig ausgeweitet und verfeinert werden. Zentrale Gesichtspunkte sind vor allem die semantische *Umgebungssuche* sowie vielfältige Möglichkeiten zur formalen und inhaltlichen Einschränkung der Treffermenge anhand der gefundenen Titeldaten, sogenannte *Drill-Downs*. Die wichtigsten Innovationen dienen jedoch der schnellen Verbindung zum gesuchten Text und der aktiven Information der Benutzer, wenn neue Titel zu ihren spezifischen Interessensgebieten in die Datenbank aufgenommen wurden.

Linkresolver

Um das grundsätzliche Problem von bestandsunabhängigen Bibliographien zu beheben, nämlich die mangelnde Verbindung von bibliographischem Nachweis und Volltext des Titels, den der Benutzer wünscht, verwenden zahlreiche elektronische Bibliographien sogenannte Linkresolver (zum Teil auch SFX genannt), die eine Verfügbarkeitsanzeige der gefundenen Titel ermöglichen.

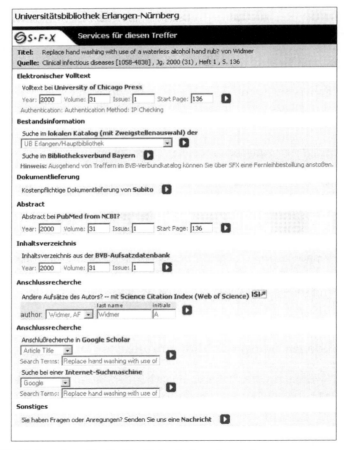

(**Abb. 18: Linkresolver für die Verfügbarkeitsrecherche**)

Der Linkresolver übernimmt aus dem in der bibliographischen Datenbank gefundenen Titeldatensatz spezielle Daten, die den Titel eindeutig identifizieren; in der Regel wird hierfür aus verschiedenen Bestandteilen der Titelaufnahme eine sogenannte openURL gebildet, die den Titel in kodierter Weise beschreibt. Mit Hilfe dieser openURL wird nun ein Hyperlink auf passende Angebote der Bibliothek erzeugt. Existiert zu dem bibliographischen Datensatz ein elektronischer Volltext, so wird direkt auf diesen verlinkt. Hierbei prüft der Linkresolver nicht nur die Zugänglichkeit des elektronischen Textes, sondern auch die Berechtigung des Benutzers, auf diesen zuzugreifen (in manchen Fällen ist dies nur von den Rechnern der Bibliothek aus möglich). Existiert kein verfügbarer Volltext, so wird eine Auswahl anderer Angebote angezeigt, auf die sich der Benutzer von der Bibliographie über den Linkresolver verlinken lassen kann. Diese Auswahl umfasst zumeist den lokalen Bibliotheks-OPAC, den Verbundkatalog, einen Dokumentenlieferdienst sowie Angebote des Buchhandels oder auch Internetsuchmaschinen. Entscheidet sich der Benutzer für eines dieser Angebote, wird automatisch eine Suche nach dem gewünschten Titel durchgeführt.

Personalisierte Funktionen

Zahlreiche bibliographische Datenbanken bieten heute auch personalisierte Funktionen an. Um diese Funktionen nutzen zu können, muss sich der Benutzer zunächst mit seinem Namen und einem selbst gewählten Passwort anmelden. Alle Suchschritte, die er im personalisierten Bereich der Datenbank ausführt und abspeichert, kann der Benutzer zu einem späteren Zeitpunkt wieder verwenden. Der Benutzer kann Treffermengen abspeichern, mit denen er zu einem späteren Zeitpunkt weiterarbeiten will, aber auch einzelne Suchanfragen lassen sich abspeichern, um sie zu einem späteren Zeitpunkt – im dann aktualisierten Datenbestand – erneut auszuführen. Darüber hinaus lassen sich in vielen bibliographischen Datenbanken auch Alerting-Funktionen abspeichern.

Alerting und RSS

Wie moderne OPACs bieten auch immer mehr bibliographische Datenbanken *Alerting-Funktionen* an, die eine Benachrichtigung (wörtlich „Alarmierung") des Benutzers bewirken, wenn neue Titel, die seinem Interessensgebiet entsprechen, in die Datenbank aufgenommen werden. Innerhalb des personalisierten Bereichs der Datenbank führt der Benutzer hierfür eine Suche aus, die seinen Interessen entspricht, und speichert diese ab. Damit hinterlegt er quasi sein Interessensprofil. Bei der Aktivierung der Alerting-Funktion gibt der Benutzer seine E-Mail-Adresse an und legt fest, wie lange er diesen Dienst nutzen möchte und wie oft nach neuen

Titeln für seine Suchanfrage in der Datenbank gesucht werden soll. Stößt die zum entsprechenden Zeitpunkt automatisch ausgelöste Datenbankabfrage auf neue Titeldaten aus dem Interessensgebiet des Benutzers, werden ihm diese per E-Mail zugesandt.

Eine immer häufiger genutzte Möglichkeit, sich über neue Titel in bibliographischen Datenbanken informieren zu lassen, ist das elektronische Nachrichtenformat RSS (*Really Simple Syndication*, wirklich einfache Verbreitung). Die Verbreitung von digitalen Daten durch RSS wird von Nachrichtenagenturen schon seit längerem angeboten, seit einiger Zeit wird sie aber auch in Bibliographien immer häufiger verwendet. Bei dieser Variante wird aus dem bei einer Suchanfrage gefundenen Titelmaterial eine Seite im XML-Format gebildet. Um Nachrichten (sogenannte RSS-Feeds) durch RSS zu abonnieren, muss der Benutzer den sogenannten Syndication Feed Link, einen Hyperlink auf diese Seite, in seinen eigenen RSS-Newsreader kopieren. Von diesem Programm zur Verwaltung der eigenen RSS-Feeds wird er dann informiert, wenn auf der entsprechenden Seite eine Veränderung – in der Regel durch das Hinzufügen eines neuen Titels – auftritt.

(Abb. 19: Symbol für das Angebot von RSS-Feeds)

IV. Informationsangebote für Zeitschriften und Datenbanken

Da die Bedeutung von Aufsätzen für die Publikation wissenschaftlicher Forschungsergebnisse beständig zunimmt, sind umfassende Zeitschriftenverzeichnisse wichtige Instrumente für die bibliothekarische Informationsvermittlung. Hierbei ist zu unterscheiden zwischen (1) Zeitschriftenverzeichnissen im eigentlichen Sinne, in denen die Titel der Zeitschriften verzeichnet sind, (2) Zeitschrifteninhaltsverzeichnissen (auch Aufsatzverzeichnisse), die auch die einzelnen Aufsätze verzeichnen, und (3) Volltextdatenbanken, die Aufsätze auch im Volltext beinhalten.

1. Zeitschriftenverzeichnisse

Trotz ihres Titels verzeichnen Zeitschriftenverzeichnisse zum Teil nicht nur Zeitschriften, sondern auch weitere periodisch erscheinende Schriften (z.B. auch Zeitungen, Serien und periodisch erscheinende Kongressschriften). Handelt es sich um überregionale Verzeichnisse, so sind bei den einzelnen Titeln zumeist die Nachweise der besitzenden Bibliotheken angegeben.

Problematisch bei der Verzeichnung von Zeitschriften und anderen Periodika sind vor allem Veränderungen des Titels innerhalb des Erscheinungsverlaufes. In diesem Fall müssen Verweisungen die Verbindung zwischen alter und neuer Ansetzungsform des Titels ermöglichen. Darüber hinaus muss entschieden werden, in welchem Umfang der Erscheinungsverlauf und der tatsächlich vorhandene Bestand von Periodika verzeichnet werden. Eine Möglichkeit ist eine umfassende Verzeichnung aller erschienenen Bände und Jahrgänge, evtl. sogar mit Aufführung einzelner Sonderhefte, Register und Beigaben, allerdings ist dieses Verfahren sehr arbeitsaufwändig. Eine andere Möglichkeit bietet die summarische Erfassung des Erscheinungsverlaufes, hierbei wird die Hauptaufnahme des Zeitschriftentitels nur dann ergänzt, wenn wesentliche Veränderungen eintreten (z.B. Titeländerung oder Ende der Produktion).

a) Zeitschriftendatenbank

Das mit Abstand wichtigste Zeitschriftenverzeichnis für das deutsche Bibliothekswesen ist die Zeitschriftendatenbank (ZDB). Sie verzeichnet alle Arten von fortlaufenden Sammelwerken, also neben Zeitschriften auch Zeitungen und Serien. Da sie die Besitznachweise von nahezu allen bedeutenden Wissenschaftlichen und vielen Öffentlichen Bibliotheken in

Deutschland verzeichnet, bildet sie für die verzeichneten Medienformen einen nationalen Verbundkatalog. Gegenwärtig verzeichnet die ZDB mehr als 1,3 Millionen Zeitschriftentitel mit über 7,2 Millionen Bestandsnachweisen. Am Aufbau der Mitte der 1970er Jahre begründeten ZDB sind 4300 Bibliotheken und Institutionen beteiligt, von denen zur Zeit rund 150 direkt online in die Datenbank katalogisieren, während die übrigen ihre Bestände melden. Redaktionell bearbeitet wird die ZDB von der Staatsbibliothek zu Berlin, die Systembetreuung liegt bei der Deutschen Nationalbibliothek. Die ZDB bietet sowohl den Bibliotheken als auch den Benutzern große Vorteile für ihre Arbeit.

Wie die Verbundkataloge der großen Bibliotheksverbünde dient die ZDB der kooperativen Katalogisierung. *Bibliotheken*, die eine Zeitschrift neu erwerben, müssen nur noch ihren Bestand an die ZDB melden, sie werden dann mit ihrem Bestandsnachweis in den OPAC der ZDB aufgenommen und erhalten zusätzlich den Datensatz der Zeitschrift zur Aufnahme in ihren eigenen lokalen OPAC. Darüber hinaus lassen sich rund 95 % aller im überregionalen Leihverkehr verlangten Zeitschriftentitel über die ZDB nachweisen, sie bildet somit das maßgebliche Instrument für die Festlegung des Leitweges im Auswärtigen Leihverkehr.

Für den *Benutzer* bildet die ZDB ein wichtiges Hilfsmittel für die Recherche von Zeitschriftentiteln. Ist eine gewünschte Zeitschrift im Katalog der eigenen Bibliothek nicht nachgewiesen, so kann der Benutzer durch eine Recherche in der ZDB feststellen, welche Bibliotheken in Deutschland den von ihm gewünschten Zeitschriftenband besitzen. Jede Titelaufnahme der ZDB verfügt über eine – nach Bundesländern geordnete – Liste der Bestandsnachweise. Durch Anklicken einer Bibliothek erhält man weitere Informationen zum Bestand (die Signatur, den Standort, eventuelle Bestandslücken und Angaben zur Fernleihe). Angegeben ist der Bestand einer Bibliothek summarisch; hierbei bezeichnet die Angabe „1.1954-39.1992" z.B. den Besitz der Bände 1-39, die von 1954–1992 erschienen sind, „1.1954-„ zeigt den laufenden Bezug der Zeitschrift seit dem Band 1 von 1954 an, Lücken innerhalb größerer Bestände werden gegebenenfalls in eckigen Klammern angegeben, z.B. „1.1954-39.1992 [9.1962]". Wird ein spezieller Zeitschriftenband gesucht, so kann man die Besitznachweise auch nach einem einzelnen Erscheinungsjahr absuchen, es werden dann nur noch die Bibliotheken angezeigt, die den entsprechenden Band besitzen. Die ZDB als nationaler Bestandsnachweis für Zeitschriften und andere Periodika ist auch insofern von großer Bedeutung, als von vielen Bibliographien mittels Linkresolvern auf sie verwiesen wird. Auf diese Weise schlagen bestandsunabhängige Nachweisinstrumente (Bibliographien) eine Brücke zu einem Bestandsnachweis (Verbundkatalog ZDB).

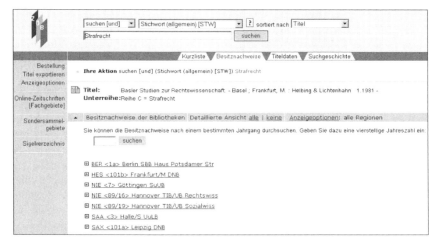

(Abb. 20: Ausschnitt aus der Anzeige der Bestandsnachweise in der ZDB mit Abkürzung des Bundeslandes, Sigel und Namen der Bibliothek)

Neben der Recherche innerhalb der gesamten Zeitschriftenbestände bietet die ZDB auch eine Beschränkung der Suche auf die Online-Zeitschriften; diese lassen sich wie der Gesamtbestand recherchieren, können aber auch nach Fächern gegliedert angezeigt werden. Ob der Benutzer von der Titelaufnahme einer Online-Zeitschrift direkt auf den Volltext zugreifen kann, ist abhängig von den Lizenzbedingungen dieser Zeitschrift und den Zugriffsrechten des Benutzers bzw. der Bibliothek, von der aus er auf den Titel zugreift.

b) Elektronische Zeitschriftenbibliothek

Ein spezielles Angebot für elektronische Zeitschriften bietet die Elektronische Zeitschriftenbibliothek (EZB), ein von der Universitätsbibliothek Regensburg entwickelter Service. Dieser kooperative Service von rund 450 Bibliotheken und anderen Institutionen erfasst alle elektronischen Zeitschriften, die ihre Artikel im Volltext anbieten, um sie effektiv zugänglich zu machen. Wie bei der ZDB kann auch bei der EZB nur nach den Titeln von Zeitschriften und Periodika, nicht nach den Titeln der darin enthaltenen Aufsätze gesucht werden. Derzeit verzeichnet die EZB rund 37 000 elektronische Zeitschriften (E-Journals), davon ca. 4600 Zeitschriften, die nur online zugänglich sind. Die Suchoberfläche der EZB bietet wahlweise eine alphabetisch oder eine nach wissenschaftlichen Fachgebieten gegliederte Auflistung aller Zeitschriften sowie eine Eingabezeile für die Suche nach einer bestimmten Zeitschrift.

Die Besonderheit der EZB sind ihre für verschiedene Bibliotheken unterschiedlichen Einstellungen. Je nach Standort bzw. Rechner, von dem ein Benutzer die EZB aufruft, kommt er auf eine unterschiedliche Startseite. Voreingestellt ist immer die Seite der eigenen Bibliothek, allerdings kann der Benutzer auch auf die Startseite anderer Bibliotheken wechseln. Die veränderten Einstellungen für verschiedene Bibliotheken sind nötig, da nicht alle Bibliotheken dieselben elektronischen Zeitschriften lizenziert haben und Benutzer verschiedener Bibliotheken somit für unterschiedliche Zeitschriften das Recht auf einen Zugriff zu den Volltexten haben. Visualisiert werden diese Zugriffsrechte durch ein Ampelsystem: *Grün* bedeutet, dass die Volltexte dieser Zeitschrift kostenlos im Netz zur Verfügung stehen; dies betrifft mit rund 15 000 Titeln immerhin fast die Hälfte aller erfassten Zeitschriften. *Gelb* bedeutet, dass ein Zugriff auf diese kostenpflichtigen Zeitschriften nur für die Nutzer der Bibliothek möglich ist, da diese die entsprechenden Zeitschriften lizenziert hat. *Rot* bedeutet, dass ein Zugriff auf den Volltext nicht möglich ist, da die eigene Bibliothek diese kostenpflichtigen Zeitschriften nicht lizenziert hat.

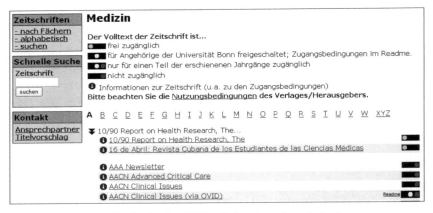

(Abb. 21: Benutzeroberfläche der EZB mit den Ampelsymbolen)

Der Benutzer kann seine Suche nach Wunsch auch auf frei zugängliche oder lizenzierte Titel beschränken. Durch Umschalten auf die Angebote anderer Bibliotheken kann er sehen, über welche Zugriffsrechte er dort verfügen würde. Hat der Benutzer eine Zeitschrift gefunden, für die er ein Zugriffsrecht hat, so gelangt er über einen Hyperlink von der Titelaufnahme direkt auf die Website der Zeitschrift und kann dort den Volltext des gewünschten Aufsatzes öffnen.

Im Bereich einer gemeinsamen Verfügbarkeitsrecherche und bei der Entwicklung eines integrierten Dokumentenlieferdienstes planen die ZDB und die EZB eine stärkere funktionale Integration ihrer Systeme, um so ihre Angebote für die Benutzer immer weiter ausbauen zu können.

2. Zeitschrifteninhaltsverzeichnisse

Im Gegensatz zu den Zeitschriftenverzeichnissen lässt sich in Zeitschrifteninhaltsverzeichnissen (Aufsatzdatenbanken) auch nach den Titelaufnahmen der in den Zeitschriften enthaltenen Aufsätze recherchieren; die Zahl der enthaltenen bibliographischen Daten erhöht sich dadurch natürlich ungemein. Grundsätzlich sind wissenschaftliche Aufsätze zwar auch in den entsprechenden Bibliographien verzeichnet, in großem Umfang vor allem in den einschlägigen Fachbibliographien, allerdings eignen sich fachübergreifende Zeitschrifteninhaltsverzeichnisse sehr gut für die Recherche von interdisziplinären Fragestellungen.

a) Online Contents

Online Contents (OLC) ist ein vom Gemeinsamen Bibliotheksverbund erstelltes Zeitschrifteninhaltsverzeichnis, das über 20 000 Zeitschriften aller Fachrichtungen seit dem Erscheinungsjahr 1993 auswertet, wobei ein Schwerpunkt im Bereich der Naturwissenschaften liegt. Der Großteil der Aufsatztitel wird von einer kommerziellen Zeitschriftenagentur geliefert und täglich aktualisiert; ergänzt wird dieser Datenbestand durch wöchentlich aktualisierte Aufsatztitel aus über 4100 Zeitschriften verschiedener Sondersammelgebietsbibliotheken. Derzeit umfasst die Datenbank insgesamt mehr als 26 Millionen Aufsatztitel. Alle in den Online Contents recherchierten Titel können über die Online-Fernleihe oder den Dokumentenlieferdienst GBVdirekt/Subito online bestellt werden.

Bei der *Recherche* kann zwischen einer Einfachen Suche und einer Erweiterten Suche ausgewählt werden. Hier können verschiedene Suchkriterien kombiniert werden, Einschränkungen im Bereich der Erscheinungsjahre, Länder, Sprachen und Materialarten sind möglich. Neben der exakten Suche ist auch eine unscharfe Suche möglich (s. o. S. 211), ebenso eine nachträgliche Verfeinerung des Sucheinstieges.

Eine Vielzahl von Möglichkeiten bietet Online Contents für den *Datenexport* und die bestandsabhängige *Anschlussrecherche* der erzielten Treffer. Die Titeldaten lassen sich ausdrucken, abspeichern, in Literaturverwaltungsprogramme exportieren oder per E-Mail versenden. Von jedem Aufsatztitel führt ein Link zum lokalen OPAC der Bibliothek, in der recherchiert wird; der Zeitschriftenband kann somit unmittelbar bestellt werden. Durch eine Verknüpfung mit den Daten der Zeitschriftendaten-bank (ZDB) wird für jeden Aufsatztitel darüber hinaus auch der Be-standsnachweis in allen großen Deutschen Bibliotheken angezeigt. Jede Suchanfrage in Online Contents lässt sich als RSS-Feed abonnieren. Zur Überprüfung der Verfügbarkeit steht ein Linkresolver (SFX) zur Ver-fügung, der gegebenenfalls einen Hyperlink auf den elektronischen Voll-text bietet oder eine Suchanfrage nach dem Volltext im Internet initiiert. Auch eine Bestandsabfrage in der Elektronischen Zeitschriftenbibliothek (EZB) wird angeboten. Von jedem einzelnen Aufsatztitel ausgehend lassen sich auch das Inhaltsverzeichnis des Zeitschriftenbandes, alle Aufsätze dieser Zeitschrift oder die Einzelhefte des entsprechenden Jahrgangs an-zeigen. Gerade durch diese vielfältigen Möglichkeiten des Datenexports und der Anschlussrecherche geht Online Contents in gewisser Weise über die Funktion eines reinen Zeitschrifteninhaltsverzeichnisses hinaus und kann in vielen Fällen direkt zum Volltext des Aufsatzes führen.

Online Contents – Sondersammelgebietsausschnitte

Neben dem übergreifenden Datenbestand von Online Contents (OLC) existieren auch 42 fachbezogene Sondersammelgebietsausschnitte (OLC-SSG). Bei diesem Informationsangebot werden fachbezogene Ausschnitte von Online Contents durch ausgewählte Zeitschriftenartikel verschiedener Sondersammelgebietsbibliotheken ergänzt. Die Funktionalitäten dieser fachlichen Ausschnitte entsprechen denen der fachübergreifenden Daten-bank. Im Gegensatz zu den kostenpflichtigen Online Contents stehen die Sondersammelgebietsausschnitte in wissenschaftlichen Einrichtungen bzw. bei der Benutzung von Virtuellen Fachbibliotheken kostenlos online zur Verfügung.

b) *Periodicals Index Online*

Periodicals Index Online (PIO) ist ein kostenpflichtiges Angebot der Firma ProQuest. In Deutschland wurde dieses Zeitschrifteninhaltsverzeichnis – finanziert durch die Deutsche Forschungsgemeinschaft – in Form einer Nationallizenz erworben (s. o. S. 161) und steht daher allen Bibliotheken und Bürgern der Bundesrepublik kostenlos zur Verfügung.

Periodicals Index Online verzeichnet rückwirkend die Aufsätze von mehr als 5000 Kernzeitschriften der Geistes- und Sozialwissenschaften vom Beginn ihres Erscheinungsverlaufes bis ins Jahr 1995, rund 70% der be-rücksichtigten Zeitschriften sind englischsprachig. Der älteste indexierte Zeitschriftenband stammt aus dem Jahr 1665. Derzeit umfasst der Perio-dicals Index Online über 17 Millionen Titeldaten von Zeitschriftenaufsät-zen. Als problematisch für die Suche erweist sich allerdings die fehlende

Normierung bei der Schreibweise der Autorennamen und die fehlende Beschlagwortung der einzelnen Artikel.

Zwar bietet der Periodicals Index Online keine Direktverlinkung auf die Volltexte oder auch Abstracts der verzeichneten Aufsätze, doch lässt sich die Verfügbarkeit von gefunden Aufsatztiteln in verschiedenen Volltextdatenbanken, im lokalen Bibliotheks-OPAC oder im Verbundkatalog durch einen Linkresolver (SFX) überprüfen und gegebenenfalls eine Anschlussrecherche auslösen. Die Artikelsuche lässt sich auch auf diejenigen Aufsätze beschränken, die im Periodicals Archive Online (s. u. S. 328) enthalten sind; diese Aufsätze können direkt als Volltext angezeigt werden.

c) Web of Science

Die Zeitschrifteninhaltsdatenbank Web of Science (WoS) enthält Titelnachweise aus rund 8700 der wichtigsten Zeitschriften verschiedenster Fachgebiete, allerdings besteht auch hier ein Schwerpunkt im Bereich der Naturwissenschaften. Das WoS setzt sich aus drei Datenbanken mit unterschiedlichen Berichtszeiträumen zusammen (Science Citation Index Expanded 1945-, Social Science Citation Index 1956- und Arts & Humanities Citation Index 1975-); die Titel können innerhalb dieser einzelnen

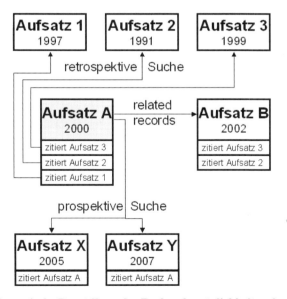

(Abb. 22: Schematische Darstellung der Recherchemöglichkeiten des Web of Science)

Bereiche recherchiert werden oder übergreifend in einer Gesamtrecherche. Viele der neueren Titelaufnahmen sind durch englische Abstracts erschlossen. Darüber hinaus wird bei allen verzeichneten Titeln – das ist die Besonderheit des Web of Science – auch die in den Aufsätzen zitierte Literatur erfasst. Durch diese Besonderheit bietet das Web of Science die Möglichkeit, die Zitierhäufigkeit von Zeitschriften, von Autoren oder von einzelnen Veröffentlichungen zu ermitteln. Durch den Nachweis, wie oft ein Aufsatz, ein Wissenschaftler oder auch die Aufsätze einzelner Zeitschriften in anderen Aufsätzen zitiert werden, kann diese Art der Verzeichnung Hinweise für die Beurteilung der Qualität einzelner wissenschaftlicher Arbeiten, der Arbeiten eines Wissenschaftlers oder einer Fachzeitschrift bieten. Man spricht in diesem Zusammenhang von der *Zitationshäufigkeit* oder auch vom *Impact Factor*. Neben diesen Aspekten ermöglicht die spezifische Art der Verzeichnung dem Benutzer aber auch spezielle Recherchetechniken:

– Über die aufgeführten Zitate eines Aufsatzes kann die Entwicklung der Forschung *retrospektiv* verfolgt werden (auf welche älteren Arbeiten hat sich ein Forscher gestützt? – *General Search, Advanced Search*).
– Über die Liste der Aufsätze, in denen ein bestimmter Aufsatz zitiert wird, kann die Forschung *prospektiv* verfolgt werden (welche Forscher haben die vorliegende Arbeit berücksichtigt? – *Cited Reference Search*).
– Durch die Suche nach Artikeln, die dieselbe Literatur zitieren wie der Ausgangstitel, kann thematisch verwandte Literatur gefunden werden (*Find Related Records*).

Neben diesen Besonderheiten ist mit der starken Bezogenheit auf die englische Sprache auch ein Nachteil des Web of Science anzusprechen. Die Sachtitel aller verzeichneten Aufsätze werden ins Englische übertragen, wobei keine einheitliche Ansetzung vorgenommen wird. Dies kann dazu führen, dass ein deutscher Aufsatztitel nicht gefunden wird oder dass derselbe Titel (z.B. bei Rezensionen) in verschiedenen Übersetzungen auftaucht.

ISI Web of Knowledge

Das ISI Web of Knowledge (begründet vom Institute for Scientific Information ISI) vereint das Informationsangebot des Web of Science mit einer Vielzahl weiterer Datenbanken. Die zusätzlichen Angebote beinhalten sowohl fachübergreifende Ressourcen wie z.B. Current Contents Connect, einen Zeitschrifteninhaltsdienst, als auch fachbezogene Angebote wie die bibliographischen Datenbanken Biological Abstracts und Medline, Zeitschriftenanalysen wie die Journal Citation Reports und bibliographische Werkzeuge wie das Literaturverwaltungsprogramm EndNote. Insgesamt eröffnet das ISI Web of Knowledge den Nutzern den Zugriff auf über 22 000 Zeitschriften, 23 Millionen Patente, ca. 200 000 Kongressbeiträge, 5500 Websites, 5000 Bücher sowie weitere – überwiegend naturwissenschaftliche – Inhalte. Das ISI Web of Knowledge wird heute von über 3550 Institutionen in mehr als 90 Ländern angeboten.

3. Volltextdatenbanken

Während Zeitschrifteninhaltsdatenbanken lediglich die Titeldaten von Zeitschriftenaufsätzen verzeichnen und – soweit möglich – z.B. durch direkte Verlinkung mit dem Volltext oder durch Linkresolver den Zugang zu den gefundenen Titeln ermöglichen, enthalten Volltextdatenbanken neben den bibliographischen Angaben auch die Volltexte aller verzeichneten Titel in elektronischer Form. Dieser Unterschied ermöglicht in Volltextdatenbanken eine Recherche auch innerhalb der Volltexte, während in Zeitschrifteninhaltsverzeichnissen lediglich die Titeldaten und – soweit vorhanden – weiterführende Informationen zum Titel (z.B. Abstracts) recherchiert werden können.

Wichtige Anbieter von Volltextdatenbanken sind in der Regel kommerzielle Unternehmen, meist international tätige Verlage, Verlagsgruppen und Zeitschriftenagenturen, deren Angebote Bibliotheken durch Lizenzverträge erwerben können. Neben den oft sehr teuren umfassenden Angeboten bietet sich Bibliotheken fast immer die Möglichkeit, kleinere Ausschnitte von großen Volltextdatenbanken zu lizenzieren. Diese Ausschnitte können sich auf gewisse Berichtszeiträume beschränken, auf Kernzeitschriften oder auf spezielle fachliche Zusammenstellungen.

Wichtige Beispiele für besonders umfassende Volltextdatenbanken sind *SpringerLink* und *ScienceDirect*; neben Tausenden von E-Books enthalten sie die Volltexte von Aufsätzen aus ca. 2000 bzw. 2500 Zeitschriftentiteln (ca. 4 Millionen bzw. 9 Millionen Aufsätze). Beide Datenbanken haben einen Schwerpunkt im Bereich der Medizin, Technik und Naturwissenschaften. Alle enthaltenen Publikationen lassen sich im Volltext durchsuchen, stehen – sofern die Datenbank lizenziert wurde – sofort online zur Verfügung und lassen sich ausdrucken, abspeichern, exportieren und per E-Mail verschicken. Wie in anderen Bibliographien können auch in allen großen Volltextdatenbanken personalisierte Angebote genutzt werden, vor allem Alerting-Dienste, die den Benutzer per E-Mail oder RSS-Feeds auf neu hinzukommende Titel zu seinem Interessensgebiet aufmerksam machen.

4. Zeitschriftenarchive

Eine Sonderform der Volltextdatenbanken bilden die *Zeitschriftenarchive*. Während die meisten Volltextdatenbanken stärker die aktuellen Jahrgänge der aufgenommenen Zeitschriftentitel und vor allem naturwissenschaftlich-technische Fächer sowie Medizin berücksichtigen, sind im Verlauf der letzten Jahre auch Zeitschriftenarchive entstanden. Ursprünglicher Zweck dieser Zeitschriftenarchive war – wie der Name ausdrückt – vor allem die zentrale digitale Archivierung und Sicherung älterer Zeitschriftenjahrgänge und damit die Entlastung der Bibliotheksmagazine. Mehr und mehr entwickelten sich aus den reinen Archivangeboten jedoch auch Angebote für die komfortable Benutzung älterer Zeitschriftenartikel in elektronischer Form. Allerdings werden auch die aktuellen Aufsatzdatenbanken zunehmend durch Volltexte älterer Zeitschriftenaufsätze erweitert.

Von besonderem Interesse sind Zeitschriftenarchive vor allem für den geisteswissenschaftlichen Bereich, in dem die wissenschaftlichen Informationen weniger schnell veralten als in den Naturwissenschaften, der Medizin und der Technik. Im Gegensatz zu den Aufsatzdatenbanken mit Schwerpunkt auf den aktuellen Beständen werden Zeitschriftenarchive oft auch von Bibliotheken und anderen nichtkommerziellen Anbietern erarbeitet und vertrieben.

a) *Journal Storage (JSTOR)*

JSTOR ist eine in New York und Ann Arbor ansässige Non-Profit-Organisation, die in Zusammenarbeit mit Bibliotheken ein kostenpflichtiges Online-Angebot von gescannten Zeitschriftenaufsätzen erstellt und diese gleichzeitig in elektronischer Form archiviert. Grundsätzlich hat das Angebot von JSTOR keine fachlichen Beschränkungen, doch liegt der Schwerpunkt vor allem im geistes- und sozialwissenschaftlichen Bereich. Derzeit enthält JSTOR rund 3,7 Millionen gescannte Aufsätze im Volltext, die auf über 23 Millionen Textseiten gespeichert sind; diese Daten stammen aus rund 730 renommierten Zeitschriften, von denen ca. 165 000 Jahrgänge aufgenommen wurden. Neben dem Zugang zur gesamten Datenbank bietet JSTOR auch die preiswertere Lizenzierung einzelner Teilbereiche von unterschiedlicher Größe oder mit spezifischer fachlicher Ausrichtung an.

Um die Geschäftsinteressen der Zeitschriftenverlage nicht zu verletzen, führte JSTOR eine sogenannte *Moving Wall* ein, eine bewegliche Wand, durch die zwischen den in die Datenbank aufgenommenen Zeitschriften und den aktuellen Ausgaben ein fester zeitlicher Abstand eingefügt wird, der mit dem Verleger der Zeitschrift vereinbart wurde. In den meisten Fällen beträgt dieser Zeitraum fünf Jahre, auf diese Weise kann beispielsweise 2008 der Jahrgang 2003 einer Zeitschrift in die Datenbank aufgenommen werden. Möchte ein Zeitschriftenverlag seine Zeitschrift ab einem bestimmten Jahr selbst online anbieten, so kann die Moving Wall auch in eine *Fixed Wall*, eine feste Wand, umgewandelt werden, in diesem Fall bricht die Aufnahme neuerer Jahrgänge in JSTOR mit dem fraglichen Jahr ab. Aufgrund des Prinzips der Moving Wall ist JSTOR keine Datenbank für aktuelle Zeitschriftenbände; der Schwerpunkt liegt vielmehr bei den historischen Beständen. Die älteste in JSTOR enthaltene Zeitschrift ist die „Philosophical Transactions of the Royal Society" von 1665.

Die Vorteile für die Nutzung von JSTOR *für Bibliotheken* liegen auf der Hand. Viele neuere Bibliotheken, die über keinen reichen Altbestand verfügen, gewinnen durch die Lizenzierung von JSTOR historische Zeitschriftenbestände in einer repräsentativen Auswahl. Ebenfalls nicht zu vernachlässigen ist der Vorteil der Raumersparnis in den Bibliotheksmagazinen; Zeitschriften, die in JSTOR enthalten sind, können in Außenmagazine ausgelagert werden, da sie online zur Verfügung gestellt werden können. Auch die Frage nach der Bestandserhaltung wird vor dem Hintergrund von digitalen Zeitschriftenarchiven neu gestellt werden müssen.

Vorteile *für die Nutzer* von JSTOR und anderen Aufsatzdatenbanken bestehen vor allem in den erweiterten Recherchemöglichkeiten – hier ist vor allem an die Volltextsuche zu denken –, aber auch in der zeitunabhängigen Benutzung der in JSTOR enthaltenen Zeitschriften. Benutzer können sofort auf die Volltexte zugreifen, weder müssen sie auf die Bereitstellung der Zeitschriftenbände warten, noch kann sich eine Verzögerung ergeben, wenn ein Zeitschriftenband von einem anderen Benutzer entliehen ist. Gefundene Zeitschriftenartikel können direkt am Bildschirm gelesen oder als PDF-Datei ausgedruckt bzw. abgespeichert oder per E-Mail verschickt werden.

b) DigiZeitschriften

Vergleichbar mit JSTOR bietet DigiZeitschriften ein deutsches digitales Zeitschriftenarchiv. Das kostenpflichtige Volltextarchiv umfasst die Aufsätze von über 120 renommierten deutschsprachigen Zeitschriften. Betrieben wird das Zeitschriftenarchiv von DigiZeitschriften e.V., einem Verein, dem derzeit 14 deutsche Wissenschaftliche Bibliotheken sowie weitere Projektpartner angehören; gefördert wird das Projekt von der Deutschen Forschungsgemeinschaft, der Verwertungsgesellschaft Wort (VG Wort) und dem Börsenverein des Deutschen Buchhandels. Derzeit stehen rund 300 000 retrodigitalisierte Zeitschriftenartikel mit mehr als 3,2 Millionen Seiten zur Verfügung. Wie bei JSTOR sind die aktuellen Jahrgänge der Zeitschriften auch bei DigiZeitschriften nicht enthalten, um den Absatz der Printausgaben nicht zu gefährden. Auch hier wird das Problem durch die Einfügung von Moving Walls bzw. Fixed Walls umgangen.

Im Gegensatz zu JSTOR sind die in DigiZeitschriften enthaltenen Aufsätze jedoch nicht im Volltext durchsuchbar, wodurch dem elektronischen Angebot ein entscheidender Mehrwert verloren geht. Darüber hinaus wird auch die Preisgestaltung von DigiZeitschriften kritisiert. Zwar stellt Digi-Zeitschriften einen gewissen Teilbereich des Datenbestandes kostenfrei zur Verfügung (Open Access), doch umfasst dieser Ausschnitt einen viel geringeren Titelbestand als alle urheberrechtsfreien Aufsätze, also den Werken der Autoren, die bereits seit 70 Jahren tot sind.

c) Periodicals Archive Online

Ein weiteres wichtiges Zeitschriftenarchiv bildet das Periodicals Archive Online (PAO). Wie der Periodicals Index Online (PIO, s. o. S. 322), mit dem es eng verknüpft ist, wird auch das Periodicals Archive Online von ProQuest erstellt und vertrieben. Der Schwerpunkt liegt ebenfalls im Bereich der Geistes- und Sozialwissenschaften und wie der PIO wird auch diese Datenbank in Deutschland durch eine Nationallizenz erworben.

Das Periodicals Archive Online enthält derzeit rund 1,9 Millionen Aufsätze aus über 500 im Periodicals Index Online indexierten wissenschaftlichen Fachzeitschriften im Volltext; somit stehen rund 13 Millionen Seiten zur Verfügung. Recherchierbar sind nicht nur die bibliographischen Daten, sondern auch die Volltexte der Zeitschriften, die vom Benutzer sofort in Form einer PDF-Datei aufgerufen werden können.

5. Datenbankverzeichnisse

Immer mehr bibliothekarische und nicht-bibliothekarische Informationsangebote stehen heute in Form von Datenbanken – meist online – zur Verfügung. Entsprechend schwieriger wird es sowohl für Bibliothekare als auch für Benutzer, stets die Übersicht über das aktuelle Angebot an relevanten Datenbanken zu behalten, das sich beständig vergrößert. Reichten für diesen Zweck bis vor wenigen Jahren gedruckte Verzeichnisse der Datenbanken noch völlig aus, so ergab sich in den letzten Jahren immer mehr das Bedürfnis, auch Datenbanken in Datenbanken zu verzeichnen.

Besser als in gedruckten Verzeichnissen können auf diese Art die Inhalte der verzeichneten Titel aktuell gehalten, neue Titel jederzeit hinzugefügt und zusätzliche Angebote, ausführlichere Beschreibungen und Anleitungen beigegeben werden.

a) Datenbank-Informationssystem

Das Datenbank-Informationssystem (DBIS) ist ein von rund 170 Bibliotheken kooperativ erstellter Service zur Nutzung wissenschaftlicher Datenbanken, der von der Universitätsbibliothek Regenburg koordiniert wird. Aufgenommen werden alle Arten wissenschaftlich relevanter Datenbanken, die über Suchfunktionalitäten gezielt durchsucht werden können. Nicht aufgenommen werden Literaturlisten in Form von statischen Dateien ohne Suchfunktionalitäten, Elektronische Zeitschriften, E-Books (Elektronische Monographien), Linklisten und einzelne Bibliothekskataloge; für diese Publikationsformen stehen andere Nachweisinstrumente zur Verfügung.

Derzeit werden in DBIS rund 7000 Datenbanken aller Fachrichtungen und Sprachen nachgewiesen (rund ein Drittel davon sind kostenfrei zugänglich). Die Datenbanken lassen sich alphabetisch oder nach Fachrichtungen sortiert anzeigen. Darüber hinaus ist auch eine gezielte Recherche nach einzelnen Titeln möglich, wobei sich die Suche auf einzelne Fächer, Regionen, Nutzungsmöglichkeiten (kostenfreie Benutzung, Pay-per-Use, etc.), formale Typen (CD-ROM, DVD-ROM, Internet) und Datenbank-Typen (Bibliographie, Faktendatenbank, Bilddatenbank, etc.) beschränken lässt. Alle Datenbanken sind nach einem feststehenden Erschließungsschema beschrieben, das unter anderem Parallel- und Zitiertitel verzeichnet und die betroffenen Fachgebiete sowie den Datenbanktyp, die Erscheinungsform und den Verlag nennt. Darüber hinaus wird jede Datenbank in einem kurzen Artikel beschrieben, auf weiterführendes Informationsmaterial können Hyperlinks gelegt werden. Alle Datenbanken, für die ein Nutzer zugriffsberechtigt ist, können über die DBIS-Oberfläche direkt geöffnet werden. Jährlich erfolgen über DBIS mehr als 5 Millionen Datenbankzugriffe.

Eine Besonderheit von DBIS ist die bibliotheksspezifische Oberfläche, die Bibliotheken sehr gut für die Präsentation ihrer individuellen Bestände nutzen können. Wählt der Benutzer eine einzelne Bibliothek aus oder wird diese anhand der IP-Adresse des benutzten Rechners erkannt, so präsentiert sich dem Benutzer nicht der gesamte Datenbestand, sondern nur der von der jeweiligen Bibliothek angebotene Bestand an Datenbanken mit den jeweiligen Zugriffsmöglichkeiten. Durch diese spezielle

Form der Darbietung wird aus dem bestandsunabhängigen Verzeichnis (*Bibliographie der Datenbanken*) eine bestandsabhängige Datenbank (*Katalog der Datenbanken*). Das Design der bibliotheksbezogenen Oberfläche können die einzelnen Bibliotheken individuell gestalten, auch andere individuellen Einstellungen können hier getroffen werden, wie beispielsweise die Definition von sogenannten Top-Datenbanken, die bei der fachlichen Sortierung ganz oben in der Trefferanzeige erscheinen und den Benutzer auf die besondere Bedeutung dieser Treffer hinweisen sollen.

Durch die Doppelfunktion als Bibliographie und Katalog übernimmt DBIS eine für das deutsche Bibliothekswesen zunehmend wichtigere Aufgabe. Es informiert den Benutzer über den Gesamtbestand an wichtigen wissenschaftlichen Datenbanken und über den lokal verfügbaren Ausschnitt derselben; darüber hinaus beinhalten die Datenbankbeschreibungen viele Zusatzinformationen, wie z.B. die Berichtszeiträume, die Art der in der Datenbank verzeichneten Materialien, spezielle Recherchefunktionen usw. Über diese Vorteile hinaus entlastet die kooperative Datenbankbeschreibung den Arbeitsaufwand jeder einzelnen an DBIS teilnehmenden Bibliothek erheblich, da die Datenbankbeschreibungen einzelner Bibliotheken von allen anderen Bibliotheken, die an DBIS teilnehmen, übernommen werden können.

b) Gale Directory of Databases

Wesentlich mehr Datenbanken als DBIS verzeichnet das Gale Directory of Databases, ein periodisch erscheinendes, bestandsunabhängiges Verzeichnis von Datenbanken verschiedenster Art. Ohne fachliche Beschränkung verzeichnet dieses umfassende Handbuch über 15 000 Datenbanken aus allen Ländern (Band 1 beinhaltet Online-Datenbanken, Band 2 Datenbanken auf CD-ROM, Disketten, Magnetband und in anderen Publikationsformen), hinzu kommen Informationen über rund 4000 Datenbankproduzenten sowie 3 100 Datenbankanbieter. Neben den Namen und den Abkürzungen der verzeichneten Datenbanken werden der jeweilige Hersteller, Kontaktadressen und der Datenbanktyp genannt, eine Beschreibung und die Kosten sind ebenfalls angegeben. Unter dem Titel Gale Directory of Online, Portable, and Internet Databases liegt neben der Printausgabe auch eine Online-Fassung des Verzeichnisses vor.

Obwohl das Gale Directory of Databases mehr Datenbanken als das Datenbankinformationssystem verzeichnet, ist DBIS durch seine bibliotheksrelevante Titelauswahl, durch die deutschen Datenbankbeschreibungen und durch die Verlinkung zu den lokal verfügbaren Datenbanken für das deutsche Bibliothekswesen von weitaus größerer Bedeutung.

V. Fachbezogene Informationsangebote

Fachinformationen, also Informationen, die sich auf einzelne Wissenschaftsfächer beziehen, bieten in Deutschland verschiedene Institutionen an; neben den Bibliotheken sind vor allem die Fachinformationszentren (FIZ, s. o. S. 16) zu nennen. Sowohl Bibliotheken als auch Fachinformationszentren erschließen nicht nur die wissenschaftliche Literatur der von ihnen betreuten Fächer, sondern sie erarbeiten in Zusammenarbeit mit anderen Institutionen auch übergeordnete Informationsangebote. Die Beschränkung auf einzelne Fachgebiete ermöglicht in der Regel die Erarbeitung eines tiefer gehenden und detaillierteren Informationsangebotes als dies bei fachunabhängigen Angeboten der Fall ist.

1. Angebote von Fachinformationszentren

Bis heute ist die *Tiefenerschließung von Fachliteratur* ein besonderes Charakteristikum von Fachinformationszentren, auch wenn das Bibliothekswesen in diesem Punkt heute bereits ebenfalls vielfältige und umfassende Angebote vorweisen kann. Tiefenerschließung bedeutet zum einen die Ausweitung des zu erschließenden Materials auf die unselbstständige und schwer zugängliche Literatur (Aufsätze, Publikationen außerhalb des Buchhandels, etc.), zum anderen die Erschließung der betreffenden Publikationen innerhalb spezieller Fachsystematiken (Thesauri), eine umfassende Beschlagwortung und die Erstellung von Abstracts; vor allem Letzteres wird von Bibliotheken nur in Ausnahmefällen geleistet.

Die Mitarbeiter von Fachinformationszentren sichten die innerhalb ihres Fachbereiches anfallende Literatur, erschließen die relevanten Titel in der genannten Weise und stellen die Nachweise in Fachdatenbanken zusammen. Häufig entwickeln und pflegen sie eigene Fachsystematiken für die fachliche Recherche innerhalb dieser Datenbanken. Im Auftrag von Dritten führen sie Recherchen in eigenen und fremden Datenbanken durch und vermitteln die Rechercheergebnisse ihren Kunden. Eine Besonderheit von Fachinformationszentren besteht darin, dass sie – im Gegensatz zu Bibliotheken – in der Regel über einen geringeren eigenen Medienbestand verfügen und den Schwerpunkt ihrer Arbeit auf die Erschließung und Vermittlung der Fachliteratur legen. Allerdings stellen Fachinformationszentren einen Großteil ihrer Angebote nur kostenpflichtig zur Verfügung.

Die Arbeit der Fachinformationszentren beschränkt sich vor allem auf die Bereiche der Sozial- und Naturwissenschaften. Zwei wichtige Beispiele für Fachinformationszentren in Deutschland sind das FIZ Karlsruhe und das FIZ Technik.

a) FIZ Karlsruhe

Als Servicepartner von Wissenschaft und Wirtschaft hat das Fachinformationszentrum Karlsruhe den Auftrag, weltweit publizierte Informationen aus allen Bereichen der Naturwissenschaften und der Technik zu erschließen und zur Verfügung zu stellen. Zu diesem Zweck erstellt es zahlreiche eigene naturwissenschaftlich-technische Datenbanken und bietet seinen Kunden auch den Zugang zu zahlreichen Datenbanken anderer Anbieter.

Gemeinsam mit dem Chemical Abstracts Service in den USA und der Science and Technology Agency in Japan beteiligt sich das FIZ Karlsruhe am Rechercheverbund *STN International*, der eine gemeinsame Suche in mehr als 220 Datenbanken im naturwissenschaftlich-technischen Bereich mit über 400 Millionen verzeichneten Dokumenten erlaubt. Enthalten sind sowohl Volltextdatenbanken, bibliographische Datenbanken, Patentdatenbanken und Faktendatenbanken u.a. aus den Bereichen Biowissenschaften, Chemie, Geowissenschaften, Informatik, Elektrotechnik, Luft- und Raumfahrt, Mathematik, Physik, Umweltforschung und Wirtschaft. Über die reine Recherchefunktion hinaus bietet STN International verschiedene Möglichkeiten der Dokumentenbeschaffung an.

Einen weiteren Tätigkeitsschwerpunkt des FIZ Karlsruhe bildet die Entwicklung einer Informations-, Kommunikations- und Publikationsplattform für elektronische Veröffentlichungen. Gemeinsam mit der Max-Planck-Gesellschaft erarbeitet es hierfür *eSciDoc*, eine Plattform, die die Publikation, Recherche und Langzeitarchivierung elektronischer Dokumente ermöglicht.

b) FIZ Technik

Das Fachinformationszentrum Technik mit Sitz in Frankfurt am Main beschränkt sich im Gegensatz zum umfassend naturwissenschaftlichen Angebot des FIZ Karlsruhe stärker auf die technisch-ingenieurwissenschaftlichen Fachgebiete. Auch das FIZ Technik produziert Fachinformationen durch die Erschließung relevanter Dokumente und die Erstellung bibliographischer Datenbanken vor allem aus den Bereichen Maschinen- und Anlagenbau, Elektrotechnik und Elektronik, Informationstechnik, Energie, Bergbau, Werkstoffe, Textil, Medizintechnik und Betriebsorganisation und trägt somit zur Fachinformationsvermittlung dieser Fachbereiche bei. Die vom FIZ Technik erschlossenen Aufsätze werden von der Technischen Informationsbibliothek Hannover bereitgestellt.

c) GetInfo

Mit einer gemeinsamen Suche in mehreren Datenbanken bieten heute fast alle Fachinformationszentren bereits übergeordnete Recherchemöglichkeiten an. Derartige Vernetzungen von Informationsangeboten sind in der modernen Wissenschaft von immer größerer Bedeutung, da viele wissenschaftliche Erkenntnisse Einfluss auf mehrere Fachgebiete haben und die interdisziplinäre Zusammenarbeit immer wichtiger wird.

Mit *GetInfo* haben drei deutsche Fachinformationszentren gemeinsam mit einer zentralen Fachbibliothek ein umfassendes Informations- und Serviceangebot für den gesamten Bereich der Naturwissenschaften und der Technik geschaffen. Träger von GetInfo sind die Technische Informationsbibliothek Hannover, das FIZ Technik, das FIZ Karlsruhe und das FIZ Chemie in Berlin. Gerade die Kooperation von Fachinformationszentren mit einer Bibliothek bietet dem Nutzer ein besonderes Serviceangebot, da sowohl die Bibliothek als auch die Fachinformationszentren ihre jeweiligen spezifischen Leistungen und Stärken in das Informationsangebot einbringen können. So zeichnen sich die Fachinformationszentren vor allem durch die Vielzahl und die Erschließungstiefe der in ihren Datenbanken verzeichneten Publikationen aus. Die TIB Hannover verfügt als Zentrale Fachbibliothek für die Natur- und Ingenieurwissenschaften demgegenüber vor allem über einen umfassenden Bestand an relevanten Publikationen und hat mit dem Dokumentenlieferdienst *TIBORDER* ein leistungsstarkes Instrument für die Übermittlung von Volltexten auf elektronischem und konventionellem Weg entwickelt.

Aufgebaut ist GetInfo als Metakatalog, d.h. die Suchanfrage des Benutzers wird an zahlreiche Kataloge und Datenbanken weitergeleitet, dort wird die Recherche jeweils ausgeführt und die Suchergebnisse werden – gegliedert nach den abgefragten Datenbanken – als Kurztitelliste aufgeführt. Der Benutzer kann die Auswahl der zu berücksichtigen Datenbanken individuell einstellen. Ausgewählt werden können nicht nur die eigenen Datenbanken der beteiligten Fachinformationszentren und der TIB Hannover (Literaturdatenbanken, Konferenzberichte, Forschungsberichte, Bibliothekskataloge, elektronische Volltexte), sondern auch weitere bibliothekarische Aufsatzdatenbanken (z.B. British Library Online Contents) und thematisch relevante Virtuelle Fachbibliotheken (s. u. S. 335). Eine Übersicht am Bildschirmrand zeigt die Anzahl der Treffer in den einzelnen Datenbanken.

Die Recherche im Informationsportal GetInfo ist *kostenfrei*. Angezeigt werden in den meisten Fällen zumindest einige bibliographischen Daten der Publikation, die Datenbank, aus der der Titel stammt, und – in einigen Fällen – ein Abstract. Gerade diese zumeist von den Fachinformationszentren erstellten Abstracts bedeuten einen erheblichen Informationsgewinn, häufig erlauben gerade sie dem Benutzer eine fundierte Entscheidung, ob der jeweilige Titel für seine spezifischen Interessen von Bedeutung ist oder nicht. *Kostenpflichtige Dienstleistungen* sind hingegen in vielen Fällen die Anzeige der vollständigen bibliographischen Daten und der Direktzugriff auf elektronische Volltexte bzw. die Lieferung von Kopien gedruckter Volltexte; sie unterliegen der Gebührenordnung der einzelnen Institutionen, die den Titel zur Verfügung stellen.

2. Frühe Fachinformationsangebote von Bibliotheken

Schon früh haben sich auch Bibliotheken bemüht, fachgebundene Informationen zu erarbeiten und zur Verfügung zu stellen. Vor der umfassenden Vernetzung und der Möglichkeit des ortsungebundenen Angebots von digitalen Informationen oblag die Aufgabe der Erstellung fachgebundener Informationsangebote vor allem den Spezialbibliotheken sowie den Bibliotheken, die Aufgaben im Rahmen der überregionalen Literaturversorgung übernahmen bzw. fachliche Sondersammelgebiete betreuten. Ihre herausragenden Bestände zu einzelnen Fachgebieten versetzten diese Bibliotheken in die Lage, Fachinformationsangebote zu erarbeiten, die – auch unabhängig von den eigentlichen Beständen – für Nutzer anderer Bibliotheken von Interesse waren.

Ein wichtiges Instrument der Fachinformation bildeten zunächst die *Bibliothekskataloge von Spezialbibliotheken* mit ihren reichen Beständen zu einzelnen Wissenschaftsfächern; diese Bibliothekskataloge wurden oft noch dadurch aufgewertet, dass man in Spezialbibliotheken nicht nur die selbstständigen, sondern auch die unselbstständigen Werke des Bestandes verzeichnete. Um diese Informationen auch überregional nutzen zu können, erschienen Bibliothekskataloge von Spezialbibliotheken mit besonders reichhaltigen Beständen in vielen Fällen in gedruckter Form. Beispiele für solche gedruckten Kataloge von Spezialbibliotheken sind z.B. der 1967 erschienene Katalog des Instituts für Zeitgeschichte in München (14 Bände) und der 1966–1968 erschienene Katalog der Bibliothek des Instituts für Weltwirtschaft in Kiel (208 Bände).

Vom publizierten Bibliothekskatalog – zumal wenn er auch unselbstständige Werke enthielt – war es nur noch ein kleiner Schritt zur Publikation von *Fachbibliographien.* Diese Aufgabe übernahmen vielfach Bibliotheken, die durch die Betreuung von Sondersammelgebieten die Literatur einzelner Fächer besonders intensiv erwarben und auf diesem Weg auch die schwer zu beschaffenden Mediengattungen und die Publikationen des Auslandes erwarben. Auf der Grundlage dieser Bestände, allerdings auch oft noch über sie hinausgehend, publizierten Bibliotheken wichtige Fachbibliographien zu verschiedenen Wissenschaftsfächern.

Andere Möglichkeiten, die Wissenschaft mit fachlichen Informationen zu versorgen, boten und bieten *Neuerwerbungslisten* von Publikationen zu einem Spezialgebiet. Ergänzt werden diese zuweilen durch abgedruckte – später auch eingescannte – Inhaltsverzeichnisse (*Table of Contents*, ToC) von Zeitschriften und Sammelwerken. Der regelmäßige Bezug von solchen Inhaltsverzeichnissen verschafft dem Wissenschaftler einen Überblick über die aktuellen Publikationen seines Fachgebietes. Werden diese Inhaltsverzeichnisse laufend erstellt und publiziert, spricht man auch von *Current Contents* („laufenden Inhalten").

Seit der Mitte der 90er Jahre des letzten Jahrhunderts entstanden zu fast allen Wissenschaftsgebieten *systematisch strukturierte Linklisten,* die – entsprechend der englischen Bezeichnungen – auch in Deutschland oft als Subject Gateway oder Virtual Library bezeichnet wurden. Neben Bibliotheken wurden derartige Linklisten zum Teil auch von Universitätsinstituten, Fachgesellschaften oder engagierten Einzelpersonen aufgebaut. Allerdings erfordert die Pflege solcher Seiten einen erheblichen und dauerhaften Aufwand. Zwar haben sich viele dieser Linklisten durchaus bewährt, doch sind sie auf Grund ihres Pflegeaufwandes in ihrer Quantität, Qualität und Aktualität sowie in der Qualität ihrer formalen und inhaltlichen Erschließung oft sehr heterogen. Um diese Probleme zu beheben und den Aufbau eines koordinierten Netzes qualitativ hochwertiger Informationsangebote für die wissenschaftlich tätigen Benutzer aller Fachrichtungen in Deutschland zu gewährleisten, fördert die DFG seit 1998 durch finanzielle Sondermittel den Aufbau von Virtuellen Fachbibliotheken.

3. Virtuelle Fachbibliotheken

Mit der Zunahme von Informationen, die elektronisch zur Verfügung stehen, und der fortschreitenden Vernetzung, die den schnellen Transport digitaler Daten ermöglicht, verliert der Standort einer (Spezial)-Bibliothek für die Recherche und die Benutzung des dort physisch vorhandenen Bestandes mehr und mehr an Bedeutung. Diese Tendenzen ermöglichen zum einen die Kooperation mehrerer Institutionen beim Aufbau von fachbezogenen Informationsangeboten, zum anderen bieten sie den Benutzern eine immer größer werdende Orts- und Zeitunabhängigkeit beim Zugriff auf die von einzelnen Bibliotheken angebotenen Informationen und Dokumente.

Entsprechend der Wortbedeutung (virtuell = der Möglichkeit nach vorhanden) ist eine Virtuelle Fachbibliothek eine Fachbibliothek, die ihre Funktionen für die Benutzer erfüllt, ohne für diese an einem speziellen Ort tatsächlich physisch vorhanden zu sein. Virtuelle Fachbibliotheken sind Internetportale, also Webseiten, auf denen der Zugang zu den wissenschaftlich relevanten Informationen und Dokumenten eines Faches gebündelt ist, unabhängig vom Typ dieser Dokumente, von der Speicherform und vom Speicherort. Idealerweise sollen die Virtuellen Fachbibliotheken dem Benutzer die Suche in den verschiedensten Datenbeständen zu einem Fach erlauben und ihm die Ermittlung, Bestellung und den Zugang zu den gewünschten Informationen und Dokumenten ohne Medienbruch ermöglichen („one-stop-shop").

In der Regel sind diejenigen Bibliotheken mit dem Aufbau Virtueller Fachbibliotheken betraut, die auch das entsprechende Sondersammelgebiet betreuen. Fast immer findet jedoch eine Zusammenarbeit mit weiteren Institutionen (Fachinformationseinrichtungen, Spezialbibliotheken, Fachgesellschaften, ...) statt, wodurch das Informationsangebot von Virtuellen Fachbibliotheken vielfach entscheidend erweitert wird.

Meist verfügen Virtuelle Fachbibliotheken über folgende Funktionalitäten bzw. Kernmodule:

- Zugang zu *relevanten Bibliothekskatalogen.* Wichtig sind vor allem die Kataloge der SSG-Bibliothek sowie weiterer Spezialbibliotheken mit Erweiterungsmöglichkeiten auf verwandte Gebiete und allgemeine Verbundkataloge. Hier sind eine Einzel- und eine Metasuche möglich. Ebenfalls von Bedeutung sind Fachdatenbanken und Online-Bibliographien.
- Strukturiertes Verzeichnis von *(elektronischen) Fachzeitschriften,* gegebenenfalls erweitert durch relevante *Zeitschrifteninhaltsverzeichnisse* (Content-Dienste) und *Aufsatzdatenbanken.* Die Verfügbarkeitsrecherche für diese Dokumententypen kann über einen Linkresolver erfolgen.
- Strukturiertes Verzeichnis fachlich relevanter und qualitätskontrollierter *Internetquellen* mit einer Suchmaschine. Dieses Modul wird meist als Webkatalog, Fachinformationsführer oder Internet Guide bezeichnet.
- Über die genannten und möglichst alle weiteren Informationsquellen, auf die die Virtuelle Fachbibliothek zugreifen kann, sollte eine *integrierte*

Fachrecherche möglich sein. Problematisch sind hierbei zum Teil kostenpflichtige Informationsmittel, auf die kein freier Zugriff erlaubt ist.
– *Dokumentenlieferdienste.* Sie erlauben dem Benutzer die Bestellung und schnelle Übermittlung von Dokumenten in gedruckter oder elektronischer Form.

Zahlreiche weitere Module können hinzukommen, so. z.B.

– digitale Volltextsammlungen, Fachwörterbücher, Preprints, etc.
– Fakten- und Adressdatenbanken, Tagungs- und Konferenzdaten, Stellenanzeigen, etc.
– Online-Tutorials zur Vermittlung fachlicher Informationskompetenz
– Neuerwerbungslisten relevanter Institutionen
– Rezensionen zu Fachpublikationen, Pressearchive
– Newsletter oder RSS-Feeds mit aktuellen Informationen zur Virtuellen Fachbibliothek

Mittlerweile existieren zu fast allen Wissenschaftsfächern einschlägige Virtuelle Fachbibliotheken, wobei sich die einzelnen Angebote hinsichtlich ihres Umfangs und der integrierten Module noch immer stark unterscheiden. Mit der ViFa Recht und der vifabio sollen zwei Virtuelle Fachbibliotheken in ihren Grundfunktionen exemplarisch vorgestellt werden.

a) Die Virtuelle Fachbibliothek Recht

Die Virtuelle Fachbibliothek Recht (ViFa Recht) wird von der Staatsbibliothek zu Berlin in Zusammenarbeit mit zahlreichen weiteren Institutionen – vor allem Fachbibliotheken und juristischen Forschungseinrichtungen – betrieben. Sie richtet sich in erster Linie an wissenschaftlich arbeitende Juristen und will diesen ein umfangreiches und kostenfreies Angebot an juristischen Fachinformationen von hoher wissenschaftlicher Qualität aus allen Rechtsgebieten zur Verfügung stellen. Die wesentlichen Informationsangebote der Virtuellen Fachbibliothek Recht sind in sechs Kernmodulen gebündelt:

Internetquellen
Rund 3000 nach fachlichen Kriterien ausgewählte und formal und inhaltlich erschlossene Internetquellen sind im Fachinformationsführer der ViFa Recht verzeichnet und nach verschiedenen Kriterien (Fachsystematik, Ländersystematik, Stichwortsuche) recherchierbar.

Bücher
Dieses Modul verzeichnet den monographischen Bestand des Sondersammelgebiets Recht, das von der Staatsbibliothek zu Berlin betreut wird,

insgesamt rund 900 000 Titel. Vierteljährlich erscheint eine Neuerwerbungsliste.

Aufsätze
Die Aufsatzsuche der ViFa Recht bietet den Zugang zu über einer Million Aufsätzen, zugegriffen wird auf verschiedene Aufsatzdatenbanken, u.a. auf die Online Contents Recht (s. o. S. 321).

Fachzeitschriften
Die Suche nach rund 74 000 juristischen Fachzeitschriften wird über die fachlich relevanten Ausschnitte der Zeitschriftendatenbank (ZDB) und der Elektronischen Zeitschriftenbibliothek (EZB) ermöglicht.

Datenbanken
Verschiedene Rechercheansätze erlauben den Zugriff auf mehr als 300 juristische Fachdatenbanken.

Bibliographien
Mehr als 150 Online-Bibliographien können über die ViFa Recht gefunden werden.

Insgesamt 28 relevante Datenbanken (juristische Fachinformationsführer, Bibliothekskataloge, Fachdatenbanken und Verbundkataloge) können in einer Metasuche gemeinsam durchsucht werden, wobei der Benutzer eine individuelle Auswahl der abzufragenden Datenbanken treffen kann. Über neu aufgenommene Internetquellen, Datenbanken und Bibliographien sowie über neue Angebote der ViFa Recht können sich die Benutzer mittels RSS-Feeds informieren lassen.

(Abb. 23: Ausschnitt der Webseite der ViFa Recht an der SBB Berlin)

b) Die Virtuelle Fachbibliothek Biologie

Die Virtuelle Fachbibliothek Biologie (vifabio) wird von der Universitätsbibliothek Johann Christian Senckenberg in Frankfurt am Main in Zusammenarbeit mit weiteren Fachbibliotheken und dem „Verband Biologie, Biowissenschaften und Biomedizin in Deutschland" (VBIO) angeboten. Den Grundstock für alle Informationsangebote bilden die Bestände der Universitätsbibliothek in Frankfurt, die auch die Sondersammelgebiete Biologie, Botanik und Zoologie betreut.

Der *Virtuelle Katalog* der ViFa Biologie ermöglicht eine einheitliche Recherche im relevanten Datenbestand der UB Frankfurt, des Leibniz-Instituts für Pflanzengenetik und Kulturpflanzenforschung in Gatersleben sowie der Bibliothek des Botanischen Gartens und des Botanischen Museums in Berlin. Die Integration weiterer fachlich relevanter Kataloge ist geplant. Neben den genannten Bibliothekskatalogen werden auch die Online Contents SSG Biologie mit über 1,7 Millionen biologischer Zeitschriftenartikel und die fachlichen Links des *Internetquellen-Führers* mit rund 1100 erschlossenen Internetquellen durchsucht sowie der Fachausschnitt Biologie der Elektronischen Zeitschriftenbibliothek (EZB), der rund 2000 biologische Zeitschriften verzeichnet. Der *Datenbank-Führer* der vifabio umfasst rund 420 Online-Datenbanken, von denen die meisten kostenlos zur Verfügung stehen. Darüber hinaus werden historische Drucke zur Biologie digitalisiert und angeboten.

Eine Besonderheit der Sondersammelgebiete Biologie, Botanik und Zoologie der UB Frankfurt und der Virtuellen Fachbibliothek Biologie bildet die Erschließung der verzeichneten Dokumente mit der *bioDDC*, einer speziellen Fachsystematik für die Biowissenschaften, die auf der Dewey Decimal Classification (DDC) beruht.

c) Vascoda

Gebündelt werden die Angebote von vielen Virtuellen Fachbibliotheken und anderen Informationsanbietern im Internetportal Vascoda, an dem sich über 40 Partner beteiligen. Die Inhalte der Virtuellen Fachbibliotheken werden durch die Angebote kommerzieller Informationseinrichtungen (Informationsverbünde) ergänzt, ebenfalls beteiligt sind die Zeitschriftendatenbank (ZDB) und die Elektronische Zeitschriftenbibliothek (EZB).

Indem Vascoda den einheitlichen Zugriff auf bibliographische Daten und elektronische Volltexte aus den einzelnen – fachlich begrenzten – Informationsangeboten der Virtuellen Fachbibliotheken und der anderen Informationsanbieter ermöglicht, führt das Portal diese wieder zu einem universellen Informationsangebot zusammen. Aus diesem Grund versteht sich Vascoda als Grundbaustein der Digitalen Bibliothek Deutschland. Die Inhalte, die über Vascoda recherchierbar sind, entsprechen in ihrer Vielfalt den von den Virtuellen Fachbibliotheken verzeichneten Informationen: Bücher, Aufsätze in gedruckter und elektronischer Form, Fachdatenbanken, Bibliographien und Internetquellen.

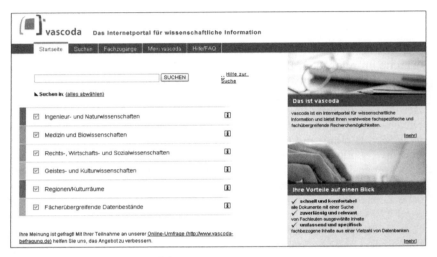

(Abb. 24: Website von Vascoda)

Die Benutzung des Internetportals Vascoda bietet dem Benutzer eine Reihe von Vorteilen:

- Recherchiert er über den Gesamtbestand aller Datensätze, auf die über Vascoda zugegriffen werden kann, so steht ihm ein Datenpool von über 100 Millionen Titelaufnahmen und Dokumenten zur Verfügung.
- Darüber hinaus kann er seine Suche auf eine oder mehrere der fünf möglichen *Fachgruppen* beschränken (Ingenieur- und Naturwissenschaften, Medizin und Biowissenschaften, Rechts-, Wirtschafts- und Sozialwissenschaften, Geistes- und Kulturwissenschaften sowie Regionen / Kulturräume). Auf diese Weise lässt sich z.B. der Begriff „Darwinismus" in allen Bereichen der Medizin und Biowissenschaften suchen, gleichzeitig können Titel aus den Sozial- und Geisteswissenschaften ausgeklammert werden; dies kann die Qualität von Suchergebnissen – gerade bei hohen Trefferzahlen – entscheiden verbessern. Auch eine Suche in *fachübergreifenden Datenbeständen* ist möglich.

– Über die in Vascoda aufgeführten Fachzugänge kann der Benutzer auch genaue Informationen zu den beteiligten ViFas und weiteren Institutionen bekommen und deren einzelne Informationsangebote aufrufen. In diesem Zusammenhang bietet Vascoda einen zentralen Ausgangspunkt zu den immer schwerer zu überschauenden Informationsangeboten der einzelnen Wissenschaftsdisziplinen.

Wie bei vielen Informationsangeboten, die von einem zentralen Ausgangspunkt auf viele Datenbanken zugreifen, besteht allerdings auch bei Vascoda das Problem, dass die Recherchemöglichkeiten einer einheitlichen Suche oft nicht so komplex sein können wie bei der Recherche in einem einzelnen Informationsverbund bzw. in einer einzelnen Virtuellen Fachbibliothek. Auch sind noch nicht alle Virtuellen Fachbibliotheken mit ihren Informationsangeboten in Vascoda integriert.

Nach einer Recherche in Vascoda wird dem Benutzer zunächst in einer Übersicht dargestellt, wie viele Treffer aus welchem Fach bzw. von welchem Informationsanbieter gefunden wurden. Eingrenzungen der Treffermenge nach Themenbereichen, Erscheinungsjahren, Autoren, Sprachen und Publikationstypen sind möglich. Durch Anklicken eines Titels auf den entsprechenden Kurztitellisten werden die vorhanden bibliographischen Daten angezeigt. Dabei kann es sich z.b. um eine Titelaufnahme einer Bibliothek handeln oder um einen Datenbankeintrag eines Informationsverbundes, in diesem Fall liegt meist auch ein Abstract vor.

Je nach Art und Anbieter der gefundenen Information, kann sich die anschließende Verfügbarkeitsrecherche sehr unterschiedlich gestalten: Zu freien Internetquellen gelangt man in der Regel direkt über einen Hyperlink; handelt es sich um einen elektronischen Zeitschriftenaufsatz, so wird die Verfügbarkeit des Artikels für den jeweiligen Nutzer über die Elektronische Zeitschriftenbibliothek ermittelt und mit dem entsprechenden Ampelsymbol (s. o. S. 319) angezeigt. Für Monographien wird eine Verfügbarkeitsrecherche in relevanten Katalogen durchgeführt, gegebenenfalls steht eine Fernleihfunktion zur Verfügung. Wird ein Datensatz von einem kommerziellen Informationsverbund angeboten, so wird auf die Bezugsmöglichkeiten von dieser Institution verwiesen. Die Recherche in Vascoda ist grundsätzlich kostenlos; die Preise für den Bezug der Volltexte variieren je nach dem ausgewählten Anbieter.

d) Goportis

Seit Dezember 2007 vereint das neue Informationsportal Goportis die Informationsangebote der drei Zentralen Fachbibliotheken (TIB Hannover, ZBW Kiel und ZB-MED Köln), die durch weitere fachlich relevante

Datenbanken ergänzt werden (GetInfo, Medpilot, econbiz). Das Fächerspektrum von Goportis ist damit wesentlich breiter gefasst als bei herkömmlichen Virtuellen Fachbibliotheken, es umfasst die Bereiche Technik, Naturwissenschaften, Medizin, Ernährung, Umwelt, Agrarwissenschaften und Wirtschaft. Zugegriffen werden kann auf einen Gesamtbestand von über 13 Millionen Titeln (Bücher und Zeitschriften) sowie auf die Aufsätze aus über 50 000 laufend gehaltenen Zeitschriften. Darüber hinaus sind auch Spezialsammlungen wie Reports, Patentdokumente, Konferenzschriften und Statistiken verfügbar. Über ein entsprechendes Modul lassen sich die gewünschten Dokumente direkt bestellen.

VI. Digitale Bibliotheken

1. Allgemeines

Der Begriff Digitale Bibliothek – häufig kommt auch die englische Bezeichnung *Digital Library* vor – wird in sehr unterschiedlicher Weise verwendet. Zumeist bezeichnet er eine Bibliothek, deren Bestände vollständig oder nahezu vollständig in digitaler Form vorliegen und über Computer-Netzwerke zur Verfügung gestellt werden. Eine umfassendere Definition des Begriffes bietet die *Digital Library Federation*, eine internationale Vereinigung von rund 40 Partnern, die sich den Ausbau und die Weiterentwicklung Digitaler Bibliotheken zum Ziel gesetzt hat:

„Digitale Bibliotheken sind Organisationen, die Ressourcen, inklusive des Fachpersonals, zur Verfügung stellen, um Sammlungen digitaler Veröffentlichungen auszuwählen, zu strukturieren, fachlich zugänglich zu machen, zu interpretieren, zu verbreiten, ihre Unversehrtheit zu bewahren und sie langfristig zur Verfügung zu stellen, damit sie für eine oder mehrere Benutzergruppen unmittelbar und kostengünstig zugänglich sind."

Digitale Bibliotheken stellen sowohl Publikationen zur Verfügung, die bereits in digitaler Form vorliegen (E-Journals, E-Books, etc.), als auch retrodigitalisierte Werke, also gedruckte Werke, die erst nachträglich digitalisiert wurden. Möglich wurde die Etablierung und der zügige Ausbau von Digitalen Bibliotheken zum einen durch die beständig zunehmende Zahl von Werken, die digital publiziert werden, und durch die heute vorhandenen Möglichkeiten der Massendigitalisierung, durch die in wenigen Jahren Millionen von Büchern digitalisiert werden können. Digitale Bibliotheken können sowohl Universalbibliotheken sein, die Publikationen zu allen Fachbereichen abdecken, als auch als Spezialbibliotheken, die sich auf einzelne Fächer konzentrieren. Im strengen Wortsinne sind Digitale Bibliotheken eigenständige Organisationen, allerdings bieten häufig auch traditionelle Bibliotheken „Digitale Bibliotheken" für einzelne Bestandsschichten an. Bibliotheken, die das bewusste Nebeneinander von konventionellen und digitalen Angeboten betonen möchten, bezeichnen sich häufig auch als *hybride Bibliotheken*.

Sowohl für die Bibliotheken selbst, als auch für die Benutzer bieten Digitale Bibliotheken eine Reihe von *Vorteilen*:

– *Örtliche und zeitliche Ungebundenheit.* Über das Internet können Digitale Bibliotheken zu jeder Zeit und von jedem beliebigen Ort aus benutzt werden. Auch Wartezeiten durch die Bereitstellung entfallen.

- *Mehrfachzugriff.* Digitale Quellen können von mehreren Personen gleichzeitig benutzt werden.
- *Strukturierter Zugriff.* Digitale Bibliotheken erlauben einen schnellen und strukturierten Zugriff, z.b. von der Titelaufnahme zum Dokument, vom Inhaltsverzeichnis zu einem einzelnen Kapitel.
- *Erweiterte Suchmöglichkeiten.* Mit Hilfe der Volltextsuche lassen sich umfangreiche Textsammlungen auch im Volltext durchsuchen und bestimmte Stellen innerhalb des Dokuments direkt ansteuern.
- *Vervielfältigungsmöglichkeiten.* Grundsätzlich können digitale Texte beliebig oft durch Abspeichern und Ausdrucken vervielfältigt werden.
- *Schonung kostbarer und gefährdeter Originale.* Durch die Verwendung von digitalen Sekundärformen werden alte und wertvolle Drucke seltener benutzt und somit geschont.
- *Raumgewinn.* Digitale Bibliotheken haben im Gegensatz zu konventionellen Bibliotheken auch bei wachsenden Beständen keine Raumprobleme.
- *Vernetzung.* Viel leichter als konventionelle Bibliotheken können Digitale Bibliotheken ihre Angebote in Zusammenarbeit mit anderen Institutionen erstellen bzw. gemeinsam mit anderen Partnern anbieten.
- *Kosten.* Durch die verringerten Folgekosten in den Bereichen Verwaltung, Magazinierung und Bereitstellung sind digitale Angebote langfristig preisgünstiger als konventionelle.

Diesen Vorteilen stehen allerdings auch einige *Nachteile* gegenüber. Das wichtigste Problem für Bibliotheken beim Angebot digitaler Publikationen bildet das *Urheberrecht*. Problemlos retrodigitalisieren und anbieten kann eine Bibliothek lediglich den Teil ihres Bestandes, der urheberrechtsfrei ist, also in der Regel Werke, deren Autoren bereits seit mindestens 70 Jahren verstorben sind. Für neuere Werke, die urheberrechtlich geschützt sind, kann eine Bibliothek zwar eine Lizenz erwerben, doch erlauben solche Lizenzen den Zugriff auf die Dokumente meist nur für einen fest definierten Personenkreis, in der Regel die angemeldeten Benutzer einer Bibliothek. Aus diesen Gründen wird es in Bibliotheken auch auf längere Sicht weiterhin umfangreiche Bestandschichten geben, die von Digitalen Bibliotheken nicht kostenfrei weltweit angeboten werden können.

Weitere Probleme können sich ergeben durch die *hohen Kosten für die Einrichtung* Digitaler Bibliotheken, die *Abhängigkeit von technischen Voraussetzungen* und die *problematische Langzeitarchivierung* der digitalen Daten. So sehr Digitale Bibliotheken langfristig eine überaus günstige Kostenprognose aufweisen, so teuer sind die vielfältigen Kosten für ihre Einrichtung. Benötigt werden Scanroboter und Aufsichtscanner, technische

Infrastruktur und Speicherkapazität, Gelder für Lizenzgebühren, sowie Fachpersonal für die technische und die bibliothekarische Betreuung der digitalen Sammlungen. Der Zugang zu Digitalen Bibliotheken setzt nicht nur auf der Bibliotheks-, sondern auch auf der Nutzerseite das Vorhandensein moderner technischer Geräte voraus sowie ein gewisses Maß an technischem Verständnis. Aus diesen Gründen besteht die Gefahr, dass gewisse Bevölkerungsschichten keinen Zugang zum reichen Informationsangebot Digitaler Bibliotheken erlangen, deren Hauptanliegen eben in der freien und allgemeinen Zugänglichkeit von Informationen und Dokumenten besteht. Ebenfalls noch nicht hinreichend geklärt ist die Frage der Langzeitarchivierung der digitalen Daten. Hier besteht die Gefahr, dass immer mehr Bibliotheken – oft gezwungen aus Platzmangel – ältere Werke mit dem Hinweis auf ihre digitale Verfügbarkeit stärker als bisher aussondern und so die Zahl der langfristig archivierten Originale zurückgeht. Dieses Problem ist u.a. auch deshalb von Bedeutung, da digitalisierte Sekundärformen nicht alle Fragestellungen beantworten können, mit denen ein Wissenschaftler ein Buch benutzt. Ein Kunsthistoriker wird für eine Arbeit über Fragen der Buchillustration ebenso weiterhin die gedruckten Originale benutzen müssen wie ein Buchkundler, der sich beispielsweise für Fragen der Einbandtechnik interessiert.

Auch wenn Digitale Bibliotheken aus den genannten Gründen konventionelle bzw. hybride Bibliotheken mittelfristig nicht verdrängen oder ersetzen werden, so wird ihre Anzahl und die Zahl der von ihnen zur Verfügung gestellten Dokumente weiter beständig wachsen und mit diesem Angebot werden sie entscheidenden Einfluss auf die weitere Entwicklung des Bibliothekswesens in Deutschland und weltweit nehmen.

2. Angebote von Bibliotheken

Bedingt durch die Ortsunabhängigkeit elektronischer Publikationen liegt es in der Natur der Sache, dass Digitale Bibliotheken in der Regel nicht allein von einzelnen Institutionen angeboten werden, sondern in Kooperation vieler Projektpartner entstehen. Meist ist eine Institution federführend und bietet den zentralen Zugang zu den digitalen Daten an, während die weiteren Projektpartner in der Regel digitale Daten, zum Teil auch umfassende Datenbanken liefern. Einige Beispiele mögen die Fülle der denkbaren Kooperationsformen und der möglichen Inhalte Digitaler Bibliotheken veranschaulichen.

a) Zentrales Verzeichnis Digitalisierter Drucke

Um den Zugang zu den vielen Drucken zu erleichtern, die in Deutschland bereits digitalisiert wurden, wurde 2005 das Zentrale Verzeichnis Digitalisierter Drucke (ZVDD) ins Leben gerufen. Träger des Projektes sind die Verbundzentrale des Gemeinsamen Bibliotheksverbundes in Göttingen, das Hochschulbibliothekszentrum in Köln und die Sammlung Deutscher Drucke, eine Arbeitsgemeinschaft von sechs bedeutenden Wissenschaftlichen Bibliotheken (s. o. S. 136). Verzeichnet werden sollen alle vollständig digitalisierten Druckwerke ab 1501, die kostenfrei über das Internet zur Verfügung gestellt werden. Aufgenommen werden nicht nur Bücher, sondern auch Zeitungen, Zeitschriften, Musikdrucke und „Kleinschrifttum" wie Flugblätter und Einblattdrucke. Durch die Beschränkung auf frei verfügbare Quellen umgeht das ZVDD die Urheberrechtsproblematik; angeboten werden nur urheberrechtsfreie Werke.

Das Zentrale Verzeichnis Digitaler Drucke führt nur in Ausnahmefällen selbst Digitalisierungen durch und speichert in der Regel auch keine digitalen Daten, vielmehr verzeichnet es die digitalen Sammlungen von zahlreichen Bibliotheken aus ganz Deutschland und macht sie über eine zentrale Webseite zugänglich. Auf diese Weise soll die Basis für ein nationales Portal zum Nachweis aller wissenschaftlich relevanten digitalisierten Quellen vom 16. Jahrhundert bis in die Gegenwart gelegt werden.

Langfristiges Ziel des ZVDD ist der zentrale Nachweis für möglichst alle in Deutschland digitalisierten (frei zugänglichen) Quellen. Auf diese Weise schafft das Projekt nicht nur einen zentralen Zugang für die Nutzer, sondern bietet den Bibliotheken gleichzeitig einen Schutz vor der wachsenden Gefahr der „Doppeldigitalisierung" gleicher Ausgaben in verschiedenen Institutionen.

Um eine homogene Recherche und Benutzung möglichst aller verzeichneten digitalisierten Drucke zu erreichen, unterscheidet das ZVDD vier Erschließungsschichten:

- Die *Digitalen Sammlungen*. Diese Ebene beschreibt die von den einzelnen Bibliotheken angebotenen Sammlungen, die sich meist durch ein gemeinsames Thema oder eine spezielle Mediengattung definieren (z.B. die Sammlung Pharmazie der UB Braunschweig oder die historischen Karten der UB Freiburg).
- Die *Titeldaten*. Sie beschreiben die einzelnen, in den Digitalen Sammlungen enthaltenden Werke; nachgewiesen sind auf dieser Ebene auch die unselbstständigen Werke, z.B. einzelne Zeitschriftenaufsätze.
- Die *Strukturdaten*. Hierbei handelt es sich um Erschließungsdaten unter-

halb der Werkebene, z.B. Kapitel innerhalb von Monographien oder um die einzelnen Artikel in einem Lexikon.

– Die *Volltextdaten*. Auch die Volltexte der digitalisierten Drucke sollen langfristig für eine Volltextrecherche nutzbar gemacht werden.

In der bis 2007 andauernden ersten Projektphase wurden vor allem die von der DFG geförderten Digitalisierungsprojekte nachgewiesen, die Digitalisate wurden zunächst auf der Ebene der Sammlungen und der Werke (Titeldaten) erschlossen. In den folgenden Projektphasen sollen weitere Sammlungen aufgenommen werden, wobei auch Projekte aus der Schweiz und aus Österreich berücksichtigt werden sollen. Des Weiteren sollen zunächst die Strukturdaten, später auch die Volltexte der digitalen Daten für die Recherche nutzbar gemacht werden.

Bereits in der ersten Ausbaustufe ermöglicht das ZVDD den Zugriff auf rund 250 000 Datensätze aus verschiedenen Digitalisierungsprojekten. Gesucht werden kann mit Titelstichwörtern, Schlagwörtern, Autorennamen und Erscheinungsjahren. Ein systematischer Einstieg ist über die Dewey Decimal Classification möglich; Indizes der Personennamen, Orte, Jahrhunderte und der Medientypen bieten weitere Zugangsmöglichkeiten.

b) Europäische Initiativen

Die wichtigsten Europäischen Initiativen auf dem Weg zu einem breiten digitalen Angebot bilden *The European Library*, die *European Digital Library* und *Europeana*.

The European Library (TEL) ist ein Webportal, das den kostenlosen Zugang zu den Beständen von 47 Nationalbibliotheken in Europa eröffnet. Recherchierbar sind Materialien aller Art, digitale und nicht-digitale Dokumente, Bücher, Zeitschriften, Zeitungen, digitale Texte, Karten, Handschriften, Noten und Fotographien. Jede der teilnehmenden Nationalbibliotheken bringt ihr Informationsangebot in Form von Sammlungen (Collections) ein, wobei diese Sammlungen sowohl aus Bibliothekskatalogen als auch aus digitalen Volltextarchiven bestehen können. Das deutsche Angebot umfasst u.a. den Bestandskatalog der Deutschen Nationalbibliothek, den Katalog des Deutschen Musikarchivs in Berlin, ein Inventar archivalischer Quellen zur Geschichte des deutschen Buchhandels und digitalisierte Quellen zur Rechtsgeschichte. Insgesamt eröffnet die Europäische Bibliothek den Zugang zu rund 150 Millionen Dokumenten (zum Teil zu den Titelaufnahmen, zum Teil zu den Volltexten bzw. den Bild- oder Audiodateien).

Suchvorgänge können in The European Library über die gesamten Bestände durchgeführt werden, die Suche kann jedoch auch auf einzelne

Sammlungen oder Medienformen, z.B. Portraits, Kinderliteratur, Handschriften, Karten, Dissertationen und anderes mehr eingeschränkt werden. Auch die Auswahl „digitalised books" ist möglich, auf diese Weise wird die Suche auf digitale Texte beschränkt. Häufig kann auf diese digitalen Volltexte kostenfrei zugegriffen werden, zum Teil sind sie jedoch nur von PCs mit den entsprechenden Rechten oder kostenpflichtig zu benutzen.

Bei dem Projekt *European Digital Library* (EDL), das sich noch in der Entwicklung befindet, soll der Schwerpunkt in Zukunft ganz auf die digitalen Angebote gelegt werden. Das Projekt bemüht sich – aufbauend auf The European Library – eine digitale europäische Bibliothek aufzubauen. Zu diesem Zweck wurden weitere europäische Nationalbibliotheken zur Mitarbeit gewonnen, Arbeitsgruppen entwickeln Lösungen für die vielen Probleme, die sich aus der Vielsprachigkeit der Bestände der teilnehmenden Bibliotheken ergeben und erarbeiten Strategien, wie das kulturelle Erbe Europas auch über das bibliothekarische Material hinaus mittelfristig digital zugänglich gemacht werden kann. 2008 soll die European Digital Library mit einem Angebot von rund 2 Millionen elektronischen Dokumenten ans Netz gehen, bis 2010 hofft man 6 Millionen digitale Objekte anbieten zu können.

Ein anderes europäisches Projekt bildet *Europeana*; auch diese französische Initiative soll den Aufbau einer digitalen europäischen Bibliothek ermöglichen. Den Grundstock von Europeana bilden Bestände aus *Gallica*, der Digitalen Bibliothek der Bibliothèque nationale de France, einer herausragenden Sammlung digitaler Medien mit einem Schwerpunkt auf der französischen Kulturgeschichte. Derzeit umfasst Gallica über 90 000 Bände, die zum Teil in Form von Images, zum Teil auch in Form von OCR-bearbeiteten und im Volltext durchsuchbaren Dokumenten vorliegen; hinzu kommen rund 500 Tondokumente und 80 000 digitale Bilder. Auf die Bestände von Gallica aufbauend vereint Europeana 12 000 digitale Dokumente der Bibliothèque nationale de France (rund 7000 Dokumente), der ungarischen Nationalbibliothek (rund 4000 Dokumente vorwiegend zur ungarischen Geschichte) und der Biblioteca Nacional de Portugal (rund 1000 Dokumente, vorwiegend zur portugiesischen Geschichte). Im Gegensatz z.B. zu Gallica enthält Europeana nur OCR-bearbeitete Texte, also Dokumente, die auch im Volltext durchsuchbar sind. Neben einer Suche über alle Dokumente lassen sich die Inhalte von Europeana auch nach Sprachen, Fächern und Jahrhunderten geordnet anzeigen. Ziel von Europeana ist es, dass nach Möglichkeit alle europäischen Nationalbibliotheken ihr nationales Kulturgut in digitalisierter Form in thematischen Zusammenstellungen zur Verfügung stellen, um auf diese Weise eine europäische Digitale Bibliothek zu bilden.

Bis heute hat sich keiner der verschiedenen Ansätze zu einer europäischen Digitalen Bibliothek entscheidend durchsetzen können. In der Vielfalt der Angebote bestehen sowohl eine Stärke als auch eine Schwäche der europäischen Initiativen. Nur wenn die Quantität der europäischen Angebote in den kommenden Jahren merklich ausgeweitet wird, ohne an Qualität zu verlieren, wird eine europäische Digitale Bibliothek die Chance haben, neben den wesentlich umfangreicheren US-amerikanischen und den nichtbibliothekarischen Angeboten zu bestehen. Auf der anderen Seite bietet die bewusste inhaltliche Konzentration auf die eigene europäische kulturelle Überlieferung und die sprachliche Vielfalt des Kontinents den europäischen digitalen Bibliotheken ein wichtiges Unterscheidungsmerkmal gegenüber den meisten anderen Digitalen Bibliotheken.

c) American Memory

Medial besonders vielfältig ist das Angebot von American Memory, der Digitalen Bibliothek der Library of Congress in Washington. Neben digital vorliegenden Texten umfasst diese Digitale Bibliothek auch Notendrucke, Karten, Tonaufnahmen, Bildmaterial und Filme. Bereits von 1990 bis 1994 – noch vor der weiten Verbreitung des Internets – bemühte sich die Library of Congress, historische Dokumente zur amerikanischen Geschichte aus ihren reichen Beständen durch Digitalisierung und die Verbreitung auf CD-ROMs überregional zugänglich zu machen. Im Rahmen des *National Digital Library Programs* wurde das Projekt fortgesetzt und die Sammlungen konnten im Oktober 1994 – unterstützt durch ein Spendenaufkommen von 13 Millionen Dollar – online im Netz zur Verfügung gestellt werden. Seither wird das Angebot beständig erweitert. Obwohl der Sammlung thematisch keine Grenzen gesetzt sind, liegt nach wie vor ein Schwerpunkt des Angebotes auf dem Gebiet der amerikanischen Geschichte, wobei dieser Begriff bewusst sehr weit gefasst ist und beispielsweise auch Bereiche wie Immigrations-, Kunst- oder Literaturgeschichte umfasst.

Heute umfasst American Memory über 9 Millionen frei zugängliche Dokumente, die – gesammelt in 18 übergreifenden thematischen Gruppen – in mehr als 100 Sammlungen zusammengefasst sind. Alle Sammlungen bieten einen systematischen Zugriff, darüber hinaus lassen sie sich nach Fach- und Themengebieten, nach Epochen und Regionen durchsuchen. Je nach Einstellung des Benutzers werden bei den Suchvorgängen alle Sammlungen oder auch nur einzelne Ausschnitte von American Memory berücksichtigt.

Zielgruppe von American Memory sind nicht nur Fachwissenschaftler, sondern auch Schulen und Colleges, die häufig intensiv mit den digitalen

Materialien arbeiten. Um die Nutzung des Angebotes in diesen Bereichen zu erleichtern und zu befördern, bietet American Memory mit dem Informationsangebot *Teachers* einen Zugang, der Anleitungen für die Benutzung, vorgefertigte und medial unterstützte Lehreinheiten sowie Zusammenstellungen zu aktuellen Themen bietet. Ein historischer Kalender (*Today in History; History Archive*) erlaubt den Zugriff auf historische Dokumente, die sich auf einen einzelnen Tag beziehen.

Schon heute bildet American Memory einen wichtigen Bestandteil innerhalb der vielfältigen Informationsangebote der Library of Congress; dieser Anteil wird sich in den kommenden Jahren weiterhin vergrößern. Gemeinsam mit der UNESCO und fünf weiteren Bibliotheken aus Ägypten, Brasilien und Russland beteiligt sich die Library of Congress mit ihren Beständen und ihrer Erfahrung im Umgang mit Digitalen Dokumenten auch am Aufbau der *World Digital Library*, die ab 2008/2009 digitale Dokumente von Institutionen aus über 40 Ländern zugänglich machen soll.

3. Nichtbibliothekarische Angebote

Nicht nur Bibliotheken, auch andere Anbieter entwickeln Angebote, die sich als Digitale Bibliotheken bezeichnen lassen. Zum Teil entstehen derartige Angebote völlig unabhängig von Bibliotheken, zum Teil in Zusammenarbeit mit ihnen.

a) Project Gutenberg

Die älteste Digitale Bibliothek ist das 1971 von Michael Stern Hart begründete Project Gutenberg, benannt nach Johannes Gutenberg, dem Erfinder des Buchdrucks mit beweglichen Lettern. Seit den 1970er Jahren erweiterte Hart mit Hilfe von Freiwilligen beständig das Angebot an elektronischen Texten, die anfangs noch von Hand in den PC eingegeben werden mussten, seit den 90er Jahren wurden gedruckte Vorlagen zunehmend mittels Scanner und OCR-Bearbeitung digitalisiert. In der Regel werden die so entstandenen elektronischen Texte von Freiwilligen korrekturgelesen. Seit Mitte der 1990er Jahre stehen die vom Project Gutenberg angebotenen Texte im Internet zur Verfügung. Da es sich nahezu ausschließlich um Texte handelt, die nicht mehr urheberrechtsgeschützt sind, sind sie kostenlos verfügbar, sie können heruntergeladen und weiterverbreitet werden.

Heute umfasst das Angebot des Project Gutenberg rund 25 000 zumeist literarische Titel, von denen die mit Abstand meisten englischsprachig sind, weitere Sprachen (Französisch ca. 1200, Deutsch ca. 530, Finnisch ca. 430, ...) sind nur marginal berücksichtigt. Eine zentrale Auswahl der Titel findet nicht statt; aufgenommen wird, was die freiwilligen Mitarbeiter aus aller Welt liefern. Zwar finden sich im Project Gutenberg auch digitale Bilder und Filme, Audiodateien und andere Dokumenttypen, der Schwerpunkt des Angebots liegt jedoch weiterhin auf elektronischen Texten.

Der Katalog des Projects Gutenberg bietet neben einer Autor- und Titelsuche auch Suchmöglichkeiten nach der Sprache des Dokuments, der Library of Congress Klassifikation, einzelnen Dateitypen (Plain text, HTML, etc.) und verschiedenen Dokumententypen (Bilder, Audio-Bücher, Notendrucke, etc.) an. Eine Volltextsuche über alle enthaltenen Dokumente wird derzeit entwickelt und steht in einer Testversion bereits zur Verfügung.

Trotz des großen kostenfreien Angebots literarischer Texte sind manche Aspekte des Project Gutenberg immer wieder kritisiert worden. Ein wichtiger Kritikpunkt ist vor allem die häufig ungenügende Information über die den elektronischen Texten zugrunde liegenden Printeditionen. Und selbst wenn diese Informationen in hinreichender Güte vorliegen, sind es oft nicht die wissenschaftlich relevanten Ausgaben, die verwendet werden (häufig unterliegen diese noch dem Urheberrecht), sondern ältere Texteditionen. Aus diesem Grund sind Werke der älteren Literatur oft einem moderneren Sprachgebrauch angepasst, wodurch sie ihren Wert als Quelle für philologische Arbeiten verlieren. Auch die recht willkürliche Textauswahl ist für die wissenschaftliche Verwendung des Project Gutenberg nicht unproblematisch. So liegt beispielsweise das Werk von Charles Dickens nahezu vollständig vor, während andere bekannte Autoren kaum vertreten sind.

Neben dem eigentlichen Project Gutenberg existiert noch eine Vielzahl von Partnerunternehmungen, die ebenfalls urheberrechtsfreie Werke kostenlos im Internet zur Verfügung stellen und sich zumeist auf nationale oder sprachliche Schwerpunkte konzentrieren. Das in Deutschland bekannteste Angebot ist das *Projekt Gutenberg-De*, das deutsche, überwiegend literarische Texte in Volltextversionen anbietet, wobei sich allerdings nicht alle Texte herunterladen lassen. Derzeit umfasst das Projekt Gutenberg-De über 4000 Titel, was mehr als 1,2 Millionen Buchseiten entspricht (u.a. ca. 20 000 Gedichte, 1800 Märchen, 1200 Fabeln und 3500 Sagen). Ein weiteres Partnerprojekt ist das *Project Runeberg*, das elektronische Versionen der klassischen Literatur in den skandinavischen Sprachen erstellt. Fasst man alle Partnerangebote von Project Gutenberg zusammen, so ergibt sich ein Umfang von über 100 000 angebotenen, kostenfrei zugänglichen Titeln.

b) Google Book Search

Das Projekt einer Digitalen Bibliothek, das weit über die Bereiche von Wissenschaft und Bibliothekswesen hinaus am meisten Beachtung fand und findet, ist sicherlich das ehrgeizige Projekt Google Book Search.

Im Herbst 2004 überraschte der Suchmaschinenbetreiber Google auf der Frankfurter Buchmesse die Fachwelt mit der Ankündigung, innerhalb eines Jahrzehnts rund 15 Millionen Bücher zu digitalisieren und über das Internet zugänglich zu machen. Ermöglicht werden soll ein solches Angebot durch zwei Programme bzw. durch die Kooperation Googles mit zwei unterschiedlichen Gruppen von Institutionen.

Das Programm *Google Books Partner* richtet sich vorwiegend an Verlage. Im Rahmen dieses Projektes liefern Verlage elektronische Fassungen ihrer Publikationen an Google oder die Printausgaben werden – falls keine elektronischen Fassungen vorliegen – von Google eingescannt und mittels der OCR-Technologie lesbar gemacht. Für den Benutzer unterliegen diese urheberrechtsgeschützten Werke allerdings verschiedenen Einschränkungen. Je nach den Vereinbarungen mit dem Verleger werden die Werke in einem unterschiedlichen Umfang angezeigt. Unterschieden wird zwischen:

– Titeln, für die *keine Vorschau* auf den Volltext zur Verfügung steht.
– Titeln, die kleinere Passagen des Textes in Form von *Auszugsansichten* anzeigt.
– Titeln mit einer *eingeschränkten Vorschau* auf einige Textseiten. In diesem Fall sind einzelne Seiten des Werkes frei zugänglich, neben einigen Seiten mit dem gesuchten Begriff sind dies in der Regel der Schutzumschlag, das Titelblatt, das Inhaltsverzeichnis und gegebenenfalls das Register. Zahlreiche Seiten dieser Werke bleiben für den Benutzer allerdings grundsätzlich unzugänglich.
– Titel mit einer *vollständigen Ansicht* des Gesamttextes, hier steht dem Benutzer der Volltext des Werkes uneingeschränkt zur Verfügung.

Für Verlage kann dieses Angebot durchaus interessant sein, da ihre Publikationen auf diese Weise stärker wahrgenommen werden und ein Treffer innerhalb einer Recherche bei Google Book Search durchaus die Bestellung eines Exemplars der Printausgabe nach sich ziehen kann (auf Bestellmöglichkeiten bei den Verlagen wie auch bei verschiedenen Online-Buchhändlern wird von den Titelaufnahmen direkt verlinkt).

Der zweite Beitrag zu der immensen Digitalen Bibliothek stammt vom *Google Books Library Project*, einem Projekt, in dem Google durch die Zusammenarbeit mit bedeutenden Bibliotheken große Massen älterer und somit urheberrechtsfreier Werke einscannt. Woche für Woche werden auf diese Weise Tausende von Bänden mit Hilfe von Scanrobotern digitalisiert und dem Datenbestand hinzugefügt. Googles Partner in diesem Bibliotheksprojekt sind u.a. die Universitätsbibliotheken von Harvard und Stanford, die New York Public Library, die Bodleian Library der Universität Oxford sowie die Bayerische Staatsbibliothek. Diese urheberrechtsfreien Bücher sind nicht nur im Volltext durchsuchbar, sondern stehen dem Nutzer auch uneingeschränkt zur Verfügung, sie lassen sich kopieren oder als PDF-Dateien herunterladen. Die teilnehmenden Bibliotheken können auf diese Weise große Teile ihrer Bestände in digitaler Form rund um die Uhr weltweit anbieten. Darüber hinaus leistet die Digitalisierung der Bestände auch einen Beitrag zu ihrer Erhaltung, da vor allem die Titel des 19. und frühen 20. Jahrhunderts oft vom Zerfall bedroht sind.

Nicht nur die riesige Dimension des von Google angestrebten Angebots erregte über die Fachkreise hinaus Aufsehen. Auch deshalb, weil Google sein Angebot zunächst nicht auf urheberrechtsfreie Werke beschränken, sondern durchaus auch elektronische Werke anbieten wollte, die Urheberrechtsbeschränkungen unterliegen, wurde das Projekt von Beginn an kontrovers diskutiert. Google sieht den Urheberrechtsschutz durch eine Reihe von Schutzmaßnahmen gewahrt. So lassen sich die geschützten Werke nicht vollständig, sondern nur in Auszügen anzeigen, sie lassen sich nicht ausdrucken und auch nicht in digitaler Form kopieren.

Neben dem Angebot, direkt auf die digitalen Volltexte zugreifen zu können, betont Google immer stärker die Recherchefunktion die sich durch das Projekt bietet. Diese Entwicklung zeigte sich nicht zuletzt in der Änderung des Projektnamens, der im Herbst 2005 von *Google Print* in *Google Book Search* geändert wurde. Primär soll der Benutzer durch Google Book Search zunächst zu möglichst vielen für ihn relevanten Treffern geführt werden; die direkte Verfügbarkeit dieser Titel bzw. die Möglichkeiten des Zugriffs sind dann in einem zweiten Schritt zu klären.

Auch wenn der Bestand in der Datenbank von Google Book Search beständig wächst – aktuelle Zahlen werden allerdings vom Unternehmen seit einiger Zeit nicht mehr angegeben – steht als Suchoberfläche für die Buchsuche derzeit nur eine vorläufige Beta-Version zur Verfügung. Diese gliedert sich in einen Bereich, in dem nach den typischen Elementen einer bibliothekarischen Titelaufnahme recherchiert werden kann (Autor, Titel, Verlag, Erscheinungsjahr, ISBN), und in einen Bereich der Volltextsuche, die nicht nur die Titelaufnahmen (Metadaten) berücksichtigt, sondern auch die Volltexte der digitalen Publikationen. Durch diese Suchmöglichkeit erhöht sich die Zahl der Treffer natürlich ungemein, was vor allem für Suchanfragen mit geringen Trefferzahlen von Vorteil ist. Sucht man beispielsweise nach Literatur über die Burg „Rodenegg" in Südtirol, so findet sich dieser Begriff nur sieben Mal in den Titeldaten der in Google Book Search enthaltenen Publikationen; eine Recherche in den elektronischen Volltexten ergibt hingegen 638 Treffer, wobei viele der zusätzlichen Treffer aus dem Volltext von Werken über die Region Südtirol bzw. aus Zeitschriftenartikeln stammen.

Die Möglichkeiten der anschließenden Benutzung der gefundenen Titel variieren je nach der rechtlichen Situation. Beim Vorliegen aller Rechte ist die Anzeige des Volltextes einschließlich des Umschlages als gescanntes Image oder als Textdatei ebenso möglich wie das Kopieren oder Herunterladen des Textes, darüber hinaus wird eine Anzeige der Metadaten angeboten, eine Verlinkung zu Rezensionen, die Möglichkeit, eine eigene Rezension zu schreiben, die Verlinkung zu Online-Buchhändlern, die Suche nach einer nahe liegenden Buchhandlung oder Bibliothek sowie die Möglichkeit, den Volltext dieses Buches zu durchsuchen.

Trotz dieser weitgehenden Optionen für Recherche und Benutzung hat Google Book Search sowohl von Verlags- als auch von bibliothekarischer Seite zum Teil heftige Kritik erfahren. Bemängelt wird vor allem:

- *Die Dominanz der englischen Sprache* bei den Titeln, die in den Datenbestand aufgenommen wurden; dies könne zu einer immer weiteren Marginalisierung der anderen europäischen Sprachen in der Wissenschaft beitragen. Diese Kritik berücksichtigt allerdings nicht genügend die großen internationalen Bestände der teilnehmenden amerikanischen und englischen Bibliotheken und wird durch die Aufnahme weiterer europäischer Bibliotheken – auch aus nicht-englischsprachigen Ländern – weiter an Bedeutung verlieren.
- *Die mangelhafte Qualität der digitalisierten Texte.* Tatsächlich werden die Digitalisate von Google mit Hilfe von Scanrobotern und OCR-Software weitgehend automatisch erstellt, was immer wieder zu Fehlern und mangelhafter Bildqualität führen kann; allerdings ist eine Massendigitalisierung in der Quantität, wie sie von Google angestrebt wird, nur auf diese Weise zu leisten, und auch in diesem Punkt sind die Fortschritte der Technik sichtbar.
- *Die mangelhafte Qualität, vor allem aber die Heterogenität der Metadaten.* Die Titelaufnahmen von Google Book Search entsprechen keinem einheitlichen Regelwerk, weder eine verbale noch eine klassifikatorische Sacherschließung der Titel findet statt.
- *Die Problematik des Ranking.* In Datenbanken mit riesigen Beständen werden häufig nur diejenigen Titel wahrgenommen, die weit oben in den Trefferlisten rangieren, die oft mehrere Zehn- oder gar Hunderttausend Treffer umfassen. Hier besteht die Gefahr, dass einzelne Titel

durch ein positives Ranking in der Rezeption gefördert werden, andere Titel hingegen werden kaum noch zur Kenntnis genommen.

– *Die Kumulation des riesigen Datenbestandes in der Hand eines kommerziellen Anbieters.* Auch wenn die teilnehmenden Bibliotheken Kopien der digitalen Daten der gescannten Titel aus ihren Beständen erhalten und über ihre Kataloge anbieten können, über die Gesamtheit des Datenangebotes verfügt allein Google. In diesem Zusammenhang stellt sich zum einen die Frage, ob der gesamte Datenbestand von Google auch langfristig kostenfrei für die Benutzung zur Verfügung stehen wird und ob das Unternehmen auch die Langzeitarchivierung des Datenbestandes garantieren kann.

– Vor allem Verleger- und Autorenverbände beklagen nach wie vor die aus ihrer Sicht *nicht genügende Beachtung des Urheberrechtsschutzes*; so wurden durchaus auch urheberrechtsgeschützte Werke von Google digitalisiert und erst nach dem Nachweis dieser Rechtssituation wieder aus der Datenbank entfernt. Die Urheberrechtsproblematik ist gerade bei einem internationalen Angebot wie Google Book Search sehr komplex, da in verschiedenen Ländern verschiedene Urheberrechte gelten. Aus diesem Grund macht Google Book Search für US-Bürger alle Digitalisate mit einem Erscheinungsjahr vor 1923 frei zugänglich, nichtamerikanische Benutzer hingegen können nur auf die Bestände vor 1864 im Volltext zugreifen.

So berechtigt einige dieser Kritikpunkte auch sein mögen, so dürfen doch auch die Vorteile, die sich sowohl für die teilnehmenden Bibliotheken als auch für die Benutzer weltweit aus dem Projekt ergeben, nicht unterschätzt werden.

Den *Bibliotheken* erlaubt die Kooperation mit Google die rasche kostenlose Digitalisierung eines Großteils ihrer Bestände, ein Erfolg, den auch finanziell gut ausgestattete Bibliotheken aus eigener Kraft wohl nur in mehreren Jahrzehnten geschafft hätten. Gleichzeitig bilden die digitalen Ausgaben eine wichtige Sekundärform, die für den Erhalt der Informationen auch dann sorgt, wenn die gedruckten Originalausgaben aufgrund des Papierzerfalls nicht mehr benutzt werden können.

Für die *Benutzer* erlaubt das ständig wachsende Angebot von Google Book Search orts- und zeitunabhängig den kostenfreien Zugriff auf viele Hunderttausend, ja Millionen Dokumente, die in Volltextausgaben zur Verfügung stehen. Nicht weniger wichtig sind die Recherchemöglichkeiten, die mit den elektronischen Volltexten zur Verfügung stehen. Noch niemals konnte eine einzelne Bibliothek einen solchen Datenpool für eine Stichwortsuche anbieten. Insofern ist Google Book Search sicherlich nicht das abschließende Ziel, aber doch ein wichtiger Schritt auf dem Weg zu einer wirklich umfassenden Digitalen Bibliothek, einer Bibliothek, die große Teile des Wissens der Menschheit vereint.

Google ist nicht das einzige Unternehmen der PC- und Internetbranche, das sich am Aufbau von digitalen Bibliotheken beteiligt. Mit *Live Search Books* bot Microsoft in Zusammenarbeit mit großen Bibliotheken, u.a. der British Library, einen vergleichbaren Büchersuchdienst an, der insgesamt 750 000 Bücher digitalisierte. Zwar wurde das Projekt im Mai 2008 eingestellt, auf die vorhandenen Digitalisate kann mit der Web-Suche jedoch weiterhin zugegriffen werden. Gemeinsam mit Microsoft sind u.a. auch Hewlett-Packard, Adobe Systems und Yahoo Partner der *Open Content Alliance*, die im Rahmen der *Open Library* Digitalisate von urheberrechtsfreien Titeln anbietet. Auch der Internetbuchhändler Amazon hat Hunderttausende Bücher digitalisiert und stellt die Datenbestände im Rahmen seiner Volltextsuche *Search Inside* zur Verfügung.

Zweifellos haben die großen Digitalisierungsoffensiven von Google und vergleichbaren Anbietern die Bibliotheken weltweit überrascht; vielfach wurden die Bibliotheken durch diese Aktivitäten dazu bewogen, ihre eigenen Anstrengungen im Bereich der Digitalisierung zu intensivieren. Wer auch immer in den nächsten Jahren die größten Digitalen Bibliotheken anbieten wird – das Bibliothekswesen, z.B. in Form einer weltweiten Kooperation der digitalen Angebote von Nationalbibliotheken, oder kommerzielle Unternehmen wie Google oder Microsoft – sicherlich werden die Digitalen Bibliotheken der Zukunft immer größere Datenmengen kumulieren und auch die Zahl der frei zugänglichen Dokumente wird immer größer werden. Diese vorherzusehende Entwicklung muss für das traditionelle Bibliothekswesen jedoch kein Anlass zu Befürchtungen sein oder gar zu Existenzängsten führen. Je umfangreicher die digital angebotenen Datenmengen in Zukunft sein werden, desto stärker werden die bibliothekarischen Kernkompetenzen gefordert sein, diese immer größer werdenden Datenbestände auch intelligent zu erschließen, um sie so der Benutzung sinnvoll zur Verfügung stellen zu können. Auch wenn sich die Treffermengen von Google Book Search und vergleichbaren Internetangeboten bereits heute nach verschiedenen Kriterien einschränken lassen, eine Stichwortsuche nach „Shakespeare" in Google Book Search, die zu rund 1 Million Treffern führt, hat – ähnlich wie die rund 45 Millionen Treffer für die gleiche Suchanfrage in einer Google-Websuche – das eingangs dieses Teils angesprochene Informationsproblem nicht gelöst, sondern ist selbst wiederum ein Teil dieses Problems.

VII. Informationssuche im Internet

Die Anzahl der im Internet publizierten Dokumente nimmt mit schier un-
glaublicher Geschwindigkeit zu. Schon heute stehen den Nutzern im Internet viele Milliarden Dokumente zur Verfügung und täglich kommen mehrere Millionen neue hinzu. Noch stärker als bei den Printmedien kann
man im Bereich der Webangebote von einer Informationsflut sprechen,
die es dem Nutzer zum Teil sehr schwer macht, die für ihn wirklich relevanten Informationen in dem riesigen Angebot zu finden. Aus diesem
Grunde beraten Bibliothekare ihre Benutzer auch bei der Informationsrecherche im Internet, sie machen sie auf die spezifischen Probleme von
Internetrecherchen aufmerksam und weisen auf sinnvolle Ergänzungen
zur Suche im Internet hin. Und darüber hinaus nutzen sie natürlich auch
selbst die Möglichkeiten von Internetrecherchen für ihre Aufgaben in der
Informationsvermittlung.

Unabhängig von der jeweils angewendeten Suchmethode und der thematischen Ausrichtung der Fragestellung ist es zunächst wichtig, sich einige
Besonderheiten bei der Informationsrecherche im Internet bewusst zu
machen.

– *Die Qualität der im Internet publizierten Dokumente ist extrem heterogen*;
  bahnbrechende Forschungsergebnisse von Nobelpreisträgern finden
  sich hier ebenso wie Berichte von privaten Urlaubsreisen, Kochrezepte
  und Verkaufsangebote. Eine Qualitätskontrolle findet nicht statt, viele
  der im Netz publizierten Informationen bestehen aus Meinungen und
  Halbwahrheiten. Natürlich weisen auch nicht alle Printmedien eine
  gleichbleibend hohe Qualität auf, allerdings haben sie – abgesehen von
  Publikationen im Selbstverlag – einmal die Hürde der Drucklegung
  überwunden, also einen Redakteur, einen Lektor oder einen Verleger
  überzeugt. Aus diesem Grund ist eine kritische Qualitätsprüfung bei
  der Bewertung der Suchergebnisse von Internetrecherchen von besonderer Bedeutung.
– *Nicht alle Internetdokumente sind recherchierbar*; ein nennenswerter
  Teil des Internets ist weder in Webkatalogen verzeichnet noch lässt er
  sich mit Hilfe von Suchmaschinen recherchieren. Dies liegt zum einen
  daran, dass nur ein Teil aller Webdokumente von den großen Such-
  maschinenanbietern indexiert wird, zum Teil ist die Unmöglichkeit des
  Zugriffs auf Internetdokumente auch gewünscht und technisch bedingt.
  Nicht indexiert werden typischerweise zum einen Dokumente, die nur
  sehr selten nachgefragt werden, für die sich eine Indexierung daher aus
  wirtschaftlichen Gründen nicht lohnt, und auch die Informationsange-

bote von kommerziellen Anbietern werden – ebenfalls aus wirtschaftlichen Gründen – in der Regel nicht für eine Internetrecherche freigegeben. Aus diesem Grunde kann eine Internetrecherche nur in den seltensten Fällen alle relevanten digitalen Dokumente ermitteln. Der Bereich des Webs, der für Suchmaschinen nicht erfassbar ist, wird zumeist als *Invisible Web* oder auch als *Deep Web* bezeichnet.

– Noch stärker als bei der Recherche nach Büchern und Aufsätzen bilden *die riesigen Treffermengen*, die oft in die Millionen gehen, bei vielen Internetrecherchen ein großes Problem. Aus diesem Grund ist es für den Nutzer besonders wichtig, die Grundprinzipien der *Relevanzsortierung* (Ranking) der Treffer zu verstehen und evtl. komplexere Suchanfragen zu formulieren.

Beachtet man jedoch diese Einschränkungen, so stehen heute im Internet Dokumente zur Verfügung, die ein immenses Informationsangebot bilden und orts- und zeitunabhängig zumeist kostenlos zur Verfügung stehen. Dieses Informationsangebot sollte sowohl von Bibliotheksbenutzern als auch von Bibliotheken zur Ergänzung des traditionellen bibliothekarischen Informationsangebotes genutzt werden.

Mit den *Webkatalogen* und den *Internetsuchmaschinen* sollen im Folgenden die wichtigsten Rechercheinstrumente für eine Informationssuche im Internet vorgestellt werden, mit dem Modell des *Semantischen Netzes* soll abschließend eine jüngere Entwicklung für die Erschließung von Netzdokumenten zumindest kurz angesprochen werden.

1. Webkataloge

Webkataloge (auch Webverzeichnisse) sind Sammlungen von Webadressen, die unter thematischen Gesichtspunkten in einer zumeist systematisch angelegten Verzeichnisstruktur abgelegt sind. Da Webkataloge nicht maschinell, sondern von Menschen erstellt werden, ist die Qualität der verzeichneten Internetdokumente durch die redaktionelle Kontrolle meist wesentlich höher als die Qualität der Suchergebnisse von Suchmaschinen; Seiten von zu geringer Qualität werden nicht aufgenommen, veraltete Seiten werden aus den Verzeichnissen wieder entfernt. Dies ist allerdings auch der Grund dafür, dass Webverzeichnisse gegenüber den Suchmaschinen, die auf riesige, automatisch erstellte Indizes zugreifen können, nur eine relativ geringe Zahl von Webdokumenten erfassen können. Webkataloge präsentieren die verzeichneten Dokumente in der Regel in Form von hierarchischen Verzeichnissen, deren einzelne Kategorien durch Schlagwörter bezeichnet sind, darüber hinaus bieten sie ihren Benutzern oft Metadaten und kurze Beschreibungen der verzeichneten Netzdokumente. Eine Recherche innerhalb eines Verzeichnisses kann sich darauf beschränken, der hierarchischen Systematik zu folgen, bis man zu den gewünschten Webadressen gelangt, möglich ist allerdings auch eine Stichwortsuche über alle oder auch nur über einzelne Kategorien, hierbei können wahlweise die Kategorien, die Dokumentenbeschreibungen oder auch die Volltexte der verzeichneten Dokumente durchsucht werden.

a) Bibliothekarische Angebote

Mit der Zunahme von wissenschaftlich relevanten Informationen, die im Internet publiziert wurden, haben Bibliotheken schon früh erkannt, dass die Erschließung auch dieses Bereichs eine ihrer wesentlichen Aufgaben bilden muss, wenn sie die umfassende Informationsversorgung ihrer Nutzer sicherstellen wollen. So waren es – neben den großen kommerziellen Anbietern – vor allem Bibliotheken, die schon früh unterschiedlich konzipierte Webkataloge erstellten.

Die Düsseldorfer Virtuelle Bibliothek und die Deutsche Internetbibliothek

Seit 1995 bietet die *Düsseldorfer Virtuelle Bibliothek* (DVB) eine systematisch geordnete Sammlung allgemeiner und fachlicher Informationsquellen im Internet, die beständig aktualisiert wird. Damit bildet die Düsseldorfer Virtuelle Bibliothek, die von den Fachreferenten der Universitäts- und Landesbibliothek Düsseldorf betreut wird, einen der wenigen bibliothekarischen Webkataloge in Deutschland, die nicht fachlich begrenzt sind. Eingeteilt sind die Internetdokumente in 44 Hauptklassen von „Allgemeines" bis „Wirtschaftswissenschaften", die je nach Zahl der verzeichneten Dokumente in weitere Unterklassen unterteilt sind. Insgesamt sind rund 15 000 für die Wissenschaft relevante Websites verzeichnet, die von Interessierten aus ganz Deutschland, bzw. der ganzen Welt genutzt werden können. Tatsächlich verweisen viele Bibliotheken in Deutschland über einen Hyperlink auf die Düsseldorfer Virtuelle Bibliothek und können so auf den Aufbau eigener Webkataloge verzichten.

Rund 6300 Internetdokumente verzeichnet der Webkatalog der *Deutschen Internetbibliothek* (DIB). Die Deutsche Internetbibliothek entstand als Gemeinschaftsprojekt des Deutschen Bibliotheksverbandes und der Bertelsmann Stiftung, heute umfasst sie mehr als 90 überwiegend Öffentlichen Bibliotheken.

Fachinformationsführer

Fachinformationsführer (auch Subject Gateways) sind Kataloge von qualitativ hochwertigen Internetquellen zu einzelnen Wissenschaftsfächern.

Die Webkataloge einzelner Fächer können sich in ihrem Aufbau stark voneinander unterscheiden: Während manche in ihrer Katalogstruktur nur eine sehr geringe hierarchische Tiefe und ein Minimum an Beschreibung der verzeichneten Links aufweisen, bieten andere sehr tief gestaffelte Hierarchien und detaillierte Beschreibungen.

Da es natürlich nicht sinnvoll ist, wenn viele Bibliotheken unter großem Arbeitsaufwand nahezu identische Fachinformationsführer zu gleichen Themenbereichen erarbeiten, werden diese zumeist von der für den jeweiligen Fachbereich zuständigen Virtuellen Fachbibliothek (s. o. S. 335) erstellt und angeboten. So verzeichnet beispielsweise der Fachinformationsführer der *Virtuellen Fachbibliothek Politik* (ViFaPol) über 4500 Internetquellen aus allen Bereichen der Politikwissenschaft und der Friedensforschung. Eine systematische Suche ist über 15 thematische Einstiegspunkte (Kategorien) möglich, die dann thematisch weiter aufgegliedert werden; darüber hinaus stehen zehn geographische Zugänge sowie fünf Kategorien für verschiedene Ressourcentypen zur Auswahl. Natürlich sind auch Stich- und Schlagwortsuchen möglich. Um diese vielfältigen Zugänge anbieten zu können, wird jede verzeichnete Internetressource durch eine Fach- und eine Ländersystematik erschlossen, darüber hinaus werden Schlagwörter vergeben, ein Abstract beschreibt den Inhalt des Dokuments, der Titel, der Urheber, die Sprache sowie der Typ des Dokuments werden angegeben.

Academic LinkShare

Während im Falle der Düsseldorfer Virtuellen Bibliothek und der Fachinformationsführer jeweils *eine* Bibliothek umfassende Anstrengungen für die Katalogisierung von Internetdokumenten unternimmt, bildet Academic LinkShare *ein Netzwerk von Bibliotheken* für die Erstellung und Pflege von Webkatalogen. Träger des Projekts sind u.a. die Staatsbibliotheken Berlin und München, die Staats- und Universitätsbibliotheken Hamburg und Göttingen, die Universitäts- und Stadtbibliothek Köln sowie die Deutsche Zentralbibliothek für Wirtschaftswissenschaften in Kiel – insgesamt arbeiten über 120 Redakteure aus 35 Institutionen an der Katalogisierung von Internetdokumenten mit. Das Grundprinzip des 2001 gegründeten Verbundes ist der Aufbau eines gemeinsamen zentralen Datenbestandes, der dann – in den jeweils relevanten Auszügen – von den einzelnen Teilnehmern in den von ihnen betreuten Virtuellen Fachbibliotheken dezentral präsentiert werden kann.

Jeder Partner kann die Datensätze des gemeinsamen Datenpools nutzen, allerdings können die Daten dezentral auch erweitert werden (z.B. durch Hinzufügung eigener Fachklassifikationen oder Fachthesauri). Um die

Kompatibilität der Erschließungsdaten sicherzustellen, werden internationale Standards verwendet, z.B. der international anerkannte Metadatenstandard Dublin Core (s. o. S. 176). Neben der gemeinsamen Nutzung der Metadaten bietet Academic LinkShare den Teilnehmern auch die technische, inhaltliche und organisatorische Infrastruktur für die Erschließung von Internetdokumenten aller Art. So findet beispielsweise die dezentrale Erschließung der Internetquellen für die zentrale Datenbank über eine webbasierte Eingabemaske statt, ein sogenannter Linkchecker prüft täglich die Erreichbarkeit aller verzeichneten Dokumente und ein Wiedervorlagesystem listet alle Dokumente auf, die seit mindestens sechs Monaten nicht mehr aktualisiert wurden. Darüber hinaus lassen sich einzelne Websites für die Aufnahme in die zentrale Datenbank vorschlagen.

b) Nichtbibliothekarische Angebote

Neben den aufgeführten Webkatalogen existiert auch eine Vielzahl von Angeboten aus dem nichtbibliothekarischen Bereich. Die umfassendsten Webverzeichnisse bieten das nicht-kommerzielle Open Directory Project und der Webkatalog von Yahoo.

Open Directory Project

Mit dem 1998 gegründeten Open Directory bietet das Open Directory Project (ODP) den umfassendsten von Menschen erstellten Webkatalog an. Eingeteilt in 16 Hauptklassen (von Arts bis World) verzeichnet das Open Directory insgesamt rund 5 Millionen Internetdokumente, die in ca. 600 000 hierarchisch stark gegliederte Kategorien eingeteilt sind. Diese Größe ist nur erreichbar durch das Grundprinzip des Open Directory Project, die Arbeit mit freiwilligen Redakteuren. Entsprechend dem Motto des Projekts *Humans do it better* (Menschen machen es besser) haben seit der Gründung des Projekts über 75 000 ehrenamtliche Redakteure mitgearbeitet, die jeweils eine Kategorie betreuen, die relevanten Webdokumente eintragen und erschließen. Erschlossen werden die Webdokumente nur mit sehr kurzen Beschreibungen, neben der systematischen Verzeichnisstruktur kann auch nach Kategorien bzw. im Volltext der verzeichneten Webseiten recherchiert werden. Sowohl wegen seiner Größe als auch wegen seiner Qualität wird das englischsprachige Open Directory intensiv genutzt und auch Suchdienste wie Google, AOL Search, Netscape Search und Lycos.com greifen mit ihren Suchmaschinen auf das Verzeichnis zu. Wesentlich kleiner und auch in der Qualität heterogener als das englische Open Directory ist das separat zu benutzende deutschsprachige Angebot.

(Abb. 25: Benutzeroberfläche des Open Directory)

Yahoo

Ebenfalls einen sehr umfangreichen Webkatalog – genauere Angaben über den Umfang des Verzeichnisses werden nicht gemacht – stellt der kommerzielle Internetanbieter Yahoo zur Verfügung. Dieser Katalog wird von den Mitarbeitern des Unternehmens erstellt, wobei die indizierten Websites nicht nur von den Redakteuren ausgewählt werden, sondern auch von beliebigen Personen vorgeschlagen werden können. Der Webkatalog von Yahoo ist ähnlich strukturiert wie das Open Directory, er bietet 14 Hauptklassen (von Arts & Humanities bis Society & Culture), die den systematischen Zugang zu den weiteren Unterklassen erlauben. Möglich ist auch eine Stichwortsuche innerhalb der Kategorien, der Titel und der Beschreibungen der Websites, die wie beim Open Directory meist sehr kurz gehalten sind. Stichwortsuchen können über alle Kategorien erfolgen oder lassen sich auf einzelne Kategorien beschränken.

Lange Zeit war der seit Mitte der 1990er Jahre angebotene Webkatalog von Yahoo quasi ein Synonym für Webkataloge und das Markenzeichen der

Firma schlechthin. Seit dem Jahr 2002 ist die Bedeutung des Webkatalogs innerhalb der Angebotspalette von Yahoo stark zurückgegangen. Auch wenn Yahoo heute eine Vielzahl von Internetdiensten anbietet – darunter auch eine indexbasierte Suchmaschine – und der Webkatalog nicht mehr prominent auf der Startseite des Unternehmens auftaucht, wird er dennoch weiterhin gepflegt. Neben dem umfassenden englischsprachigen Angebot existieren noch eine Reihe kleinerer regionaler Webkataloge von Yahoo mit regionalen Redaktionen und regional angepassten Inhalten.

Eine Besonderheit des Webkataloges von Yahoo bildet die Möglichkeit, eine Aufnahme in das Verzeichnis bzw. eine prominente Platzierung in den Trefferlisten durch Zahlung von Gebühren zu erkaufen. Bei diesem Verfahren verwischen sich die Grenzen zwischen der Anzeige eines gewöhnlichen Treffers und einer Werbeanzeige. Im Gegensatz zu einer ständig auf dem Bildschirm eingeblendeten Werbefläche haben die Katalogeinträge, die durch Bezahlung weit oben in den Trefferlisten rangieren, den Vorteil, dass sie immer dann angezeigt werden, wenn ein Benutzer des Webkatalogs sich tatsächlich für die Thematik der Website interessiert.

Der umfangreichste deutsche Internetkatalog mit über 600 000 verzeichneten Internetdokumenten ist *allesklar.de*. Eine Besonderheit dieses Kataloges besteht in der Möglichkeit, Suchanfragen auf Angebote aus einzelnen Städten oder Postleitzahlenbereichen zu beschränken.

2. Suchmaschinen

a) Indexbasierte Suchmaschinen

Da es auch mit modernsten Rechnern nicht möglich ist, Milliarden von Netzdokumenten zu durchsuchen und das Suchergebnis innerhalb von Sekundenbruchteilen zu erhalten, arbeiten heute fast alle Suchmaschinen mit großen, automatisch erstellten Indizes. Die wichtigsten Funktionselemente solcher indexbasierter Suchmaschinen sind (1) eine Software, die relevante Informationen sammelt, (2) eine Indizierungssoftware und (3) eine Software, die Suchanfragen bearbeitet.

Die *Software zur Sammlung von Informationen* sucht in regelmäßigen Abständen alle in einer Liste vorliegenden Web-Adressen auf und legt diese – oft in konzentrierter Form – in einer riesigen Datenbank ab. Hyperlinks, die auf neue bzw. noch unbekannte Seiten weisen, werden in die Liste der Web-Adressen aufgenommen und beim nächsten Durchlauf ebenfalls berücksichtigt. Entsprechend ihrer Arbeitsweise, die nach und nach große Teile des Internets vollautomatisch absucht, werden diese Programme zum Sammeln von Informationen meist als Spider, Crawler oder Robot bezeichnet.

Mit Hilfe einer *Indizierungssoftware* werden die vom Informationssammler gelieferten Daten strukturiert und damit durchsuchbar gemacht – vereinfacht gesagt werden alle Wörter, die in den Webdokumenten vorkommen, in einem riesigen Index abgelegt. Auf diesen Index wird bei einer Suchanfrage zugegriffen, nicht auf die gesamten Volltexte.

Den letzten Baustein moderner Suchmaschinen bildet eine *Software zur Bearbeitung von Suchanfragen*; diese Programme werten Suchanfragen aus, verknüpfen ihre einzelnen Bestandteile logisch miteinander, leiten die Anfragen an den Index weiter und präsentieren anschließend das Suchergebnis. Aufgrund der hohen Trefferzahlen von Internetrecherchen ist in diesem Zusammenhang vor allem das Problem des *Ranking* – der Sortierung nach der Relevanz – von besonderer Bedeutung. Grundsätzlich steht für die Relevanzsortierung von Webdokumenten eine Vielzahl von Kriterien zur Verfügung.

- *Ranking nach der Position des gesuchten Begriffs* (steht der Suchbegriff z.B. im Titel, gilt das Dokument als relevanter als wenn der Begriff im Text steht, steht er oben im Text, gilt das Dokument als relevanter als wenn er am Ende auftritt)
- *Ranking nach der Worthäufigkeit* (je häufiger ein Suchbegriff vorkommt, desto relevanter ist das Dokument)
- *Ranking nach dem Wortabstand* (je dichter gesuchte Begriffe nebeneinander stehen, desto relevanter ist das Dokument)
- *Ranking nach der Verlinkungshäufigkeit* (je öfter von anderen Seiten auf dieses Dokument verlinkt wird, desto größer ist seine Relevanz)
- *Ranking nach dem Nutzerverhalten* (Netzdokumente, die häufiger angeklickt werden als andere, gelten als relevanter)
- Daneben gibt es noch eine Reihe weiterer Kriterien, u.a. kann eine vordere Position innerhalb einer Trefferliste auch buchstäblich erkauft werden

In der Regel basiert das Ranking heutiger Suchmaschinen auf einer Kombination verschiedener Kriterien und ist zumeist ein streng gehütetes Geheimnis der Anbieter. Ist das Rankingverfahren einer Suchmaschine bekannt, lässt sich die Rankingposition einer Website durch entsprechende Gestaltung zum Teil beeinflussen bzw. manipulieren.

Da der für die einzelnen Netzdokumente errechnete Relevanzwert im Index der Suchmaschine abgelegt ist, kann die Trefferliste sofort in der „richtigen" Reihenfolge – entsprechend der Relevanzsortierung des jeweiligen

Anbieters – ausgegeben werden. Bei Suchanfragen, die aus mehreren Suchbegriffen bestehen, müssen die einzelnen Relevanzwerte kombiniert werden; besonders relevant sind in diesem Fall Treffer, die in allen Suchbegriffen hohe Relevanzwerte aufweisen.

Google

Die 1998 in den USA gegründete Suchmaschine Google ist heute der Marktführer im Bereich von Websuchmaschinen; die Bekanntheit der Marke geht soweit, dass das Verb „googeln" bereits Eingang in die deutsche Sprache gefunden hat und häufig als Synonym für eine Recherche im Internet verwendet wird.

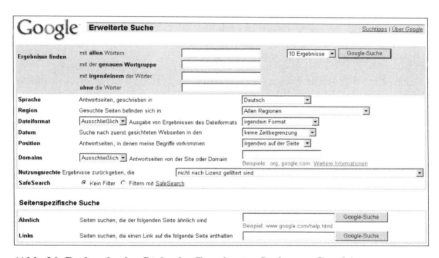

(Abb. 26: Rechercheoberfläche der Erweiterten Suche von Google)

Die Dominanz von Google beruht vor allem auf zwei Faktoren. Zum einen verfügt Google über den *umfangreichsten Index* aller indexbasierten Suchmaschinen; bereits 2004 verzeichnete der Index der Suchmaschine über 8 Milliarden indizierter Webdokumente, seither wird die beständig wachsende Zahl nicht mehr angegeben. Zum anderen verwendet Google für das Ranking der erzielten Treffer einen sehr komplexen Algorithmus, der in fast allen Fällen zu einer sehr guten Relevanzsortierung führt. *Grundlage dieses Algorithmus für die Beurteilung eines Webdokuments ist die Verlinkungshäufigkeit,* also die Anzahl der Hyperlinks, die von anderen Dokumenten auf die fragliche Seite verweisen; allerdings spielt hierbei nicht nur die Anzahl der Links eine Rolle, sondern auch die Relevanz der Seiten, von denen die Links stammen – auch diese werden wiederum aufgrund der Links berechnet, die auf sie verweisen. Darüber hinaus kommen auch noch andere Kriterien beim Ranking der erzielten Treffer zum Einsatz.

Charakteristisch für Google ist die übersichtliche Suchmaske mit nur einer Eingabezeile für die Suchbegriffe; möglich ist eine Recherche über das gesamte Web (bzw. den von Google indizierten Teil) oder eine Beschränkung auf Seiten auf Deutsch bzw. aus Deutschland. Wesentlich komplexere Suchanfragen erlaubt die Erweiterte Suche. Hier lässt sich die Suche auf Sprache und Herkunftsland, auf spezielle Dateiformate, auf die Position der Suchbegriffe innerhalb der Seite und auf Seiten mit speziellen Nutzungsrechten beschränken. Auch die Verwendung der Booleschen Operatoren (und, oder, nicht bzw. and, or, not) ist hier möglich. Gibt man die Adresse eines bekannten Webdokuments ein, kann auch nach ähnlichen Dokumenten gesucht werden oder nach Dokumenten, die einen Hyperlink auf diese Seite gelegt haben.

Neben der Websuche bietet Google eine Vielzahl weiterer Funktionalitäten an, von denen aus bibliothekarischer Sicht vor allem die *Bildersuche* (Google Image Search, hierbei wird auf einen Bildindex von mehr als einer Milliarde Bilder zugegriffen), die *Buchsuche* (Google Book Search, s. o. S. 352) und *Google Scholar* (Suche in wissenschaftlich relevanten Quellen) hervorzuheben sind.

b) Metasuchmaschinen

Ähnlich wie bei Metakatalogen wird auch bei Metasuchmaschinen die Anfrage des Nutzers nicht anhand einer eigenen Datenbank bzw. eines eigenen Index bearbeitet, sondern die Suchbegriffe werden an mehrere andere Suchmaschinen weitergeleitet. Die Ergebnisse der einzelnen angesprochenen Suchmaschinen werden an die Metasuchmaschine geschickt und von ihr weiterverarbeitet, wobei die wichtigsten Arbeitsschritte in der Eliminierung von Dubletten und einer Neubewertung der Ergebnisse für die Relevanzsortierung bestehen. Für den Benutzer unterscheidet sich die einheitliche Trefferliste von Metasuchmaschinen somit nicht von der einer indexbasierten Suchmaschine.

Der *Vorteil* von Metasuchmaschinen besteht darin, dass die verschiedenen angesprochenen Suchmaschinen zum Teil unterschiedliche Bereiche des Internet absuchen und somit in der Summe oft deutlich mehr Treffer liefern als die Benutzung einer einzigen Suchmaschine. Ein *Nachteil* von Metasuchmaschinen besteht – ähnlich wie bei den Metakatalogen – darin, dass komplexe Suchanfragen nicht von allen Suchmaschinen, die in die Suche einbezogen werden, ausgeführt werden können. Moderne Suchmaschinen sind allerdings fast immer in der Lage, die Suchanfrage einer Metasuchmaschine in eine für den eigenen Index sinnvolle Anfrage umzuwandeln. Durch das Zusammenführen und die Bearbeitung der Ergebnisse der einzelnen angesprochenen Suchmaschinen benötigen Metasuchmaschinen meist deutlich mehr Zeit für die Bearbeitung von Suchanfragen als indexbasierte Suchmaschinen. Vor allem sehr große indexbasierte Suchmaschinen erlauben Metasuchmaschinen meist keinen Zugriff auf ihre Daten.

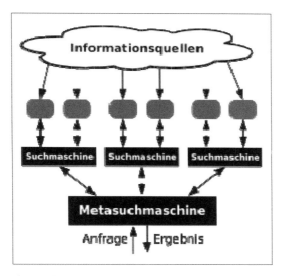

(Abb. 27: Funktionsweise von Metasuchmaschinen)

MetaGer und Metager[2]

MetaGer, die erste deutsche Metasuchmaschine, wurde 1996 am Regionalen Rechenzentrum für Niedersachsen entwickelt. MetaGer leitet Suchanfragen vor allem an deutschsprachige Suchmaschinen weiter, allerdings können auch internationale Suchmaschinen in die Suche einbezogen werden. Insgesamt stehen über 40 Suchdienste zur Auswahl. Die Qualität der gesammelten Treffer wird in der Trefferliste von MetaGer nicht nur durch die Reihenfolge, sondern auch durch fünf verschiedene Farben und Sternchen angegeben, wobei die vermeintlich relevantesten Treffer rot markiert sind (vier Sternchen), schwarz die am wenigsten relevanten (kein Sternchen). Um keine zu großen Trefferlisten zu erzeugen, zeigt MetaGer oft nur die relevantesten Treffer der angesprochenen Suchmaschinen an, auf Wunsch lässt sich auch die vollständige Treffermenge anzeigen.

Ergänzt wird MetaGer durch einen *Assoziator*, eine Software, die aus den Ergebnissen einer Webrecherche Begriffe vorschlägt, die mit dem ursprünglichen Suchbegriff in Zusammenhang stehen und sich daher evtl. für eine Verfeinerung der Suchanfrage oder für eine neue Suche eignen. So bietet beispielsweise eine Suche nach dem Begriff „Zeckenbiss" u.a. die Begriffe „Borreliose" und „FSME" an, die sich sehr gut für eine kombinierte Suche oder eine Anschlussrecherche eignen.

Seit 2005 steht mit *Metager*^{2} eine Weiterentwicklung von MetaGer zur Verfügung. Die entscheidende Verbesserung von Metager^2 besteht darin, dass alle Websites, die von den einzelnen Suchmaschinen gefunden werden, zunächst nachgeladen werden. Auf diese Weise kann Metager^2 z.B. in der Trefferliste Hyperlinks auf Seiten, die nicht mehr existieren, ausblenden. Wahlweise bietet Metager^2 eine Suche über den vornehmlich deutschen Teil des Internets (Web), eine Suche zum aktuellen Tagesgeschehen (News) und eine Suche, die auch das englischsprachige Internet umfasst (International).

3. Semantische Netze

Die Programme von indexbasierten Suchmaschinen können Webdokumente zwar auslesen und automatisch für einen riesigen Index aufbereiten, sie können die verzeichneten Inhalte jedoch nicht „verstehen"; für die Computerprogramme bleiben die Wörter inhaltlose Zeichenketten. Schon seit längerer Zeit wird daher an Techniken gearbeitet, die es ermöglichen, auch die Semantik, also die inhaltliche Bedeutung der Wörter, für die Suche mit Suchmaschinen nutzbar zu machen (Semantik = Lehre von der Bedeutung sprachlicher Zeichen). Den wichtigsten Forschungsansatz bilden sogenannte Semantische Netze, sie bieten eine Möglichkeit, die Beziehungen zwischen unterschiedlichen Begriffen und damit auch ihre Bedeutungszusammenhänge darzustellen. In einer graphischen Darstellung von Semantischen Netzen bilden die verschiedenen Begriffe die Knoten des Netzes, die Linien zwischen den Knoten bezeichnen die Beziehungen zwischen den Begriffen, wobei verschiedene Arten von Beziehungen denkbar sind: hierarchische Beziehungen (Ober- und Unterbegriffe, z.B. Tier – Fisch – Forelle), Äquivalenzbeziehungen (schwarz – gelb), Gegensatzbeziehungen (hässlich – schön), Beziehung von Ursache und Wirkung (Rohrbruch – Wasserschaden), etc. – auch assoziative Beziehungen sind denkbar.

Indem sie die semantischen Relationen von Begriffen nutzen, erkennen semantische Suchmaschinen nicht nur einzelne Wörter, sondern auch ihren

Sinnzusammenhang. Aus diesem Grund kann eine semantische Suchmaschine einen Benutzer, der den Suchbegriff „Brücke" eingibt, fragen,
ob mit der Suchanfrage das Bauwerk über einen Fluss, die spezielle Form
eines Teppichs, die gleichnamige Künstlervereinigung oder eine bestimmte
Form des Zahnersatzes gemeint ist. Um die Analyse des Suchbegriffs und
die richtige Zuordnung der Dokumente zu den einzelnen Bedeutungsvari-
anten leisten zu können, müssen semantische Suchmaschinen auf Kenn-
zeichnungen der jeweiligen textlichen Zusammenhänge zugreifen können.
Diese können von Menschen eingegeben werden, allerdings ist auch eine
automatische Erkennung des Sinnzusammenhangs durch eine Analyse
des Kontexts möglich.

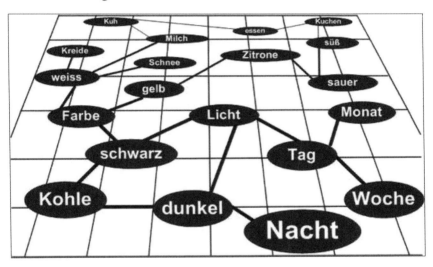

(Abb. 28: Assoziatives Netz, vergleichbar einem Semantischen Netz)

Theseus

Zwar gibt es bereits einige Prototypen von Suchmaschinen, die auf
Semantischen Netzen basieren, doch ist die umfassende semantische
Recherche nach Webdokumenten noch immer eine Vision. Um diesem
Ziel näher zu kommen, wurde 2006 das Forschungsprogramm Theseus
gegründet, das anwendungsorientierte Basistechnologien und technische
Standards für die Wissensorganisation und die Suche nach Netzdokumenten entwickeln soll. Im Fokus des Forschungsprogramms stehen dabei
semantische Technologien, die den Sinnzusammenhang der recherchierten Dokumente berücksichtigen. Getragen wird Theseus von insgesamt
30 Projektpartnern aus Wirtschaft und Wissenschaft, das Projekt hat eine

Laufzeit von 5 Jahren und wird vom Bundesministerium für Wirtschaft und Technologie und der deutschen Wirtschaft mit jeweils 90 Millionen Euro unterstützt. Noch ist nicht abzuschätzen, welche genauen Ergebnisse das Projekt erbringen und ob die Nutzung von semantischen Netzen die Recherche von Internetdokumenten tatsächlich bereits in wenigen Jahren entscheidend verändern wird.

VIII. Virtuelle Auskunft

An anderer Stelle wurde bereits erwähnt, wie vielfältig die Aufgaben in der Auskunfts- und Informationstätigkeit von Bibliothekaren sind und auf wie viele Bereiche sie sich erstrecken können. Wie in anderen Arbeitsbereichen des Bibliothekswesens werden Bibliothekare heute auch bei ihrer Auskunftstätigkeit von moderner Computer- und Kommunikationstechnik unterstützt.

Von virtuellen Auskunftssystemen spricht man in der Regel dann, wenn die Auskunftstätigkeit sowohl auf der Seite der Bibliothek als auch auf der des Benutzers von Rechnern unterstützt wird, die über ein Datennetz – in der Regel über das Internet – miteinander verbunden sind. Auch wenn die technisch unterstützten Angebote einer virtuellen Auskunft die bisherigen Formen der bibliothekarischen Auskunftstätigkeit vor Ort auch auf längere Sicht weder ersetzen werden, noch diese ersetzen wollen, bieten sie sowohl für die Bibliotheken als auch für die Benutzer eine Reihe von Vorteilen. Die wichtigsten Ziele von virtuellen Auskunftssystemen sind:

– *Automatisierung von Standardaufgaben* (z.B. durch Musterantworten für Fragen, die häufig gestellt werden, und E-Tutorials für häufig nachgefragte Angebote)
– *Leitung von Benutzeranfragen* an die richtigen Stellen (z.B. durch Festlegung eines automatischen Leitweges zu Personen und Informationsmitteln)
– *Arbeitsteilige Erstellung und gemeinsame Nutzung* von Informationsangeboten
– *Anpassung an das Kommunikationsverhalten* von Benutzern (viele Benutzer nutzen die elektronischen Angebote von Bibliotheken heute von zu Hause und benötigen daher auch neue Formen der Auskunftserteilung)
– Schaffung eines Auskunftsangebots, das – zumindest in Teilen – *weltweit und rund um die Uhr* genutzt werden kann.

Auch wenn die konkreten Angebote von Bibliotheken sehr unterschiedlich sind, zeichnen sich doch mit (1) den elektronischen Schulungs- und Navigationssystemen, (2) der Chatauskunft und dem Chatbot sowie mit der (3) E-Mail-Auskunft drei zentrale Funktionalitäten im Bereich der virtuellen Auskunft ab.

1. E-Tutorials und Navigationssysteme

Während die bibliothekarische Auskunftstätigkeit an der Informationsstelle früher zumeist durch *schriftliche Informationsmaterialien* (z.B. durch Merkblätter etwa zur OPAC-Benutzung oder zu den Informationsmitteln eines einzelnen Faches) oder durch *Schulungen* (z.B. zur Funktion einzelner Datenbanken) unterstützt wurde, besteht heute die Möglichkeit, häufig nachgefragte Informationen in Form von didaktisch aufbereiteten multimedialen E-Learning-Angeboten elektronisch zur Verfügung zu stellen. Auf diese Weise werden die Vorteile des schriftlichen Informationsmaterials und des praktischen Beispiels vereint und das Auskunftsangebot ist für die Benutzer jederzeit zugänglich. Besonders häufig werden im Bibliotheksbereich sogenannte E-Tutorials verwendet.

a) E-Tutorials

Durch die Verbindung von Sprache, schriftlichen Informationen und Screenshots – zum Teil auch durch die Integration von kurzen Filmsequenzen und interaktiven Elementen – eignen sich E-Tutorials (auch Online-Tutorials) sehr gut für die Vermittlung von grundlegenden Information, wie z.B. eine Einführung in die Benutzung einer Bibliothek, aber auch für die Vermittlung sehr komplexer Sachverhalte, wie z.B. die Benutzung der unterschiedlichsten bibliothekarischen Informationsangebote. Vor allem durch die multimedialen Elemente sind E-Tutorials wesentlich anschaulicher und praxisbezogener als gedruckte Informationsblätter. Steht ein größeres Angebot von E-Tutorials zur Verfügung, kann der Benutzer je nach Vorkenntnissen und Zeit zum Teil zwischen verschiedenen Levels wählen. Auch können E-Tutorials jederzeit unterbrochen und wiederholt werden.

Auf zwei Aspekte ist beim Angebot von E-Tutorials besonders zu achten:

- Grundsätzlich sollten sie *für das Selbststudium geeignet* sein, sie sollten aber auch als Angebot, das auf gedruckten Informationen aufbaut, oder als *Vertiefung und Erweiterung* von konventionellen Schulungen nutzbar sein.
- Die *Präsentation von E-Tutorials* muss an den Stellen erfolgen, an denen der Benutzer auf das Problem stößt, das durch die Benutzung eines E-Tutorials behoben werden soll. Neben einer systematischen Präsentation des gesamten Angebots von E-Tutorials sollten daher auch alle behandelten Datenbanken, Kataloge, Dokumentenserver, etc. einen Link auf das jeweilige E-Tutorial aufweisen.

Viele Bibliotheken verfügen heute über ein umfangreiches Angebot an E-Tutorials. So bietet z.B. die Universitätsbibliothek Freiburg rund 90 E-Tutorials zu fast allen Aspekten ihres bibliothekarischen Angebots an (zum Online-Katalog, zur Ausleihe, zu verschiedenen Fachdatenbanken, zu Facheinführungen, zu elektronischen Zeitschriften und zum elektronischen Publizieren auf dem Freiburger Dokumentenserver).

b) Navigationssysteme

Eine noch engere Verknüpfung zwischen den Informationsangeboten der Bibliothek und Angeboten im Schulungsbereich können elektronische Navigationssysteme leisten. Diese Systeme ermitteln das spezifische Informationsbedürfnis einzelner Nutzer und stellen ihnen ein individuelles Angebot von Ressourcen (und gegebenenfalls auch E-Learning-Angeboten) zusammen, die ihnen bei ihrer Fragestellung weiterhelfen können.

LOTSE

Ein besonders benutzerfreundliches Navigationssystem für Studierende und Fachwissenschaftler ist LOTSE, ein System, das aus einem Projekt der Universitäts- und Landesbibliothek Münster hervorgegangen ist und heute bereits in neun Wissenschaftlichen Bibliotheken in Deutschland und in Österreich zum Einsatz kommt.

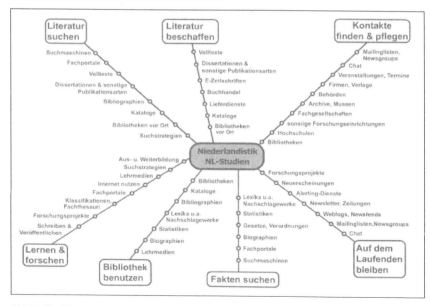

(Abb. 29: Sogenannte Lernpfade des Navigationssystems LOTSE)

373

Auf der Startseite von LOTSE wählt der Benutzer die Bibliothek aus, in der er arbeitet, sowie das Wissenschaftsfach, dem seine Fragestellung zuzurechnen ist; schließlich kann er durch die Auswahl „Anfänger" oder „Experte" ausdrücken, ob er schon Vorkenntnisse im wissenschaftlichen Arbeiten hat. Von diesen Informationen ausgehend stellt Lotse – aufbauend auf einem Content Management System – ein Angebot zusammen, das die wichtigsten Informationsmittel enthält, die für die Fragestellung des Benutzers relevant sein könnten und von der gewählten Bibliothek zur Verfügung gestellt werden. Eingeteilt in die sieben Lernpfade „Literatur suchen", „Literatur beschaffen", „Kontakte finden und pflegen", „Auf dem Laufenden bleiben", „Fakten suchen", „Bibliothek benutzen" und „Lernen und Forschen" eröffnen sich nun verschiedene Unterpfade, die entsprechend der eingegebenen Einstellungen die spezifischen Interessen des Nutzers berücksichtigen.

Mit Hilfe von LOTSE gelangt der Benutzer problemlos direkt zu den für ihn relevanten Datenbanken, Katalogen, Fächerseiten, etc. Diese sind in der Regel durch kurze Beschreibungen erläutert, zum Teil werden sie auch durch ausführlichere E-Learning-Angebote (z.B. E-Tutorials) ergänzt, in denen sie in Form eines kurzen Kurses vorgestellt werden. Während viele bibliothekarische Zusammenstellungen von einzelnen Medienformen (Zeitschriften, E-Books, etc.) ausgehen, besteht der besondere Vorteil von LOTSE für den Benutzer darin, dass die Navigation soweit wie möglich von seinen eigenen Bedürfnissen und Möglichkeiten ausgeht (seinem Interessensgebiet, seiner Heimatbibliothek und seinen Vorkenntnissen).

Für Bibliotheken ist LOTSE insofern besonders attraktiv, da die Inhalte arbeitsteilig von allen teilnehmenden Bibliotheken gemeinsam erstellt und anschließend von allen Partnern genutzt werden können. Beteiligt sich eine weitere Bibliothek, werden die zu ihrem Angebot passenden Module angezeigt, nur evtl. fehlende Angebote, wie z.B. einzelne Datenbanken oder auch ganze Wissenschaftsdisziplinen, müssen ergänzt werden.

2. Chat-Auskunft und Chatbot

a) Chat-Auskunft

Das wichtigste Kriterium des Chats (engl. plaudern, unterhalten) besteht darin, dass die Kommunikation zwischen dem Benutzer und dem Bibliothekar wie bei einem wirklichen Gespräch zeitgleich (synchron) stattfindet, wobei die räumliche Distanz zwischen den Kommunikationsteilnehmern in der Regel durch ein digitales Datennetz überwunden wird. Diese Grundkonstellation bringt es mit sich, dass der Chat für die bibliothekarische

Auskunftstätigkeit einige Vor- und Nachteile aufweist. Problematisch ist vor allem:

- die Beschränkung der Chatauskunft auf die eingeschränkte Arbeitszeit der Bibliothek
- der Wegfall einer Reihe von Aspekten, die die Kommunikation im Rahmen eines direkten Gesprächs unterstützen (Gestik, Mimik, Spontaneität, Aufbau einer persönlichen Beziehung...)

Allerdings steht diesen Nachteilen auch eine Reihe von Vorteilen gegenüber:

- Eine Auskunft im Chat kann von jedem beliebigen Ort in Anspruch genommen werden.
- Durch die Kommunikation in Echtzeit können viel einfacher als bei einer E-Mail-Anfrage Rückfragen gestellt werden, Fragen können präzisiert werden, der Benutzer kann auf Antworten reagieren.
- Leichter als bei der mündlichen Auskunft kann man den Informationssuchenden mit umfangreichem Informationsmaterial versorgen (z.B. durch online übermittelte Trefferlisten, Hyperlinks, Informationstexte, etc.).

Aus diesem Grund bieten viele Bibliotheken in Ergänzung ihrer konventionellen Auskunftstätigkeit heute ihren Nutzern bereits die Möglichkeit, ihre Fragen zu gewissen Zeiten (z.B. Montag bis Freitag 9-15 Uhr) im Rahmen eines Chats beantworten zu lassen. Zunächst muss sich der Benutzer für den Chat anmelden, meist indem er ein Formular ausfüllt, wobei er bereits seine erste Frage eingeben kann. Es öffnet sich ein Chatfenster, in dem dann die von beiden Chatpartnern eingegebenen Texte erscheinen. Auch Hyperlinks oder andere Informationen können dem Benutzer auf diese Weise übermittelt werden.

Zwar gibt es heute verbreitet bereits die Möglichkeit, auch Sprache und Bilder beim Chat einzusetzen (Audio- bzw. Videochat), doch findet die bibliothekarische Chat-Auskunft in der Regel in Form eines Text-Chats statt.

b) Chatbot

Eine andere Form des Chats bieten sogenannte Chatbots (auch Chatterbots oder Bots), wobei allerdings auf Seiten der Auskunftserteilung der reale Mensch durch einen Rechner (Chat-Roboter) ersetzt wird. In einem Eingabefenster kann der Benutzer – wie beim Live-Chat mit einem Menschen – seine Frage eingeben. Diese Form der virtuellen Kommunikation hat zwei entscheidende Vorteile. Zum einen kann der Benutzer – wie beim Live-Chat – natürlichsprachliche Sätze eingeben (z.B. „Zu welchen Zeiten ist der Lesesaal geöffnet?"), Vorkenntnisse in speziellen Recherchestrategien oder langes Navigieren auf der Website sind also nicht nötig. Zum anderen kann ein „Auskunftsgespräch" mit einem Chatbot rund um die Uhr von jedem beliebigen Ort aus geführt werden.

Ausgehend von dem Textmaterial, das der Benutzer eingibt, erfolgt die maschinelle Erkennung der Frage, sie basiert auf dem Vergleich der eingegebenen Begriffe mit Ausdrücken, die in eine Datenbank eingespeichert wurden (z.B. Lesesaal, Öffnungszeit, Inkunabel, etc). Zwar gelingt die Erkennung der Frage nicht immer, in einer Vielzahl der Fälle wird sie allerdings richtig verstanden und kann dann mit Hilfe einer vorgefertigten Antwort, die einer Datenbank, der sogenannten Wissensbasis, entnommen wird, beantwortet werden. Die Antwort erfolgt zwar in Textform, in der Regel wird sie jedoch einer graphisch gestalteten Person zugeordnet, die auch über Gestik und Mimik verfügt. Kann eine Frage nicht adäquat beantwortet werden, so wird sie protokolliert und die entsprechenden Begriffe und mögliche Antworten können durch Mitarbeiter in die Wissensbasis aufgenommen werden. Auf diese Weise wird die Fehlerquote eines Chatbots mit zunehmender Betriebsdauer immer geringer. Scheitert das Erkennen einer eingegebenen Frage, so antwortet der Chatbot ausweichend oder bittet um eine neue Formulierung der Frage.

An deutschen Bibliotheken sind Chatbots zwar noch nicht weit verbreitet, mit Angeboten der SUB Hamburg (Chatbot Stella), der Bücherhallen Hamburg (Chatbot INA), der Universitätsbibliothek Dortmund (Chatbot ASKademicus) und des Bibliotheksportals Sachsen liegen jedoch bereits erste Erfahrungen aus verschiedenen Einrichtungen vor.

Stella

Der bekannteste Chatbot im deutschen Bibliothekswesen ist Stella, die virtuelle Beraterin, die seit 2004 Benutzer auf der Website der Staats- und Universitätsbibliothek Hamburg unterstützt. Stella gibt Auskünfte zu 21 Themenbereichen (Modulen), die sowohl bibliothekarische Themen (Ausleihe, Datenbanken, etc.), aber auch Elemente des Smalltalks umfassen. Ca. 3000 in einer Datenbank gespeicherte Regeln dienen zur Erkennung der Nutzeranfragen. Wird eine Frage erkannt und zugeordnet, so antwortet Stella in einem Dialogfenster, zum Teil werden die kurzen Antworten durch aufgerufene Webseiten oder Links zu weiterführenden Informationen ergänzt. Durch die beständige Weiterentwicklung der Wissensbasis liegt die Quote der sinnvoll beantworteten Fragen von Stella heute bei ca. 80%. Die optische Gestaltung der Figur, einer jungen Frau, unterstützt die jeweilige Antwort; bei unsicheren Rückfragen erscheint Stella beispielsweise mit einem verwirrten Gesichtsausdruck; insgesamt sind zehn verschiedene Stimmungen möglich.

(Abb. 30: Stella, der Chatbot der SUB Hamburg)

Sehr gut sind die Erfahrungen mit der Nutzung von Stella, die täglich mehrere Hundert virtuelle Gespräche führt, von denen in über 80% tatsächlich bibliothekarische Inhalte vermittelt werden, wobei Stella häufig auf die entsprechenden elektronischen Angebote der Bibliothek verweist. Viele Auskunftsgespräche, vor allem zu Themen, die immer wieder angesprochen werden, können so bereits von Stella übernommen werden. Bei der persönlichen Auskunft vor Ort steht somit mehr Zeit für die individuelle fachliche Beratung zur Verfügung.

Ein wichtiger Vorteil eines Chatbots liegt für die Benutzer in der geringen Hemmschwelle für Fragen. Während vor allem unerfahrene Bibliotheksbenutzer aus Unsicherheit oft Hemmungen haben, ihre Fragen an der Bibliotheksauskunft oder in einem Live-Chat zu formulieren, an einer Bibliotheksführung oder an einer Schulung zur Informationskompetenz teilzunehmen, werden Fragen unterschiedlichster Art an den „anonymen" bzw. virtuellen Chatbot durchaus gestellt. Auf diese Weise können neue Nutzerschichten auf die bibliothekarischen Angebote aufmerksam gemacht werden und betreten nach einem „Gespräch" mit dem Chatbot vielleicht zum ersten Mal eine Bibliothek. Darüber hinaus gewinnt eine Bibliothek durch die Verwendung eines Chatbots auch ein Analyseinstrument für die

377

Informationswünsche ihrer Benutzer, auf die sie dann in ihrem Angebot und in ihrem Auskunftsverhalten immer besser eingehen kann.

3. E-Mail-Auskunft

In ihrer einfachen Form unterscheidet sich eine E-Mail-basierte Auskunft zunächst nicht wesentlich von den älteren Formen der schriftlichen Auskunft (Brief, Fax). Auch wenn die Antwortzeiten – und damit auch die Erwartungen der Benutzer – im Zeitalter der E-Mail-Kommunikation entscheidend verkürzt wurden, ist die Auskunft über E-Mail prinzipiell eine zeitverzögerte (asynchrone) Form der schriftlichen Auskunftserteilung zwischen einem Benutzer und einem Bibliotheksmitarbeiter; darin unterscheidet sie sich von allen aufgeführten Formen der virtuellen Auskunft.

Durch verschiedene computerunterstützte Weiterentwicklungen wurden die Möglichkeiten der E-Mail-Auskunft jedoch entscheidend verbessert, so dass man eine E-Mail-Auskunft, die alle Möglichkeiten der heutigen Technik nutzt, durchaus zur virtuellen Auskunft zählen kann. Die wichtigsten Elemente moderner systemgestützter E-Mail-Auskunftsdienste sind:

– *webbasierte Anfrageformulare*, die den Benutzer beim Absenden, aber auch bei der Formulierung seiner Fragen unterstützen, zum Teil können hier auch weitere Angaben gemacht werden, durch die die Bearbeitung der Anfrage erleichtert wird
– eine zumindest teilweise *automatisierte Weiterleitung* (Routing) der eingehenden E-Mails an die für die Beantwortung der Anfrage richtige Stelle
– eine *Wissensdatenbank* (Knowledge Base), auf die bei häufig vorkommenden Fragen zurückgegriffen werden kann; um diese Datenbank effektiv nutzen zu können, ist vor allem ihre sachliche Erschließung von zentraler Bedeutung
– die *Kooperation* mit mehreren Partnern in einem Netzwerk, zum Teil auch auf mehreren Ebenen (z.B. lokal, national und international)
– *Benutzerkonten*, über die der Status jeder Frage (z.B. erhalten, in Arbeit, beantwortet, etc.) überprüft werden kann; hier können gegebenenfalls Rückfragen angeschlossen werden

In ihrer Gesamtheit bewirken diese Maßnahmen, dass eine E-Mail-Anfrage fast immer zielgerichteter, schneller und kompetenter beantwortet werden kann, als dies in der konventionellen Auskunftserteilung bisher der Fall war.

a) InfoDesk

InfoDesk ist ein E-Mail-Anfrage- und Weiterleitungsdienst, der vom Bibliotheksservicezentrum (BSZ) des Südwestdeutschen Bibliotheksverbundes entwickelt wurde und seit 2006 von mehreren Bibliotheken angeboten wird.

Abgesetzt wird die Frage in diesem System über ein Auskunftsformular, wobei neben der eigentlichen Frage auch das betreffende Fach und eine formale Zuordnung angegeben werden können. Eine an der Auskunftsstelle einer der teilnehmenden Bibliothek eingehende E-Mail wird dann vom dortigen Bibliothekar entweder selbst beantwortet bzw. von Hand oder automatisch an eine andere Stelle weitergeleitet. Bevor die Auskunft erarbeitet wird, durchsucht der zuständige Bearbeiter die Wissensdatenbank, in der die bisher bearbeiteten Anfragen mit den passenden Antworten gespeichert wurden. Gegebenenfalls wird die Antwort dieser Datenbank entnommen und evtl. noch an die aktuelle Frage angepasst. Liegt keine Antwort für die gewünschte Auskunft vor, so wird die Antwort neu erarbeitet und per E-Mail an den Benutzer geschickt. In diesem Fall wird eine Kopie der Antwort in die Datenbank aufgenommen, wo sie bei der nächsten vergleichbaren Anfrage zur Verfügung steht. In einem speziellen Konto kann der Benutzer jederzeit den Bearbeitungsstatus seiner Anfrage überprüfen.

Neben inhaltlichen und formalen Anfragen können mit InfoDesk auch Anregungen, Kritik, Literaturvorschläge, etc. bearbeitet werden.

b) QuestionPoint

Noch weiter gehende Funktionalitäten bietet QuestionPoint, ein weltweit eingesetzter Auskunftsdienst. Den 1700 teilnehmenden Bibliotheken in 23 Ländern bietet QuestionPoint zum einen die technischen Werkzeuge für die IT-gestützte Auskunftsverwaltung, zum anderen arbeiten alle Bibliotheken, die QuestionPoint einsetzen, in einer weltweiten Auskunftsgemeinschaft zusammen. Neben der Verwaltung der E-Mail-Auskunft bietet QuestionPoint auch eine Chat-Komponente. Durch die Verbindung von E-Mail-Auskunft und Chat kann das System dem Nutzer die Vorteile beider Systeme bieten: die Auskunft im Live-Chat erfolgt in Echtzeit (synchron), während die E-Mail-Auskunft zwar zeitverzögert (asynchron) erfolgt, dem Bibliothekar dafür jedoch mehr Zeit für die Bearbeitung lässt. Welche der umfassenden Funktionalitäten dem Benutzer letztendlich angeboten werden, entscheidet allerdings die jeweilige Bibliothek.

Die *Auskunftsverwaltung* unterstützt die Abwicklung der Anfrage auf verschiedenen Ebenen. Sie stellt dem Benutzer ein Formular für seinen Auskunftswunsch zur Verfügung, sie nimmt das Routing, also die teilweise automatisierte Weiterleitung der Anfrage vor, sie bestätigt automatisch den Eingang der Anfrage, zeigt dem Benutzer den Status seiner Anfrage an und stellt dem Auskunft gebenden Bibliothekar die Informationsdatenbank zur Verfügung, die aus den Anfragen der Benutzer und den entsprechenden Auskünften gebildet wird und sich daher beständig erweitert.

Die internationale *Auskunftsgemeinschaft*, in der die teilnehmenden Bibliotheken verbunden sind, schafft – weit über die Grenzen der konventionellen schriftlichen Auskunft hinaus – Möglichkeiten, die fachlichen und sprachlichen Kompetenzen der teilnehmenden Partner für den eigenen Auskunftsdienst zu nutzen und so die Qualität der Auskünfte zu erhöhen. In den meisten Fällen wird die Bibliothek die Anfrage zwar selbst beantworten, kann sie aber auch gezielt an einzelne Partner, an ein regionales Konsortium oder an den globalen Verbund weiterleiten. So können zum Beispiel Anfragen in einer seltenen Fremdsprache oder Anfragen zu sehr speziellen Themengebieten an eine andere teilnehmende Bibliothek mit dem entsprechenden sprachlichen Hintergrund oder der einschlägigen fachlichen Spezialisierung weitergeleitet werden. Auf allen Ebenen wird die Beantwortung der Anfrage von einer lokalen, einer regionalen und einer globalen Wissensdatenbank unterstützt, in der alle bisher gestellten Fragen und die Auskünfte der teilnehmenden Bibliotheken in anonymisierter Form gespeichert sind.

Bei der Eingabe seiner Anfrage im Internetformular wird der Benutzer zumeist um weitere Angaben gebeten, z.B. wofür er die Auskunft benötigt (Schule, Studium, Forschung, Beruf, Hobby, etc.), welche Informationsmittel er bereits benutzt hat und bis wann er die Antwort spätestens benötigt. Hier kann er auch die Erlaubnis geben, dass seine Anfrage gegebenenfalls an eine andere Bibliothek weitergeleitet wird bzw. – in anonymisierter Form – in den Wissensdatenbanken gespeichert wird.

Allen Benutzern, die sich bei QuestionPoint registriert haben, stehen diese Wissensdatenbanken zur Verfügung. Da sich viele Benutzeranfragen bereits durch den Zugriff auf dieses Datenmaterial beantworten lassen, bietet dieser Service in gewisser Weise einen 24-Stunden-Auskunftsbetrieb.

Auch im Bereich des *Chats* bietet QuestionPoint die Möglichkeit, andere Auskunftsbibliothekare, die online sind, in den aktuellen Chat mit einzubeziehen. Auf diese Weise können auch hier die sprachlichen und fachlichen Kompetenzen der einzelnen Mitarbeiter besser eingesetzt werden.

Vor allem für großstädtische Öffentliche Bibliotheken hat sich die durch die weltweite Zusammenarbeit bedingte *Vielsprachigkeit* des Angebots

als besonders vorteilhaft erwiesen. Sie gibt dem Benutzer die Möglichkeit, seine Anfrage an die Bibliothek in seiner Muttersprache zu formulieren. So bietet z.B. die Zentral- und Landesbibliothek Berlin das Auskunftsformular im Internet in 25 Sprachen von Afrikaans bis Vietnamesisch an.
Anfragen, die in einer Fremdsprache eingehen, werden direkt an eine
Bibliothek des entsprechenden Landes weitergeleitet und von dort aus innerhalb eines Tages beantwortet. Auch hier kann der Benutzer den Bearbeitungsstatus seiner Anfrage jederzeit einsehen.

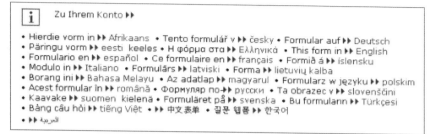

(Abb. 31: Zugänge zum Auskunftsformular an der ZLB Berlin in verschiedenen
Sprachen)

In Deutschland nehmen schon zahlreiche Bibliotheken an QuestionPoint
teil, u.a. die Zentral- und Landesbibliothek Berlin, die Bayerische Staatsbibliothek, die Staats- und Universitätsbibliothek Göttingen, die Universitätsbibliotheken Frankfurt am Main und Potsdam sowie die Zentrale
Fachbibliothek für Wirtschaftswissenschaften in Kiel.

Überblickt man abschließend die modernen Entwicklungen im Bereich
der virtuellen Auskunft, so zeichnet sich durch den Einsatz moderner
Kommunikationstechniken ein spürbarer Qualitätsgewinn gegenüber den
herkömmlichen Formen der Auskunft ab: Die Auskunftsstellen der Bibliotheken können heute Informationen schneller bearbeiten, ihre Dienste
orts- und zeitunabhängig anbieten, sie können Anfragen an Spezialisten
weiterleiten und für häufig nachgefragte Inhalte automatisierte Angebote,
z.B. E-Tutorials, erstellen. Für besonders komplexe Anfragen kann allerdings bis heute kein technisch unterstütztes Verfahren das individuelle Aus-
kunfts- und Beratungsgespräch in der Bibliothek vollständig ersetzten.

IX. Informationskompetenz und Informationsethik

Die eingangs dieses Teils geschilderte, beständig wachsende Informations-menge und das daraus resultierende Problem der Informationsüberflutung erfordert von Bibliotheken und anderen Informationsanbietern nicht nur die Entwicklung immer neuer Informationsmittel und -angebote, sondern sie verlangt auch vom einzelnen Nutzer immer größere Fähigkeiten im Umgang mit der Information. Neben der Bereitstellung von Dokumenten und Informationsmitteln aller Art gewinnt daher die Vermittlung der *Informationskompetenz* im Aufgabenspektrum von Bibliotheken immer mehr an Bedeutung. Gleichzeitig erfordern das größer werdende Informationsangebot und seine wachsende wirtschaftliche Bedeutung einen verantwortungsvollen und ethisch begründeten Umgang mit dieser Ressource. Zentrale Grundsätze einer *Informationsethik* sollten daher für alle an der Herstellung, Verbreitung und Benutzung von Medien beteiligten Personen und Institutionen gültig sein.

1. Informationskompetenz

a) Allgemeines

„Informationskompetenz zu besitzen bedeutet, dass eine Person in der Lage ist zu erkennen, wann Information benötigt wird, sie aufzufinden, zu bewerten und die benötigte Information effektiv zu verwenden."

Auch wenn in der Informationswissenschaft keine Einigkeit über die genaue Definition von Informationskompetenz besteht, wird der Bergriff zumeist entsprechend dieser bereits 1989 von der American Library Association (ALA) erstellten Bedeutung verwendet. Die Definition macht deutlich, dass erst das Zusammenkommen verschiedener Fähigkeiten zum kompetenten Umgang mit Information führt. Als wichtigste Fähigkeiten werden zumeist genannt:

- Die Fähigkeit, den eigenen *Informationsbedarf zu erkennen* und diesen auch beschreiben zu können.
- Die Fähigkeit, bedarfsbezogene *Informationen zu finden*. Dies setzt die Kenntnis der relevanten Informationsquellen ebenso voraus wie die Fähigkeit, die richtige Recherchestrategie zu entwickeln.
- Die Fähigkeit, gefundene *Informationen zu beschaffen*, bzw. Zugang zu ihnen zu erlangen.
- Die Fähigkeit, *Informationen und Informationsmittel zu bewerten und auszuwählen* sowie die eigene Informationsrecherche kritisch zu reflektieren.

– Die Fähigkeit, gefundene *Informationen weiter zu verarbeiten*, sie sinnvoll in den jeweiligen Zusammenhang einzufügen und sie angemessen
zu präsentieren.

Nur wenn alle Fähigkeiten vorliegen, kann die Suche nach Informationen
erfolgreich durchgeführt werden; bereits das Fehlen einer einzigen Komponente gefährdet den Rechercheerfolg. Aus diesem Grund bieten Bibliotheken heute Schulungen zu allen Themenbereichen an, die zur Informationskompetenz gehören.

b) Bibliothekarische Angebote zur Informationskompetenz

Die bibliothekarischen Schulungsangebote zu den einzeln aufgeführten
Fähigkeiten werden zum Teil in Form von unverbundenen Einzelveranstal-
tungen angeboten, zum Teil sind sie integriert in umfassende Konzepte
für die Entwicklung von Informationskompetenz.

Die *Erkenntnis des eigenen Informationsbedarfs* beschränkt sich nicht
allein auf die Einsicht, dass Informationen zu einem speziellen Thema,
z.B. für eine Seminar- oder Masterarbeit, benötigt werden. So ist es z.B.
wichtig, sich bewusst zu machen, ob nur vorgegebene Titel einer Litera-
turliste gesucht werden oder ob eine thematische Suche stattfinden soll,
welches Niveau die gewünschten Informationen haben sollen, welche
Fremdsprachen und Medienarten bei der Suche berücksichtigt werden
sollen, wie viel Zeit für die Recherche bzw. die Literaturbeschaffung und
-verarbeitung zur Verfügung steht usw. Hilfen für das Erkennen und exakte
Formulieren des eigenen Informationsbedarfs bieten häufig Einführungen
in die Techniken des wissenschaftlichen Arbeitens, wie sie typischerweise
von Hochschulen angeboten werden. Allerdings verschaffen auch Einführungen in die Bibliotheksbenutzung dem Benutzer einen Überblick über
diesen Themenbereich.

Der nach wie vor wichtigste Bereich der bibliothekarischen Vermittlung
von Informationskompetenz betrifft die Fähigkeit, *Informationen zu finden*. Viele Bibliotheken bieten hierfür eine Fülle von Schulungen an. In
der Regel werden die verschiedenen Informationsmittel vorgestellt und
ihre effiziente Benutzung geschult. Bibliothekarische Schulungsveranstaltungen können sich dabei auf die Benutzung des OPAC beschränken, sie
können im Überblick die allgemeinen Informationsmittel der Bibliothek
vorstellen (Kataloge, Bibliographien, Volltextdatenbanken, etc.), sie können sich auf die Informationsmittel einzelner Fachgebiete beschränken
(die Informationsmittel aus dem Bereich der Anglistik, der Chemie, etc.)
oder in die Benutzung einer einzelnen Datenbank einführen.

Die *Fähigkeit, sich Literatur zu beschaffen*, vermitteln Bibliothekare zunächst in Einführungen in die Bibliotheksbenutzung sowie bei Schulungen zum Auswärtigen Leihverkehr und zur Dokumentenlieferung. Neben diesen traditionellen Bezugswegen von bibliothekarischen Medien schulen Bibliotheken heute allerdings auch die Benutzung kostenfreier, lizenzierter und kostenpflichtiger Volltextdatenbanken und bieten die Herstellung von E-Books on Demand an.

Aufgrund des immer vielfältiger werdenden Angebots von Informationsressourcen und Trefferzahlen, die in die Hunderttausende gehen, gewinnt die *Bewertung von Informationsmitteln und Informationen* für den Erfolg einer Informationsrecherche immer mehr an Bedeutung. Aus diesem Grund thematisieren Bibliotheken diese Aspekte immer stärker, z.B. im Rahmen von Schulungen zu den Informationsmitteln einzelner Fachgebiete. Dasselbe gilt für die Suchstrategie, die ebenso wie die gefundenen Informationen kritisch zu hinterfragen ist.

Durch ihre Fülle und ihre mediale Vielfalt erscheint es immer schwieriger, gefundene *Informationen sinnvoll weiter zu verarbeiten*. Bibliotheken bieten daher auch zu diesem Themenbereich immer mehr Schulungen und Informationen an. Dies kann z.B. Themen wie richtiges Zitieren, Aspekte des Urheberrechts, Fragen zum Umgang mit Plagiaten oder die Verwendung von Literaturverwaltungsprogrammen betreffen.

Bereits diese kurze Auflistung zeigt, wie stark Bibliotheken heute neben ihren traditionellen Aufgaben – der Erwerbung, Erschließung und Vermittlung von Literatur – auch Schulungs- und Weiterbildungsaufgaben in allen Bereichen der Informationskompetenz übernommen haben. Aus diesem Grund verstehen sich heute viele Bibliotheken als *Teaching Libraries*.

c) Formen der Vermittlung von Informationskompetenz

Sehr vielfältig sind die angewendeten Methoden und die Organisation bei der Vermittlung der Informationskompetenz in Bibliotheken, wobei die Vermittlung von einzelnen bibliographischen Informationen oder Fachinformationen nicht immer exakt von der Vermittlung von Informationskompetenz zu trennen ist. Grundsätzlich löst die *passive Auskunftstätigkeit* in der Regel eher das individuelle Informationsproblem eines einzelnen Benutzers, während die *aktiven Schulungsangebote* von Bibliotheken die behandelten Informationsmittel meist exemplarisch vorstellen und somit stärker der Vermittlung der allgemeinen Informationskompetenz dienen.

Die *Methoden*, die für die Vermittlung von Informationskompetenz angewendet werden, sind überaus vielfältig; sie reichen vom einfachen Flyer, der über einzelne bibliothekarische Angebote informiert, bis zum Einsatz von E-Tutorials und semesterumfassenden Seminarreihen.

Der große Vorteil von *gedruckten Informationen* aller Art besteht darin, dass sie vom Benutzer mitgenommen werden können und ihm dann jederzeit zur Verfügung stehen. Sie können sehr kurz gehalten sein, z.B. in Form eines Lesezeichens, das die wichtigsten Angebote einer Bibliothek zu einem einzelnen Wissenschaftsfach auflistet, bis hin zu sehr umfangreichen Texten, z.B. in Form einer gedruckten Bibliothekseinführung, die mehrere Dutzend Seiten umfassen kann. Fotos, Abbildungen und Graphiken können die Aussagen des Textes oft entscheidend verdeutlichen. Nach wie vor bieten Bibliotheken viele gedruckte Informationen an, allerdings wird zu Recht immer wieder darauf hingewiesen, dass zu lange Texte oder zu viele einzelne Informationsblätter auch abschreckend wirken können. Weitere Probleme bei gedruckten Informationen bestehen oft darin, dass sie ihre Inhalte meist nur theoretisch vermitteln und diese oft rasch veralten.

Dem Vermitteln von Informationskompetenz durch praktisches Tun und durch eigene Anschauung dienen vor allem *Schulungsveranstaltungen* und *Führungen*. Schulungen kommen typischerweise dann zum Einsatz, wenn praktische Fähigkeiten vermittelt werden sollen oder wenn die Vermittlung von komplexen Inhalten durch die aktive Tätigkeit der Lernenden unterstützt werden soll, also z.B. bei der Einführung in bibliographische Datenbanken, Informationsportale und Volltextserver. Führungen dienen meist dazu, den Teilnehmern einen ersten Überblick über die gesamte Bibliothek oder auch einzelne Bereiche zu geben. Ihr Vorteil liegt darin, dass die Teilnehmer alle Bereiche sehen können und die entsprechenden Anlaufstellen bei der späteren Benutzung der Bibliothek bereits kennen.

Auch verschiedenste Formen von *elektronischen Medien* werden bei der Vermittlung der Informationskompetenz eingesetzt, sie ermöglichen das *E-Learning*, das vor allem den Vorteil hat, orts- und zeitunabhängig erfolgen zu können und durch die Vielfalt der medialen Möglichkeiten mehrere Sinne des Lernenden anzusprechen. Durch die Zunahme von Online-Angeboten von Bibliotheken kommt noch ein weiterer Vorteil der elektronischen Medien in der Informationsvermittlung zum Tragen: Sie können direkt an den Stellen angebracht werden, wo der Schulungsbedarf in der Regel auftritt bzw. wo er bemerkt wird, z.B. als Hyperlink oder Button auf der Webseite einer Datenbank. Digitale Informationen können in Form von Texten, Graphiken, Ton- oder Videosequenzen, E-Tutorials oder eines Chatbots gegeben werden.

Im Idealfall umfassen die Informationsangebote einer Bibliothek für die Vermittlung von Informationskompetenz alle medialen Formen der Präsentation und bauen als ein System von Maßnahmen aufeinander auf. So hat sich vor allem die Verknüpfung von traditionellen Schulungsangeboten mit schriftlichen Informationen und Angeboten des E-Learnings überaus bewährt; man spricht in diesem Zusammenhang vom *integrierten Lernen* bzw. von *Blended Learning*. Grundsätzlich werden die Lehr- und Informationsangebote zum Bereich der Informationskompetenz immer sehr stark vom Typ der Bibliothek und ihren Nutzern abhängen. Universitätsbibliotheken werden sich stärker auf die Vermittlung von Informationsmitteln und -kompetenzen konzentrieren, die für das wissenschaftliche Arbeiten besonders relevant sind, Öffentliche Bibliotheken werden dagegen stärker die Bedürfnisse von Schule, Aus- und Weiterbildung im Auge haben.

Auch die *Organisationsform* bibliothekarischer Schulungsangebote kann sehr unterschiedlich sein. Während die meisten Bibliotheken diese unabhängig gestalten, bieten immer mehr Universitätsbibliotheken allgemeine Einführungsveranstaltungen und Schulungen im Bereich der Informationsrecherche auch in Zusammenarbeit mit den Fakultäten oder Fachbereichen der Hochschule durch. Vor allem durch die Umstellung auf die neueren Bachelor- und Masterstudiengänge werden bibliothekarische Lehrveranstaltungen zur Informationskompetenz oft in das Curriculum einzelner Fachstudiengänge eingebunden. Gerade in dieser Organisationsform werden häufig unterschiedliche Vermittlungsmodelle miteinander kombiniert (Vorlesungen, Schulungen in kleinen Gruppen, E-Learning-Angebote, gedruckte Informationsmaterialien, etc.).

(**Abb. 32: Ausschnitt des Angebots zur Informationskompetenz der UB Konstanz**)

Mit der Erkenntnis, dass die Vermittlung von Informationskompetenz ein immer wichtiger werdender Aufgabenbereich von vielen Bibliotheken geworden ist, wachsen auch die Bemühungen, *kooperative Angebote* zu entwickeln bzw. Arbeitsmaterialien zu diesem Thema auszutauschen. Die wichtigste Initiative, vorliegende Konzepte, Kursmaterialen, Informationen, Erfahrungsberichte und anderes aus diesem Bereich auch für andere Bibliotheken zugänglich zu machen, bildet das Informationsportal „www.informationskompetenz.de", das von mehreren bibliothekarischen Arbeitsgemeinschaften als Gemeinschaftsprojekt betrieben wird. Es hält Interessierte über aktuelle Entwicklungen auf dem Laufenden, betreibt eine Materialiendatenbank und führt eine Veranstaltungsstatistik.

2. Informationsethik

Als philosophische Disziplin beschäftigt sich die Informationsethik mit allen Fragen, die den moralischen Umgang mit Informationen betreffen. Aufgrund des wachsenden Angebots und der zunehmenden Bedeutung von Informationen hat diese junge Teildisziplin der Ethik in den vergangenen Jahren beständig an Bedeutung gewonnen; meist steht die Beschäftigung mit Fragen, die Informationen in digitaler Form betreffen, im Vordergrund, grundsätzlich existieren jedoch keine medialen Beschränkungen. Die Informationsethik untersucht allgemeine Fragen zu gesellschaftlichen Moralvorstellungen und Normen im Umgang mit Informationen, sie bietet aber auch die Grundlagen für konkrete Handlungsgrundsätze, die sich aus einem verantwortungsbewussten Umgang mit Informationen ableiten.

a) Allgemeines

Auch wenn die Informationsethik grundsätzlich alle moralischen Fragen beim Umgang mit Informationen thematisiert, so zeichnen sich doch einige thematische Schwerpunkte ab. Diskutiert werden vor allem Fragen (1) nach den Eigentumsrechten von Informationen, (2) nach gesellschaftlich oder politisch begründeten Unterschieden beim Zugang zu Informationen, (3) nach dem freien Zugang zu Informationen und – scheinbar ein Widerspruch – (4) nach dem Schutz individueller Informationen.

(1) Bezüglich der Frage *„Wem gehört Wissen?"* ist vielfach zu Recht festgestellt worden, dass es individuelle Eigentumsrechte an Wissen oder auch Informationen nicht geben kann, wohl aber an Informationsprodukten (Texten, Daten, etc.). Hier kann es zu einem Konflikt zwischen den ökonomischen Interessen von Autoren bzw. Verlagen auf der einen Seite und den Wünschen der Wissenschaft nach ungehindertem Zugang zu In-

formationen auf der anderen Seite kommen. Für einen ungehinderten Zugang zu wissenschaftlich relevanten Dokumenten kämpft seit Jahren die Open-Access-Bewegung, die ihre Forderungen in mehreren Manifesten bekräftigt hat. Die „Berliner Erklärung über den offenen Zugang zu wissenschaftlichem Wissen" wurde 2003 von zahlreichen deutschen und internationalen Forschungsorganisationen unterzeichnet (s. o. S. 108), unter anderem auch vom Deutschen Bibliotheksverband (DBV).

(2) Die *digitale Spaltung* – häufig wird auch der englische Begriff *digital divide* verwendet – beschreibt die Trennung zwischen Personengruppen mit effektivem Zugang zu digitalen Informationen und Personengruppen ohne einen solchen Zugang. Die digitale Spaltung kann die unterschiedlichen Möglichkeiten des Zugangs zu Informationen auf verschiedenen Ebenen bezeichnen. *Innerhalb eines Landes oder einer Gesellschaft* ist zu unterscheiden zwischen der mangelnden technischen Verfügbarkeit von Informationen (z.B. durch das Fehlen von Internetanschlüssen), den mangelnden ökonomischen Voraussetzungen (wohlhabende Bevölkerungsschichten haben umfassendere Möglichkeiten, sich Zugang zu digitalen Informationen zu verschaffen) und sozialen Unterschieden (nach wie vor lassen sich Unterschiede beim Umgang mit digitalen Informationsmedien zwischen den Generationen und den Geschlechtern feststellen). Auch verschiedene Formen von *Behinderungen* können den Zugang zu digitalen Medien erschweren. Durch die *barrierefreie* Gestaltung von Online-Angeboten sollte dieser Grund für einen erschwerten Zugang zu digitalen Daten – soweit als möglich – beseitigt werden. Beim Vergleich verschiedener Länder ist eine grundsätzliche *Benachteiligung der Entwicklungs- und Schwellenländer* beim Zugang zur elektronischen Informationen festzustellen. Dies betrifft grundsätzlich natürlich alle Medien (Radio, Telefon, Fernseher, etc.), macht sich jedoch beim mangelnden Zugang zum Internet und digitalen Medien besonders bemerkbar.

(3) Als *Informationsfreiheit* wird im Grundgesetz das Recht bezeichnet, sich jederzeit aus allgemein zugänglichen Quellen ungehindert unterrichten zu können (§ 5 GG). Indem Bibliotheken veröffentlichte Informationen sammeln, erschließen und allen Bevölkerungsgruppen zur Verfügung stellen, kommen sie diesem Öffentlichkeitsprinzip nach.

(4) Dem Öffentlichkeitsprinzip entgegen steht das Grundrecht auf die *informationelle Selbstbestimmung*. Dieses Recht erlaubt es dem Einzelnen, selbst uneingeschränkt über die Preisgabe und die Verwendung seiner persönlichen Daten zu bestimmen. Aus diesem Grund dürfen statistische Erhebungen, z.B. medizinische Versuchsreihen, nur in anonymisierter Form veröffentlicht werden.

International Center for Information Ethics

Umfassende Informationen zu allen Aspekten der Informationsethik bietet das 1999 von Rafael Capurro begründete International Center for Information Ethics (ICIE). Die Website des ICIE bietet eine umfassende Bibliographie mit Links auf frei zugängliche Online-Publikationen, ein Verzeichnis der einschlägigen Forschungsinstitute, einen Veranstaltungskalender und eine Mailing-Liste, darüber hinaus veranstaltet das ICIE auch eigene Symposien und bildet damit eine Plattform für den internationalen Austausch auf dem Gebiet der Informationsethik.

b) Ethische Grundsätze der Bibliotheks- und Informationsberufe

Abgesehen von den beschriebenen grundsätzlichen Fragen, die – sei es durch Normen gesellschaftlichen Verhaltens, sei es durch gesetzliche Regelungen – direkten Einfluss auf die verschiedenen bibliothekarischen Tätigkeitsfelder haben, stellt sich bei der Beschäftigung mit der Informationsethik natürlich auch die Frage nach den ethischen Grundsätzen des Bibliotheksberufes. 2007 veröffentlichte der Dachverband der Institutionen- und Personalverbände des deutschen Bibliothekswesens, Bibliothek & Information Deutschland (BID), die „Ethischen Grundsätze der Bibliotheks- und Informationsberufe", an denen die in den Mitgliedsverbänden des BID organisierten Beschäftigten ihre berufliche Tätigkeit ausrichten.

Die verabschiedeten Grundsätze betreffen zum einen den konkreten Umgang mit den Benutzern von Bibliotheken, zum anderen die ethischen Regeln im weiteren beruflichen Aufgabenspektrum. Im Zusammenhang mit dem *Umgang mit Bibliotheksbenutzern* wird unter Anderem festgestellt, dass Bibliothekare:

- ihren Benutzern – im Rahmen ihres Auftrags und der rechtlichen Grundlagen – ohne Unterschiede begegnen und ihnen Dienstleistungen in hoher Qualität anbieten.
- ihre Benutzer sachlich, unparteiisch und höflich informieren und beraten und sie dabei unterstützen, ihren Informationsbedarf zu decken.
- ihre Benutzer unabhängig von ihrer Herkunft, ihrer Hautfarbe, ihrem Alter, ihrer sozialen Stellung, ihrer Religion, ihrem Geschlecht oder ihrer sexuellen Orientierung gleich behandeln.
- das Prinzip der Barrierefreiheit beachten und sich für den Schutz von Kindern und Jugendlichen vor ungeeigneten Inhalten einsetzen.
- die Privatsphäre der Benutzer respektieren. Sie speichern personenbezogene Daten nur zur Erbringen ihrer Dienstleistungen. Anderen Behörden werden diese Daten nur im engen Rahmen der gesetzlichen Vorschriften zur Verfügung gestellt.

– ihre beruflichen Aufgaben unabhängig von persönlichen Meinungen und Einstellungen erfüllen.

Die ethischen Grundsätze *im weiteren bibliothekarischen Aufgabenspektrum* legen unter anderem fest, dass Bibliothekare:

– sich für die freie Meinungsbildung und für den freien Fluss von Informationen sowie für die Existenz von Bibliotheken und Informationseinrichtungen als Garanten für den ungehinderten Zugang zu Informationen einsetzen. Eine Zensur von Inhalten wird abgelehnt.
– im Rahmen des Sammelauftrages der Bibliotheken das kulturelle Erbe bewahren. Dabei nutzen sie ihre Kompetenzen, um die historischen Bestände auch künftigen Generationen zur Verfügung zu stellen.
– sich für die Freiheit von Wissenschaft und Forschung einsetzen.
– die Informationsquellen nach rein fachlichen Kriterien, nach ihrer Qualität und ihrer Eignung für die Erfüllung der Bedürfnisse der Benutzer auswählen, unabhängig von persönlichen Vorlieben und vom Einfluss Dritter.
– die Rechte von Künstlern und Autoren für gesetzlich geschützte Bibliotheks- und Informationsmaterialien akzeptieren.
– ihren Kollegen fair und mit Respekt begegnen und eine Kultur der Kooperation, des selbst verantworteten Handelns und des gegenseitigen Vertrauens fördern.

Nicht nur das deutsche Bibliothekswesen hat sich selbst ethische Grundsätze für sein berufliches Selbstverständnis gegeben, eine vergleichbare „Berufsethik der Schweizer Bibliothekarinnen und Bibliothekare" wurde bereits 1998 publiziert; eine umfassende Sammlung von solchen bibliothekarischen „Professional Codes of Ethics" einzelner Länder ist auf der Website der International Federation of Library Associations and Institutions, IFLA, zusammengestellt.

Die Inhalte der hier verkürzt wiedergegebenen ethischen Grundsätze der Bibliotheks- und Informationsberufe des BID sind naturgemäß oft sehr allgemein gehalten und beziehen zum Teil nur die allgemeingültigen gesetzlichen Regelungen explizit auf bibliothekarische Tätigkeiten. Dennoch machen sie deutlich, dass die Informationsvermittlung in der heutigen Wissensgesellschaft von so großer Bedeutung ist, dass für diese Tätigkeit rein ökonomische Überlegungen nicht ausreichen, sondern dass sie im Gegenteil feststehende ethisch-moralische Bezugspunkte als Grundlage des beruflichen Handelns benötigt. Da Informationsvermittlung an der Schnittstelle zwischen der Produktion und der Rezeption von Information erfolgt, kommt der Arbeit des Bibliothekars in der heutigen Informations- und Wissensgesellschaft eine zentrale Rolle zu und wird ihr auch in Zukunft weiterhin zukommen.

Weiterführende Literatur

Bibliotheken und Bibliothekswesen

Seefeldt, Jürgen u. Syré, Ludger: Portale zu Vergangenheit und Zukunft. Bibliotheken in Deutschland. 3., überarb. Aufl. Hildesheim u.a.: Olms, 2007.

Frankenberger, Rudolf u. Haller, Klaus (Hrsg.): Die moderne Bibliothek. Ein Kompendium der Bibliotheksverwaltung. München: Saur, 2004.

Plassmann, Engelbert u.a.: Bibliotheken und Informationsgesellschaft in Deutschland. Eine Einführung. Wiesbaden: Harrassowitz, 2006.

Plassmann, Engelbert u. Seefeldt, Jürgen: Das Bibliothekswesen der Bundesrepublik Deutschland. Ein Handbuch. 3., völlig neubearb. Aufl. des durch Gisela von Busse u. Horst Ernestus begründeten Werkes. Wiesbaden: Harrassowitz, 1999.

Ewert, Gisela u. Umstätter, Walther: Lehrbuch der Bibliotheksverwaltung. Auf der Grundlage des Werkes von Wilhelm Krabbe und Wilhelm Martin Luther völlig neu bearb. Stuttgart: Hiersemann, 1997.

Hobohm, Hans-Christoph u.a. (Hrsg.): Erfolgreiches Management von Bibliotheken und Informationseinrichtungen. Hamburg: Dashöfer, 2002ff. (Loseblatt-Ausgabe).

Bibliothek compact. Hrsg. vom Berufsverband Information Bibliothek. Bad Honnef: Bock und Herchen (erscheint jährlich).

Jahrbuch der deutschen Bibliotheken. Hrsg. vom Verein Deutscher Bibliothekare. Wiesbaden: Harrassowitz (erscheint alle zwei Jahre).

Jahrbuch der öffentlichen Bibliotheken. Hrsg. vom Berufsverband Information Bibliothek. Bad Honnef: Bock und Herchen (erscheint alle zwei Jahre).

Handbuch der Bibliotheken. Deutschland, Österreich, Schweiz. 14. Ausg. München: Saur, 2008.

Hauke, Petra (Hrsg.): Bibliothekswissenschaft – quo vadis? Eine Disziplin zwischen Tradition und Visionen. München: Saur, 2005.

Gaus, Wilhelm: Berufe im Informationswesen. Archiv, Bibliothek, Buchwissenschaft, Information und Dokumentation. 5., vollst. überarb. Aufl. Berlin u.a.: Springer, 2002.

Berufsbild 2000. Bibliotheken und Bibliothekare im Wandel. Erarbeitet von der Arbeitsgruppe Gemeinsames Berufsbild der Bundesvereinigung Dt. Bibliotheksverbände. Berlin: BDB, 1998.

Aufbruch und Ziel – BID und „Bibliothek 2007". Hrsg. von Bibliothek und Information Deutschland. Hildesheim u.a.: Olms, 2006.

Bibliothek 2007. Strategiekonzept. Hrsg. von der Bertelsmann Stiftung und der Bundesvereinigung Deutscher Bibliotheksverbände. Gütersloh: Bertelsmann Stiftung 2004 (auch online).

St. Clair, Guy: One-Person Libraries. Aufgaben und Management. Handlungshilfe für den Betrieb von OPLs. Arbeitshilfen für Spezialbibliotheken. Bd. 8. Berlin: Dt. Bibliotheksinstitut, 1998. (dbi-materialien. 169)

Rechtsvorschriften für die Bibliotheksarbeit. Hrsg. von der Rechtskommission des Deutschen Bibliotheksverbandes. 4., überarb. u. erw. Aufl. Wiesbaden: Harrassowitz, 2004.

Der Bibliotheksbestand

Lexikon des gesamten Buchwesens (LGB 2). Hrsg. v. Severin Corsten u.a. 2., völlig neu bearb. u. erw. Aufl. Bd. 1 (1983/87) ff. Stuttgart: Hiersemann, 1987 ff.

Funke, Fritz: Buchkunde. Ein Überblick über die Geschichte des Buches. 6., überarb. u. ergänz. Aufl. München: Saur, 1999.

Rautenberg, Ursula (Hrsg.): Reclams Sachlexikon des Buches. 2., verb. Aufl. Stuttgart: Reclam, 2003.

Hiller, Helmut u. Füssel, Stephan: Wörterbuch des Buches. Mit Online-Aktualisierung. 7., grundl. überarb. Aufl. Frankfurt a.M.: Klostermann, 2006.

Buch und Buchhandel in Zahlen. Hrsg. vom Börsenverein des Deutschen Buchhandels. Frankfurt a.M. (erscheint jährlich)

Rehm, Margarete u. Strauch, Dietmar: Lexikon Buch, Bibliothek, neue Medien. 2., aktualis. u. erw. Aufl. München: Saur, 2007

Umlauf, Konrad: Moderne Buchkunde. Bücher in Bibliotheken und im Buchhandel. 2., aktualis. u. neu gefasste Aufl. Wiesbaden: Harrassowitz, 2005. (Bibliotheksarbeit. 2)

Umlauf, Konrad: Medienkunde. Unter Mitarbeit von Susanne Hein und Daniella Sarnowski. 2., aktualis. und neu gefasste Aufl. Wiesbaden: Harrassowitz, 2006. (Bibliotheksarbeit. 8)

Faulstich, Werner (Hrsg.): Grundwissen Medien. 5., vollst. überarb. u. erhebl. erw. Aufl. Paderborn: Fink, 2006. (UTB. 8169)

Kerlen, Dietrich: Einführung in die Medienkunde. Stuttgart: Reclam, 2003. (RUB. 17637)

Keller, Alice Dora: Elektronische Zeitschriften. Grundlagen und Perspektiven. 2., aktualis. u. stark erw. Aufl. Wiesbaden: Harrassowitz, 2005. (Bibliotheksarbeit. 12)

Bestandsaufbau (Erwerbung)

Dorfmüller, Kurt: Bestandsaufbau an wissenschaftlichen Bibliotheken. Frankfurt a.M.: Klostermann, 1989. (Das Bibliothekswesen in Einzeldarstellungen)

Erwerbung und Buchhandel. Glossar. Zusammengestellt von Margot Wiesner. Berlin: Dt. Bibliotheksinstitut, 1999.

Griebel, Rolf u.a.: Bestandsaufbau und Erwerbungspolitik in universitären Bibliothekssystemen. Versuch einer Standortbestimmung. Berlin: Dt. Bibliotheksinstitut, 1994. (DBI-Materialien. 134)

Griebel, Rolf: Etatbedarf universitärer Bibliothekssysteme. Ein Modell zur Sicherung der Literatur- und Informationsversorgung an den Universitäten. Frankfurt a.m.: Klostermann, 2002. (ZFBB Sonderhefte. 83)

Umlauf, Konrad: Bestandsaufbau an Öffentlichen Bibliotheken. Frankfurt a.m.: Klostermann, 1997.

Evans, Gayle Edward und Saponaro, Margaret Zarnosky: Developing library and information center collections. 5. Aufl. Westport, Conn. u.a.: Libraries Unlimited, 2005.

Agee, Jim: Acquisitions go global. An introduction to library collection management in the 21st century. Oxford: Chandos, 2007.

Bestandserschließung (Katalogisierung)

Haller, Klaus u. Popst, Hans: Katalogisierung nach den RAK-WB. Eine Einführung in die Regeln für die alphab. Katalogisierung in wissenschaftl. Bibliotheken. 6., durchgesehene u. aktualisierte Aufl. München: Saur, 2003.

Langridge, Derek W.: Inhaltsanalyse. Grundlagen und Methoden. Übers. von Ute Reimer-Böhner. München: Saur, 1994.

Fugmann, Robert: Inhaltserschließung durch Indexieren. Prinzipien und Praxis. Frankfurt a.M.: Dt. Gesellschaft für Dokumentation, 1999.

Nohr, Holger: Grundlagen der automatischen Indexierung. Ein Lehrbuch. Berlin: Logos-Verl., 2003.

Lorenz, Bernd: Klassifikatorische Sacherschließung. Eine Einführung. Wiesbaden: Harrassowitz, 1998.

Nohr, Holger: Systematische Erschließung in deutschen Öffentlichen Bibliotheken. Wiesbaden: Harrassowitz, 1996. (Beiträge zum Buch- und Bibliothekswesen. 37)

Haller, Klaus: Katalogkunde. Eine Einführung in die Formal- und Sacherschließung. 3., erw. Aufl. München: Saur, 1998.

Umstätter, Walther, Wagner-Döbler, Roland: Einführung in die Katalogkunde. Vom Zettelkatalog zur Suchmaschine. 3., völlig neu bearb. Aufl. des Werkes von Karl Löffler. Stuttgart: Hiersemann, 2005.

Bestandsaufbewahrung und Bestandserhaltung

Lorenz, Bernd: Systematische Aufstellung in Vergangenheit und Gegenwart. Wiesbaden: Harrassowitz, 2003. (Beiträge zum Buch- und Bibliothekswesen. 45)

Hähner, Ulrike: Schadensprävention im Bibliotheksalltag. München: Saur, 2006. (Bibliothekspraxis. 37)

Mann, Maria: Bestandserhaltung in wissenschaftlichen Bibliotheken. Verfahren und Maßnahmen zur Rettung der vom Papierzerfall bedrohten Bibliotheksbestände. Eine Studie der Bayer. Staatsbibliothek im Auftrag der DFG. Berlin: Dt. Bibliotheksinstitut, 1994. (dbi-materialien. 135)

Weber, Hartmut (Hrsg.): Bestandserhaltung. Herausforderung und Chancen. Stuttgart: Kohlhammer, 1997. (Veröffentlichungen der Staatlichen Archivverwaltung Baden-Württemberg. 47)

Hilbert, Günter S.: Sammlungsgut in Sicherheit. Beleuchtung und Lichtschutz, Klimatisierung, Schadensprävention, Schädlingsbekämpfung ... 3., vollst. überarb. u. erw. Aufl. Berlin: Mann, 2002. (Berliner Schriften zur Museumskunde. 1)

Borghoff, Uwe M. u.a.: Langzeitarchivierung. Methoden zur Erhaltung digitaler Dokumente. Heidelberg: dpunkt-Verl., 2003.

Harvey, Douglas R.: Preserving digital materials. München: Saur, 2005.

Gladney, Henry M.: Preserving digital information. With 13 tables. Berlin u.a.: Springer, 2007.

Bestandsvermittlung (Benutzungsdienste)

Lewe, Brunhilde: Informationsdienst in Öffentlichen Bibliotheken. Grundlagen für Planung und Praxis. Köln: Greven, 1999.

Sträter, Hans: Beratungsinterviews. Praxis der Auskunft und Beratung in Bibliotheken und Informationsstellen. Bad Honnef: Bock und Herchen, 1991.

Becker, Tom u. Barz, Carmen: „Was für ein Service". Entwicklung und Sicherung der Auskunftsqualität von Bibliotheken. Wiesbaden: Dinges und Frick, 2007. (BIT online. Innovativ. 13)

Die Ordnung des Leihverkehrs in der Bundesrepublik Deutschland. Leihverkehrsordnung (LVO). Beschluss der Kultusministerkonferenz vom 19.09.2003. (online auf der Website des Dt. Bibliotheksverbands)

Bibliothekarische Informationsangebote

Bartsch, Eberhard: Die Bibliographie. 2., durchges. Aufl. München: Saur, 1989.

Nestler, Friedrich: Einführung in die Bibliographie. Auf der Grundlage des Werkes von Georg Schneider völlig neu bearb. Stuttgart: Hiersemann, 2005. (Bibliothek des Buchwesens. 16)

Schneider, Georg u. Nestler, Friedrich: Handbuch der Bibliographie. 6., völlig neu bearb. Aufl. Stuttgart: Hiersemann, 1999.

Grundlagen der praktischen Information und Dokumentation. Begr. von Klaus Laisiepen, Ernst Lutterbeck u. Karl-Heinrich Meyer-Uhlenried. 2 Bde. Hrsg. von Rainer Kuhlen u.a. 5., völlig neu gefasste Ausg. München: Saur, 2004.

Syré, Ludger u. Wiesenmüller, Heidrun (Hrsg.): Die Regionalbibliographie im digitalen Zeitalter. Deutschland und seine Nachbarländer. Frankfurt a.M.: Klostermann, 2006. (ZfBB Sonderband. 90)

Tedd, Lucy A. u. Large, J. A.: Digital libraries. Principles and practice in a global environment. München: Saur, 2005.

Jeanneney, Jean Noël: Googles Herausforderung. Für eine europäische Bibliothek. Berlin: Wagenbach, 2006. (Wagenbachs Taschenbücherei. 534)

Stock, Wolfgang G.: Information retrieval. Informationen suchen und finden. Lehrbuch. München u. Wien: Oldenburg, 2007. (Einführung in die Informationswissenschaft. 1)

Degkwitz, Andreas (Hrsg.): Informationsinfrastrukturen im Wandel. Informationsmanagement an deutschen Universitäten. Bad Honnef: Bock und Herchen, 2007.

Weilenmann, Anne-Katharina: Fachspezifische Internetrecherche. Für Bibliothekare, Informationsspezialisten und Wissenschaftler. München: Saur, 2006. (Bibliothekspraxis. 38)

Hehl, Hans: Die elektronische Bibliothek. Literatur- und Informationsbeschaffung im Internet. 2., überarb. u. erw. Aufl. München: Saur, 2001.

Karzaunikat, Stefan: Die Suchfibel. Wie findet man Informationen im Internet? 3. Aufl. Leipzig: Klett-Schulbuchverl., 2002 (auch online)

Lewandowski, Dirk: Web Information Retrieval. Technologien zur Informationssuche im Internet. Frankfurt a.M.: DGI, 2005. (Reihe Informationswissenschaft der DGI. 7)

Hitzler, Pascal u.a.: Semantic Web. Grundlagen. Berlin: Springer, 2008.

Gaus, Wilhelm: Dokumentations- und Ordnungslehre. Theorie und Praxis d. Information-Retrieval. 5., überarb. Aufl. Berlin u.a.: Springer, 2005.

Lux, Claudia u. Sühl-Strohmenger, Wilfried: Teaching library in Deutschland. Vermittlung von Informations- und Medienkompetenz als Kernaufgabe für öffentliche und wissenschaftliche Bibliotheken. Wiesbaden: Dinges und Frick, 2004 (BIT online. Innovativ. 9)

Eisenberg, Michael B. u. a.: Information literacy. Essential skills for the information age. 2. Aufl. Westport, Conn. u. a.: Libr. Unlimited, 2004.

Krauß-Leichert, Ute (Hrsg.): Teaching Library – eine Kernaufgabe für Bibliotheken. 2., durchges. Aufl. Frankfurt a.M. u.a.: Lang, 2008.

Kuhlen, Rainer: Informationsethik. Umgang mit Wissen und Information in elektronischen Räumen. Konstanz: UVK-Verlags-Ges., 2004.

Capurro, Rafael: Ethik im Netz. Stuttgart: Steiner, 2003. (Medienethik. 2)

Bibliothekarische Fachzeitschriften

Zeitschrift für Bibliothekswesen und Bibliographie (ZfBB). Organ des wissenschaftlichen Bibliothekswesens. Jg. 1. 1954 ff. Frankfurt a.M.: Klostermann (erscheint zweimonatlich, ab 50. 2003 auch online).

BuB. Forum Bibliothek und Information. Jg. 1. 1948 ff. Bad Honnef: Bock und Herchen (erscheint monatlich, ab 58. 2006 nach drei Monaten auch online).

Bibliotheksdienst. Jg. 1. 1967 ff. Berlin: Zentral- und Landesbibliothek (erscheint monatlich; nach drei Monaten in Auszügen ab 38. 2005 auch online).

Bibliothek. Forschung und Praxis. Jg. 1. 1977 ff. München: Saur (erscheint dreimal jährlich, ab 19. 1995 auch online).

ABI-Technik. Zeitschrift für Automation, Bau und Technik im Archiv-, Bibliotheks- und Informationswesen. Jg. 1. 1981 ff. München: Neuer Merkur. (Viermal jährlich.)

B.I.T. online. Zeitschrift für Bibliothek, Information und Technologie mit aktueller Internet-Präsenz. Jg. 1. 1998 ff. Wiesbaden: Dinges und Frick (erscheint viermal jährl., ab 1. 1999 auch online).

Information – Wissenschaft und Praxis. Nfd. Hrsg. von der Dt. Gesellschaft für Informationswissenschaft und Informationspraxis. Jg. 1. 1950 ff. Wiesbaden: Dinges und Frick (erscheint achtmal jährlich, ab 56. 2005 auch online).

Bibliotheksforum Bayern (BFB). Jg. 1. 1973–34. 2006, NF 1. 2007 ff. München: Saur (erscheint viermal jährlich, ab 1. 2007 auch online).

ProLibris. Mitteilungsblatt. Hrsg. vom Verband der Bibliotheken des Landes Nordrhein-Westfalen. Jg. 1. 1996 ff. Bottrop: Pomp (erscheint viermal jährlich).

Fachportal b2i und Bibliographien zum Bibliothekswesen

Zentraler Ausgangspunkt für die Informationsrecherche zu allen Fachbereichen des Bibliotheks-, Buch- und Informationswesens bildet das *Wissenschaftsportal b2i* (http://www.b2i.de). In einer Metasuche können hier einschlägige Bibliothekskataloge, bibliographische Datenbanken, Volltextserver, Fachzeitschriften und Internetquellen (auch DOBI, BBB und WBB) gleichzeitig durchsucht werden.

Dokumentationsdienst Bibliothekswesen (DOBI). Informationsdienst zum Bibliothekeswesen der Bundesrepublik Deutschland. Jg. 1 (1982/83) ff. Berlin: Dt. Bibliotheksinstitut, 1984 ff.

Bibliographie der Buch- und Bibliotheksgeschichte (BBB). Bearb. v. Horst Meyer. Bd. 1 (1980/81) ff. Bad Iburg: Bibliogr. Verl. Meyer, 1982 ff.

Wolfenbütteler Bibliographie zur Geschichte des Buchwesens im deutschen Sprachgebiet 1840–1980 (WBB). Bearb. von Erdmann Weyrauch. Bd. 1-13. München: Saur, 1990–2000.

Abbildungsnachweise

Alscher, Medienerschließung (http://homer.members.pgv.at/medienerschliessung) 9, Center for Interactive Advertising (http://www.ciadvertising.org) 15; Gantert Privat 7, 8, 12, 13, 22; LLB Detmold 14; Morville, Rosenfeld, Information Architecture, 3. Aufl. 2006 16; SuB Göttingen 1, 5; UB Freiburg i.Br. 11; Webseiten der behandelten Institutionen 3, 4, 6, 10, 17, 18, 20, 21, 23-26, 29-32; Wikipedia 2, 19, 27, 28 (Abraham a Sancta Clara; RSS; Metasuchmaschine; Semantisches Netz)

Register